Volkstümlichkeit und Nationbuilding

Waxmann Verlag GmbH
Steinfurter Straße 555, 48159 Münster
info@waxmann.com

Populäre Kultur und Musik

Herausgegeben von Michael Fischer und Nils Grosch
im Auftrag des Deutschen Volksliedarchivs
und der Universität Salzburg

Band 8

Waxmann 2013
Münster / New York / München / Berlin

Miriam Noa

Volkstümlichkeit und Nationbuilding

Zum Einfluss der Musik auf den Einigungsprozess
der deutschen Nation im 19. Jahrhundert

Waxmann 2013
Münster / New York / München / Berlin

Bibliografische Informationen der Deutschen Nationalbibliothek

Die Deutsche Nationalbibliothek verzeichnet diese Publikation in der Deutschen Nationalbibliografie; detaillierte bibliografische Daten sind im Internet über http://dnb.d-nb.de abrufbar.

Diese Arbeit wurde im Jahr 2012 von der Philosophischen Fakultät III der Humboldt-Universität zu Berlin als Dissertation angenommen.

ISBN 978-3-8309-2730-3
ISSN 1869-8417

© Waxmann Verlag GmbH, Münster 2013

www.waxmann.com
info@waxmann.com

Umschlaggestaltung: Pleßmann Design, Ascheberg
Umschlagabbildung: © vovan – Fotolia.com
Gedruckt auf alterungsbeständigem Papier, säurefrei gemäß ISO 9706

Inhalt

Einleitung

Die Partei der Blumen und der Nachtigallen ist eng verbunden mit der Revolution.

(Heine)[1]

Das 19. Jahrhundert ist eine Zeit ungeahnter und sich in gewaltiger Geschwindigkeit vollziehender Umbrüche in Politik, Kultur und Gesellschaft. *Was ist der Dritte Stand*?, fragt der Abbé Seyès in seiner berühmten Schrift, und hat damit entscheidenden Anteil am Ausbruch der Französischen Revolution . Ausgehend von Frankreich und entflammt von den Ideen der Aufklärung beginnt jener Dritte Stand in ganz Europa sich seiner Lage bewusst zu werden – als große Masse des Volkes endlich auch *etwas sein* und etwas gelten zu wollen und zu dürfen. Aufstieg und Emanzipation des Bürgertums seit dem 18. Jahrhundert tragen dazu bei, dass dieses nun auch die Fürstenhöfe und Kirchen als bisherige Träger der *kulturellen* Entwicklung endgültig abzulösen beginnt. Die Romantik mit ihrem Rückzug ins Subjektive, mit ihrer sentimentalen Hinwendung zum Volkstümlichen, zur Natur, zur Vergangenheit, auch mit ihrem neuen Nationalgefühl ist eine explizit bürgerliche Bewegung – und gleichzeitig wird das Bürgertum „mehr und mehr zu einem Faktor der politischen ‚Öffentlichkeit'."[2]

Doch Deutschland ist nicht Frankreich: Was dort gelingt – die Abschaffung des Feudalismus, das (Bewusst-)Werden des größten Standes als Nation – wird auch östlich des Rheins von etlichen Zeitgenossen bejubelt, herbeigesehnt; und muss doch angesichts „eines" in 35 Fürstentümer und vier Freie Städte vollkommen zersplitterten Reiches als weit entferntes Wunschdenken erkannt werden. Ebenfalls von etlichen Deutschen als Heilsbringer, als „Weltgeist zu Pferde" verehrt und herbeigesehnt wird anfangs ein Mann, von dem man sich Reformen, politische Umwälzungen und den „Export" französischer Revolutionsideale in die deutschen Länder erhofft: Napoleon. Doch stehen die wenigen positiven Veränderungen, die er in den besiegten Territorien durchsetzt, in keinem Verhältnis zu dem als unerträglich empfundenen Besatzungszustand und den Kriegen, mit denen dieser kleine Mann den europäischen Kontinent fast zwei Jahrzehnte lang überzieht. 1806 gründet er den Rheinbund, marschiert nach dem Sieg über Preußen in Berlin ein – und zimmert damit dem alten, fast tausendjährigen Heiligen Römischen Reich Deutscher Nation den Sarg. Dessen letzter Kaiser Franz II. legt die Krone nieder, das Reich existiert nicht mehr. Der Hass auf Frankreich wird

---

1   Heine, Heinrich: Zur Geschichte der Religion und Philosophie in Deutschland, Zweites Buch, S. 247.

2   See, Klaus von: Freiheit und Gemeinschaft, Heidelberg 2001, S. 82.

die Deutschen noch sehr lange nicht loslassen und die Geschichte Europas bis weit ins 20. Jahrhundert hinein mitbestimmen – und gleichzeitig dazu beitragen, dass sich die Deutschen ein eigenes Nationsbewusstsein bilden: Deutschland ist alles das, was Frankreich nicht ist, die *Grande Nation* (die eben – Neid ist nur allzu häufig der Nährboden für Hass – schon eine ist) wird zum „Erbfeind", und so ist es nur konsequent, dass die Gründung des Deutschen Kaiserreiches 1871 im Spiegelsaal von Versailles vollzogen wird.

Deutschland ist alles das, was Frankreich nicht ist – und doch muss es mehr geben, was die Deutschen als *Nation* ausmacht. Diese Frage treibt etliche Zeitgenossen um, und sie ist nicht zu trennen von der politischen Frage nach einem gemeinsamen Staat für diese wie auch immer geartete deutsche Nation.

Fragestellung und Forschungsansätze

Diese Arbeit geht der Leitfrage nach, welchen Einfluss das musikalische und literarische Schaffen im 19. Jahrhundert, ganz besonders in seiner Hinwendung zu den sozialen Grundschichten des „Volkes", auf den Einigungsprozess der deutschen Nation hatte, in welchem Zusammenhang also Volkstümlichkeit und der Prozess des deutschen Nationbuildings[3] stehen.

Ausgangspunkt ist dabei, wie die *Wahrnehmung von Grundschichten*, der (neue) Blick auf die *Volks*tümlichkeit vor allem von Seiten der Musiker und Literaten dazu führte, dass (1) verstärkt Sammlungen von Volkspoesie angelegt wurden, (2) die in den Sammlungen festgehaltene Text- und Liedüberlieferung wiederum Eingang in die zeitgenössische Musik fand, (3) auf diesem Wege die (wissenschaftliche) Volkskunde ihren Anfang nahm, und (4) sich unumgänglich die Frage nach der Einheit der Nation stellte, die nach einer – politischen, musikalischen, literarischen – Antwort verlangte.

„Volk", „Volkskultur", „Volkslied" etc. sind dabei stets als am Schreibtisch konstruierte Begriffe im Sinne der *Erfundenen Tradition* nach Eric Hobsbawm und Terence Ranger[4] zu verstehen.

Wenngleich die Untersuchung auf das 19. Jahrhundert fokussiert ist, ist zunächst ein Rückgriff auf Jean-Jacques Rousseau (Teil I, Kap. 1) unerlässlich, der bereits

---

3   Als Schreibweise dieses terminus technicus finden sich in der deutsch- wie englischsprachigen Literatur sowohl nation building, nation-building, Nation Building als auch das hier verwendete Nationbuilding. Für die letzte Version habe ich mich aufgrund der besseren Lesbarkeit im Deutschen entschieden.

4   Hobsbawm, Eric und Ranger, Terence: The Invention of Tradition, Cambridge 1992.

um 1750 radikal vorausdenkt, was Johann Gottfried Herder und die Romantiker mitprägen wird: „Das Volk", die (ungebildeten) „Grundschichten" (Wiora) müssen nicht aus ihrem ungeschliffenen Zustand hinaufgehoben, „gerettet" werden; sie haben vielmehr etwas Nachahmenswertes an sich, das dem „zivilisierten", vor allem in der Stadt lebenden Menschen abgeht – sie haben sich eine natürliche Einfachheit bewahrt, und diese Einfachheit, diese positiv besetzte Naivität, wird im 19. Jahrhundert zum künstlerischen Prinzip erhoben. Besonders Rousseaus *Discours sur l'origine et les fondements de l'inégalité parmi les hommes*[5] sowie der *Emile*[6] mit der Verehrung des Naturzustandes und der Idee des „edlen Wilden" sind in dieser Hinsicht von Interesse.

Um anschließend (Teil I, Kap. 2) zu den Wurzeln der Volksliedsammlungen zu gelangen, ist der Weg über Johann Gottfried Herder unerlässlich, der schon im letzten Drittel des 18. Jahrhunderts mit der systematischen Sammlung von Volksliedern aus ganz Europa[7] für die spätere Betätigung auf diesem Feld die Grundlage lieferte. Selbst der Begriff *Volkslied* wurde von Herder für den deutschen Sprachraum geprägt, und prägend war für etliche nach ihm auch die Definition Deutschlands als *Sprach- und Kulturnation*. Dieser Ansatz, der für die Zeit vor der Reichsgründung 1871 zentral im politischen und künstlerischen Diskurs verankert war, ist auch grundlegend für unsere Problematik.

Der erste Teil dieser Arbeit, der sich mit der neuen Hinwendung zu den Grundschichten des Volkes befasst, wird nach der Beschäftigung mit den Wegbereitern dieser neuen Bewegung, Rousseau und Herder, den Bogen schlagen in die Mitte des 19. Jahrhunderts. Es soll dabei nicht der Anschein erweckt werden, als handele es sich um eine lineare Entwicklung; vielmehr wollen wir verschiedene *Optionalitäten* aufzeigen. Einem solchen Ansatz eines „Baumes der Möglichkeiten" (Kaden) zu folgen, erlaubt uns, neben den großen Akteuren auch die kleinen, unbekannteren zu beleuchten, in unserem Falle Theodor Hagen und Wilhelm Heinrich Riehl – oder in Teil II neben einigen großen, bekannten Volksliedsammlungen die Masse kleiner Gebrauchsliederbücher.

Theodor Hagen (1823-1871) ist ein bedauerlicherweise weitgehend unbekannter und folglich bislang so gut wie unerforschter Gesellschafts- und Musikkritiker (unter anderem für Robert Schumanns *Neue Zeitschrift für Musik*), Komponist und Musiksammler, von dem uns neben seinen NZfM-Beiträgen leider nur die

---

5   Rousseau, Jean-Jacques: Discours sur l'origine et les fondements de l'inégalité parmi les hommes, Amsterdam 1755.

6   Ders.: Emile, ou de l'Education, Paris 1762.

7   Diese europäische Perspektive ist Herders Aufklärungsgedanken geschuldet; für uns soll jedoch der auf die deutsche Nation ausgerichtete Blickwinkel im Mittelpunkt stehen.

beiden Schriften *Civilisation und Musik*,[8] sein Hauptwerk aus dem Jahre 1846, sowie die literarisch an das Junge Deutschland erinnernden, äußerst unterhaltsamen *Musikalischen Novellen*[9] von 1848 erhalten geblieben sind. Im erstgenannten Werk fordert er, kurz gesagt, den Umbau der Gesellschaft durch Musik, und bietet – wie auch in den Novellen – einen äußerst interessanten Blick auf das „einfache (Land-)Volk" sowie die negativ bewertete „Civilisation" seiner Zeit. Nicht zuletzt hat man es bei ihm mit einem echten „48er" zu tun, dem die Einigung der Nation ein großes Anliegen ist.

Daneben muss ein Mann Beachtung finden, den nicht nur das Geburtsjahr und die Abfassung volkskundlich und sozialpolitisch motivierter Novellen (zufälligerweise) mit Theodor Hagen verbinden, sondern der schlechterdings als der Begründer der wissenschaftlichen Volkskunde gilt: Wilhelm Heinrich Riehl. Wenngleich er und Hagen sich in ihren politischen Standpunkten kaum unähnlicher sein könnten und Riehls Wirken bis heute zu Recht umstritten ist,[10] drängt sich ein Vergleich der beiden Autoren, u.a. im Hinblick auf ihre Novellen,[11] geradezu auf.

Teil II, der Hauptteil dieser Arbeit, stellt die **Sammlungen von Volkspoesie** in den Mittelpunkt. Neben einigen weithin bekannten Meilensteinen wie *Des Knaben Wunderhorn*, den volkstümlichen Forschungen der Brüder Grimm sowie dem noch der Aufklärung entstammenden *Mildheimischem Liederbuch*[12] bildet den Schwerpunkt die Auswertung von rund 200 deutschsprachigen Gebrauchsliederbüchern des Forschungszeitraums 1806 (Erscheinen des *Wunderhorns*; politisch das Ende des Heiligen Römischen Reiches Deutscher Nation) bis 1870/71 (Deutsch-Französischer Krieg mit Folge der deutschen Reichsgründung). Es soll der Frage nachgegangen werden, ob und wenn ja, welche Lieder in diesem Zeitraum im gesamten Gebiet des (früheren/späteren) deutschen Reiches auftreten und folglich *gemeinsame deutsche Überlieferung* darstellen. Zunächst wurde dazu aus den umfangreichen Beständen des Deutschen Volksliedarchivs Freiburg im Breisgau (DVA) ein Konvolut von ungefähr 75 Liedern jeglicher Couleur herausgearbeitet, das über größere Teile dieser Periode immer wieder

---

8   Hagen, Theodor: Civilisation und Musik, Leipzig 1846 (Nachdruck Straubenhardt 1988).

9   Ders.: Musikalische Novellen, Leipzig 1848.

10   Vgl. Altenbockum, Jasper von: Wilhelm Heinrich Riehl, Köln u.a. 1994, S. 2.

11   Bei Theodor Hagen fällt die Auswahl aufgrund der geringen Menge nicht schwer; aus dem Werke Riehls werden zur besseren Vergleichbarkeit ebenfalls die Novellen mit Bezug zur Musik den Vorrang haben.

12   Becker, Rudolf Zacharias: Mildheimisches Lieder-Buch: von 518 lustigen und ernsthaften Gesängen über alle Dinge in der Welt und alle Umstände des menschlichen Lebens, die man besingen kann; gesammelt für Freunde erlaubter Fröhlichkeit und ächter Tugend, die den Kopf nicht hängt, Gotha 1799.

auftritt. Anschließend war es möglich, aus dieser *song cloud* einen Kanon von zwölf Liedern herauszuarbeiten, die tatsächlich die gesamte Periode durchziehen. Diese Lieder wurden dann anhand der Archivmappen mit der Feldforschung, in denen auch die mündliche Überlieferung des 19. und 20. Jahrhunderts dokumentiert ist, gegengeprüft – alle Ergebnisse ließen sich so mindestens verifizieren, in einigen Fällen auch deutlich ausbauen. Klar ist, dass diese Ergebnisse nur darstellen können, was a) in die Liedsammlungen Eingang fand (wobei davon ausgegangen werden kann, dass es sich dabei auch tatsächlich um die volksläufigen Lieder handelt), b) im DVA gelandet ist und c) im Falle der mündlichen Überlieferung den Sammlern aufzeichnungswürdig erschien (oft waren dies vor allem die Lieder, von deren baldigem Aussterben man überzeugt war) – dennoch scheint dieser Kanon im Rahmen der Möglichkeiten historischer Forschung durchaus „repräsentativ" zu sein.

Teil III widmet sich dem Umgang einzelner großer **Komponisten** des 19. Jahrhunderts mit dem Thema Volkstümlichkeit sowie ihrem Einfluss auf das deutsche – erneut kulturelle – Nationbuilding. In vier Fallstudien werden jeweils zwei Paare zusammen- bzw. einander gegenübergestellt: Franz Schubert und Ludwig van Beethoven auf der einen, Robert Schumann und Johannes Brahms auf der anderen Seite. Dass das Liedschaffen dabei eine Rolle spielt, liegt nahe. Aber es wäre falsch, unsere Sichtweise darauf zu beschränken. Die Beiträge zum kulturellen Nationbuilding sind in Beethovens *Neunter Sinfonie* ebenso zu suchen wie in Brahms Umgang mit „dem Deutschen", wenn er *Ein deutsches Requiem* schreibt.

Sicher, es gibt Komponisten, die sich auf den ersten Blick leichter als „politisch" etikettieren ließen – doch liegt das Politische, das uns hier interessieren soll, eben nicht in einem augenfälligen Handeln, sondern in der Wirkung, die bestimmte Werke – so intendiert oder nicht – im Rahmen des deutschen Nationbuildings entfalten konnten; genau wie bei der Auswertung des Liederkanons in Teil II nahezu keine offensichtlich politischen Lieder auftreten (so viel sei vorweggenommen). Dem Ansatz John Meiers folgend, Volkslieder seien eigentlich *Kunstlieder im Volksmund*,[13] gehen wir davon aus, dass es im Falle der essentiell zur deutschen „Hochkultur" hinzugerechneten Komponisten eben auch das aus dieser „Kunstmusik"[14] „populär" Gewordene[15] ist, was in der Aneignung[16] duch

---

13   Meier, John: Kunstlieder im Volksmund, Halle/Saale 1906, Nachdruck Heidenheim 1976.

14   Vgl. zur „Invention of ‚folk music' and ‚art music'" sehr ausführlich die gleichnamige Dissertation von Matthew Gelbart, Cambridge 2007.

15   Vgl. zu dieser Begrifflichkeit Naumann, Hans: Grundzüge der deutschen Volkskunde, Leipzig ²1929, S. 10/11, 114 und weitere Stellen.

16   Vgl. den Art. „Aneignung", in: Holzapfel, Otto: Lexikon folkloristischer Begriffe und Theorien, Bern u.a. 1996.

die Grundschichten den Beitrag der Komponisten zum kulturellen Nation-building ausmacht. Generell sei an dieser Stelle nochmals festgehalten, dass es sich beim Volkslied schon seit Herder, ganz besonders aber in der Romantik, um ein ideologisches Konstrukt handelt – „ein Volkslied in dem Sinne, wie wir seit Herder den Begriff angewandt haben, [gibt es] gar nicht".[17] Dass „[d]ie Geschich-te der deutschsprachigen wissenschaftlichen Diskussion um ‚den' Volkslied-begriff [...] eine Geschichte von Denkfehlern und Missverständnissen [ist]",[18] macht den Umgang damit nicht leichter; auch in dieser Arbeit werden deshalb häufig Begriffe in Anführungszeichen gesetzt werden, um dem jeweiligen Bedeu-tungsgehalt möglichst nahe zu kommen.

Wir werden also untersuchen, wie die Grundschichten von unseren – in den meisten Fällen selbst aus dem Bürgertum stammenden – Akteuren wahrgenom-men werden und wie in der Folge Volkstümlichkeit definiert, betrachtet und reproduziert wird. Wie haben die – schon auch politischen, aber stets konstruier-ten – Blicke auf „das Volk" zum Anlegen volkstümlicher Sammlungen geführt und auf welche Weise und an welcher Stelle finden Sammlungen und am Volks-tümlichen orientierte „naive" Grundhaltungen wiederum Eingang in zeitgenössi-sche Musik? Welchen Einfluss hatte das Interesse an der Volkstümlichkeit auf das deutsche Nationbuilding – kann es sein, dass die Romantiker „das Deut-sche" sammeln wollten und auf diese Weise zur Einigung des deutschen Volkes vor der politischen Reichsgründung, vielleicht sogar des Deutschen Reiches selbst, beitrugen?

---

17   Klusen, Ernst: Handbuch des Volksliedes, Bd. 1, S. 20; zit. nach Holzapfel, Otto: Lexikon folkloristischer Begriffe und Theorien, Bern u.a. 1996.

18   Fritz, Hermann, in: Jahrbuch des Österreichischen Volksliedwerkes 42/43 (1993/94), S. 131; zit. nach Holzapfel, Lexikon, S. 11.

Volk, Nation, Nationalismus, Nationbuilding. Begriffsgeschichte und Einordnung

Allzu viele Begriffe sind bereits gefallen, die dringend einer Klärung und Abgrenzung bedürfen.

Zunächst ist es nützlich, klar zwischen den Grundschichten, dem sich im Laufe des 19. Jahrhunderts herausbildenden Vierten Stand, und dem Bürgertum,[19] dem klassischen *Tiers Etat*, zu unterscheiden – auch wenn dies gerade vor der Industrialisierung nicht immer einfach ist, da die Übergänge und Begrifflichkeiten oft fließend sind. Zunächst, insbesondere im Mittelalter, war der „Bürger" gleichbedeutend mit dem *Stadtbürger*. Erst mit der Industrialisierung bildete sich die Differenzierung nach groß- bzw. besitzbürgerlichem *Bourgeois* (der auch außerhalb der Stadt leben konnte und sich so vom städtischen Bildungsbürger unterschied – und der dann von der Arbeiterschaft in klassenkämpferischer Abgrenzung auch so tituliert wurde) und *Staatsbürger* für die Bezeichnung der Untertanen aller Stände und Schichten im Sinne des französischen *citoyen* oder des englischen *citizen* heraus. Für Letzteren existiert im Deutschen kein eigener Begriff, was zu einer kaum aufhebbaren Doppeldeutigkeit des Wortes „Bürger" führt.[20] Erstaunlicherweise fand erst im letzten Viertel des 19. Jahrhunderts eine weitere Abgrenzung statt: „Besitz und Bildung" bildeten nun das Bürgertum, kleine Handwerker und Händler, niedere Beamte usw. werden davon abgespalten und sind maximal „Kleinbürger" oder auch „neuer Mittelstand" – denn es musste ja bei aller Abgrenzung nach bzw. von oben auch eine Grenzziehung nach unten, zu den Arbeitern, geben.[21] Rudolf Vierhaus spricht aufgrund der zahlreichen Ausdifferenzierungen statt vom Bürgertum lieber von „bürgerlichen Schichten", von „mittleren Teilen der Gesellschaft, die keinen Stand mehr und noch keine Klasse bildeten."[22]

Die Begriffsfelder *Nation* und *Volk* können nur als Einheit betrachtet werden,[23] denn beides geht fast nahtlos ineinander über und ist auch von den Zeitgenossen

---

19 Der folgende Abschnitt orientiert sich in erster Linie an Kocka, Jürgen: Bürger und Bürgerlichkeit im 19. Jahrhundert, Göttingen 1987.

20 Laut Kocka (Bürger und Bürgerlichkeit, S. 30) ist bis heute unerforscht, warum sich in der deutschen Sprache im Gegensatz zu anderen diese begriffliche Ausdifferenzierung nicht vollzog.

21 Kocka, Bürger und Bürgerlichkeit, S. 31f.

22 Vierhaus, Rudolf: Der Aufstieg des Bürgertums vom späten 18. Jh. bis 1848/49, in: Kocka, Bürger und Bürgerlichkeit, S. 64.

23 So geschieht es auch im einschlägigen Artikel Volk, Nation von Gschnitzer/Koselleck/Schönemann/Werner in: Geschichtliche Grundbegriffe. Historisches Lexikon zur historisch-politischen Sprache in Deutschland, hrg. von Otto Brunner, Werner Conze,

im 19. Jahrhundert meistens synonym benutzt worden.[24] *Nation*, aus dem lateinischen Wort *natio* und damit begrifflich eng an die Geburt, die Herkunft gebunden, hat in sehr viele Sprachen Eingang gefunden – *Volk* hingegen wird höchstens in seinen jeweiligen Äquivalenten gebraucht.

In beiden Fällen lassen sich zwei Ebenen unterscheiden:

> Einerseits werden semantisch stetige, lange anhaltende, sich nur allmählich ändernde Strukturen auf ihren Begriff gebracht, die unter wechselnden Bezeichnungen (,populus', ,natio', ,Volk' usw.) sich ähneln oder wiederholen. – Zum anderen werden ganz spezifische politische und soziale Organisationsweisen und Deutungsmuster auf ihre Begriffe gebracht, die durch ihre jeweilige Benennung (,populus romanus', ,nation française', ,deutsches Volk' usw.) Unverwechselbarkeit und Einmaligkeit beanspruchen.[25]

Hinzu treten eine semantische Oben-unten- sowie eine Innen-außen-Relation; beides funktioniert in beide Richtungen und existiert seit der Antike. Am greifbarsten wird es am Beispiel des alten Rom: *populus* kann die herrschende Klasse in Abgrenzung beispielsweise zu den Sklaven sein (Oben-unten-Relation) – daneben steht *populus Romanus* in Abgrenzung zu anderen *gentes* oder *nationes* (Innen-außen-Relation). Diese Unterscheidung wird genauso im mittelalterlichen Römischen Reich getroffen, das – wie später das Habsburgische oder Osmanische – auch mehrere *nationes* in einem Staatsvolk zusammenfassen konnte. Das Heilige Römische Reich *teutscher Nation* wird erstmals im Kölner Reichsabschied von 1512 offiziell so genannt, wobei „allerdings […] der Sprachgebrauch [im Hinblick auf „Nation", MN] bis weit ins 18. Jahrhundert hinein uneinheitlich und variantenreich [bleibt]".[26] Die Humanisten identifizieren sich stark mit diesem Gedanken der Reichsnation[27] unter einem gemeinsamen Kaiser: *Romisch ere und teutscher nacion / an dir, o höchster kunig, stan* schreibt Sebastian Brant 1492 *An Maximilianum*.[28] Wir haben es hier noch mit dem Gedanken der *Adelsnation* zu tun, der erst in der Französischen Revolution von dem der *Volksnation* abgelöst werden wird: Die adlige Elite, noch nicht die Masse des Volkes, ist Träger der Nation.[29]

Reinhart Koselleck, Bd. 7, Stuttgart 1992, S. 141-431. Geschichtlichen Grundbegriffen, Bd. 7, dem die hier gebotene Begriffsgeschichte in weiten Teilen folgt.

24   Ebd., S. 284.

25   Ebd., S. 142f.

26   Ebd., S. 285.

27   Vgl. ebd., S. 288.

28   Von dem donerstein, gefallen vor Ensisheim. An Maximilianum (1492), abgedruckt in: Liliencron, Rochus von: Die historischen Volkslieder der Deutschen vom 13. bis 16. Jh., Bd. 2 (Leipzig 1866), S. 307f.

29   Noch Montesquieu nennt „Adel und Klerus" als Träger der Nation – erst auf Grundlage der Gleichung Volk = tiers état = Nation erfolgt in Frankreich die Schaffung einer Volks-

Etwa gleichzeitig mit der Wiederentdeckung der *Germania* des Tacitus durch Poggio Braccolini in der Bibliothek des Klosters Fulda[30] hält um 1500 im Zuge der Besinnung auf das Erbe eines (sic!) alten Volkes auch die Singularbezeichnung „Deutschland" Einzug in die deutsche Sprache: Vorher hatte man ausschließlich im Plural von „deutschen Landen" gesprochen.[31] Interessant ist, dass die Humanisten nun den von Tacitus beschriebenen „Super-Germanen" den anderen Nationen wie einen Spiegel ihrer Dekadenz vorhielten – genau das, was Tacitus mit seinen römischen Zeitgenossen getan hatte, indem er die Germanen übertrieben hochstilisierte, und was auch später im Zuge nationalistischer Abgrenzungen vor allem des 19. und 20. Jahrhunderts immer wieder passieren sollte. Im Rückgriff auf die *Germania* erfolgte eine Historisierung des Nationenbegriffs „durch die Gleichsetzung der Germanen mit den Deutschen"[32] und einer damit einhergehenden Glorifizierung der in der Vergangenheit erbrachten nationalen Leistungen. Im 15. und 16. Jahrhundert existieren der ältere staatsrechtlich geprägte Begriff einer Nation, der alle Untertanen des Reiches angehören, und „der sprachlich-ethnisch-kulturell orientierte Nationsbegriff, [der] zunehmend an Boden [gewinnt]"[33], nebeneinander. Zur Vereinheitlichung der Deutschen als Sprachnation hat unbestritten Martin Luther einen entscheidenden Beitrag geleistet – und hat doch das deutsche Nationbuilding gleichzeitig auch gehemmt: Die tiefgreifende konfessionelle Spaltung der Nation hatte Nachwirkungen bis ins 20. Jahrhundert.

Luther ist seiner Zeit gemäß dem Gedanken der Adelsnation verpflichtet, bezeichnenderweise wendet sich seine erste Reformschrift 1520 *An den Christlichen Adel deutscher Nation von des Christlichen standes besserung*; bei seiner angestrebten Reform der katholischen Kirche hofft er zunächst auf die Hilfe des Reiches.[34] Und dennoch ist er einer der Ersten, der auch das Volk in den Nationsgedanken einbezieht, beispielsweise wenn er darüber klagt, „dass es dem *arm volck deutscher Nation* an guten und gelehrten Prälaten mangele."[35] Auch Ulrich von Hutten,

> der sich seit 1520 bewusst an das *vatterlandt Teütsch nation in irer sprach* wandte, um seinen Schriften eine möglichst breite Resonanz zu verschaffen, verstand unter „Nation" mehr als die Gesamtheit der Obrigkeiten im Reiche: Seine *an alle ständ*

---

    nation; vgl. Schulze, Hagen: Staat und Nation in der europäischen Geschichte, München 1994, S. 168f.

30   Die Neuveröffentlichung erfolgte 1455 in Italien; vgl. Schulze, Staat und Nation, S. 141.

31   Ebd., S. 142.

32   Art. Volk, Nation, in: Geschichtliche Grundbegriffe, Bd. 7, S. 290.

33   Ebd.

34   Ebd., S. 293.

35   Luther, Martin: An den Christlichen Adel deutscher Nation; zit. nach Art. Volk, Nation, in: Geschichtliche Grundbegriffe, Bd. 7, S. 294.

der Teütschen gerichtete Vermahnung begriff die Nation als Forum und Instanz; die nationalen Belange hatten für ihn, anders als für Luther, einen deutlich erkennbaren, den engeren Kontext des Kampfes gegen die römische Kirche übergreifenden politischen Eigenwert.[36]

Dennoch haben wir es hier noch nicht mit einem „modernen" Nationalismus mit all seinen Forderungen im Sinne des 19. Jahrhunderts zu tun – selbst die gedanklichen Voraussetzungen dafür waren nicht einmal ansatzweise gegeben. Auch von Hutten stellte sich deshalb nicht gegen Reich und christliche Kirche an sich.[37]

Während der Glaubenskriege und vor dem Hintergrund zwar durch ein Reich zusammengehaltener, aber keinesfalls vereinter Partikularstaaten verschwindet der Begriff der Nation fast gänzlich aus dem Gebrauch[38] – es fehlt schlichtweg der Glaube daran. *Reich* und *Nation* treten auseinander und werden als nicht mehr vereinbar betrachtet; gleichzeitig treten zur „Deutschen Nation" noch etliche Partikularnationen, die die jeweilige auch konfessionelle Identifikation erleichtern.[39]

Ab der Wende vom 17. zum 18. Jahrhundert, verstärkt ab Mitte des 18., tritt der Begriff *Nation* wieder deutlicher zu Tage; getragen nun von der aufsteigenden, gebildeten und den Idealen der Aufklärung folgenden Bürgerschicht, die Begriffe wie Nationaltheater, Nationalerziehung und dergleichen prägt und die „ohne die bestehende politisch-soziale Ordnung – die es ja gerade zu reformieren gilt – grundstürzend verändern zu wollen, [...] zunächst eine die Grenzen der Einzelstaaten transzendierende geistig-kulturelle Deutungskompetenz [beansprucht]."[40] Es gilt aber hervorzuheben, dass die Befürworter eines so gearteten „Nationalismus" noch „zugunsten kosmopolitisch-universaler Orientierungen"[41] agieren.

Ebendiesen Anspruch finden wir auch bei Herder, der allerdings eine „kopernikanische Wende in der semantischen Entwicklung des Volksbegriffs"[42] bewirkt. Das 16. und 17. Jahrhundert hatte im Großen und Ganzen noch den der Antike verwendet: δῆμος – *populus* als „eher wertneutralen, die Gesamtheit der Mitglieder eines Gemeinwesens bezeichnenden" und ῎οχλος – *vulgus* als „einen eindeutig pejorativen, auf die sozialen Unterschichten bezogenem Begriff", wobei oft der Gegensatz zwischen der Verwendung im theologischen Sinne (Volk Got-

---

36 Art. Volk, Nation, in: Geschichtliche Grundbegriffe, Bd. 7, S. 289.
37 Vgl. ebd., Anm. S. 289.
38 Vgl. ebd., S. 282.
39 Vgl. ebd., v.a. S. 302ff.
40 Ebd., S. 283.
41 Ebd.
42 Ebd.

tes etc.) kontra „unnütz Volck" (Hutten), „gemeynes volck" (Brant für nicht-adlige Sozialschicht) klar zutage trat.[43]

> Mit Ausnahme der staatsrechtlichen Literatur, insbesondere der Literatur zur Staatsformenlehre, die von jeher gewohnt war, von „Volk" im Sinne von „Staats-volk" („populus") zu handeln, gebrauchen die meisten Quellen vor Herder den Volksbegriff entweder im theologischen, militärischen oder geographischen Sinne („Gottesvolk", „Kriegsvolk", „Bevölkerung"), oder sie beziehen ihn auf soziale Gruppen der unterschiedlichsten Größe und Zusammensetzung bis hin zur Ge-samtheit der Besitzlosen und Ungebildeten in der Gesellschaft. Gegenüber dieser soziologischen Bedeutung von „Volk" als Unterschicht, die spätestens seit Begin des 18. Jahrhunderts dominiert, können sich vereinzelte Gleichsetzungen von „Volk" und „Nation" zunächst nicht behaupten. Erst Herder initiiert den entschei-denden Bedeutungswandel, indem er das Volk zu einer kollektiven, mit Sprache, Seele und Charakter begabten Individualität aufwertet.[44]

Die Idee des aufgeklärten Bürgertums, kulturelle Institutionen und die dort be-triebene Pflege gemeinsamen kulturellen Erbes zur Überwindung partikular-staatlicher Schranken zu nutzen, reicht bis weit ins 19. Jahrhundert,[45] obwohl es bereits im letzten Drittel des 18. zu vereinzelten Gründungen von National-theatern kommt.[46] Doch gehen diese Ansätze zumeist von der Annahme aus, Deutschland *sei* bereits eine Nation, deren Geschmack durch die Theater als ästhetische Erziehungsanstalten nur noch gehoben werden müsse. Lessing und Schiller vertreten dagegen einen voluntaristischen Nationsbegriff, wobei Schiller dem Nationaltheater darin auch eine tragende Rolle zuweist:

> Nationalgeist eines Volks nenne ich die Ähnlichkeit und Übereinstimmung seiner Meinungen und Neigungen bei Gegenständen, worüber eine andere Nation anders meint und empfindet. Nur der Schaubühne ist es möglich, diese Übereinstimmung in einem hohen Grad zu bewirken ... *[W]enn wir es erlebten, eine Nationalbühne zu haben, so würden wir auch eine Nation.*[47]

Bemerkenswert ist, dass Schiller eine fast vollständige Gleichsetzung von Volk und Nation betreibt, indem er vom „Nationalgeist eines Volkes" spricht. Er ent-fernt sich damit von der pejorativ gefärbten Verwendung des sozialen Begriffes *Volk* „als Synonym für die *untern Classen der Glieder einer Nation oder eines Volkes*, für *das gemeine Volk, ... gemeine Leute ..., den großen Haufen* oder *die*

---

43   Art. Volk, Nation, in: Geschichtliche Grundbegriffe, Bd. 7, S. 292f.

44   Ebd., S. 283.

45   Vgl. u.a. das Kapitel I.3 dieser Arbeit zu Theodor Hagen und Wilhelm Heinrich Riehl.

46   So z.B. in Hamburg 1767, Wien 1776, Mannheim 1777, Berlin 1786, Weimar 1791; vgl. Art. Volk, Nation, in: Geschichtliche Grundbegriffe, Bd. 7, S. 307.

47   Schiller, Friedrich: Was kann eine gute stehende Schaubühne eigentlich wirken? (1784), NA Bd. 20/21 (1962/63), S. 99; Hervorhebung MN.

untersten Classen im Staat."[48] Dass diese „untersten Classen" ihre schlechte ge-sellschaftliche Lage in erster Linie einem Mangel an Bildung verdanken, hatte 1697 schon Leibniz festgestellt und zugleich eine Differenzierung vorgenommen in wirklich „dummes Volk" und etwas gebildeteres, das auch „bisweilen mit ei-nem annehmlichen Buche sich erquicket".[49] Und er zieht den Schluss: „Je mehr nun dieser Leute in einem Land, je mehr ist die Nation abgefeinet oder zivilisiert, und desto glückseliger und tapferer sind die Einwohner."[50] Rousseau und seine Nachfolger werden einige Jahrzehnte später das genaue Gegenteil vertreten – der Mensch ist eben *nicht* umso glückseliger, je zivilisierter und gebildeter er ist. Gleichzeitig beinhaltet der Leibniz'sche Ansatz das gesamte aufklärerische Pro-gramm einer „Bildung der Nation durch Bildung der Nation". Es wurde bereits angemerkt, dass diese Volksbildungsbestrebungen stets aus dem Bürgertum ka-men, also von oben nach unten gerichtet waren. Rudolf Zacharias Becker, der uns im Zusammenhang mit seinem *Mildheimischen Liederbuch* noch beschäftigen wird, ist der Erste, der dieses erzieherische Verhältnis umzudrehen versucht und so ganz im Einklang mit Rousseau steht. Sein *Noth- und Hülfsbüchlein für Bau-ersleute* von 1788 verfolgt das Ziel, Aufklärung und Volkserziehung gewissermaßen „von unten nach oben" zu betreiben (wobei er, wie alle Volksauf-klärer, aus dem Bürgertum stammt und damit „von oben nach unten" blickt). Becker schätzt die schwer arbeitende arme (Land-)Bevölkerung sehr hoch und hält es deshalb für möglich,

> dass die wahre praktische Aufklärung, von der die verfeinerten Stände meistens nur
> reden und schreiben, bei dem Landmanne zuerst Wurzeln fassen und sich von un-

---

48 So Adelung in seinem Wörterbuch (1780); zit. nach Art. Volk, Nation, in: Geschichtliche Grundbegriffe, Bd. 7, S. 314.
   Zur Verwendung von „Volk" im Sinne von „Unterschichten" ist anzumerken, dass in der Antike weder plebs noch vulgus vorrangig dazu dienten, z. T. war sogar das Gegenteil der Fall (vgl. plebs Dei) (vgl. Geschichtliche Grundbegriffe, Bd. 7, S. 248ff.). Erst um ca. 1000 lassen sich diverse pejorative Abspaltungen von populus auf z.B. Pöbel – für Angehörige keines „integrierten" Standes der Stadtbevölkerung – nachweisen (ebd., S. 277). Daraus folgt, dass „Unterschicht" für jede Epoche neu differenziert und definiert werden muss. In der ständischen Gesellschaft (11.-18. Jh.) wurde „die ‚eigentliche' Unterschicht von all de-nen gebildet …, die weder dem Ritter-, noch dem Kaufmans-, Handwerker-, Bauernstand (etc.) angehörten, ohne Standesehre also ‚ehrlos' waren: immer noch die Mehrheit der Be-völkerung, denn es gab keinen ‚Arbeiterstand' für die Arbeiter in Stadt und Land, die später eine ‚Klasse' bilden sollten. Noch unter dieser Unterschicht blieben die Ausge-schlossenen aller Art, die mit der sich resorbierenden Gruppe der Sklaven/Unfreien eine mehr oder weniger große Rechtlosigkeit gemein hatten." (Ebd., S. 280)
49 Leibniz, Gottfried Wilhelm: Ermahnung an die Teutsche, ihren Verstand und Sprache besser zu üben … (1697), in: Politische Schriften, hrg. v. Hans Heinz Holz, Frank-furt/Main 1967, S. 67f.; zit. nach Art. Volk, Nation, in: Geschichtliche Grundbegriffe, Bd. 7, S. 314.
50 Ebd.

ten hinauf verbreiten könne; so wie die Verfeinerung die verschiedenen Klassen des Volks von oben herunter angesteckt hat.[51]

Mit diesem „umgekehrten" Ansatz, der im gleichen Atemzug bedeutet, sich für die Grundschichten und deren kulturelles Eigenleben zu interessieren, kann Becker neben Herder (wenngleich viel „konservativer" als dieser) als Wegbereiter der Romantik gelten – im Mindesten hat er durch sein überaus erfolgreiches *Mildheimisches Liederbuch* das Konkurrenzprojekt *Des Knaben Wunderhorn* provoziert. Herder, der *Nation* und *Volk* durchgängig gleichbedeutend benutzt, sorgt mit seiner „kopernikanischen Wende" im Volksbegriff dafür, dass sich die kommenden Generationen Deutscher in erster Linie als Sprach- und Kulturnation verstehen. Seine synonyme Verwendung von „Volkslied" und „Nationallied" ist hierfür ein lebhaftes Beispiel.

Mit der Französischen Revolution beginnt sich im Hinblick auf *Volk* und *Nation* ein Begriffswandel durchzusetzen, befeuert durch fortschreitende Demokratisierung und damit verbundene Politisierung weiter Teile der Bevölkerung – eine neue Auseinandersetzung mit den Begrifflichkeiten wird durch das Übergreifen der Revolutionsideale von Frankreich nach Deutschland auch hierzulande unumgänglich. „Demokratisierung" meint in diesem Fall, dass „seit der naturrechtlich fundierten Aufklärung und durch die Französische Revolution" *Volk* für alle Mitglieder eines *Staatsvolks* im Sinne der französischen *nation* steht. Das Volk „rückt […] zum Oberbegriff auf, der alle Stände oder Klassen, die Regierenden und die Regierten einschließt.[52] […] Wegweisend […] ist sein neuer Anspruch, die heteronomen Bestimmungen eines einzigen politischen Staatsvolkes und der rechtlich sowie sozial vielschichtigen Bevölkerung zu verschmelzen."[53] In der Bezeichnung *Völkerschlacht* findet diese neue Bedeutungsvariante erstmals weite Verbreitung. Eine Politisierung des Begriffes tritt ein, wenn man den bestimmten Artikel hinzusetzt und damit einen politischen Inhalt transportiert – *das* Volk oder *la* nation.[54] Gleichzeitig werden nun beide Begriffe sowohl negativ – in der Bezugnahme auf Frankreich – als auch positiv – in der Bezugnahme auf Deutschland – besetzt und benutzt, was „auf die Dauer zu einer komplementären

---

51   Becker, Rudolf Zacharias: Versuch über die Aufklärung des Landmannes, Dessau/Leipzig 1785, S. 35.

52   Bezeichnend noch 1873 Bismarcks Abwehrhaltung „gegen den Anspruch der liberalen Parlamentarier, das Volk zu vertreten: Zum Volke gehören wir alle, ich habe auch Volksrechte, zum Volke gehört auch Seine Majestät der Kaiser; wir alle sind das Volk, nicht die Herren, die gewisse alte, traditionell liberal genannte und nicht immer liberal seiende Ansprüche vertreten. Das verbitte ich mir, den Namen Volk zu monopolisieren und mich davon auszuschließen!" (Bismarck, Rede vom 16.6.1873, in: Werke, hrg. von Gustav Adolf Rein et al., Bd. 5, hrg. von Alfred Milatz, Darmstadt 1973, S. 358f.)

53   Art. Volk, Nation, in: Geschichtliche Grundbegriffe, Bd. 7, S. 147.

54   Ebd., S. 148.

Strukturierung der Wortbedeutungsfelder" führte, „weil sich in ihnen Selbstdeutung und Fremdwahrnehmung wechselseitig verschränkten".[55] Wichtig bleibt festzuhalten:

> Das deutsche Volk als ein sich selbst so benennendes und so begreifendes Handlungssubjekt ist erst im 19. Jahrhundert entstanden. Alle rückwärts wirkenden Deutungen rücken – nunmehr begriffsgeschichtlich – unter Ideologieverdacht.[56]

Folgt man der Gruppensoziologie nach William G. Sumner, so stellt Volk/ Nation eine Solidargemeinschaft dar, die ebenfalls auf der Innen-außen-Relation und der Oben-unten-Relation basiert: Die Eigengruppe, die *in-group* mit Wir-Gefühl, sich als besser und stärker empfindend, steht der Fremdgruppe, der *out-group*, den „Anderen", als schwächer, minderwertiger Empfunden, entgegen. Um den Zusammenhalt der Gruppe zu gewährleisten, wird nach innen für Integration, Frieden, Sinnhaftigkeit des Handelns und die Identifikation mit Symbolen wie Wappen, Fahnen, Lieder etc. gesorgt, nach außen herrschen Abschottung, Kampf, Krieg.[57] Diese Charakterisierung ist für die Ausbildung des Nationalismus, vor allem im Hinblick auf Deutschlands Eigenbild in Abgrenzung zu Frankreich, unbedingt zu beachten.[58]

Der hier vertretene Nationalismusbegriff wird nicht per se pejorativ verstanden, sondern folgt dem Ansatz Dieter Langewiesches, der Nationalismus als Mischung aus Partizipation und Aggression definiert, wobei deren jeweiliger Anteil entscheidend ist für eine mehr integrative oder mehr aggressive Ausprägung.[59] Nationalismus zeigt demnach „immer ein Janusgesicht […], zu dem Partizipation und Aggression zugleich gehörten", „Inklusion ist ohne Exklusion nicht zu haben."[60] Besonders im Hinblick auf die Abgrenzung Deutschlands von Frankreich wird deutlich, wie sich die deutsche Nation „im Gegenbild erkennt, [wie sie] eine Vorstellung von sich selbst entwirft. Selbstbild durch Gegenbild, nicht selten gesteigert zum Feindbild."[61] Aggression muss sich aber nicht zwangsläufig nach außen richten, auch nach innen, gegen Integrationsunwillige oder -unfähige, kann sie wirken,[62] und je nach Geschmack der Zeit Juden, Sozialdemokraten,

---

55   Art. Volk, Nation, in: Geschichtliche Grundbegriffe, Bd. 7, S. 326f.

56   Ebd., S. 150.

57   Vgl. Schulze, Staat und Nation, S. 111.

58   Herder – bekanntermaßen immer Kosmopolit und absolut gegen Kriege von „Vaterland gegen Vaterland" (Art. Volk, Nation, in: Geschichtliche Grundbegriffe, Bd. 7, S. 319) – benutzt als Erster den Begriff des „(eingeschränkten) Nationalism": Ein Vorurteil gegen andere Völker muss nicht nur schaden, „denn es macht glücklich. Es drängt Völker zu ihrem Mittelpunkte zusammen." (Ebd., S. 318).

59   Langewiesche, Dieter: Nationalismus im 19. und 20. Jahrhundert, Bonn 1994, S. 10ff.

60   Kocka, Jürgen: Das lange 19. Jahrhundert (=Gebhardt, Bd. 13), S. 87.

61   Langewiesche, Nationalismus im 19. und 20. Jahrhundert, S. 11.

62   Ebd., S. 12.

Ausländer oder jede beliebige andere Minderheit treffen, wobei es keine Rolle spielt, ob diese sich wirklich nicht integrieren will oder von der Mehrheitsgesellschaft systematisch an der Integration gehindert wird. Für alle bisherigen Prozesse des Nationbuildings ist neben der Frage nach dem Territorium folglich die nach dem Verhältnis zu Fremden zentral.[63] Jeder Nationalismus verfolgt das Ziel einer Nationalstaatsgründung und ist deshalb fast immer mit Krieg um das betreffende Territorium verbunden. Eine Ausnahme bildet Frankreich als „integrierender Nationalstaat", der sich durch politische Umformung innerhalb eines feststehenden Gebietes konstituierte. Folgt man der Typologie nach Theodor Schieder weiter, exstieren daneben der *unifizierende* und der *sezessionistische* Nationalstaat, die beide nicht ohne Kämpfe auskommen.[64] Die Übergänge können dabei fließend sein: So sind die Nationalstaatsgründungen beispielsweise in Italien und Deutschland sowohl integrierend als auch sezessionistisch erfolgt.

Helmuth Plessner hat in seiner berühmten Abhandlung[65] Spanien, Italien und Deutschland als die „verspäteten" unter den europäischen Nationen bezeichnet. Während *pueblo español* und *populo italiano* auf das Mittelalter zurückweisen, im Falle Italiens auch auf das antike Rom, verweise *das deutsche Volk* auf das Germanentum und mache damit gleichzeitig eine anti-römische Frontstellung auf, die sich einerseits im Hass auf Frankreich als Fortsetzung des Römischen, andererseits in der Ablehnung Preußens gegenüber dem süddeutsch-österreichischen Katholizismus niederschlage.[66] Dazu gehört auch, dass man sich dazu bekennen kann, Mitglied des Commonwealth, Franzose oder Amerikaner zu sein – Deutscher kann man nach diesem Verständnis nicht werden, man kann es nur qua Geburt sein. Und: Die Staatsnationen (GB, FR, USA) beinhalten im Gegensatz zur Volksnation auch das klare Bekenntnis zu Revolution und Demokratie, sie sind der oft zitierte *plébiscite de tous les jours* (Renan). Eine so verstandene Staatsnation muss untrennbar mit der Frage nach ihrem Territorium verbunden sein, da Staat und Nation deckungsgleich sein bzw. werden müssen.[67] Für die Nationalstaatsbildung in Europa bedeutet das, dass im Falle der Staatsnationen Frankreich und England der Staat in seinem Territorium die Nation verwirklich-

63 Langewiesche, Nationalismus im 19. und 20. Jahrhundert, S. 16.
64 Ebd., S. 16f. Auch Langewiesche merkt an, dass jede erfolgreiche Nationalrevolution verbunden mit einem erfolgreichen Krieg sei – im Falle Deutschlands der gegen Frankreich 1870/71 – wobei die Revolution nach innen wie außen begrenzt sein muss, um das innere Gleichgewicht und damit das Erreichen der Ziele nicht zu gefährden (vgl. Langewiesche, Dieter: Das Europa der Nationen, Bonn 2007, S. 9).
65 Plessner, Helmuth: Die verspätete Nation. Über die politische Verführbarkeit bürgerlichen Geistes, Stuttgart ²1959.
66 Plessner bezeichnet dies mit dem „römischen Komplex" (Plessner, Die verspätete Nation, S. 47ff).
67 Vgl. Kocka, Das lange 19. Jahrhundert (=Gebhardt, Bd. 13), S. 84; Hobsbawm, Nationen und Nationalismus, S. 20; Gellner, Nationalismus und Moderne, S. 8.

te, im Falle der „verspäteten" Kulturnationen Deutschland und Italien aber die Nation den Staat. Im Falle der deutschen Nationalstaatsbildung stellte sich lange Zeit die Frage der groß- oder kleindeutschen Lösung. Das Konzept einer Sprachnation musste zumindest den deutschsprachigen Teil Österreichs miteinbeziehen; doch bereits vor dem preußisch-österreichischen Krieg 1866 begann sich abzuzeichnen, dass dieser großdeutschen Lösung die Zukunft nicht gehören konnte. Gründe dafür waren – abgesehen vom „Vielvölkerklotz" am Beine Österreichs – erstens die industriell und wirtschaftlich sehr unterschiedlich verlaufene Entwicklung – die meisten deutschen Staaten unterhielten enge Handelsbeziehungen zu Preußen und nicht zum viel weniger weit entwickelten Österreich –,[68] zweitens die Tatsache, dass es den österreichischen Turner- und Sängerverbänden untersagt war, sich mit anderen deutschen Brudervereinen zu assoziieren – folglich reichten deren Aktivitäten sowie die Mobilisierung durch politische Parteien kaum bis ins deutschsprachige Österreich, was zum Teil auch zu dessen Selbstisolation beitrug –,[69] und drittens lagen wichtige Bestandteile der Herausbildung eines „kleindeutschen" Nationalbewusstseins in der Bindung an Städte und im Einfluss des Protestantismus – im katholischen und viel weniger urbanisierten Österreich konnten integrativ-nationalistische Ideen also viel weniger Fuß fassen. Ohnehin ist der Antikatholizismus Teil des „römischen Komplexes" (Plessner), der sich nicht nur in einer Ablehnung gegenüber Österreich, sondern auch in einem aggressiv nach innen gerichteten Nationalismus beispielsweise den katholischen Provinzen Preußens im heutigen Polen gegenüber niederschlug. Kampf nach innen und Krieg nach außen mit dem Ziel des Nationalstaats, dafür ist Deutschland ein Paradebeispiel:

> Alle Erklärungsmodelle, die Nationsbildung ausschließlich als die Entstehung von Kommunikationsgemeinschaft verstehen, scheuen vor dieser bitteren historischen Einsicht zurück: der Krieg mit dem Fremden innerhalb und außerhalb des von der Nation beanspruchten Territoriums als Schöpfer nicht nur von Nationalstaaten, sondern auch von nationaler Identität.[70]

Die Frage nach eben dieser nationalen Identität ist es denn auch, die Friedrich Lenger in Übereinstimmung mit Jürgen Kocka zu der These veranlasst, der „Prozess der Nationsbildung [sei] mit der Reichsgründung selbst noch keineswegs abgeschlossen" gewesen, vielmehr „war das Kaiserreich, wie Theodor Schieder formuliert hat, ein ‚unvollendeter Nationalstaat'."[71]

---

68   Lenger, Industrielle Revolution und Nationalstaatsgründung (=Gebhardt, Bd. 15), S. 344f.
69   Ebd., S. 346f. Ab ca. 1860 nehmen allerdings, begünstigt durch den Bau der Eisenbahn, auch verstärkt österreichische Sänger und Turner an den großen gesamtdeutschen Festen teil.
70   Langewiesche, Nationalismus im 19. und 20. Jahrhundert, S. 27.
71   Lenger, Industrielle Revolution und Nationalstaatsgründung (=Gebhardt, Bd. 15), S. 343; vgl. auch Kocka, Das lange 19. Jahrhundert (=Gebhardt, Bd. 13), S. 85 und 87.

Was uns im Hinblick auf unsere Fragestellung besonders interessiert, ist aber genau das: Die Herausbildung einer nationalen Identität, eines – kulturellen, in unserem Falle an der Verbreitung von Musik, von Volksliedern sich manifestierenden – *Nationbuilding* vor der Nationalstaatsgründung. Wir wählen dabei den englischen Begriff nicht aus einer Vorliebe für Anglizismen heraus, sondern weil der deutsche Begriff *Nationsbildung* in der Doppeldeutigkeit des Wortes „Bildung" zu viel Platz für Missverständnisse birgt und der englische passenderweise durch das Verb *to build* eine schaffende, kreative Nuance beinhaltet, auf die wir nicht verzichten wollen. *Nationbuilding* bezeichnet damit, angelehnt an Hobsbawm[72] für uns den Prozess, in dem eine Nation (hier die deutsche) ein Nationalbewusstsein entwickelt, das in einem weiteren Schritt zu einer Nationalstaatsgründung führen kann und soll.

---

72   Hobsbawm, Eric: Nations and Nationalism Since 1780, Cambridge [2]1992.

Bestandsaufnahme

Das Spektrum der angestrebten Fragestellung ist in dieser weitreichenden Form bislang noch nicht thematisiert worden. Zu einzelnen Themenfeldern existieren zwar teils umfangreiche Studien, zu anderen dagegen wurde so gut wie gar nichts publiziert. An dieser Stelle soll ein Überblick über den Forschungsstand gegeben werden.

Publikationen zur Gesamtthematik

Nur eine Publikation, die Dissertation von Benjamin Ward Curtis aus dem Jahre 2002,[73] kommt der hier behandelten Thematik nahe; allerdings wählt Curtis eine den gesamteuropäischen Rahmen betrachtende Perspektive und fokussiert sich auf die Musik. Er vergleicht Richard Wagner, Bedřich Smetana und Edvard Grieg in ihren Rollen als „Nationalkomponisten" – eine Sichtweise also, die der hier angestrebten in Bezug auf territoriale und zeitliche Ausdehnung sowie auf das Verständnis von Nationalismus nicht entspricht. Der von Brusniak/Klemke herausgegebene Tagungsbericht zu *Nationalidentität und Gesellschaftskultur in der deutschen Geschichte* ermöglicht hingegen einen sehr guten Überblick,[74] ebenso wie der Tagungsband zur Konstruktion nationaler Identitäten aus Freiburg/Strasbourg.[75] Auch die Aufsätze in Danuser/Münkler[76] befassen sich mit dem Themenfeld Musik und Nation, können aber naturgemäß stets nur einzelne Aspekte beleuchten; ebenso die Dissertation von Cecilia Hopkins Porter.[77] Doch wird hier – wie nicht selten – ein relativ beschränktes Bild gezeichnet, indem oft nur der aggressive Nationalismus in den Vordergrund gestellt wird. Sehr interessant, jedoch für unsere Fragestellung leider kaum zielführend, ist die Sammlung

---

73 Curtis, Benjamin Ward: On Nationalism and Music, Diss. Chicago 2002.

74 Brusniak, Friedhelm und Klenke, Dietmar (Hrgg.): „Heil deutschem Wort und Sang!" Nationalidentität und Gesellschaftskultur in der deutschen Geschichte (Tagungsbericht Feuchtwangen 1994), Augsburg 1995.

75 Föllmi, Beat A., Grosch, Nils und Schneider, Mathieu (Hrgg.): Music and the Construction of National Identities in the 19th Century, Baden-Baden/Bouxwiller 2010.

76 So z.B. Danuser, Hermann: „Heil'ge deutsche Kunst?" Über den Zusammenhang von Nationalidee und Kunstreligion; Münkler, Herfried: Kunst und Kultur als Stifter politischer Identität. Webers Freischütz und Wagners Meistersinger; Nowak, Adolf: Vom „Trieb nach Vaterländischem". Die Idee des Nationalen in der Musikästhetik des 18. und 19. Jahrhunderts; alle drei Artikel finden sich in: Danuser, Hermann und Münkler, Herfried (Hrgg.): Deutsche Meister – böse Geister? Nationale Selbstfindung in der Musik, Berlin 2001.

77 Porter, Cecilia Hopkins: The Rhenish Manifesto: „The free German Rhine" as an Expression of German National Conciousness in the Romantic Lied, Maryland 1975 (Diss. Maschinenschrift).

von Essays zum Thema „Musical Constructions of Nationalism".[78] Sie umspannt zwar den Zeitraum von 1800-1945, nur ein einziger Artikel befasst sich jedoch mit Deutschland.[79] Bemerkenswert auch das Vorgehen Philip Bohlmans in seinem Band zur „Music of European Nationalism",[80] der einen Bogen von Herders „Stimmen der Völker in Liedern" zum „Eurovision Song Contest" spannt.

Mehr als Quellen denn als Forschungsliteratur dienen des Weiteren die zahlreichen Publikationen aus der Zeit um die Jahrhundertwende bis hin zum Dritten Reich,[81] in denen – man wird es kaum anders erwarten – der partizipative Nationalismus, der die Einheit der Nation um 1848 zum Guten forderte, stets mehr oder weniger stark ideologisch ausgeschlachtet und damit pervertiert wird.

Publikationen zu einzelnen Themenfeldern

Um die Erforschung der sozialen Grundschichten und ihrer Musik hat sich – abgesehen von Max Friedlaender und John Meier[82] als *den* Wegbereitern der Volksmusikforschung – besonders die DDR-Musikwissenschaft verdient gemacht. Die Arbeiten von Walter Wiora,[83] Christian Kaden,[84] Doris und Erich

---

78 White, Harry und Murphy, Michael (Hrgg.): Musical Constructions of Nationalism: Essays on the History and Ideology of European Musical Culture 1800-1945, Cork 2001.

79 Vilain, Robert: Wagner's Children: Incest and Bruderzwist, in: White/Murphy 2001, S. 239-56.

80 Bohlman, Philip V.: The Music of European Nationalism: Cultural Identity and Modern History, Santa Barbara u.a. 2004.

81 So z.B. Lenschau, Thomas: Die deutschen Stämme und ihr Anteil am Leben der Nation, Leipzig 1923; Naumann, Hans: Grundzüge der deutschen Volkskunde, Leipzig 1929; Haushöfer, Karl und Roeseler, Hans (Hrgg.): Das Werden des deutschen Volkes. Von der Vielfalt der Stämme zur Einheit der Nation, Berlin 1939.

82 Meier, John: Kunstlieder im Volksmund, Halle/Saale 1906; ders.: Volksliedstudien, Straßburg 1917.

83 Wiora, Walter: Das deutsche Lied. Zur Geschichte und Ästhetik einer musikalischen Gattung, Wolfenbüttel 1971; ders.: Art. „Deutschland", A. Grundschichten der deutschen Musik, MGG I, Bd. III, Sp. 261ff., Kassel 1954; ders.: Die rheinisch-bergischen Melodien bei Zuccalmaglio und Brahms, Bad Godesberg 1953 (=Quellen und Studien zur Volkskunde, hrg. von Karl Meisen, Bd. 1). Das echte Volkslied, Heidelberg 1950.

84 Kaden, Christian: Hirtensignale. Musikalische Syntax und kommunikative Praxis, Leipzig 1977; ders.: Volksmusik als Lebensweise, in: Musik und Gesellschaft 31 (1981), H. 9, S. 516-22; ders.: „Jünger der Empfindsamkeit": Populäre Musik in der Tradition der Gefühlskultur des 18. Jahrhunderts, in: Aspekte zur Geschichte populärer Musik, S. 6-20, Hamburg 1992; ders.: Aufbruch als Abgesang: Die „Wiedergeburt" der musikalischen Folklore aus dem Geist der Avantgarde, in: Rezeption als Innovation: Untersuchungen zu einem Grundmodell der europäischen Kompositionsgeschichte, S. 449-68, Kassel u.a. 2001; Abschied von der Harmonie der Welt: Zur Genese des neuzeitlichen Musikbegriffs,

Stockmann,[85] Wolfgang Steinitz[86] und Hermann Strobach[87] zählen zu Recht zu den bekanntesten. Unter den in der Bundesrepublik erschienenen Publikationen ist vor allem die Dissertation Waltraud Linder-Berouds[88] zu nennen sowie die Veröffentlichungen des DVA;[89] daneben Heinrich W. Schwabs Studie zu *Sangbarkeit, Popularität und Kunstlied*,[90] sehr allgemein zum Volkslied Wolfgang Suppan[91] sowie Ernst Klusen,[92] der statt von Volks- von Gruppenlied spricht. Paul Levy[93] und Julian von Pulikowski[94] haben sich im ersten Drittel des 20. Jahrhunderts der Begriffsgeschichte des Volkslieds gewidmet – zwei Arbeiten, die noch heute gewinnbringend nutzbar sind. Als Neuerscheinungen sind die Dissertation Matthew Gelbarts über die *Invention of „folk music" and „art music"*[95] zu nennen sowie der von Sabine Meine und Nina Noeske herausgegebene Band

---

in: Gesellschaft und Musik – Wege zur Musiksoziologie, S. 27-53, Berlin 1992; ders.: Das Unerhörte und das Unhörbare. Was Musik ist, was Musik sein kann, Kassel u.a. 2004.

85 Stockmann, Doris: Wandlungen des deutschen Volksgesanges vom 19. Jh. bis zur Gegenwart, in: Festschrift W. Vetter, hrg. von H. Wegener, Leipzig 1969, S. 357-360; dies.: Volks- und Popularmusik in Europa, (=Neues Hdb. der Musikwissenschaft, Bd. 12), Wiesbaden/Laaber 1992.
Stockmann, Erich (Hrg.): Des Knaben Wunderhorn in den Weisen seiner Zeit, Berlin 1958.

86 Steinitz, Wolfgang: Deutsche Volkslieder demokratischen Charakters aus sechs Jahrhunderten, Berlin (DDR) 1954/62 (2 Bdd), (vgl. Strobach 72); ders.: Arbeiterlied und Volkslied (=Klasse für Sprachen, Literatur und Kunst 1965, 8), Berlin (DDR) 1965.

87 Strobach, Hermann: Deutsches Volkslied in Geschichte und Gegenwart, Berlin (DDR) 1980; ders. (Hrg.): Deutsche Volkslieder demokratischen Charakters aus sechs Jahrhunderten, Berlin (DDR) 1972 (vgl. Steinitz 1954/62); ders.: Geschichte der deutschen Volksdichtung, Berlin (DDR) 1981; ders.: Zur Volksliedrezeption in der deutschen Aufklärung, in: Ballades et chansons folcloriques, Laval 1989, S. 107-13.

88 Linder-Beroud, Waltraud: Von der Mündlichkeit zur Schriftlichkeit? Untersuchungen zur Interdependenz von Individualdichtung und Kollektivlied, Frankfurt/Main u.a. 1989.

89 Lied und populäre Kultur/Song and Popular Culture (Jahrbuch des Volksliedarchivs), 1928- (bis 2004 als Jahrbuch für Volksliedforschung); Studien zur Volksliedforschung. Im Auftrag des Deutschen Volksliedarchivs, Freiburg i. Br. hrg. von Otto Holzapfel, Münster u.a. 1986-1998; Volksliedstudien, hrg. von Max Matter und Nils Grosch, Münster u.a. 2001-.

90 Schwab, Heinrich W.: Sangbarkeit, Popularität und Kunstlied, Regensburg 1965 (=Studien zur Musikgeschichte des 19. Jahrhunderts III).

91 Suppan, Wolfgang: Volkslied. Seine Sammlung und Erforschung, Stuttgart ²1978 (=Sammlung Metzler 52).

92 Klusen, Ernst: Volkslied. Fund und Erfindung, Köln 1969.

93 Levy, Paul: Geschichte des Begriffs Volkslied, Berlin 1911.

94 Pulikowski, Julian von: Geschichte des Begriffs Volkslied im musikalischen Schrifttum, Heidelberg 1933.

95 Gelbart, Matthew: The Invention of „folk music" and „art music". Emerging Categories from Ossian to Wagner, Cambridge 2007.

Musik und Popularität,[96] darin insbesondere Nils Groschs Aufsatz *Über das Alter der Populären Musik und die Erfindung des „Volkslieds".*

An dieser Stelle soll noch auf Sekundärliteratur zum **Mildheimischen Liederbuch** verwiesen werden: Es ist in aller Ausführlichkeit nur an einer Stelle behandelt worden, 1966 von Gottfried Weissert.[97]

Das Randthema deutsche Nationalhymne(n) behandeln recht allgemein Hermann Kurzke,[98] spezieller Nils Grosch;[99] ausschließlich den Werdegang unserer heutigen Nationalhymne beschreiben Knopp/Kuhn,[100] die trotz anders lautender Ankündigungen kaum neue Erkenntnisse bereithalten (abgesehen von Stellungnahmen von Fernsehzuschauern vielleicht). Eine kurze, aber sehr solide Darstellung bot Mitte der 1960er Jahre Ulrich Günther,[101] der gleichzeitig die Frage nach der schulischen Vermittlung und damit nach Prägung historischen und nationalen Bewusstseins in der Institution Schule stellt. Unter ideologischen Gesichtspunkten gerade noch benutzbar ist die Publikation Hans Tümmlers,[102] ausdrücklich zu warnen ist allerdings vor dem deutlich erkennbar rechtsextremen Band Reinold Steins.[103]

Zu **Jean-Jacques Rousseau**, auch zu seinem musikbezogenen Werk, kann auf solide Vorarbeit zurückgegriffen werden. Peter Gülkes Werk über *Rousseau und die Musik*[104] sowie die von Samuel Baud-Bauvy verfasste und von Jean-Jacques Eigeldinger herausgegebene Publikation *Jean-Jacques Rousseau et la musique*[105] liefern einen hervorragenden Überblick, der sich mit der Aufsatzsammlung *Musique et langage chez Rousseau*[106] sinnvoll vertiefen lässt.

---

96 Meine, Sabine und Noeske, Nina (Hrgg.): Musik und Popularität. Aspekte zur Kulturgeschichte zwischen 1500 und heute, Münster 2011 (=Populäre Kultur und Musik, Bd. 2).

97 Weissert, Gottfried: Das Mildheimische Liederbuch. Studien zur volkspädagogischen Literatur der Aufklärung, Tübingen 1966.

98 Kurzke, Hermann: Hymnen und Lieder der Deutschen, Mainz 1990.

99 Grosch, Nils: „Heil Dir im Siegerkranz!" Zur Inszenierung von Nation und Hymne, in: M. Fischer, C. Senkel und K. Tanner (Hrgg.): Reichsgründung 1871. Ereignis – Beschreibung – Inszenierung, S. 90-103, Münster 2010.

100 Knopp, Guido und Kuhn, Ekkehard: Das Lied der Deutschen. Schicksal einer Hymne, München 1988.

101 Günther, Ulrich: … über alles in der Welt? Studien zur Geschichte und Didaktik der deutschen Nationalhymne, Darmstadt 1966.

102 Tümmler, Hans: Deutschland, Deutschland, über alles, Köln 1979.

103 Stein, Reinold: … über alles in der Welt! Heimat, Volk und Vaterland im deutschen Liedgut, München 2000.

104 Gülke, Peter: Rousseau und die Musik oder von der Zuständigkeit des Dilettanten, Wilhelmshaven 1984.

105 Eigeldinger, Jean-Jacques: Jean-Jacques Rousseau et la musique, Neuchâtel 1988.

106 Dauphin, Claude (Hrg.): Musique et langage chez Rousseau, Oxford 2004.

Johann Gottfried Herder ist ebenfalls gut erforscht. Einen ersten Überblick, auch zur „kopernikanischen Wende" in der Sicht auf das Volk, verschafft Jens Heises Band *Johann Gottfried Herder zur Einführung*;[107] für einen tieferen Einstieg in Herders Philosophie hat sich Frederick Barnard[108] als sehr hilfreich erwiesen, insbesondere seine 2003 erschienene Monographie *On Nationality, Humanity, and History*. Speziell mit der Rolle der Musik bei Herder befassen sich zwei Dissertationen: Die 1903 erschienene relativ kurze, aber dennoch detailreiche Arbeit Hans Günthers[109] sowie die 2006 erschienene von Alexander J. Cvetko,[110] der den fragwürdigen und unerfüllbaren Anspruch erhebt, *alles* zum Thema zusammentragen zu wollen. Die interessanten Ansätze, die er sicher zu bieten hätte, verlieren sich in der Masse des zusammengetragenen Materials und einer leider vollkommen undurchsichtigen Darstellung. Franz-Josef Deiters[111] analysiert die wichtige Frage nach dem *Volk als Autor* und Holm Sundhaußen[112] schließlich betrachtet den bis dahin kaum beleuchteten *Einfluss der Herderschen Ideen auf die Nationsbildung bei den Völkern der Habsburger Monarchie*.

Theodor Hagen ist der wohl am wenigsten erforschte Gegenstand dieser Arbeit. Erich Valentins Artikel von 1964[113] widmet dem „Vergessenen" keine fünf Seiten; eine ausführlichere Analyse von Hagens Hauptwerken *Civilisation und Musik* und *Musikalische Novellen* existierte bislang nicht.[114]

---

107 Heise, Jens: Johann Gottfried Herder zur Einführung, Hamburg 1998.

108 Barnard, Frederick M.: Herder on Nationality, Humanity, and History, Montreal u.a. 2003; ders.: Herder's Social and Political Thought: From Enlightenment to Nationalism, Oxford 1965; ders.: Self-Direction and Political Legitimacy: Rousseau and Herder, Oxford 1988 (v.a. S. 261-67).

109 Günther, Hans: Johann Gottfried Herders Stellung zur Musik. Inaugural-Dissertation zur Erlangung der Doktorwürde, Leipzig 1903.

110 Cvetko, Alexander J.: Durch Gesänge lehrten sie. Johann Gottfried Herder und die Erziehung durch Musik, Frankfurt/Main 2006 (=Beiträge zur Geschichte der Musikpädagogik, Bd. 16).

111 Deiters, Franz-Josef: Das Volk als Autor? Der Ursprung einer kulturgeschichtlichen Fiktion im Werk Johann Gottfried Herders, in: Detering, Heinrich (Hrg.): Autorschaft. Positionen und Revisionen, Stuttgart/Weimar 2002, S. 181-201.

112 Sundhaußen, Holm: Der Einfluss der Herderschen Ideen auf die Nationsbildung bei den Völkern der Habsburger Monarchie, München 1973 (=Buchreihe der Südostdeutschen Historischen Kommission, Bd. 27).

113 Valentin, Erich: Ein Vergessener: Theodor Hagen. Zur Musikgeschichte des 19. Jahrhunderts, in: Festschrift Hans Engel zum siebzigsten Geburtstag, Kassel u.a. 1964, S. 428-32.

114 Dies ist in dieser Form zum ersten Mal in meiner Magisterarbeit geschehen; Noa, Miriam: Von Saint-Simon zur deutschen Sozialdemokratie, Berlin (Humboldt-Universität) 2007 (Veröffentlichung i. V.).

Eine ausführliche Analyse des Lebens und Wirkens **Wilhelm Heinrich Riehl**s liefert Jasper von Altenbockum;[115] die von ihm sorgfältig angelegte Bibliographie der Schriften Riehls sowie zahlreicher Sekundärwerke war für die vorliegende Arbeit von großem Nutzen. Von ebensolcher Qualität ist die kurze, aber sehr inhaltsreiche Studie von Dennis McCort zur *Music-Fiction* Riehls;[116] er ist (abgesehen von zwei äußerst tendenziösen und daher vernachlässigbaren Artikeln aus den Jahren 1936 bzw. 1937)[117] der Einzige, der sich ausführlich mit der musikalischen Seite des Novellisten beschäftigt. In Teilen geschieht dies auch in der sehr lesenswerten Habilitationsschrift von Jerzy Kalazny über die „kulturgeschichtliche Erzählprosa", der im Moment wahrscheinlich umfangreichsten und modernsten Studie zu Riehls Novellenschaffen.[118] Der Riehl-Rezeption bis in die Zeit des Nationalsozialismus widmet sich Andrea Zinneckers Dissertation, die auch mit einer sehr guten und umfangreichen Bibliographie aufwartet.[119]

Aus der Germanistik stammen nahe liegenderweise die meisten Beiträge zu **Jacob und Wilhelm Grimm**, **Achim von Arnim** und **Clemens von Brentano** sowie den vielen weiteren Akteuren der literarischen Romantik[120] – hier erschöpfende Angaben machen zu wollen, ginge zu weit und an unserer Schwerpunktsetzung vorbei. Einen profunden Überblick über die Epoche bietet Rüdiger Safranskis *Romantik. Eine deutsche Affäre.*[121] Speziell die familiären (nicht nur literarischen) Zusammenhänge zwischen „Geist und Macht" in der Familie Brentano beleuchtet Bernd Heidenreich,[122] der im Kapitel über Clemens auch eingehend auf das „Wunderhorn" zu sprechen kommt, ebenso wie Armin Schlechter,[123] der das Werk in den Gesamtzusammenhang der Heidelberger Romantik einbettet. Den

---

115 Altenbockum, Jasper von: Wilhelm Heinrich Riehl, 1823-1897. Sozialwissenschaft zwischen Kulturgeschichte und Ethnographie, Köln u.a. 1994.

116 McCort, Dennis: Perspectives von Music in German Fiction. The Music-Fiction of Wilhelm Heinrich Riehl, Bern u.a. 1974.

117 Müller-Blattau, Josef: Musikgeschichte und Musikpolitik bei Wilhelm Heinrich Riehl, in: Deutsche Musikkultur II (1937), S. 19-27; ders.: Wilhelm Heinrich Riehl und die Musik, in: Lied und Volk VI (1936), S. 49-51.

118 Kalazny, Jerzy: Unter dem „bürgerlichen Wertehimmel". Untersuchungen zur kulturgeschichtlichen Erzählprosa von Wilhelm Heinrich Riehl, Frankfurt/Main u.a. 2007 (=Posener Beiträge zur Germanistik, Bd. 13).

119 Zinnecker, Andrea: Romantik, Rock und Kamisol. Volkskunde auf dem Weg ins Dritte Reich – die Riehl-Rezeption, Münster/New York 1996 (=Diss. Augsburg 1995).

120 Die in direktem Zusammenhang mit den behandelten Komponisten stehenden Dichter finden an deren Stelle Erwähnung, z.B. Heine bei Schumann.

121 Safranski, Rüdiger: Romantik. Eine deutsche Affäre, München 2007.

122 Heidenreich, Bernd (Hrg.): Geist und Macht. Die Brentanos, Wiesbaden 2000.

123 Schlechter, Armin: Die Romantik in Heidelberg. Brentano, Arnim und Görres am Neckar, Heidelberg 2007.

spezifisch musikalischen Bezug stellte schon 1958 Erich Stockmann[124] her, in neuester Zeit hat sich Antje Tumat mit der Herausgabe einer Aufsatzsammlung[125] in dieser Hinsicht verdient gemacht. Umfangreiche Studien unter den Gesichtspunkten *Mündlichkeit, Schriftlichkeit, Performanz* hat ebenfalls in jüngster Zeit Walter Pape[126] zusammengestellt.

Was Jacob und Wilhelm Grimm betrifft (wobei Letzterer in fast allen Publikationen eine seinem berühmteren Bruder deutlich untergeordnete Rolle spielt), nehmen Veröffentlichungen zu den Kinder- und Hausmärchen selbstverständlich großen Raum ein. Zu diesem Punkt ist vor allem die Publikation von Lothar Bluhm und Heinz Rölleke zu nennen,[127] die das Verhältnis von mündlicher Überlieferung und literarischer Bearbeitung in den Mittelpunkt rückt. Als US-Amerikaner vielleicht unvoreingenommener als deutsche Forscher, allerdings etwas oberflächlich, geht Jack Zipes[128] an das Thema heran, auch unter dem Blickwinkel des Nationalismus bzw. des kulturellen Nationbuilding, die aber bedauerlicherweise kaum definiert werden und damit recht vage bleiben. Eingehender behandelt wird diese Fragestellung bei Roland Feldmann[129], sehr detailreich in der Dissertation Nicola Achterbergs[130] und wohl am besten in der das Thema *Kunst und Politik* in Bezug auf die Grimms nahezu erschöpfenden Aufsatzsammlung von Bernd Heidenreich und Ewald Grothe.[131]

Die vier Komponisten, die Bestandteil des dritten Teils dieser Arbeit sind, sind allesamt sehr gut erforscht. Doch beschreibt die musikwissenschaftliche Forschung wie allzu oft in erster Linie Leben und Werk; politische Standpunkte, die

---

124 Stockmann, Erich (Hrg.): Des Knaben Wunderhorn in den Weisen seiner Zeit, Berlin 1958.

125 Tumat, Antje (Hrg.): Von Volkston und Romantik. „Des Knaben Wunderhorn" in der Musik, Heidelberg 2008.

126 Pape, Walter (Hrg.): Das „Wunderhorn" und die Heidelberger Romantik: Mündlichkeit, Schriftlichkeit, Performanz, Tübingen 2005 (=Schriften der Internationalen Arnim-Gesellschaft, Bd. 5).

127 Bluhm, Lothar und Rölleke, Heinz: „Redensarten des Volks, auf die ich immer horche". Märchen – Sprichwort – Redensart. Zur volkspoetischen Ausgestaltung der Kinder- und Hausmärchen durch die Brüder Grimm, Neuausgabe Stuttgart/Leipzig 1997.

128 Zipes, Jack: The Brothers Grimm. From Enchanted Forests to the Modern World, New York 2002.

129 Feldmann, Roland: Jacob Grimm und die Politik, Kassel o. J. (1973?).

130 Achterberg, Nicola: Das Spannungsfeld von Verantwortungs- und Gesinnungsethik im Verhältnis zum politischen Bewusstsein Jacob Grimms, Frankfurt/Main u.a. 2001 (=Diss. Münster 2001; =Europäische Hochschulschriften, Bd. 433).

131 Heidenreich, Bernd und Grothe, Ewald (Hrgg.): Die Grimms – Kultur und Politik, Frankfurt/Main ²2008.

Sicht auf die Unterschichten, der Umgang mit Volkstümlichkeit etc. werden häufig nur dann behandelt, wenn sie sich aufdrängen.

Dies ist vor allem bei **Franz Schubert** der Fall. Wenn überhaupt auf das Thema Politik Bezug genommen wird, dann meist unter der in Ermangelung klarer Äußerungen des Komponisten erwachsenen Behauptung, Schubert sei eher unpolitisch gewesen. Es sind also eher die kurzen oder versteckten Hinweise in der Literatur, beispielsweise in den von Otto Brusatti zusammengetragenen Konzertkritiken des Vormärz[132] sowie im von Michael Kohlhäufl[133] und Hans Joachim Kreutzer[134] analysierten Verhältnis zu den Dichter-Freunden, die uns weiterbringen. Auf noch wenig editiertes Quellen-Material konnte Max Friedlaender zurückgreifen, als er Ende des 19. Jahrhunderts im Rahmen seiner Dissertation versuchte, *Beiträge zu einer Biographie Franz Schubert's*[135] zu liefern; Standardwerke zu Schubert sind nach wie vor die Monographien Harry Goldschmidts,[136] Peter Gülkes[137] und Thrasybulos Georgiades'.[138] Interessante Ansätze versammelt darüber hinaus der von Otto Brusatti herausgegebene Kongressbericht von 1978.[139] Die Brief-Ausgabe Rüdiger Görners[140] sowie Robert Werbas[141] Bericht über den *Volkstümlichen Unbekannten in den Augen der Nachwelt* sind aufgrund der Unvollständigkeit (Görner) bzw. der recht populärwissenschaftlichen Herangehensweise (Werba), der die „Volkstümlichkeit" Schuberts nicht in unserem Sinne behandelt, von geringem Interesse. Dagegen bietet Peter Härtlings sehr gut recherchierter Roman[142] einen lesenswerten Einblick in Schuberts Welt, wie sie zumindest gewesen sein könnte.

Ganz anders stellt sich die Lage in Bezug auf **Ludwig van Beethoven** dar, bei dem das Politische einen bedeutenden Teil der Forschungsliteratur ausmacht. Einen

---

132 Brusatti, Otto: Schubert im Wiener Vormärz. Dokumente 1829-1848, Graz 1978.

133 Kohlhäufl, Michael: Poetisches Vaterland. Dichtung und politisches Denken im Freundeskreis Franz Schuberts, Kassel u.a. 1999.

134 Kreutzer, Hans Joachim: Dichtkunst und Liedkunst – Franz Schubert und die Dichter, in: Schubert-Jahrbuch 1997, hrg. von Dietrich Berke, Walther Dürr, Walburga Litschauer und Christiane Schumann, Duisburg 1999, S. 3-21.

135 Friedlaender, Max: Beiträge zur Biographie Franz Schubert's, Diss. Rostock 1889.

136 Goldschmidt, Harry: Franz Schubert. Ein Lebensbild, Leipzig 1980.

137 Gülke, Peter: Franz Schubert und seine Zeit, Regensburg 1991.

138 Georgiades, Thrasybulos G.: Schubert. Musik und Lyrik, Göttingen 1967.

139 Brusatti, Otto (Hrg.): Bericht über den Schubert-Kongress Wien 1978, veranstaltet von der Österreichischen Gesellschaft für Musikwissenschaft gemeinsam mit den Wiener Festwochen, Graz 1979.

140 Görner, Rüdiger (Hrg.): Franz Schubert. Briefe, Gedichte, Notizen, Leipzig 1996.

141 Werba, Robert: Franz Schubert. Ein volkstümlicher Unbekannter in den Augen der Nachwelt, Wien 1997.

142 Härtling, Peter: Schubert. Zwölf Moments musicaux und ein Roman, Köln ²1997 (zuerst Hamburg/Zürich 1992).

guten Überblick über Leben und Werk bieten Martin Geck[143] und Jost Hermand,[144] rein die historisch-politische Seite behandelnde Aufsätze beinhaltet der bemerkenswerte Sammelband von Helga Lühning und Sieghard Brandenburg.[145] Einzelne für unser Thema bedeutsame Werke beleuchten Dieter Hildebrandt (9. Sinfonie),[146] Geck/Schleuning (Eroica),[147] Csampai/Holland (Fidelio)[148] sowie Hans Boettcher (Liedschaffen).[149] Peter Gülkes Beethoven-Studien[150] bieten höchst interessante Ansätze, die aber zumeist in keinem direkten Zusammenhang mit unserer Fragestellung stehen, mit Jörg Breitwegs Dissertation[151] zu *Vokalen Ausdrucksformen im instrumentalen Spätwerk* verhält es sich in ähnlicher Weise.

Breite Überblicksarbeiten zu Leben und Werk **Robert Schumann**s bieten Günther Spies,[152] ganz neu, jedoch nicht viel Neues bietend: Martin Geck,[153] sodann die noch aus Zeiten des Zweiten Weltkriegs stammende umfassende Quellenedition Wolfgang Boettichers,[154] und last but not least Arnfried Edler[155] mit zwei Publikationen, wobei die von 1982 die für unser Thema ergiebigere darstellt. Schumanns besonderes Verhältnis zur Literatur, zur Dichtung, zu einzelnen Dichtern, nicht zuletzt zu den Textvorlagen Schumann'scher Lieder beleuchten Krischan Schulte,[156] die Artikel im von Joseph A. Kruse zusammengestellten

---

143 Geck, Martin: Ludwig van Beethoven, Reinbek 5. Aufl. 2001.

144 Hermand, Jost: Beethoven. Werk und Wirkung, Köln 2003.

145 Lühning, Helga und Brandenburg, Sieghard (Hrgg.): Beethoven zwischen Revolution und Restauration, Bonn 1989.

146 Hildebrandt, Dieter: Die Neunte. Schiller, Beethoven und die Geschichte eines musikalischen Welterfolgs, München 2005.

147 Geck, Martin und Schleuning, Peter: „Geschrieben auf Bonaparte". Beethovens „Eroica": Revolution, Reaktion, Rezeption, Reinbek 1989.

148 Csampai, Attila und Holland, Dietmar (Hrgg.): Ludwig van Beethoven, Fidelio. Texte, Materialien, Kommentare, Reinbek 1981.

149 Boettcher, Hans: Beethoven als Liederkomponist. Inaugural-Dissertation zur Erlangung der Doktorwürde, genehmigt von einer Hohen Philosophischen Fakultät der Friedrich Wilhelm Universität zu Berlin, Augsburg 1928.

150 Gülke, Peter: „… immer das Ganze vor Augen". Studien zu Beethoven, Stuttgart/Kassel 2000.

151 Breitweg, Jörg: Vokale Ausdrucksformen im instrumentalen Spätwerk Ludwig van Beethovens, Frankfurt/Main u.a. 1997 (=Europäische Hochschulschriften Reihe XXXVI, Bd. 166).

152 Spies, Günther: Reclams Musikführer Robert Schumann, Stuttgart 1997.

153 Geck, Martin: Robert Schumann. Mensch und Musiker der Romantik, München 2010.

154 Boetticher, Wolfgang: Robert Schumann. Leben und Werk. Quellen, Daten, Dokumente, Wilhelmshaven 2004 (=Quellenkataloge zur Musikgeschichte, hrg. von Richard Schaal, Bd. 33).

155 Edler, Arnfried: Robert Schumann, München 2009; ders.: Robert Schumann und seine Zeit, Laaber 1982.

156 Schulte, Krischan: „… was Ihres Zaubergriffels würdig wäre!" Die Textbasis für Robert Schumanns Lieder für Solostimmen, Mainz u.a. 2005 (=Schumann-Forschungen, Bd. 10).

Ausstellungskatalog[157] über den *Musiker als Leser*, sowie schon 1933 Hans Kötz,[158] der Schumanns frühen Lieblingsdichter Jean Paul in den Mittelpunkt rückt. Albrecht Dümling[159] befasst sich mit Heinrich Heine in der Vertonung Schumanns, und Christiane Westphal analysiert von musikwissenschaftlicher Seite den Liederkreis op. 24.[160] Sehr interessante Ansätze in Bezug auf das Liedschaffen bietet darüber hinaus die Arbeit von Ulrich Mahlert.[161]

Verschiedenste *philologische, analytische, sozial- und rezeptionsgeschichtliche Aspekte* versammeln Frobenius/Waldura/Widmaier,[162] und Andrea Herrmann untersucht im Rahmen ihrer Dissertation das Wirken Robert Schumanns als Pädagoge.[163]

Über **Johannes Brahms** ist sehr viel gearbeitet worden; einiges für unsere Fragestellung Interessante findet sich in Studien zum Liedschaffen, besonders dann, wenn Brahms' Hinwendung zum Volkstümlichen betrachtet wird. Sehr gute Grundlagenforschung hat in den 1960er Jahren Werner Morik[164] betrieben, der erstmals seit Friedlaender Brahms-Forschung *und* Volksliedforschung gemeinsam behandelte. Einige lesenswerte Aufsätze *zum Verhältnis von Text und Vertonung* fasst Peter Jost zusammen,[165] wohingegen Hans-Dieter Wagner das etwas fragwürdige Ziel verfolgt, alle (!) gut 200 Sololieder auf nur ebenso vielen Seiten eingehend analysieren zu wollen.[166] Inge van Rijs Studie zu *Brahms' Song Collections* bezieht sich irreführenderweise nicht auf die von Brahms betriebenen Volksliedsammlungen, sondern geht der Frage der Art der Zusammenstellungen seiner Lieder zu Zyklen, v.a. op. 105, nach.[167]

---

157 Kruse, Joseph A. (Hrg.): Robert Schumann und die Dichter. Ein Musiker als Leser, Düsseldorf 1991.

158 Kötz, Hans: Der Einfluss Jean Pauls auf Robert Schumann, Weimar 1933.

159 Dümling, Albrecht: Heinrich Heine, vertont von Robert Schumann, München 1981.

160 Westphal, Christiane: Robert Schumann. Liederkreis von H. Heine op. 24, München u.a. 1996 (=Musikwissenschaftliche Schriften, Bd. 30).

161 Mahlert, Ulrich: Fortschritt und Kunstlied. Späte Lieder Robert Schumanns im Licht der liedästhetischen Diskussion ab 1848, München u.a. 1983 (=Freiburger Schriften zur Musikwissenschaft, Bd. 13).

162 Frobenius/Maaß//Waldura//Widmaier (Hrgg.): Robert Schumann. Philologische, analytische, sozial- und rezeptionsgeschichtliche Aspekte, Saarbrücken 1998 (=Saarbrücker Studien zur Musikwissenschaft, Neue Folge Bd. 8).

163 Herrmann, Andrea: Robert Schumann als Pädagoge in seiner Zeit, Berlin 1997.

164 Morik, Werner: Johannes Brahms und sein Verhältnis zum deutschen Volkslied, Tutzing 1965.

165 Jost, Peter (Hrg.): Brahms als Liedkomponist. Studien zum Verhältnis von Text und Vertonung, Stuttgart 1992.

166 Wagner, Hans-Dieter: Johannes Brahms. Das Liedschaffen, Mannheim 2001 (=Mannheimer Hochschulschriften, Bd. 4). Leider kratzen diese Analysen dann auch eher an der Oberfläche.

167 Rij, Inge van: Brahms's Song Collections, Cambridge 2006.

Äußerst gewinnbringend ist Constantin Floros' Werk über Johannes Brahms, der Leben und Œuvre des Komponisten sehr anschaulich in Beziehung zueinander setzt.[168] Besonders das letzte Kapitel, das der Frage nach der ungebrochenen Beliebtheit Brahms' auf den Grund geht, ist hervorzuheben. Daniel Beller-McKenna[169] hat in aufschlussreicher Weise Brahms' Beziehung zum *German Spirit* untersucht, und Thomas Krehan[170] geht dem *Verhältnis von Tradition und Innovation bei Johannes Brahms* nach. Jan Brachmann bietet in seiner Analyse des *Fall Brahms*[171] interessante Ansätze zu Bildungs- und Vaterlandsreligion; die „musiktheologische" Seite des *Deutschen Requiem* beleuchten die einschlägigen Vorträge auf dem Europäischen Musikfest 2003, insbesondere die Beiträge des Herausgebers Norbert Bolin.[172] Einen bemerkenswerten Bogen von Schubert zu Brahms spannte eine Veranstaltungsreihe der HMTM Hannover, die 100 Jahre zwischen dem Geburtsjahr des einen und dem Sterbejahr des anderen umkreisend.[173]

---

168 Floros, Constantin: Johannes Brahms. „Frei, aber einsam". Ein Leben für eine poetische Musik, Zürich u.a. 1997.

169 Beller-McKenna, Daniel: Brahms and the German Spirit, Cambridge 2004.

170 Krehahn, Thomas: Der fortschrittliche Akademiker. Das Verhältnis von Tradition und Innovation bei Johannes Brahms, München u.a. 1998.

171 Brachmann, Jan: Kunst – Religion – Krise. Der Fall Brahms, Kassel u.a. 2003 (=Musiksoziologie, Bd. 12).

172 Bolin, Norbert (Hrg.): Johannes Brahms. Ein deutsches Requiem. Vorträge, Europäisches Musikfest 2003, Kassel u.a. 2004 (=Schriftenreihe der Internationalen Bachakademie Stuttgart, Bd. 13).

173 Ders. (Hrg.): Schubert und Brahms. Kunst und Gesellschaft im frühen und späten 19. Jahrhundert. Dokumentation der Veranstaltungsreihe der Hochschule für Musik und Theater Hannover 3.-25. November 1997, Augsburg 2001.

TEIL I. Von den *Stimmen der Völker* zur Musik in und für die Gesellschaft

1. Jean-Jacques Rousseau und die Verehrung der „edlen Einfachheit"

1.1 Rousseau als Gesellschaftstheoretiker: Musik- und Sozialkritik, Musik in der Sozialkritik. Die Sicht auf die Grundschichten.

1.1.1 Discours sur les sciences et les arts

Goethe schreibt 1767 an seine Schwester:

> Lache nicht, aber diese närrisch scheinende Philosophie, die Sätze, die so paradox scheinen, sind die herrlichsten Wahrheiten, und die Verderbnis der heutigen Welt liegt nur darinnen, dass man sie nicht achtet. Sie gründen sich auf die verehrungswürdigste Wahrheit: *plus que les moeurs se raffinent, plus les hommes se dépravent.*[174]

Goethe umreißt mit diesem letzten Satz die Grundaussage des ersten *Discours* und in gewisser Weise auch des Rousseau'schen Gesamtwerks: Je mehr sich die Menschen in ihren Sitten verfeinern, sich den Wissenschaften und Künsten hingeben, sich angeblich kultiviert verhalten, desto mehr entfremden sie sich ihrer eigentlichen Natur, der Natur insgesamt.

Früher, vor dem Übergang des Menschen von der Natur zur Kultur, war laut Rousseau alles viel einfacher:

> Bevor die Kunst unsere Manieren geformt hatte und unsere Leidenschaften eine geschickte Sprache sprechen lernten, waren unsere Sitten ländlich, aber natürlich. Der Unterschied im Verhalten zeigte auf den ersten Blick den des Charakters an.[175]

Doch Rousseau lehnt nicht generell jede Verstandesleistung ab; er verfolgt – zumindest in Grundzügen – einen stoischen Ansatz:

> Es ist ein großes und schönes Schauspiel, den Menschen sozusagen aus dem Nichts durch seine eigenen Anstrengungen hervorgehn zu sehn. Er erhellt mit dem Licht seines Verstandes die Finsternis, in die ihn die Natur gehüllt hat.[176]

---

174 Goethe, Brief an Cornelia, 12.10.1767, zit. nach Rousseau, Jean-Jacques: Schriften zur Kulturkritik, hrg. von Kurt Weigand, S. LXIII. Hervorhebung MN.
175 Rousseau, Jean-Jacques: Schriften zur Kulturkritik, Hamburg 1995, S. 11.

Das Problem liegt für Rousseau also nicht prinzipiell im *Ausgang* des Menschen aus seinem Naturzustand; das Problem ist seine anschließende Dekadenz,[177] in der die Sitten ihre Natürlichkeit und gesunde Naivität verlieren und sich in ihr negatives Gegenteil verwandeln. Und was am Schlimmsten wiegt: Die Tugenden, die der „Naturmensch" noch in schönster Reinheit besaß, gehen verloren. Rousseaus Tugendbegriff ist nicht ganz einfach zu fassen – er vereinigt teils widersprüchliche Elemente aus Christentum, Platon und der Stoa, wobei jedoch „unschwer zu erkennen [ist], dass der Schwerpunkt auf der Römertugend liegt, welche die militärische Kraft mit der Einfachheit vereinigt."[178]

Die Schuld oder wenigstens eine entscheidende Mitschuld an der Dekadenz des Menschen gibt Rousseau der „Literatur, den Wissenschaften und Künsten [die] ihr Teil Verantwortung an einem so ersprießlichen Werk [tragen]."[179]

> Wo keine Wirkung ist, braucht man keine Ursache zu suchen. Hier aber steht die Wirkung fest: der tatsächliche Verfall. In dem Maß in dem unsere Wissenschaften und Künste zur Vollkommenheit fortschritten, sind unsere Seelen verderbt geworden. Soll das etwa nur ein besonderes Übel unserer Zeit sein? Nein, meine Herren, die durch unsere eitle Neugier verursachten Übel sind so alt wie die Welt. […] Man sah die Tugend in dem Maß verschwinden, wie deren Licht über den Horizont emporstieg. Und das gleiche Phänomen lässt sich zu allen Zeiten und an allen Orten beobachten.[180]

Im *Discours* lässt Rousseau an dieser Stelle eine Analyse der antiken Hochkulturen folgen, um an diesen seine These zu beweisen. Dabei spielen Rom und dessen einst beispielhafte Tugend in seinem Schaffen eine herausragende Rolle. Rom –

> das von einem Hirten gegründet und durch Bauern berühmt wurde. Doch nach Ovid, Catull, Martial und jener Menge obszöner Autoren, deren bloßer Name die Scham wachruft, wird Rom, das einst der Tempel der Tugend war, der Schauplatz des Verbrechens, die Schmach der Völker und das Spielzeug der Barbaren.[181]

Doch sind die Autoren wirklich die *Verursacher* dieser Zustände? Verarbeiten sie nicht vielmehr literarisch, was sich in der Realität findet? Letzteres mag von einem heutigen Standpunkt aus wohl kaum jemand bestreiten; für Rousseau jedoch stehen die Schuldigen fest.

---

176 Ebd., S. 7.
177 In der Literatur wird meist der Begriff „Entartung" verwendet. Da wir diesen aber aus bekannten Gründen für unbenutzbar halten und er der französischen *dépravation* ohnehin schlecht entspricht, wird in der Folge je nach Nuance von Dekadenz, Sittenverfall oder Verkümmerung die Rede sein.
178 Rousseau, Schriften zur Kulturkritik, S. XLVIII.
179 Ebd., S. 13.
180 Ebd., S. 15.
181 Ebd., S. 17.

Positive Gegenbeispiele existieren für ihn unter anderem bei den alten Persern, den Skythen, den Germanen,[182] nicht zuletzt in „Rom selbst, in der Zeit seiner Armut und Unwissenheit".[183] Roms Sitten verfallen in dem Moment, da die Römer sich nicht mehr damit begnügen, gemäß der Tugend zu leben. „Alles war verloren, als sie anfingen, sie zu studieren."[184]

Sparta in seiner militärischen Einfachheit und natürlichen Tugend hebt Rousseau sehr lobend hervor; bemerkenswerterweise – denn das scheint nicht ins Konzept zu passen – gingen jedoch „von Athen [...] jene erstaunlichen Werke [d. i. Philosophie, Dichtung, Architektur, Kunst usw.; MN] aus, die zu allen verderbten Zeiten als Muster dienen werden."[185]

Doch auch Athen war dem Niedergang geweiht, wie denn auch

> zu allen Zeiten Luxus, Ausschweifung und Sklaverei die Strafe für die ehrgeizigen Anstrengungen [waren], die uns aus der glücklichen Unwissenheit führen sollten, in die uns die ewige Weisheit verwiesen hatte.[186]

Rousseau schließt den ersten Teil seines ersten *Discours* mit einem leidenschaftlichen Appell an die Menschheit:

> Lasst euch endlich gesagt sein, ihr Völker, dass euch die Natur vor der Wissenschaft bewahren wollte, wie eine Mutter eine gefährliche Waffe aus den Händen ihres Kindes reißt. […] Die Mühsal, die sie euch euer Wissenwollen kosten lässt, ist nicht die kleinste ihrer Wohltaten. Die Menschen sind entartet und wären es noch mehr, wenn sie das Unglück gehabt hätten, als Gelehrte auf die Welt zu kommen.
>
> Wie demütigend sind diese Überlegungen für die Menschheit! Wie zerknirscht muss unser Ehrgeiz davon sein! Wie das? Die Redlichkeit wäre die Tochter der Unwissenheit? Die Wissenschaft und die Tugend wären unvereinbar?[187]

---

182 Die Germanen, „deren Einfalt, Unschuld und Tugend zu schildern eine Feder erquickte, die es leid war, die Verbrechen und die Heimtücke eines gebildeten, reichen und genusssüchtigen Volkes zu schildern." (Rousseau, Schriften zur Kulturkritik, S. 19) – vgl. unsere Bemerkungen zur Wiederentdeckung von Tacitus' Germania in der Einleitung zu dieser Arbeit.

183 Außerdem merkt Rousseau an: „Ich wage nicht von jenen glücklichen Nationen zu sprechen, die nicht einmal dem Namen nach die Laster kennen, die wir mit so viel Mühe unterdrücken: von jenen Wilden Amerikas, deren einfache und natürliche Ordnung Montaigne nicht zögert, nicht allein den Gesetzen Platons vorzuziehen, sondern auch allem, was sich die Philosophie Vollkommeneres über die Regierung der Völker vorzustellen vermöchte." (Rousseau, Schriften zur Kulturkritik, S. 19).

184 Ebd., S. 25.

185 Ebd., S. 21.

186 Ebd., S. 27.

187 Ebd., S. 29. Diese Beurteilung lässt an Sophie denken, die Rousseau seinem Emile zur Frau gibt – und auch an seine eigene Frau Thérèse, die angeblich sehr tugendhaft war (was allerdings auch nicht jeder Interpretation standhalten kann), aber weder lesen noch

Doch woher kommt diese negative Beurteilung der Wissenschaften, wo diagnostiziert Rousseau die Ursache ihres Niedergangs? Der Ausgangspunkt allen Übels liegt für ihn in der Erfindung des Buchdrucks,[188] der die Reproduktion und Verbreitung des gedruckten Wissens sowie der die Sitten gefährdenden Belletristik erst möglich machte. Darüber hinaus sind für Rousseau die Wissenschaften allein deshalb verwerflich, weil sie ihren Ursprung allesamt in menschlichen Verfehlungen tragen:

> Die Astronomie entstand aus dem Aberglauben, die Beredsamkeit aus Ruhmsucht, Hass, Schmeichelei und Lüge; die Geometrie aus dem Geiz, die Physik aus eitler Neugier – alle, sogar die Moral (sic!), aus dem menschlichen Ehrgeiz. Die Wissenschaften und Künste verdanken demnach ihre Entstehung unseren Lastern. Wir wären über ihre Vorteile weniger im Zweifel, wenn sie sie unseren Tugenden verdankten.

> Der Makel ihres Ursprungs zeichnet sich in ihren Gegenständen nur zu sehr ab. Was sollten wir mit unseren Künsten anfangen, ohne den Luxus, der sie ernährt? Zu was diente die Rechtsgelehrsamkeit ohne die Ungerechtigkeiten der Menschen? Was würde aus der Historie, wenn es keine Tyrannen, keine Kriege und keine Verschwörer gäbe?[189]

Aus diesen Feststellungen folgt für Rousseau auch die Verurteilung von Müßiggang und Luxus:

> Wenn unsere Wissenschaften schon in dem Ziel, das sie sich setzen, vergeblich sind, so sind sie erst recht durch die Folgen, die sie nach sich ziehen, gefährlich. Sie sind aus dem Müßiggang entstanden und leisten ihm ihrerseits stets Vorschub. Die nicht wiedergutzumachende Zeitverschwendung ist der erste Nachteil, den sie der Gesellschaft notwendigerweise verursachen. Jeder müßiggehende Bürger (citoyen) darf als gefährlicher Mensch angesehen werden.[190]

Bezeichnend hierbei – und das ist nur ein Beispiel für Rousseaus Widersprüchlichkeit – ist diese pauschale Verurteilung vor dem Hintergrund seines eigenen Lebens. So, wie er nie eine ordentliche Ausbildung genoss oder abschloss[191] – jedoch seine genossene Erziehung für die beste der Welt hielt[192] –,

---

schreiben oder rechnen konnte. (Vgl. die Beschreibungen an etlichen Stellen in den Confessions).

188 Ebd., S. 53.
189 Ebd., S. 31.
190 Ebd., S. 33.
191 Vgl. Rousseau, Jean-Jacques, Bekenntnisse. Aus dem Französischen von Ernst Hardt, Frankfurt a.M./Leipzig 1985, S. 186: „Es ist seltsam, dass ich trotz hinreichender Auffassungsgabe niemals bei Lehrern irgend etwas habe lernen können, meinen Vater [der ja kein Lehrer im eigentlichen Sinn war; MN] und Herrn Lambercier ausgenommen. Das

ging Rousseau zeitlebens auch nie einer langfristigen geregelten Beschäftigung nach, sondern ließ sich meist von begüterten Gönner(inne)n aushalten, deren Luxus ihm dann doch nicht so ungelegen kam, da er sich so müßig der Schriftstellerei, einigen Kompositionen und seinen langen Spaziergängen durch die Natur widmen konnte.

Ob Rousseau also auch selbst im Stande war, seinen Dogmen gemäß zu leben, darf bezweifelt werden. Immerhin versuchte er – so scheint es zumindest manches Mal durch –, sich in seinem „Müßiggang" wenigstens die Tugenden zu bewahren, deren Verschwinden er an der der Natur entfremdeten Welt moniert. In die gleiche Kerbe schlägt auch die Kritik an der Missachtung der Grundschichten:

> Wir haben Physiker, Geometer, Chemiker, Astronomen, Poeten, Musiker, Maler, aber wir haben keine Bürger (*citoyens*) mehr. Oder – wenn noch einige übrig geblieben sind, verkommen sie unwürdig und verachtet und in unsere abliegenden Gegenden verstreut. In einen derartigen Zustand sind diejenigen zurückgeworfen – und mit solcher Achtung begegnen wir ihnen, die uns das Brot und unseren Kindern die Milch liefern.[193]

Doch möchte Rousseau nicht die gesamte Menschheit vom Studium ausschließen – es müssen nur „die Richtigen" sein, die die „gefährliche Waffe" verantwortungsvoll zu benutzen wissen:

> Muss man schon einigen Menschen erlauben, sich dem Studium der Wissenschaften und Künste zu widmen, so nur denen, welche die Kraft in sich spüren, allein auf ihren Pfaden zu wandeln und sie weiterzubringen, das heißt jener kleinen Zahl, die Monumente zum Ruhm des menschlichen Geistes errichtet.[194]

Als Fazit des ersten *Discours* könnte also stehen, dass nur das Beste ausschließlich von den Besten betrieben sein muss, um dem Wohle der Menschheit dienen zu können – eine „tugendhafte Wissenschaft" also:

> Dann allein erst vermag man zu sehen, was Tugend, Wissenschaft und Autorität im edlen Wettstreit zusammenarbeitend zum Wohl des Menschengeschlechts vermögen. Solange aber einerseits die Macht allein, andererseits die Aufklärung und die Weisheit allein wirken, werden die Gelehrten selten an große Dinge denken, und die Fürsten selten wohlgefällige Dinge tun. Die Völker werden weiterhin niedrig, verdorben und unglücklich sein.[195]

---

wenige, was ich nun schließlich doch weiß, habe ich, wie man später sehen wird, allein gelernt."

192 Vgl. Rousseau, Schriften zur Kulturkritik, S. 51: „Wenn jemals die Erziehung eines Kindes rein und keusch war, so ist es wahrlich die meine gewesen." Das Lob der eigenen Erziehung wird ebd., S. 111 wiederholt.

193 Ebd., S. 47f.

194 Ebd., S. 55.

195 Ebd., S. 57.

1.1.2 Discours sur l'origine et les fondements de l'inégalité parmi les hommes

Der zweite Discours über den Ursprung der Ungleichheit unter den Menschen gilt als eine der einflussreichsten Schriften Rousseaus.[196] Auch in dieser Schrift erinnert einiges an die Stoa: Schon Rousseaus Zeitgenosse Diderot behauptet in seinem *Essay sur les règnes de Claude et de Néron* (erschienen 1782), Rousseau habe sich deutlich sichtbar an Seneca orientiert. „In der Tat kann man Senecas 90. Brief an Lucilius, in dem das Geschichtsbild des Poseidonios kritisiert wird, als einen Aufriss des zweiten Discours ansehen", bekräftigt auch Kurt Weigand in seinem Kommentar der Rousseau'schen *Schriften zur Kulturkritik*.[197] Dies trifft sicherlich in einigen Teilen zu; der Tugendbegriff ist bei Seneca jedoch ein anderer. Der Naturmensch hat für ihn keine Tugend, da diese nicht durch die Natur, sondern durch die Kunst vermittelt wird.[198]

Doch ist für unsere Belange von größerer Bedeutung, wie sich Rousseaus Blick auf die Ungleichheit innerhalb eines Volkes – und zwischen verschiedenen Völkern – im zweiten *Discours* vielleicht am deutlichsten manifestiert:

> Ich finde in der menschlichen Gattung zwei Arten der Ungleichheit. Die eine, die ich natürlich oder physisch nenne [...]. Die andere, die man die moralische oder politische Ungleichheit nennen kann, weil sie von einer Art Übereinkunft abhängt. Sie ist durch die Zustimmung der Menschen gesetzt oder wenigstens ins Recht gesetzt worden. Diese besteht in den verschiedenen Privilegien, die einige zum Nachteil der andern genießen, wie etwa reicher, angesehener, mächtiger zu sein als andere oder gar Gehorsam von ihnen verlangen zu können.[199]

Zunächst muss in diesem Zusammenhang geklärt werden, wie der „Naturmensch", die modellhafte Grundfigur des Rousseau'schen Systems, genau gestaltet ist.

> Indem ich dieses so geartete Wesen aller empfangenen übernatürlichen Gaben und aller künstlichen Fähigkeiten, die es nur infolge großer Fortschritte erwerben konnte, entblöße, indem ich es also betrachte, wie es aus den Händen der Natur hervorgegangen sein musste, sehe ich ein Tier, weniger stark als die andern, weniger beweglich als die andern, aber, alles in allem genommen, am vorteilhaftesten von allen ausgerüstet.[200]

Dieser Vergleich mit dem Tier – bzw. die Annahme eines tierischen Ursprungs des Menschen – findet sich unter anderem auch bei Herder: „Schon als Tier hat

---

196 Vgl. Rousseau, Schriften zur Kulturkritik, S. LXXIV.
197 Ebd., S. LXVI.
198 Vgl. ebd., S. LXVII.
199 Ebd., S. 77.
200 Ebd., S. 85.

der Mensch Sprache" lautet der berühmte erste Satz seiner Sprachabhandlung.[201] Rousseau bringt den Vergleich mit der Tierwelt noch an anderer Stelle: Das domestizierte Tier sei schwächlicher und unnützer als das wilde; genau so stehe es auch um den zivilisierten Menschen:

> Das Pferd, die Katze, der Stier, sogar der Esel haben meistenteils in den Wäldern einen höheren Wuchs, eine robustere Konstitution, mehr Kraft, Stärke oder Mut als bei uns in den Ställen. Sie büßen die Hälfte dieser Vorzüge ein, wenn sie Haustiere werden. […] Ebenso geht es mit dem Menschen selbst: indem er sich vergesellschaftet und Sklave wird, wird er schwach, furchtsam, kriecherisch, und seine weibische und weichliche Lebensweise schwächt endlich zugleich seine Kraft und seinen Mut.[202]

Der Wilde hingegen ist dank seiner Natürlichkeit stark – er kann sich auf den Gebrauch seiner selbst verlassen:

> Da sein Körper das einzige dem Wilden bekannte Werkzeug ist, macht er davon einen Gebrauch, dessen wir mangels Übung nicht fähig sind. Gerade unser Kunstgeschick raubt uns die Kraft und Wendigkeit, welche die Not jenen zu erwerben zwingt. […] Wenn ihr dem zivilisierten Menschen Zeit lasst, seine Maschinen um sich zu scharen, so übertrifft er zweifellos leicht den Wilden. Wenn ihr aber einen noch ungleicheren Kampf sehen wollt, so stellt den einen dem anderen nackt und unbewaffnet gegenüber.[203]

Doch nicht nur physisch ist der wilde dem zivilisierten Menschen überlegen, auch in mentaler Hinsicht zeigt sich seine Größe:

> Manche Philosophen haben sogar vorgebracht, der Unterschied zwischen diesem und jenem Menschen sei größer als der Unterschied zwischen einem Menschen und einem Tier. Also setzt nicht so sehr das Erkenntnisvermögen den spezifischen Unterschied zwischen Tier und Mensch, sondern seine Eigenschaft der Willensfreiheit. Die Natur befiehlt jedem Wesen, und das Tier gehorcht. Der Mensch fühlt gleichfalls ihr Drängen, aber er erkennt sich als frei, um nachzugeben oder zu widerstehen. Und gerade in diesem Bewusstsein seiner Freiheit zeigt sich die Geistigkeit seiner Seele.[204]

Die geistige Freiheit des Wilden besteht laut Rousseau auch in der Freiheit von Wünschen, (angeblichen) Bedürfnissen und Leidenschaften:

---

201 Herder, Johann Gottfried: Abhandlung über den Ursprung der Sprache, Berlin 1772 (Nachdruck Stuttgart 1966). Vgl. Kap. I.2.1 dieser Arbeit.
202 Rousseau, Schriften zur Kulturkritik, S. 101f.
203 Ebd., S. 89.
204 Ebd., S. 107.

Der Wilde, der jeder Art von Erkenntnissen beraubt ist, zeigt nur die Leidenschaften dieser letzteren [d. i. der physischen; MN] Art. Seine Wünsche gehen nicht über seine physischen Bedürfnisse hinaus.

Dies scheint mir völlig evident zu sein. Ich kann nicht begreifen, wo unsere Philosophen all die Leidenschaften entspringen lassen, die sie dem Naturmenschen zuschreiben. Mit Ausnahme des leiblich Notwendigen allein, das die Natur selbst fordert, sind unsere anderen Bedürfnisse alle entweder nur Bedürfnisse infolge Gewohnheit, denn vorher waren sie keine, oder aber infolge unserer Wünsche. Man wünscht nicht, was man nicht zu kennen in der Lage ist. Da der Wilde nichts wünscht als die Dinge, die er kennt, und da er nur die kennt, die zu besitzen in seiner Macht steht, oder leicht zu erlangen sind, kann infolgedessen nichts ruhiger als seine Seele und nichts begrenzter sein als sein Geist.[205]

Wünsche, Leidenschaften und „künstliche" Bedürfnisse aber schaffen den *Luxus*. Dieser kann somit nur in zivilisierten Völkern entstehen – in der *Gesellschaft*. Wer vollkommen isoliert lebt, wird gar nicht auf den Gedanken kommen, sich in den Wettbewerb um Statussymbole zu begeben;[206] er hätte keinen Nutzen davon und lebt ohnehin ganz in Einklang mit sich und seinen natürlichen, rein physischen Bedürfnissen. Rousseaus Kritik am Luxus fällt auch deshalb so scharf aus, da es eben dieser Luxus ist, der Schuld an der Ungleichheit in der Gesellschaft trägt.

Der Luxus, dem zuvorzukommen bei Menschen unmöglich ist, die auf eigene Bequemlichkeit oder die Achtung der andern begierig sind, vollendet bald das Übel, das die Gesellschaft begonnen hat. Unter dem Vorwand, man wolle den Armen zu leben geben, welche Armen man nicht erst hätte schaffen sollen, lässt der Luxus alle übrigen verelenden und entvölkert früher oder später den Staat.[207]

Der Luxus ist […] selbst das schlimmste aller Übel, wie groß oder klein ein Staat auch sein möge. Um die Unmengen von Kammerdienern und Schurken zu ernähren, die er hervorgebracht hat, bedrückt und ruiniert er den Landarbeiter (*laboureur*) und den Bürger (*citoyen*).[208]

---

205 Rousseau, Schriften zur Kulturkritik, S. 135.

206 „So steht es in der Tat um den wahren Grund aller dieser Unterschiede: Der Wilde lebt in sich selbst, der zivilisierte Mensch ist immer sich selbst fern und kann nur im Spiegel der Meinung der anderen leben." (Ebd., S. 265). Der „Spiegel der Meinung der anderen" führt zum Zustand der „Blasiertheit", die ein Jahrhundert später u. A. Theodor Hagen und – in etwas anderen Worten – auch Wilhelm Heinrich Riehl beanstanden werden. Vgl. unten Kap. I.3.

207 Rousseau, Schriften zur Kulturkritik, S. 121, Anm. i.

208 Ebd., S. 123, Anm. i.

Doch damit nicht genug: Der Luxus ist nicht nur Schuld an der gesellschaftlichen Ungleichheit, er bringt auch die Wissenschaften und Künste hervor – die wiederum ihren eigenen Beitrag zur sozialen Schieflage leisten.

> Von der Gesellschaft und dem von ihr hervorgebrachten Luxus stammen die freien Künste ab, die Technik, der Handel, die Literatur und alle unnützen Dinge, welche die Industrie blühen lassen, die Staaten reich machen und verfallen lassen.[209]

Eine wirkliche Lösung dieser sozialen Problematik bietet Rousseau in dieser Streitschrift nicht an, daran ist es ihm auch gar nicht gelegen. Er fordert allerdings Zeitgenossen und Nachwelt auf, sich unter diesen Gesichtspunkten einer neu zu schaffenden Ethnologie zu widmen:

> Ich verstehe kaum, wie so in einem Jahrhundert, in dem man in schönes Wissen seinen Stolz setzt, sich nicht zwei Menschen zusammentun, der eine reich an Geld, der andere an Genie, die beide den Ruhm lieben und nach Unsterblichkeit dürsten, von denen der eine zwanzigtausend Taler seines Reichtums, der andere zehn Jahre seines Lebens opfert für eine ruhmvolle Reise um die Welt. Nicht etwa um immer Steine und Pflanzen, sondern einmal die Menschen und die Sitten zu studieren und nach soviel auf das Ausmessen und Beurteilen der Wohnung verwendeten Jahrhunderten sich endlich einfallen zu lassen, dessen Bewohner kennenzulernen.
>
> […] Die ganze Erde ist von Völkern übersät, von denen wir nur die Namen kennen – und wir wagen ein Urteil über das Menschengeschlecht zu fällen.[210]

Denn, so konstatiert Rousseau in seinem Brief an „M. Philopolis" (sic!):

> Wenn es darum geht, über die menschliche Natur zu urteilen, so ist der wahre Philosoph weder Inder noch Tartar, weder aus Genf noch aus Paris, sondern ist Mensch.[211]

1.1.3 Le contrat social

In seinen beiden *Discours*, besonders im zweiten, behandelt Rousseau die Frage der Ungleichheit unter den Menschen bereits in großer Ausführlichkeit. Der *Gesellschaftsvertrag* baut in gewisser Weise darauf auf: Rousseau sieht in einem solchen Vertrag die Möglichkeit, dem gesellschaftlichen Missstand effektiv entgegenwirken zu können.

> […] eine[] Bemerkung, die jedem gesellschaftlichen Plane als Grundlage dienen muss: der Grundvertrag hebt nicht etwa die natürliche Gleichheit auf, sondern setzt im Gegenteil an die Stelle der physischen Ungleichheit, die die Natur unter den

---

209 Ebd.
210 Ebd., S. 133.
211 Ebd., S. 279.

Menschen hatte hervorrufen können, eine sittliche und gesetzliche Gleichheit, so dass die Menschen, wenn sie auch an körperlicher und geistiger Kraft ungleich sein können, durch Übereinkunft und Recht alle gleich werden.[212]

Rousseaus Schrift über den Gesellschaftsvertrag gibt im Hinblick auf das Konzept des „Naturmenschen" einige Rätsel auf. Scheint dieses Konzept in den älteren und jüngeren Werken in unterschiedlicher Intensität durch, so muss Rousseau den Menschen hier aus der Natur herausnehmen, um ihn in die Gesellschaft stellen zu können. Das beinhaltet auch eine nicht zu unterschätzende ethische Dimension, weswegen Wolfgang Kersting diesen Vorgang geradezu als einen „Akt der Menschwerdung" beschreibt.[213] Rousseau selbst erklärt diesen Übergang zum Staatsbürgertum und damit zur Moral folgendermaßen:

> Der Übergang aus dem Naturzustande in das Staatsbürgertum bringt in dem Menschen eine sehr bemerkbare Veränderung hervor, indem in seinem Verhalten die Gerechtigkeit an die Stelle des Instinktes tritt und sich in seinen Handlungen der sittliche Sinn zeigt, der ihnen vorher fehlte.[214]

So schafft Rousseau es auch mühelos, den scheinbaren Widerspruch zwischen dem Bild des Naturmenschen in diesem *Discours* und dem in seinen anderen Schriften gezeichneten aufzulösen. Wenn der Mensch im Naturzustand ein ansonsten erstrebenswertes Leben führt, ihm jedoch die Moral fehlt, so ist es zweifelsohne besser, er begibt sich in die Gesellschaft, versucht diese bestmöglich zu gestalten und erlangt vor allem *Moral*.

> Der Verlust, den der Mensch durch den Gesellschaftsvertrag erleidet, besteht in dem Aufgeben seiner natürlichen Freiheit und des unbeschränkten Rechtes auf alles, was ihn reizt und er erreichen kann. Sein Gewinn äußert sich in der bürgerlichen Freiheit und in dem Eigentumsrecht auf alles, was er besitzt. [...]
>
> Nach dem Gesagten würde man noch zu den Vorteilen des Staatsbürgertums die sittliche Freiheit hinzufügen können, die allein den Menschen erst in Wahrheit zum Herrn über sich selbst macht; denn der Trieb der bloßen Begierde ist Sklave-

---

212 Rousseau, Gesellschaftsvertrag, S. 54f.

213 Ebd., Vorwort von Wolfgang Kersting, S. 14f.: „Die Rechtsdimension des Rechtfertigungsdiskurses wird überlagert durch die ethische Dimension politischen Gemeinschaftslebens. Das Gesellschaftsvertragskonzept ist bei Rousseau immer auch Sinnbild einer ethischen Metamorphose, einer Verwandlung der natürlichen Menschen in Gemeinschaftswesen. Und da erst mit dem Erreichen dieser Bestimmung der Mensch bei sich angekommen ist, wird der Vertrag geradezu zu einem Akt der Menschwerdung. Rousseau lässt keinen Zweifel daran, dass mit dem alten Menschen des Naturzustandes keine Gesellschaft und kein Staat zu machen ist."

214 Ebd., S. 49.

rei, und der Gehorsam gegen das Gesetz, das man sich selber vorgeschrieben hat, ist Freiheit.[215]

Auf Grundlage des Gesellschaftsvertrags gelingen auch die weiteren Gesetze, deren Einteilung Rousseau in einem eigenen Kapitel[216] analysiert. Seiner Meinung nach gibt es vier Arten, von denen uns jedoch nur „die vierte, die wichtigste von allen" interessieren soll, da sie das Herz des Volkes betrifft:

> Es sind Gesetze, die nicht in Erz und Marmor, sondern in die Herzen der Staatsbürger eingegraben werden; die den eigentlichen Kern der Staatsverfassung ausmachen; die von Tage zu Tage neue Kraft gewinnen; die, wenn die anderen Gesetze veralten oder erlöschen, sie neu beleben oder ersetzen, das Volk in dem Geiste seiner Verfassung erhalten und an die Stelle der Macht der öffentlichen Gewalt unmerklich die Macht der Gewohnheit setzen. Ich spreche von den Sitten, den Gebräuchen und vor allem der öffentlichen Meinung, einem Teile der Staatskunst, der den Staatsmännern völlig unbekannt zu sein pflegt, obgleich von ihm der Erfolg aller andern abhängt.[217]

Die Macht und Verantwortung, die Rousseau dem Volk zuspricht, gehört – trotz einiger seltsam „unpassend" anmutender Urteile Rousseaus über Demokratie und Monarchie – ganz in die Tradition des (aristotelischen) Republikanismus, was darüber hinaus auch in der Einbeziehung der Religion in das Staatswesen deutlich wird.[218] Im Kapitel über „Die bürgerliche Religion" geht Rousseau auffällig liberal mit Religion und sogar Konfession um:

> Die Untertanen sind dem Staatsoberhaupte mithin nur insoweit Rechenschaft über ihre Ansichten schuldig, als sich dieselben auf das Gemeinwesen beziehen. Für den Staat ist es allerdings von großer Wichtigkeit, dass sich ein jeder Bürger zu einer Religion bekennt, die ihn seine Pflichten liebgewinnen lässt.[219] [...]
>
> In der Gegenwart, wo es keine ausschließliche Nationalreligion mehr gibt noch geben kann, muss man alle Kulte dulden, die die anderen dulden, sobald ihre Dogmen den staatsbürgerlichen Pflichten nicht widerstreiten.[220]

Aus dieser Aussage spricht nur zu deutlich die Erfahrung Rousseaus mit Friedrich dem Großen, an den er sich in der Bedrängnis seiner Flucht zu wenden

---

215 Rousseau, Gesellschaftsvertrag, S. 50.
216 „Einteilung der Gesetze", ebd., S. 103-105.
217 Ebd., S. 104.
218 Ebd., Vorwort von Wolfgang Kersting, S. 18: „Zuletzt führt Rousseau noch die Zivilreligion zur Sicherung der sozialen Kohärenz und zur Beförderung des Gemeinsinns ein. Auch damit knüpft er an die republikanische Tradition an, die nie davor zurückgescheut hat, die religiöse Empfänglichkeit des Volkes für politische Zwecke zu nutzen." Vgl. auch den Ansatz bei Theodor Hagen, Kap. I.3.1 dieser Arbeit.
219 Rousseau, Gesellschaftsvertrag, S. 233.
220 Ebd., S. 235.

gedachte und dessen Haltung er großen Respekt zollte. Doch ein Staatsoberhaupt muss Rousseaus Ansicht nach nicht nur die religiösen Einstellungen seiner Bürger respektieren – es darf überhaupt nicht in ihre Privatangelegenheiten eingreifen, die Grenzen seiner Macht sind klar umrissen.

> Hieraus ist ersichtlich, dass die oberherrliche Gewalt, so unumschränkt, heilig und unverletzlich sie auch ist, die Grenzen der allgemeinen Übereinkunft weder überschreitet noch überschreiten kann, und dass jeder Mensch über den ihm durch diese Übereinkünfte gebliebenen Teil seiner Güter und seiner Freiheit vollkommen unbehindert verfügen kann, so dass dem Staatsoberhaupte nie das Recht zusteht, einen Untertanen stärker als den andern zu belasten, weil dies zu einer Privatangelegenheit wird, deren Entscheidung nicht in seiner Macht liegt.[221]

Bemerkenswert ist, dass trotz Rousseaus Affinität zum Republikanismus die Demokratie bei ihm sehr ungünstig bewertet wird. Doch keinesfalls, weil er sie für schlecht hielte; Rousseau hält eine Herrschaft des Volkes aufgrund der Umstände in den allermeisten Gesellschaften für schlichtweg nicht realisierbar. Hierbei muss jedoch eine wichtige Anmerkung gemacht werden: Rousseaus Demokratieverständnis entspricht kaum dem unseren – viel eher trifft seine Beschreibung der Aristokratie auf die meisten heutigen „demokratischen" Staaten zu. Eine wahre Demokratie hingegen ist eben eine wirkliche und direkte Herrschaft des Volkes, in der das Volk als Ganzes jede Entscheidung selbst trifft. Bei einer solchen Definition werden die quasi unerreichbaren Voraussetzungen, die Rousseau dieser Staatsform voranstellt, verständlich. Es muss sich seiner Meinung nach um einen „sehr kleinen Staat" handeln mit „große[r] Einfachheit der Sitten, die keine Veranlassung zu vielen schwierigen Arbeiten und Verhandlungen gibt", mit „fast vollkommene[r] Gleichheit in Bezug auf Stand und Vermögen" sowie „wenig oder gar keinem Luxus".[222] Nehme man also „das Wort in der ganzen Strenge seiner Bedeutung", so habe „es noch nie eine wahre Demokratie gegeben" und werde es auch nie geben.[223] Und Rousseau kommt zu dem Schluss:

> Schließlich will ich noch bemerken, dass keine Regierung in so hohem Grade Bürgerkriegen und inneren Erschütterungen ausgesetzt ist als die demokratische oder Volksregierung, weil keine andere so heftig und so unaufhörlich nach Veränderung der Form strebt und keine mehr Wachsamkeit und Mut zur Aufrechterhaltung ihrer bestehenden Form verlangt. [...] *Malo periculosam vitam quam quietum servitium* [sollte der Leitspruch sein; MN]. Gäbe es ein Volk von Göttern, so würde es sich demokratisch regieren. Eine so vollkommene Regierung passt für Menschen nicht.[224]

---

221   Rousseau, Gesellschaftsvertrag, S. 70.
222   Ebd., S. 125.
223   Ebd.
224   Ebd., S. 126.

Doch auch wenn die Demokratie für die allermeisten Völker kaum geeignet ist, die Monarchie ist es noch weniger.

> Ein wesentlicher und unvermeidlicher Mangel, der der republikanischen Regierungsform stets den Vorrang vor der monarchischen sichern wird, besteht darin, dass in ersterer die öffentliche Meinung fast immer nur erleuchtete und befähigte Männer, die ihren Ämtern Ehre machen, zu den höchsten Stellen erhebt, während die, die in Monarchien zu ihnen gelangen, häufig nur kleine Utopisten, kleine Betrüger, kleine Ränkeschmiede sind, denen die kleinen Talente, die an den Höfen den Weg zu den höchsten Stellen bahnen, nur dazu dienen, nach ihrer Erlangung dem Volke sofort ihre Dummheit an den Tag zu legen. Das Volk irrt sich hinsichtlich der Wahl weit weniger als der Fürst.[225]

Was Rousseaus Schrift so interessant macht, ist ihre – vielleicht gerade durch die komplette Selbsterziehung des Genfers entstandene – erfrischende Nicht-Festlegung auf konventionelle oder opportunistische Standpunkte. Als erst Nicht- und dann in erster Linie überzeugter Provinz-Franzose verteidigt er stets mit aller Vehemenz das Land und seine Bevölkerung gegen die Hauptstadt.[226]

> Kann man nun den Staat nicht auf die gehörigen Grenzen beschränken, so bleibt immer noch ein Ausweg, und zwar keine Hauptstadt zu dulden, jede Stadt der Reihe nach zum Sitze der Regierung zu machen und in ihnen auch abwechselnd die Volksversammlungen abzuhalten.

> Gleichmäßige Bevölkerung aller Landesteile, Unterwerfung aller Untertanen unter die gleichen Gesetze, Verbreitung von Wohlstand und Lebensfreudigkeit wird den Staat zu den stärksten und bestregiertesten machen wie es irgend möglich ist. Man darf nie vergessen, dass die Mauern der Städte nur aus den Trümmern der Bauernhäuser errichtet werden (sic!). Bei jedem Schlosse, das ich in der Hauptstadt erbauen sehe, glaube ich die Schutthaufen einer ganzen Landschaft vor mir zu erblicken.[227]

Zur Unterstützung seiner Argumentation für die Vorzüge des Landlebens greift Rousseau wieder einmal auf die Römer zurück und widmet ihnen ein ganzes Kapitel „Von den römischen Komitien":[228]

> Man weiß, wie sehr die alten Römer das Landleben liebten.

---

225 Ebd., S. 134.
226 Dies mag nicht zuletzt dazu beigetragen haben, dass dem noch völlig unbekannten Autor 1750 der Preis der Akademie von Dijon zugesprochen wurde: Die Verteidigung der Provinz gegenüber der alles überschattenden Hauptstadt mag der Akademie imponiert haben.
227 Rousseau, Gesellschaftsvertrag, S. 162.
228 Ebd., S. 194ff.

[...] Auf diese Weise gewöhnte man sich, da alle berühmten Männer Roms auf dem Lande lebten und das Feld bestellten, nur hier die Stützen der Republik zu suchen. Der Stand der Landleute, zu dem die würdigsten Patrizier gerechnet wurden, stand in allgemeiner Achtung. Ihr einfaches und arbeitsames Leben fand vor dem müßigen und weichlichen Leben der Städter den Vorzug, und mancher, der in Rom nur ein unglücklicher Proletarier gewesen wäre, wurde als Landmann zu einem geachteten Bürger.[229]

Überhaupt scheint es, als sehe Rousseau in der Einfachheit und Sittenreinheit eben dieser glücklichen Landmenschen seine Theorie eines Gesellschaftsvertrags realisierbar.

Friede, Einigkeit und Gleichheit sind Feindinnen politischer Spitzfindigkeiten. Aufrichtige und einfache Menschen sind gerade ihrer Einfachheit wegen schwer hinter das Licht zu führen; für Betrügereien und bestechende Vorspiegelungen sind sie nicht empfänglich; sie sind nicht einmal fein genug, um sich überlisten zu lassen. Wenn man sieht, wie bei dem glücklichsten Volke auf Erden Scharen von Landleuten die Staatsangelegenheiten unter einer Eiche entscheiden und dabei stets mit großer Weisheit zu Werke gehen, kann man sich dann wohl erwehren, die Spitzfindigkeiten anderer Völker zu verachten, die sich mit einer solchen Fülle von Kunst und Geheimnistuerei berühmt und elend machen? Ein auf solche Weise regierter Staat hat nur wenige Gesetze nötig, und je erforderlicher sich der Erlass neuer macht, desto allgemeiner wird auch diese Notwendigkeit anerkannt. Wer sie zuerst vorschlägt, spricht nur aus, was schon alle längst gefühlt, und es ist nicht erst von Kabalen und Beredsamkeitsergüssen die Rede, um etwas Gesetzeskraft zu verleihen, was jeder schon selbst zu tun beschlossen hat, sobald er nur sicher wäre, dass die anderen seinem Beispiele folgen würden.[230]

1.1.4 Emile

Alles ist gut, wie es aus den Händen des Schöpfers kommt; alles entartet unter den Händen des Menschen. [...] Nichts will er haben, wie es die Natur gemacht hat, selbst den Menschen nicht.[231]

Es nimmt nicht wunder, dass auch in Rousseaus vielleicht bekanntestem Werk, dem *Emile*, die Natur und das Landleben an oberster Stelle stehen. Der fiktive Zögling Emil soll auf dem Land erzogen werden, da dort die größte Sittenreinheit herrscht, der Luxus keinen oder kaum Einzug gehalten hat und die Menschen

---

229 Rousseau, Gesellschaftsvertrag, S.196f.
230 Ebd., S. 181f.
231 Rousseau, Emile (Schmidts), S. 9.

noch (eher) Menschen sind. Einen eindringlichen Appell an die Menschlichkeit stellt Rousseau an den Anfang seiner Schrift:

> Erkläre dich vor aller Welt als Beschützer der Unglücklichen. Sei gerecht, menschlich, wohltätig. Wirke nicht bloß mit Almosen, sondern mit christlicher Liebe; die Werke der Barmherzigkeit lindern mehr Elend als das Geld: liebe die Mitmenschen, und sie werden dich lieben; diene ihnen, und sie werden dir dienen; sei ihr Bruder, und sie werden deine Kinder sein.

> Es ist dies ein fernerer Grund, warum ich Emil auf dem Lande erziehen will, fern von dem Gezücht der Bedienten, den verworfensten Menschen nach ihren Herren, fern von den schlimmen Sitten der Stadt, die der Firnis, mit dem man sie überdeckt, verführerisch und ansteckend für die Jugend macht, während die Fehler der Landleute unverhüllt und in all ihrer Roheit mehr dazu angetan sind, zurückzustoßen als zu verführen, wenn man keine besondere Veranlassung hat, sie nachzuahmen.[232]

Was das Landleben besonders attraktiv macht, ist neben vielen weiteren Faktoren auch die Einfachheit in der Beschäftigung. Anstatt dem Luxus durch ihre Arbeit zu frönen, sind die Menschen auf dem Land Bauern und Handwerker. Besonders Letztere erregen Rousseaus gesteigertes Interesse: Während der Bauer immer abhängig von seinem Land, einem Lehnsherrn etc. ist, genießt der Handwerker eine Vorrangstellung in Bezug auf Freiheit, Unabhängigkeit und Natürlichkeit.

> Von allen Beschäftigungen nun, welche dem Menschen den Lebensunterhalt liefern können, ist die Handarbeit diejenige, die ihn dem Naturzustande am nächsten bringt; von allen Lebenslagen ist die des Handwerkers die unabhängigste dem Schicksal und dem Menschen gegenüber. Der Handwerker hängt nur von seiner Arbeit ab, er ist frei, gerade so frei, wie der Landmann unfrei ist; denn dieser ist von seinem Felde abhängig, dessen Erträgnis anderen preisgegeben ist.

> […] Dennoch ist der Ackerbau der erste Beruf des Menschen, der ehrbarste und nützlichste und folglich der edelste, den er ausüben kann. Emil sage ich nicht: erlerne den Ackerbau; er versteht ihn schon. Mit allen ländlichen Arbeiten ist er vertraut; er hat mit ihnen angefangen und kommt fortwährend wieder auf sie zurück. So sage ich ihm denn: baue das Erbe deiner Väter! Aber wenn du dieses Erbe verlierst oder überhaupt keines hast, was dann? – Dann lerne ein Handwerk.[233]

Die ländlichen Berufe sind vor allem deshalb so im Sinne Rousseaus, da sie sich perfekt in sein Erziehungskonzept fügen. Ein Heranwachsender soll sich so viel wie möglich körperlich bewegen, um damit auch den Geist beweglich zu halten – und natürlich, wir erinnern uns, auch dem schädlichen Müßiggang vorzubeugen.

---

232 Rousseau, Emile (Röhrs), S. 12.
233 Ebd., S. 27.

Er soll arbeiten wie ein Bauer und denken wie ein Philosoph, um nicht ein Faulenzer zu werden, wie es die Wilden sind. Das große Geheimnis der Erziehung ist es, die Übungen des Körpers und die des Geistes sich gegenseitig zur Erholung dienen zu lassen.[234]

Die negative Darstellung des Wilden als „Faulenzer" taucht verstärkt im Spätwerk Rousseaus auf. Zwar wurde dem Wilden bereits in den *Discours* eine Vorstellung von Moral abgesprochen, doch wurde ihm dies nicht angelastet, sondern seine natürliche Einfachheit und geradezu rührende Naivität in den Vordergrund gestellt. Der Zustand vor aller Veränderung durch äußere Einflüsse ist der der Natur. In ihm befindet sich nicht nur der Wilde, sondern auch das Kind:

Er[235] weiß nicht, was Fertigkeit, Gebrauch und Gewohnheit ist; was er gestern getan, hat auf seine Handlungen heute keinerlei Einfluss mehr: er folgt nie einer Formel, weicht keiner Autorität, keinem Beispiel und handelt und spricht nur, wie es ihm passt. So erwarte denn von ihm keine diktierten Reden oder einstudierte Manieren, immer aber den treuen Ausdruck seiner Gedanken und ein Betragen, das nur aus seinen Neigungen entspringt.[236]

Dieses positive Ausgangsstadium zu bewahren, bzw. für eine gute Erziehung im gleichen Sinne nutzbar zu machen, ist Ziel der Rousseau'schen Pädagogik.

Was muss man tun, um diesen seltenen Menschen heranzubilden? Zweifellos viel: nämlich verhindern, dass etwas getan wird.

[...] In der natürlichen Ordnung sind alle Menschen gleich; ihre gemeinsame Berufung ist: Mensch zu sein. Vor der Berufswahl der Eltern bestimmt ihn die Natur zum Menschen. Leben ist ein Beruf, den ich ihn lehren will. [...] Und wenn das Schicksal ihn zwingt, seinen Platz zu wechseln, er wird immer an seinem Platze sein.[237]

Eine auf das Leben in einem einzigen Stand ausgerichtete Erziehung ist völlig verfehlt – wird der Mensch zum Menschen erzogen, so wird er sich im Leben stets zurechtfinden, egal welchen Platz dieses ihm zuweist. An dieser Stelle erscheint Rousseau, siebzehn Jahre vor der Französischen Revolution, recht prophetisch:

Ihr verlasst euch auf die bestehende Gesellschaftsordnung und bedenkt nicht, dass sie unvermeidlichen Veränderungen unterworfen ist, und dass ihr diejenigen, die eure Kinder erleben werden, weder voraussehen noch verhindern könnt. Der Große wird klein, der Reiche arm, der Monarch Untertan. Sind denn Schicksalsschläge

---

234 Rousseau, Emile (Röhrs), S. 28.
235 Die Beschreibung des Kindes an dieser Stelle ist mit der des Wilden an anderer vollkommen deckungsgleich.
236 Rousseau, Emile (Röhrs), S. 18.
237 Rousseau, Emile (Schmidts), S. 14.

so selten, dass ihr damit rechnen könnt, davon verschont zu bleiben? Wir nähern uns einer Krise und dem Jahrhundert der Revolutionen. (* Ich halte es für unmöglich, dass die großen Monarchien Europas noch lange bestehen werden. Sie haben alle geglänzt, aber jeder Staat, der glänzt, befindet sich auf dem Abstieg. Ich habe noch bessere Gründe für meine Meinung als diese Maxime, aber es ist nicht ratsam, sie auszusprechen. Jeder kennt sie nur zu gut.)

[…] Glücklich derjenige, der den Stand, der ihn verlässt, verlassen kann, und dem Schicksal zum Trotz Mensch bleibt![238]

Die Erziehung zum Menschen ist für den Armen weit leichter als für den Reichen, da beide durch ihre Stände schon in eine bestimmte Richtung erzogen werden: Der Arme benötigt demnach überhaupt keine besondere Erziehung, da er „aus sich selbst Mensch werden kann" –

Der Reiche hingegen erhält schon durch seinen Stand eine Erziehung, die ihm für sich selbst und für die Gesellschaft am wenigsten nützt. [...] So ist es weniger vernünftig, einen Armen für den Reichtum als einen Reichen für die Armut zu erziehen, denn im Verhältnis zur Anzahl der beiden Stände gibt es mehr Ab- als Aufstiege.[239]

Aus diesem Grund wählt sich Rousseau auch einen Sohn aus reichem Hause als seinen fiktiven Zögling Emile – „dann können wir sicher sein, einen Menschen mehr erzogen zu haben."[240] Ohnehin ist es auf diese Weise weit leichter, die Wirksamkeit seiner Methode nachzuweisen.

Festzuhalten ist aber, dass Rousseau nicht vorhat

einen Menschen, den man zum natürlichen Menschen bilden will, zu einem Wilden zu machen und ihn in die Tiefen der Wälder zu verbannen. Es genügt, dass er sich im Strudel des sozialen Lebens weder durch die Leidenschaften noch durch die Meinung der Menge fortreißen lässt; dass er mit eigenen Augen sieht; dass er mit seinem Herzen fühlt; dass ihn keine Autorität außer der seiner eigenen Vernunft beherrscht.

[…] Derselbe Mensch, der in den Wäldern dumm bleiben muss, muss in der Stadt vernünftig und verständig werden, selbst wenn er nur Zuschauer bleibt. Nichts ist geeigneter, einen Weisen zu machen, als die Torheiten, die man sieht, ohne sie zu teilen.[241]

---

238 Rousseau, Emile (Schmidts), S. 192.
239 Ebd., S. 27.
240 Ebd.
241 Ebd., S. 263f.

Muss der Mensch in der Stadt nicht sogar Zuschauer bleiben? Würde er mitmachen, wäre er in das verhasste System von Luxus und Falschheit schon viel zu sehr involviert.

Rousseau ist, wie wir an diesem Abschnitt sehen, doch Realist genug, den Menschen auf ein Leben in der Stadt vorbereiten zu wollen – ein Leben in der Natur wäre zwar wünschenswert, entspricht aber schlicht nicht den Gegebenheiten. Das ideale Ergebnis der Rousseau'schen Erziehung ist also diejenige Person, die sich bestimmte positive Einstellungen und Eigenschaften des unzivilisierten Menschen aneignet – die *natürlich bleibt* – und dennoch in der zivilisierten Welt bestehen kann.

Dennoch verzichtet Rousseau in seinem Erziehungskonzept auf das frühe Erlernen grundlegendster Kultur- (und damit Zivilisations-!) -techniken: Kinder sollen seiner Meinung nach erst im Alter von zwölf Jahren Lesen lernen; sie dürften es früher, wenn ihnen „die Lektüre nützt[e]. Bis dahin langweilt sie sie nur."[242] Dieses Verbot der Lektüre hat zwei Gründe. Zum einen die Verachtung Rousseaus gegenüber Büchern im allgemeinen[243] – wobei zu bedenken ist, dass zu seiner Zeit, wenn überhaupt, eine völlig andere Art von Kinder- und Jugendliteratur existierte, die auch nach heutigen Gesichtspunkten mehr Böses als Gutes hervorzubringen in der Lage war –, zum anderen darin, dass den Kindern im Lesen eine Beschäftigung aufgezwungen wird, deren Nutzen sie nicht sehen. Möchte das Kind hingegen selbst lesen lernen, wird es das ganz von selbst und ohne die seltsamen didaktischen Methoden der Zeitgenossen tun, z.B. indem es

---

242 Rousseau, Emile (Schmidts), S. 100.

243 „Wie ich alle Pflichten von den Kindern fernhalte, so nehme ich ihnen die Werkzeuge ihres größten Unglücks: die Bücher. Die Lektüre ist die Geißel der Kindheit und dabei fast die einzige Beschäftigung, die man ihnen zu geben versteht. Erst mit zwölf Jahren wird Emil wissen, was ein Buch ist." (Rousseau, Emile (Schmidts), S. 100). Vgl. auch die Verurteilung der Erfindung des Buchdrucks als Wurzel allen Übels im Discours sur les sciences et les arts, s.o. S. 33. Erstaunlich ist diese Aburteilung allerdings vor dem Hintergrund von Rousseaus eigenen sehr positiven Erfahrungen mit Literatur aller Art in seiner Jugend. Die Mutter hatte viele Bücher mit in die Ehe gebracht, die der kleine Jean-Jacques ganze Nächte hindurch mit seinem Vater las und die viel zu seiner Bildung und Geisteshaltung beitrugen: „Unser Romanschatz versiegte mit dem Sommer 1719. Im darauffolgenden Winter kam etwas anderes daran. Die Bibliothek meiner Mutter war erschöpft, und so nahmen wir denn unsere Zuflucht zu dem Teile der Bibliothek ihres Vaters, der auf uns gekommen war. Glücklicherweise enthielt er gute Bücher, und dies konnte ja auch kaum anders sein, da die Bibliothek zwar von einem sogar gelehrten [sic!] Pfarrer (denn so war damals die Mode), aber auch von einem klugen und geschmackvollen Manne zusammengestellt worden war. [...] Aus diesen interessanten Lesestunden und den Gesprächen, die sie zwischen meinem Vater und mir hervorriefen, erwuchs jener freie, republikanische Geist, jener stolze, unbeugsame, gegen jedes Joch und alle Knechtschaft aufsässige Charakter, der mich mein ganzes Leben lang in allen seiner freien Entfaltung ungünstigen Umständen gepeinigt hat." (Rousseau, Bekenntnisse, S. 41f.).

kleine an ihn adressierte Briefe entziffern möchte. „Das unmittelbare Interesse ist die große und einzige Triebfeder, die sicher und weit führt."[244] Auf diese Weise steht für Rousseau fest, dass Emile vor dem zehnten Lebensjahr lesen können wird – eben weil er nicht gezwungen wurde.

Wie oben bereits erwähnt, hat an der geistigen Entwicklung die körperliche Betätigung großen Anteil – sie ist nach Rousseau sogar deren wichtigste Voraussetzung. Körper und Geist müssen „gemeinsam gehen und einander lenken".[245] Rousseau stellt „zwei Menschengruppen" einander gegenüber,

> die ihren Körper ständig bewegen und die beide nicht daran denken, ihre Seele zu pflegen: die Bauern und die Wilden. Die Bauern sind ungeschlacht, grob und ungeschickt; die Wilden sind berühmt wegen ihrer scharfen Sinne und noch mehr wegen der Spitzfindigkeit ihres Geistes. Im allgemeinen gibt es nichts Schwerfälligeres als einen Bauern und nichts Schlaueres als einen Wilden. [...] [Dieser Unterschied] kommt daher, dass der Bauer nur tut, was man ihm befohlen hat, was er schon seinen Vater hat tun sehen, was er selber seit seiner Jugend getan hat und daher routinemäßig tut. Weil er immer die gleichen automatischen Arbeiten verrichtet, sind Gewohnheit und Gehorsam an die Stelle der Vernunft getreten.[246]

Der Bauer ist hier also noch nicht der freie Mensch auf dem Land, aus den Grundschichten des Volkes, als der er später bei Theodor Hagen, Wilhelm Heinrich Riehl oder vielen Akteuren der deutschen Romantik dargestellt werden wird. Für den radikaleren Rousseau gehört der Bauer schon viel zu sehr zur Zivilisation; dagegen ist der Wilde an dieser Stelle wieder ganz das positive Ideal, das Rousseau an anderer Stelle im *Emile* schon aufgegeben zu haben schien.

> Beim Wilden liegt die Sache anders: er ist nicht an einen Ort gebunden; er kennt keine vorgeschriebenen Pflichten; er braucht niemandem zu gehorchen; er kennt kein anderes Gesetz als seinen Willen. Er muss also jede Handlung selber überlegen. Er macht keine Bewegung und keinen Schritt, ohne vorher die Folgen bedacht zu haben. Je mehr er also seinen Körper bewegt, desto schärfer wird sein Geist. Seine Kraft und seine Vernunft wachsen gleichzeitig miteinander.[247]

Und man ahnt schon: Natürlich entspricht der Schüler in der herkömmlichen Erziehung dem Bauern, Emile dagegen dem Wilden.

Zu Beginn dieses Abschnitts sind wir auf die Vorliebe Rousseaus für die ländlichen Berufe eingegangen. Da – wie an der entsprechenden Stelle bereits zitiert – Emile den Ackerbau ohnehin beherrscht, soll er

---

244 Rousseau, Emile (Schmidts), S. 101.
245 Ebd., S. 102.
246 Ebd.
247 Ebd., S. 103.

unbedingt [...] ein Handwerk lern[en]. Aber doch wenigstens ein ehrbares, werdet ihr sagen. Was soll das heißen? Ist nicht jedes Handwerk, das der Gesellschaft nützt, ehrbar? Ich will nicht, dass er Stricker, Vergolder oder Lackierer wird, wie der Gentleman von Locke. Ich will auch nicht, dass er Musiker, Schauspieler oder Schriftsteller wird.[248]

Entscheidendes Auswahlkriterium ist also, dass der Beruf *nützlich* sei – alles, was nur der „Blasiertheit" und der Beförderung des Luxus und damit der Dekadenz der Gesellschaft dient, soll Emile nicht wählen. Er wird es laut Rousseau auch nicht, da seine gute, natürliche Erziehung ihn davon abhält.

Um *wirklich* etwas lernen und die handwerklichen Fähigkeiten anwenden zu können, sollen auch alle Instrumente für den physikalischen Unterricht selbst hergestellt werden, denn

> Weil wir so viele Hilfsmittel um uns anhäufen, finden wir keine mehr in uns selber.

> Wenn wir aber auf die Herstellung der Maschinen die Geschicklichkeit verwenden, die sie uns bisher ersetzt haben, und den Scharfsinn, den wir nötig hatten, um ohne sie auszukommen, so gewinnen wir, ohne etwas zu verlieren. Wir fügen zur Natur die Kunst und werden erfinderischer, ohne ungeschickter zu werden. Statt das Kind an das Buch zu fesseln, beschäftige ich es in einer Werkstatt. Seine Hände arbeiten zum Vorteil seines Geistes: es wird Philosoph, während es glaubt, Arbeiter zu sein.[249]

Als Emile seine Sophie kennen lernt, lehrt er sie nach einigen Anfangs-schwierigkeiten alles, was er weiß. Die Tatsache jedoch, nun nicht mehr seinem bisherigen Leben an der frischen Luft frönen zu können, stellt den jungen Mann vor Schwierigkeiten: Hat Rousseau ihn in der Absicht, allen Abhängigkeiten vor-zubeugen, einer neuen Abhängigkeit unterworfen?

> Das tätige Leben, die Handarbeit, die Leibesübung, die Bewegung sind ihm derart notwendig geworden, dass er nicht ohne Beschwerden darauf verzichten könnte. Ihn plötzlich zu einem verweichlichten und sesshaften Leben zwingen zu wollen, hieße ihn einsperren, ihn in Ketten legen [...]. Fällt ihm doch schon in einem ge-schlossenen Zimmer das Atmen schwer. Er braucht frische Luft, Bewegung, Anstrengung. Selbst zu Füßen Sophies kann er es nicht lassen, zuweilen einen Blick auf die Felder zu werfen und zu wünschen, sie mit ihr zu durchlaufen. Trotzdem bleibt er, wenn er bleiben muss. Aber er ist unruhig und rastlos. Er scheint mit sich selbst zu kämpfen. [...] Na also, werdet ihr sagen, das sind doch Bedürfnisse, denen ich ihn unterworfen habe, Abhängigkeiten, in die ich ihn gebracht habe. Das ist al-les richtig: ich habe ihn dem *Menschsein* unterworfen.[250]

---

248 Rousseau, Emile (Schmidts), S. 196.
249 Ebd., S. 170f.
250 Ebd., S. 476.

Dass Emile Sophie alles beizubringen versucht, was er selbst weiß, wirft einen neuen interessanten Aspekt in Rousseaus Menschenbild auf. Wie sieht Rousseau die weibliche Hälfte der Menschheit?

Seine Beschreibung der Frau ist in weiten Teilen geprägt von der Sichtweise des 18. Jahrhunderts – erst das darauffolgende sollte mit dem Aufkommen sozialistischer Ideen auch die Emanzipation der Frauen angehen. In Ansätzen „fortschrittlich" ist jedoch Rousseaus Meinung zur Bildung der Frau: Sie hat durchaus einen Anspruch auf Bildung, wenngleich auch nur in ihr angemessenen Themen und in erster Linie, um dem Mann besser als Gesprächspartnerin dienen zu können.

> Folgt daraus, dass sie in gänzlicher Unwissenheit erzogen und nur auf die Geschäfte der Haushaltung beschränkt werden soll? Soll der Mann aus seiner Gefährtin seine Magd machen? Soll er sich an ihrer Seite des größten Reizes der Gemeinschaft berauben? Soll er, um sie sich dienstbar zu machen, sie von jeder Empfindung, jeder Erkenntnis abschließen? Soll er einen wahren Automaten aus ihr machen? Nein, gewiss nicht; so hat es die Natur nicht gewollt, die den Frauen ein angenehmes und so feines geistiges Wesen gibt: im Gegenteil, sie will, dass sie denken, urteilen, lieben und lernen, dass sie ihren Geist pflegen wie ihr Äußeres; das sind die Waffen, die sie ihnen gibt als Ersatz für die fehlende Kraft und um die unsrige zu leiten. Sie sollen viele Dinge lernen, doch nur solche, die zu wissen ihnen zukommt.[251]

An anderer Stelle äußert sich Rousseau jedoch aus heutiger Sicht extrem konservativ über die Vernunftbegabung der Frauen und ihre daraus (nicht) resultierenden Rechte. Die Frau könnte in völliger Unwissenheit gehalten werden, wenn sie in einer Umgebung mit „sehr einfachen und gesunden öffentlichen Sitten" lebte; „in unserem philosophischen Jahrhundert braucht sie aber eine Tugend, die jede Probe besteht. [...] Nichts von all dem ist möglich, wenn ihr Geist und ihre Vernunft nicht geschult werden."[252]

Dagegen hebt Rousseau, der selbst seine Mutter bei der Geburt verlor und seine eigenen Kinder allesamt direkt ins Findelhaus gab, die Rolle der Frau bzw. Mutter in der „ersten Erziehung" des Kindes sehr positiv hervor. Diese dürfe und könne niemals durch Stellvertreter(innen) wie Ammen, Erzieherinnen, Kindermädchen etc. übernommen werden, da nur die mütterliche Liebe und ihr „natürlicher Instinkt" (zu denen beispielsweise auch das von Rousseau vehement geforderte Stillen zählt) Garant für die bestmögliche körperliche wie geistige Entwicklung des Kindes sein können.[253] Auch die positiven Eigenschaften und Talente der Frau, die Männern angeblich fehlen, werden häufig gelobt, wie beispielsweise eine große Sensibilität in vielen Situationen, der gewisse „siebte Sinn".

---

251 Rousseau, Emile (Röhrs), S. 45.
252 Rousseau, Emile (Schmidts), S. 416.
253 Ebd., S. 9f.

Kann man diese Kunst erlernen? Nein, sie ist den Frauen angeboren. Alle beherrschen sie. Die Männer besitzen sie niemals in demselben Grad. Das ist eines der Unterscheidungsmerkmale des weiblichen Geschlechts. Geistesgegenwart, Scharfsinn, feine Beobachtungsgabe bilden die Wissenschaft der Frauen. Sie geschickt für sich zu nutzen, ist ihr Talent.[254]

In der Wahl ihres Ehemannes gesteht Rousseau seiner fiktiven Sophie trotz seiner sonstigen Einstellung, aber vielleicht vertrauend auf die weibliche Sensibilität und Intuition, erstaunlich viel Eigenverantwortung zu und zeigt sich so wiederum sehr fortschrittlich:

Vater: „Ich schlage dir ein Abkommen vor, das dir unsere Achtung beweist und das die natürliche Ordnung zwischen uns wieder herstellt. Die Eltern wählen den Gatten ihrer Tochter und befragen sie nur der Form halber: so will es der Brauch. Wir aber wollen das Gegenteil tun: Du wählst und wir werden befragt. Mach von deinem Recht Gebrauch, Sophie! Nütz es frei und weise! Du sollst den Mann wählen, der zu dir passt, und nicht wir. An uns ist es aber zu beurteilen, ob du dich nicht über die Verhältnisse getäuscht hast, und ob du nicht, ohne es zu wissen, etwas ganz anderes tust, als du eigentlich tun wolltest. Geburt, Gesetz, Rang, Ruf spielen in unseren Erwägungen keine Rolle. Nimm einen ehrenwerten Mann, der dir gefällt und dessen Charakter dir passt. Im übrigen mag er sein, was er will, wir werden ihn als Schwiegersohn anerkennen. Sein Vermögen ist groß genug, wenn er nur Arme hat, gesittet ist, und seine Familie liebt. Sein Rang wird immer vornehm genug sein, wenn er ihn durch Tugend adelt. Und wenn uns die ganze Welt tadelt, was macht das schon aus? Wir suchen nicht den Beifall der Menge, uns genügt dein Glück."[255]

Die wichtigste Voraussetzung einer glücklichen Ehe ist laut Rousseau, dass der Mann eine Frau aus gleichem oder niedrigerem Stand heirate, nicht aus höherem, da er sie sonst in seinen herunterziehen und damit unglücklich machen würde. Stammen jedoch beide aus dem niederen Volk, gestaltet sich das Leben aufgrund widriger Umstände jedoch auch oft schwierig.

Es bleibt also dem Mann nur die Wahl zwischen Frauen seines oder eines niedrigeren Standes. Ich glaube, dass man für die letzteren noch einige Einschränkungen machen muss. Denn es ist schwer, in der Hefe des Volkes eine Gattin zu finden, die imstande wäre, das Glück eines ehrenwerten Mannes zu machen. Nicht etwa, weil man in den unteren Schichten lasterhafter wäre als in den oberen, sondern weil man dort kaum eine Ahnung hat von dem, was schön und wahr ist, und weil die Ungerechtigkeit der anderen Stände selbst die Laster dieses Standes als Gerechtigkeit erscheinen lässt.[256]

---

254 Rousseau, Emile (Schmidts), S. 418.
255 Ebd., S. 438.
256 Ebd., S. 446.

Für einen Mann von Bildung schickt es sich also nicht, eine Frau ohne Bildung zu heiraten, und folglich auch nicht aus einem Stande, wo man keine erwarten darf. Aber mir wäre ein einfaches und grobschlächtig erzogenes Mädchen hundertmal lieber als ein Blaustrumpf und Schöngeist, der in meinem Haus einen literarischen Gerichtshof einrichtet und sich zur Präsidentin macht. Ein Schöngeist ist eine Geißel für ihren Mann, ihre Kinder, ihre Freunde, ihre Diener, für alle Welt. Von der Höhe ihres Genies aus verachtet sie alle ihre fraulichen Pflichten […].[257] Wenn es nur vernünftige Männer auf der Welt gäbe, so bliebe jedes gelehrte Mädchen ihr Leben lang alte Jungfer. *Quaeris cur nolim te ducere, Galla? diserta es. (Martial, XI, 20.)*[258]

Seine eigene Frau bzw. langjährige Lebensgefährtin und Mutter seiner Kinder, Thérèse Levasseur, kam übrigens aus sehr kleinen Verhältnissen und war gänzlich ungebildet. Zunächst hatte Rousseau versucht, sie einfachste Dinge zu lehren (sie kannte nicht einmal die Monate des Jahres), doch wohl mit wenig Erfolg: Lesen hat Thérèse nie gelernt. Das schien Rousseau aber kaum zu stören, denn er meinte, „in seiner Gefährtin das ersehnte Naturkind gefunden zu haben, die leibhaftige Erfüllung seiner Theorien."[259]

Im Hinblick auf die „niederen Stände" formuliert Rousseau im vierten Buch des *Emile* drei Grundregeln, von denen uns die erste und die dritte im Hinblick auf unsere Fragestellung interessieren sollen.

Erste Grundregel. Der Mensch kann sich nicht in die Lage derer versetzen, die glücklicher sind, nur in die Lage derer, die unglücklicher sind.[260]

[…] Man ist gerührt vom Glück gewisser Stände, z.B. vom Land- und Hirtenleben. Der Reiz, diese glücklichen Leute zu sehen, ist nicht vom Neid vergiftet. Man nimmt wirklich an ihrem Glück teil. Warum? Weil man sich imstande fühlt, auf diesen Zustand des Friedens und der Unschuld hinabzusteigen und sich des gleichen Glücks zu erfreuen.[261]

Diese etwas überhebliche Aussage wird von jemandem getätigt, der auch „von oben" kommt, jedenfalls aus einer mittleren Gesellschaftsschicht. Damit steht Rousseau am Beginn einer langen Tradition (über Frühsozialisten und spätere Generationen) derer, die ähnlich über die unteren Schichten sprechen: Gemeinsam ist allen, dass das niedere, ungebildete Volk stets „von oben" auf seine Lage aufmerksam gemacht oder sogar befreit werden muss, auch wenn es seine Eman-

---

257 Rousseau, Emile (Schmidts), S. 447.
258 Ebd., S. 448.
259 Rousseau, Bekenntnisse, Einführung von Werner Krauss, S. 26.
260 Rousseau, Emile (Schmidts), S. 224.
261 Ebd., S. 225.

zipation offiziell natürlich selbst vollziehen soll. Bei Rousseau tritt, anders als später im Sozialismus, die „romantische" Verklärung dieser angeblich glücklichen unteren Schichten hinzu.

> Dritte Grundregel. Das Mitleid, das man mit anderen empfindet, wird nicht nach der Größe ihres Leidens gemessen, sondern nach dem Gefühl, das man dem Unglücklichen beimisst.[262]

Dies bedeutet für Rousseau zum Beispiel, dass man leidende Tiere weniger bemitleide als leidende Menschen, die einem als „Artgenossen" näherstehen; es bedeutet aber auch,

> dass man auf das Glück derer, die man verachtet, keinen Wert legt. Ihr braucht euch also nicht zu wundern, wenn die Politiker mit so viel Verachtung vom Volk reden und wenn die meisten Philosophen die Menschen so gern als böse darstellen.[263]

Und, was wichtig ist und Rousseau zu einem der Vordenker der Französischen Revolution macht: Alle Menschen sind gleich, und es ist das *Volk*, das als die übergroße Mehrheit die Menschheit ausmacht und deshalb den größten Respekt verdient.[264] Diesen Grundsatz möchte Rousseau selbstverständlich auch in der Erziehung verwirklicht wissen.

> Beobachtet nur Leute dieser Art [d. i. aus dem Volk] und ihr werdet sehen, dass sie, auch wenn sie sich anders ausdrücken, ebensoviel Geist haben wie ihr und darüber hinaus ihren gesunden Menschenverstand. Haltet eure Gattung in Ehren. Bedenkt, dass es wesentlich aus der Masse des Volkes zusammengesetzt ist, und dass man es gar nicht merkte und die Dinge nicht schlechter stünden, wenn man alle Könige und Philosophen ausmerzte [sic!]. Mit einem Wort, lehrt euren Zögling, alle Menschen zu lieben, selbst diejenigen, die die anderen geringschätzen. Sorgt dafür, dass er sich keiner Klasse zurechnet, sondern in allen zu Hause ist. Sprecht in seinem Beisein mit Rührung, ja mit Mitleid vom Menschengeschlecht; niemals mit Verachtung. *Mensch, entehr den Menschen nicht!*[265]

---

262 Rousseau, Emile (Schmidts), S. 226.
263 Ebd., S. 227.
264 „Das Volk macht das menschliche Geschlecht aus. Was nicht Volk ist, ist so unbedeutend, dass es sich nicht lohnt, es zu zählen. In allen Ständen bleibt der Mensch derselbe, und wenn das so ist, so verdienen die Stände, denen die meisten Menschen angehören, auch die größte Achtung. In den Augen eines denkenden Menschen verschwinden alle bürgerlichen Unterschiede. Er sieht dieselben Leidenschaften, dieselben Gefühle beim Lehrbuben wie beim berühmtesten Mann. Er kann sie nur an der Sprache, an einem mehr oder weniger gekünstelten Ausdruck unterscheiden. Zeigt sich sonst eine wesentliche Verschiedenheit, so fällt sie zum Nachteil dessen aus, der sich am meisten verstellt." (Ebd.).
265 Rousseau, Emile (Schmidts), S. 227f.; Hervorhebungen MN.

Woher die Ungleichheit unter den Menschen resultiert, haben wir bereits oben bei der Behandlung der beiden *Discours* gesehen. Im Naturzustand existiert noch „eine echte und unzerstörbare Gleichheit, da es in diesem Zustand unmöglich ist, dass der bloße Unterschied zwischen Mensch und Mensch groß genug wäre, um sie voneinander abhängig zu machen".[266] In der „bürgerlichen Gesellschaft" dagegen – und wir werden nicht nur in der Betitelung an Marx und Engels erinnert –

> wird [immer] die Mehrheit für die Minderheit geopfert und das öffentliche Interesse für das Privatinteresse. Immer dienen diese Blendnamen der Gerechtigkeit und der Unterordnung als Instrumente der Gewalt und als Waffen der Ungerechtigkeit. Woraus folgt, dass die oberen Stände, die von sich behaupten, den anderen nützlich zu sein, in Wirklichkeit auf Kosten der anderen nur an sich denken.[267]

Auch in Bezug auf die Religion gilt, was Rousseau auf die anderen Lebens- und Gesellschaftsbereiche anwendet:

> Wenn man nur darauf gehört hätte, was Gott dem Menschen ins Herz sagt, so hätte es immer nur eine einzige Religion auf Erden gegeben.[268]

Nicht zuletzt deshalb hadert der savoyardische Vikar, den Rousseau gegen Ende des vierten Buches des *Emile* ein umfassendes Credo ablegen lässt, so sehr mit seinem Glauben bzw. dem, was die Menschen daraus machen; er möchte stattdessen seinen eigenen ehrlichen, *natürlichen* (und damit wenigstens zum Teil auch pantheistischen) Weg zu Gott finden.

> Als ich sah, dass [mein Suchen] erfolglos war und immer erfolglos bleiben würde und dass ich in einem uferlosen Meer versinke, kehrte ich um und schränkte meinen Glauben auf meine primitiven Begriffe ein. Ich habe niemals glauben können, dass Gott mir unter Höllenstrafen befehlen würde, gelehrt zu sein. Ich habe also alle Bücher geschlossen. Nur eines bleibt vor aller Augen offen: das Buch der Natur. Nach diesem großen und erhabenen Buch lerne ich seinem göttlichen Schöpfer dienen und ihn anbeten. Wer darin nicht liest, kann nicht entschuldigt werden, weil es für alle Menschen eine allen Geistern verständliche Sprache spricht.[269]

Ganz zu Ende des Werkes schließt Rousseau – es scheint fast, er habe sie sonst an keiner Stelle unterbringen können – noch einige Betrachtungen über die Nationen an. Um deren „Urwesen und Sitten [...] zu studieren, muss man in die abgelegenen Provinzen gehen", da – wir erinnern uns an die allgemeine Verteidigung auch der französischen Provinzen gegenüber dem allmächtigen und darum verhassten Paris – „alle Hauptstädte [...] sich ähnlich [sehen]; in ihnen vermischen sich alle Völker, alle Sitten geraten durcheinander. Dort ist kein Platz, um

---

266 Rousseau, Emile (Schmidts), S. 240.
267 Ebd., S. 240.
268 Ebd., S. 312.
269 Ebd., S. 326.

die Sitten der Völker zu studieren."[270] Kennt man eine, kennt man laut Rousseau alle. Doch nicht nur die Hauptstädte ähneln sich; insgesamt sagen die Städte am wenigsten über ein Volk, einen Staat, dessen Regierung aus. „Es ist aber das flache Land, das den Staat, und die Landbevölkerung, die die Nation ausmachen."[271]

Für die Gesamtheit der Völker zieht Rousseau aus seinen Ausführungen erwartungsgemäß folgenden Schluss, das noch einmal – Rousseau sagt es selbst – den Leitspruch seines *Emile* zusammenfasst:

> Dieses Studium der verschiedenen Völker in ihren abgelegenen Provinzen und in der Einfachheit ihrer Uranlage führt zu einer allgemeinen Beobachtung, die zu meinem Leitspruch passt und die für das Menschenherz recht tröstlich ist; nämlich, dass alle Nationen, auf diese Weise betrachtet, viel mehr wert zu sein scheinen; je mehr sie sich der Natur nähern, desto gutmütiger ist ihr Charakter; nur wenn sie sich in die Städte einsperren, nur wenn sie sich an einem Übermaß an Kultur verändern, entarten sie und verfälschen Fehler, die eher grob als bösartig sind, in angenehme aber verderbliche Laster.[272]

Oder mit anderen Worten: Was am Beispiel Emiles für die Erziehung eines jeden Kindes dienen soll, das kann auch auf die Erziehung eines jeden Volkes angewandt werden. Je natürlicher, desto edler, desto besser.

---

270 Rousseau, Emile (Schmidts), S. 517.
271 Ebd., S. 519.
272 Ebd.

1.2 Rousseau im aktiven Umgang mit der Musik

Rousseau fühlte sich von der Musik seiner Zeit mehr als abgestoßen und plante, als völliger Autodidakt, ganz neue Wege zu gehen. Seine Musikalität verdankt er angeblich seiner Tante Suson, die „eine Anzahl Lieder und Weisen [kannte], die sie mit einem kleinen und feinen Stimmchen sang."[273] Nach seinem frühen Scheitern im Priesterseminar wird er zu seiner „Maman" Madame de Warens zurückgeschickt, die Talent in ihm erkennt und ihn zum Musiker machen möchte.

> Im Triumph brachte ich ihr ihr Notenbuch zurück, das mir so nützlich gewesen war. Meine Arie aus „Alpheus und Arethusa" war denn auch so ziemlich das einzige, was ich im Seminar gelernt hatte. Mein ausgesprochener Sinn für diese Kunst erweckte den Gedanken in ihr, einen Musiker aus mir zu machen. Die Gelegenheit war bequem, denn man machte bei ihr mindestens einmal wöchentlich Musik, und der Kapellmeister des Doms, der diese kleinen Konzerte leitete, besuchte sie überdies sehr häufig.[274]

Jener *Le Maître* wird nun also zur beiderseitigen Zufriedenheit der erste und einzige richtige Musiklehrer des jungen Jean-Jacques. Trotz der relativen Strenge und Abhängigkeit, die Rousseau zeit seines Lebens nie lange aushielt, scheint die Lehrzeit bei Le Maître eine der glücklichsten seines Lebens gewesen zu sein.[275] Im Hause des Lehrers lernt er auch den gefeierten Musiker Venture de Villeneuve kennen, den er zu seinem großen Vorbild macht. Dies wird Rousseau allerdings bald zum Verhängnis: Im genauen Gegensatz zu Venture, der wenig angibt, aber viel kann, gibt er sich ziemlich hochstaplerisch in Lausanne als Musiker und Komponist aus und bewirbt sich als Musiklehrer.[276] Wenngleich die Realität sich doch, wie so oft in Rousseaus Leben, schwieriger gestaltete als in seiner Phantasie, finden sich später in seinem *Emile* auch Gedanken zur Musikpädagogik. Selbst die früheste Musikerziehung (in diesem Falle der Mädchen) erscheint ihm schon als zu „blasiert", zu unnatürlich, und damit als unwirksam.

> Aus allem hat man Regeln und Vorschriften und sie damit den Mädchen langweilig gemacht, was nur Vergnügen und ausgelassenes Spiel sein soll. Ich kann mir nichts Lächerlicheres vorstellen als einen alten Tanz- oder Singmeister, der sich mit verdrießlicher Miene an Mädchen wendet, die nur lachen wollen, und der, um ihnen

---

273 Rousseau, Bekenntnisse, S. 44.

274 Ebd., S. 190.

275 Vgl. ebd.

276 „Stets suchte ich dabei meinem großen Vorbild so nahe zu kommen, wie es mir nur irgend möglich war. Er hatte sich Venture de Villeneuve genannt, und so bildete ich denn aus dem Namen Rousseau durch Buchstabenversetzung den Namen Vaussore und nannte mich Vaussore de Villeneuve." (Bekenntnisse, S. 225).

seine gehaltlosen Künste beizubringen, einen Ton anschlägt, der pedantischer und schulmeisterlicher ist, als wenn es sich um den Katechismus handelte. Hängt denn singen von geschriebener Musik ab? Kann man nicht weich, richtig und mit Geschmack singen, ja, sich selbst begleiten lernen, ohne eine einzige Note zu kennen? Eignet sich eine und dieselbe Gesangsweise für jede Stimme? Eignet sich eine Methode für jede Veranlagung? Man wird mir nie einreden können, dass die gleiche Haltung, der gleiche Schritt, die gleiche Bewegung, die gleiche Geste, der gleiche Tanz für eine kleine, lebhafte und reizende Brünette und für eine große, schöne, schmachtende Blonde passen. Wenn ich also einen Lehrer sehe, der beiden die gleichen Lektionen gibt, dann sage ich: der Mann folgt seiner Routine, aber von seiner Kunst versteht er nichts.[277]

Wir sehen auch hier wieder: Eine größtmögliche Natürlichkeit, hier konkret in Anpassung an die natürlichen Gegebenheiten der Schülerinnen, anzustreben ist auch im Umgang mit der Musik Rousseaus oberstes Ziel. Dies soll nun an vier Teilaspekten näher betrachtet werden.

1.2.1 Der Opernkomponist

Die Oper ist eines der umstrittensten Themen in Bezug auf Rousseau, sowohl im Hinblick auf seine eigenen Kompositionen als auch in seiner Kritik an den bestehenden Verhältnissen. Definitiv litt der Komponist Rousseau an einer fehlgeleiteten Selbsteinschätzung, die zu teils niederschmetterndsten Niederlagen führte – neben welchen jedoch einige für einen Autodidakten sehr beachtliche Erfolge stehen. Nach Baud-Bovy liegt seine eigentliche Schaffensperiode zwischen den Opern von 1743 (*Les Muses galantes*) und 1754 (*Le Devin du village*), das meiste andere ist weniger von Interesse.[278]

Der Plagiatsvorwurf Rameaus, der öffentlich behauptet hatte, die Musik der *Muses galantes* könne der Dilettant Rousseau unmöglich selbst geschrieben haben, griff diesen hart an. Umso glücklicher muss er gewesen sein zu erfahren, dass seine Oper kurz darauf – nach einer in nur drei Wochen ausgeführten Neufassung eines gesamten, von der Zensur als bei Hofe nicht angemessen beurteilten Aktes – doch vor dem König zur Aufführung kommen sollte. In diesen neuen Akt schreibt sich Rousseau gewissermaßen selbst hinein:

le sujet était l'amour d'Euterpe [...] pour le berger (sic!) Hésiode. Dans ce personnage d'Hésiode, Rousseau s'est représenté lui-même, l'autodidacte qui, par la force

---

277 Rousseau, Emile (Schmidts), S. 206.
278 Baud-Bovy, Samuel: Jean-Jacques Rousseau et la musique, Neuchâtel 1988, S. 27.

de l'amour et aussi de la colère que lui inspirent ses rivaux, devient brusquement, du jour au lendemain, un musicien.[279]

Dieses Einbringen seiner „eigenen Person" in die Handlung begegnet uns später im *Devin du village* wieder, nun sogar in mehrfacher Hinsicht:

> As mid-point between theory and autobiography, the representation of Le Devin [...] casts Rousseau in multiple roles. He is at once the figure of Colin, ardent lover of Colette, yet attracted to the riches and fortune of 'la dame de ces lieux', yet who, later, spurning riches and wealth, accepts the more genuine affection of one from the country like himself. Yet he is also the magician-conjurer le Devin; within this central characterisation Rousseau identifies the ideal self as one who, like himself, has fathomed the truths of nature. Finally, in Le Devin du village, Rousseau is both representer and represented. As self which is representer, Rousseau uses the newly reformulated operatic form to accord a superior power to voice conceived both as organ of interiority and of exterior conjoinment with humanity as a whole, serving as a cornerstone to theoretical writings.[280]

Dass der französische Großmeister Rameau, den er im Grunde verehrte, ihn so hart anging, hat Rousseau nie ganz verwunden. Mit seiner *Lettre sur la musique française*, die prinzipiell der Klarstellung und Verteidigung dienen sollte, trat er jedoch in Frankreich eine Diskussion los, die weit über das eigentliche Ziel hinausschoss.[281] Der Brief sollte aber auch in seiner Schärfe nicht (nur) als Affront gegen die Zeitgenossen verstanden werden –

> en réalité, elle contient beaucoup de critiques fondées sur le théâtre lyrique français et le style de ses chanteurs, d'observations très fines sur le privilège de la langue italienne d'être seule véritablement apte à animer les récitatifs (ce n'est pas sans raison que l'opéra-comique français et le Singspiel allemand remplacèrent le récitatif chanté par le récit parlé et que les chefs-d'oeuvre de Mozart doivent leur unité aux livrets italiens de Da Ponte) [...].[282]

---

279 Baud-Bovy, S. 21.

280 Dauphin, Claude (Hrg.): Musique et langage chez Rousseau, Oxford 2004, S. 219.

281 „Es war gerade um die Zeit des großen Zwistes zwischen dem Parlament und der Geistlichkeit. Das Parlament war eben aufgelöst worden, die Gärung hatte ihren Höhepunkt erreicht, und alles ließ einen nahen Aufstand befürchten. Da erschien meine Schrift, und im gleichen Augenblick waren alle anderen Streitigkeiten vergessen, man dachte nur noch an die Gefahr, die der französischen Musik drohte, und es gab keinen anderen Aufstand mehr denn gegen mich. Er war derart, dass die Nation ihn nie wieder ganz aufgegeben hat." (Rousseau, Bekenntnisse, S. 539).

282 Baud-Bovy, S. 42.

Dieser sprachliche Aspekt spielt mit Sicherheit eine bedeutende Rolle, doch sollte auch die durch die Musikkritik transportierte Gesellschaftskritik keinesfalls außer Acht gelassen werden. Gülke fasst dies folgendermaßen zusammen:

> Wie [...] sollte er bei der ästhetischen Wertung der etablierten französischen Musik gerecht verfahren können, da er sie ausschließlich erlebte bei Gelegenheiten, welche immer auch der Selbstdarstellung einer parasitären Oberschicht dienten? Musste ihm da nicht jeder Takt Lullys, jeder Tanzschritt des königlichen Balletts zunächst als Moment einer brüchigen, verhassten Legitimation erscheinen? Als virtuell für jeden komponiert ließ sich die Musik Lullys und Rameaus unter solchen Umständen ebenso schwer begreifen wie etwa Versailles als für jeden gebaut. Und nun kam der, der allzugenau empfand, dass dies nicht für ihn musiziert bzw. gebaut wurde [...], nach Italien, hörte hier die Gondolieri, Männer des einfachen Volkes, Tasso-Verse singen und fand das Idiom des Volkes auf der Bühne der *buffoni* wieder: Da mussten alle zugehörigen Komponenten – die Sprache, die Musik, das Theaterspiel – zwangsläufig durch die Integration in dieses umwerfende Erlebnis geprägt und selbstverständlich auch dann noch determiniert bleiben, wenn er sie isoliert betrachtete und wertete. [...]
>
> In deren Zeichen, mit den sonoren, tragfähigen Vokalklängen des Italienischen im Ohr, kann er nur mit Schaudern an die preziösen Nasalierungen in französischen Salons denken, und wie ihm in einem Rameauschen Kontrapunkt z.B. ein Stück *Ancien régime* entgegenklingt, so erscheint ihm ein klarer, über die Lagunen dahinhallender a-Laut wie ein Stück wiedererinnerter und zugleich antizipierter Demokratie.[283]

Rousseaus Wettern gegen die französische Musik ist darüber hinaus sicherlich auch eine nur allzu menschliche Reaktion auf die Zurückweisung seines besten Werkes durch „seinen" Meister Rameau, der jene ja fast *in personam* darstellte. Für diese die Heftigkeit abmildernde Argumentation spricht auch, dass Rousseau in den *Confessions* äußert, die französische Musik gehe im Gegensatz zur italienischen „droit au cœur";[284] und das schlagendste Argument ist, dass Rousseau seine Dorfwahrsager-Oper weit mehr im Stile der Pastorale des 17. Jahrhunderts als der Buffa, die er so liebte, schreiben sollte. Dieser Widerspruch zeigt sich laut Martin Stern[285] deutlich zwischen dem Theoretiker und dem Komponisten Rousseau: „Je n'ai fait que de la musique française et n'aime que l'italienne."[286]

---

283 Gülke, Peter: Rousseau und die Musik, Wilhelmshaven 1984, S. 37f.
284 Vgl. Baud-Bovy, S. 42 und 60.
285 Stern, Martin: Le problème de la conversion dans la pensée musicale de Rousseau, in: Dauphin, Claude: Musique et langage chez Rousseau, Oxford 2004, S. 30ff.
286 Art. „copiste", Dictionnaire de la musique, Œuvres Complètes, v. 735; zit. nach Dauphin, S. 34.

Le Devin du village, Der Dorfwahrsager, sollte Rousseaus erfolgreichstes Werk auf dem Gebiet der Musik werden. Der große Anklang, den es gerade auch in den Grundschichten des Volkes fand, geht sicher nicht zuletzt auf seine Einfachheit in Sujet und musikalischer Ausgestaltung zurück.

> Die Handlung des Singspiels ist denkbar einfach und variiert ein Grundmuster, welches, in der arkadischen Dichtung der Antike angelegt, auch im Minnesang, in den jeux partis des 14. Jahrhunderts und bei Adam de la Halle begegnet: Das Mädchen aus dem Volke ist von den zumeist leichtfertigen Werbungen eines Ritters zwar beeindruckt, bleibt aber am Ende ihrem Geliebten und ihrem einfachen Leben treu. Rousseau verkehrt die Rollen und aktualisiert in dem alten Grundmuster, wie freundlich es in dem Stückchen auch zugehen mag, die kritischen Untertöne.[287]

Der *Mercure de France* rezensiert die Uraufführung im Dezember 1752 folgendermaßen:

> Ein neues Intermezzo, dessen Text und Musik von Herrn Rousseau sind [...] hatte einen ebenso glänzenden wie vollständigen Erfolg. Der Dichter lässt ein bäuerliches Liebespaar nicht nur nach ihrer Grammatik, sondern auch nach ihrer Sprache reden, und der Komponist gibt eine neue Gattung der Tonkunst, die schlicht, naiv und von einem dem Gegenstande angemessenen Ausdruck ist.[288]

Die außergewöhnliche Wirkung der Oper scheint aus heutiger Sicht unverhältnismäßig; ihre Ursache wird aber unter anderem darin liegen, dass derlei einfache, „volkstümliche" Musik im Gegensatz zu heute weitaus seltener erklang. Weitere Gründe sieht Gülke im Zusammenhang „mit der Emanzipation der Subjektivität, mit einem gewissen Selbstgenuss der sich vereinsamt fühlenden Individualität [...] wie auch mit einem bürgerlich-plebejischen Protest gegen den gefühlskalten Zynismus der Welt der ‚*gefährlichen Liebschaften*'."[289]

Auch in der musikalischen Welt fand Rousseaus *Dorfwahrsager* einen langen Nachklang. So sagte Gluck bei einer Aufführung in Wien zu seinem Schüler Salieri angeblich: „Wir, mein Lieber, hätten es anders gemacht – und wir hätten Unrecht gehabt."[290] Und Eduard Hanslick schreibt 1880 in seinen *Musikalischen Stationen*:

> Auf dieser sehr primitiven Technik [d. i. der harmonischen Gestaltung und Instrumentierung; MN] ruhte aber bei Rousseau ein nicht gewöhnliches melodiöses Talent. Aus musterhaft deklamierter Rede wuchsen ihm, wie auf schlankem Stengel, zierliche Melodieblüten empor, bescheiden wie die ersten Frühlingsblümchen,

---

287 Gülke, Rousseau, S. 70.

288 Mercure de France, Dez. 1752, Bd. 1, S. 173ff.; zit. nach Gülke, Rousseau, S. 71.

289 Gülke, Rousseau, S. 74.

290 G. Becker in: Pygmalion par Jean-Jacques Rousseau, Wien 1772/Genf 1878, S. XI; zit. nach Gülke, Rousseau, S. 78.

aber lieblich in ihrer Einfachheit. In der Klage der verlassenen Colette gewinnt Rousseaus Melodie einen rührenden Zug […]. Natürlich findet sich hier noch kein größeres Ensemble oder Finale; die Stelle des letzteren vertritt, wie in allen älteren Singspielen Frankreichs und Deutschlands, die Rundstrophe; […] Musikalisch erweckt uns das Ganze heute nur ein schwaches Interesse; allein es haftet auch nichts irgendwie Abstoßendes daran; wir atmen durchweg die Luft des Wahren und Einfach-Natürlichen […].[291]

1.2.2 Der Streit mit Rameau: Melodie versus Harmonie

Der im vorhergehenden Abschnitt erwähnte Plagiatsvorwurf Rameaus gegenüber Rousseaus *Muses galantes* war nicht der einzige Streitpunkt zwischen den beiden sehr ungleichen Musikern. Die entscheidende Diskrepanz besteht in der Bewertung des essenziellen Charakteristikums von Musik: Für Rameau ist es die Harmonie, für Rousseau die Melodie, die Musik zu Musik macht. Diese Parteinahme kommt nicht von ungefähr; Rameau soll ein ähnlich harmonisches Gehör wie Bach gehabt haben, Rousseau dagegen „nur" das melodische.[292] Dieser Umstand ist, neben der theoretischen Verankerung in Rousseaus Philosophie der natürlichen Einfachheit, sicher mit verantwortlich für seine oft zitierte Forderung der „Unité de mélodie", die nur *eine* Melodie zur selben Zeit zulässt. Aus dieser Forderung heraus ignorierte er Bach und mochte aus Rameaus Feder – den er ansonsten verehrte – nichts Polyphones.[293] Und

> C'est pourquoi il était attiré vers la musique populaire, et pourquoi toute sa musique est, au fond, une musique champêtre.[294]

Rousseau fühlt sich folglich, das machen schon seine (Opern-)Kompositionen deutlich, in der „Romance pastorale" am wohlsten. Im gleichnamigen *Dictionnaire*-Artikel findet sich denn auch die treffendste Beschreibung seiner Musik aus eigener Feder:

> Air sur lequel on chante un petit Poeme du même nom, divisé par couplets, duquel le sujet est pour l'ordinaire quelque histoire amoureuse et souvent tragique. Comme la romance doit être écrite d'un style simple, touchant, et d'un goût un peu antique, l'Air doit répondre au caractère des paroles ; point d'ornemens, rien de maniéré, une mélodie douce, naturelle, champêtre, et qui produise son effet par elle-même. Il n'est pas nécessaire que le Chant soit piquant, il suffit qu'il soit naïf (sic!), qu'il n'offus que point la parole, qu'il la fasse bien entendre, et qu'il n'exige pas une grande étendu de voix. Une Romance bien faite, n'ayant rien de saillant,

---

291   Hanslick, Eduard: Musikalische Stationen, Wien 1880, S. 170ff.
292   Vgl. Baud-Bovy, S. 22.
293   Vgl. ebd., S. 23.
294   Ebd.

n'affecte pas d'abord ; mais chaque couplet ajoûte quelquechose à l'effet des précédens, l'intérêt augmente insensiblement, et quelquefois on se trouve attendri jusqu'aux larmes sans pouvoir dire où est le charme qui a produit cet effet. C'est une expérience certaine que tout accompagnement d'Instrument affaiblit cette impression. Il ne faut, pour le Chant de la romance, qu'une Voix juste, nette, qui prononce bien et qui chante simplement (sic!).[295]

Entscheidend hierbei ist, dass der Gesang, die Melodie also, für Rousseau bereits die ganze Musik ausmacht – die Begleitung eines Instruments würde diesen Effekt abschwächen. Rameau hingegen vertrat den Standpunkt, „que toute mélodie comportait en elle-même sa basse, c'est-à-dire qu'une mélodie devait nécessairement appeler une seconde voix qui la supporte et qui en crée l'harmonie."[296]

Die Gründe für Rousseaus Haltung sind klar: Seiner Meinung nach gibt es sowohl in der Natur als auch bei anderen – außereuropäischen – Völkern keine andere „Harmonie" als den Einklang.[297] So nimmt Rousseau hier in Bezug auf die Musik den gleichen Standpunkt ein wie bei der Religion und wendet sich entschieden gegen den Eurozentrismus seiner Zeit: Ebenso wenig, wie das Christentum die einzig Heil bringende Lehre sein kann, ist die kleine Menge der okzidentalen Musik mit ihrer Hinzufügung von Terz und Quinte im Recht.[298]

Quand on songe que, de tous les peuples de la terre, qui tous ont une Musique et un Chant, les Européens sont les seuls qui aient une harmonie, des Accords, et qui trouvent ce mélange agréable ; quand on songe que le monde a duré tant de siècles, sans que de toutes les Nations qui ont cultivé les Beaux-Arts, aucune ait connu cette harmonie : qu'aucun animal, qu'aucun oiseau, qu'aucun être dans la Nature ne produit d'autre Accord que l'Unisson, ni d'autre Musique que la Mélodie, que les langues orientales, si sonores, si musicales, que les oreilles Grecques, si délicates, si sensibles, exercées avec tant d'Art, n'ont jamais guidé ces peuples voluptueux et passionnés vers notre Harmonie ; que, sans elle, leur Musique voit des effets si prodigieux ; qu'avec elle la nôtre en a de si foibles ; qu'enfin il étoit réservé à des Peuples du Nord, dont les organes durs et grossiers sont plus touchés de l'éclat et du bruit des voix, que de la douceur des accens et de la Mélodie des inflexions, de faire cette grande découverte et de la donner pour principe à toutes les règles de l'Art ; quand, dis-je, on fait attention à tout cela, il est bien difficile de ne pas soupçonner que *toute notre Harmonie n'est qu'une invention gothique et barbare dont*

---

295 Rousseau, Dictionnaire de musique, art. „Romance", Œuvres Complètes, v. 1028 ; zit. nach Baud-Bovy, S. 25.

296 Baud-Bovy, S. 29.

297 Rousseau, Essai sur l'origine des langues, Œuvres Complètes, v. 415.

298 Vgl. Baud-Bovy, S. 27.

nous ne nous fussions jamais avisés, si nous eussions été plus sensibles aux véritables beautés de l'Art, et à la Musique vraiment naturelle.[299]

Und auch im *Dictionnaire*-Eintrag „Musique" findet sich etwas zu diesem Aspekt – der nach Meinung Baud-Bovys aus Rousseau den „patron des ethno-musicologues" macht:

> Pour mettre le Lecteur à portée de juger des divers Accens musicaux des Peuples, j'ai transcrit aussi dans la Planche un Air Chinois tiré du P. du Halde, un Air Persan, tiré du Chevalier Chardin, et deux Chansons des Sauvages de l'Amérique tirées du P. Mersene. On trouvera dans tous ces morceaux une conformité de Modulation avec notre Musique, qui pourra faire admirer aux uns la bonté et l'universalité de nos règles, et peut-être rendre suspecte à d'autres l'intelligence ou la fidélité de ceux qui nous ont transmis ces Airs.[300]

Auch Claude Lévy-Strauss bestätigt: „Cette ethnologie qui n'existait pas encore, il l'avait, un plein siècle avant qu'elle ne fît son apparition, conçue, voulue et annoncée."[301] Danick Trottier[302] stellt in seinem Aufsatz allerdings die Frage, ob der Streit zwischen Rameau und Rousseau nicht auch auf dem Gebiet der Semiotik ausgetragen werden kann. Nach Nattiez' Schema[303] argumentiert demnach Rameau als Komponist auf dem *niveau poiétique,* Rousseau dagegen sieht den Hörer im Mittelpunkt und bewegt sich damit auf dem *niveau esthésique.* Insofern findet nicht nur ein Kampf auf dem Feld der Musik, sondern auch auf dem der Politik statt: Bei Rousseau rückt mit dem Hörer der *Mensch* in den Fokus; Musik muss danach bewertet werden, wie sie auf ihn wirkt. Trottier kommt allerdings auch zu dem Schluss, dass die Semiotik nach Nattiez auf Rousseau nicht wirklich angewandt werden könne, da sich dieser nur auf einem der drei Niveaus bewege und die anderen, vor allem das *niveau neutre,* überhaupt nicht bediene.[304]

In jedem Fall ist der Streit mit bzw. die Zurückweisung durch Rameau – neben vielen anderen Enttäuschungen auf musikalischem Terrain – der Auslöser gewesen, Rousseau zu seinem radikalen Rückzug aus der musikalischen Welt zu veranlassen. In der *Lettre sur la musique française* verabschiedet er sich schon im Vorwort und gesteht ein,

> que je confesse avoir aimé avec trop de passion.
>
> Arbitres de la Musique et de l'Opéra, hommes et femmes à la mode, je prends congé de vous pour jamais, et je me féliciterai tous les jours de ma vie d'avoir sur-

---

299 Rousseau, Dictionnaire de musique, art. „Harmonie"; zit. nach Baud-Bovy, S. 129.

300 Ebd., art. „Musique"; zit. nach Baud-Bovy, S. 29.

301 Zit. nach Baud-Bovy, S. 44.

302 Trottier, Danick: L'Arménien de Venise. Validation sémiologique ou ethnomusicologique ?, in: Dauphin, Claude: Musique et langage chez Rousseau, Oxford 2004.

303 Vgl. Nattiez, Jean-Jacques: Musicologie générale et sémiologie, Paris 1987.

304 Vgl. Dauphin, S. 96f.

monté la tentation de vous ennuyer une seconde fois de mes amusements. Il est temps de renoncer tout de bon aux Vers et à la Musique, et d'employer le loisir qui peut me rester à des occupations plus utiles et plus satisfaisantes, sinon pour le Public, au moins pour moi-même.[305]

So bemerkenswert manche von Rousseaus Werken für einen Autodidakten auch sein mögen: Rousseau war und wurde nie ein Profi. Und bei ihm zeigt sich bereits, was wir später bei Theodor Hagen und Wilhelm Heinrich Riehl wiederfinden werden: Musikalische Dilettanten als radikale Kritiker der Musikwelt – und der Gesellschaft insgesamt.

1.2.3 Rousseau als Sammler

Nach eigenen Angaben geht Rousseaus Interesse an der Volksmusik – wie auch an der Musik allgemein – auf seine Tante Suson zurück.[306] An vieles, was diese so eindrucksvoll sang, kann sich Rousseau noch im hohen Alter unter Tränen erinnern, manches fällt ihm auch nur noch in Teilen ein. Die Nachforschungen zu diesen Liedern seiner Kindheit verwirft er jedoch.

> Ich bin fast sicher, dass die Freude, die für mich in der Erinnerung an diese Melodien liegt, zum Teil schwinden würde, sobald ich den Beweis hätte, dass auch andere außer meiner armen Tante Suson sie gesungen haben.[307]

Allerdings schließt diese Haltung eine Sammlertätigkeit nicht gänzlich aus: Neben den oben angesprochenen Musiken aus unterschiedlichsten Kulturkreisen, die Rousseau im Rahmen des *Dictionnaire*[308] zusammenträgt, findet sich hier auch der *Ranz des Vaches* – eine kleine Sammlung volkstümlicher Musik, in diesem Falle aus der Schweiz. Leider gibt Rousseau hier im Gegensatz zu anderen Zitaten „exotischer" Musik seine Quellen nicht genau an; es scheint aber laut Baud-Bovy belegt, dass er die Melodie nicht selbst gehört haben kann, sondern nur transkribierte oder kopierte.[309]

In jedem Fall entpuppt sich dieser „Ranz des Vaches" als

> un air typique de cor des Alpes („Alphorn"), non seulement par son quatrième degré haussé (l'Alphorn-Fa des musicographes alémaniques), mais par tous ses motifs. Dans sa préface à la troisième édition du *Recueil de Ranz de vaches et chansons nationales de la Suisse* (*Sammlung von Schweizer Kühreihen und Volksliedern,*

---

305 Rousseau, Lettre sur la musique française, „Avertissement à la première édition" 1753, Œuvres Complètes, v. 289 ; zit. nach Dauphin, S. 119.

306 Vgl. das Zitat zu Begin dieses Abschnitts I.1.2, S. 54.

307 Rousseau, Bekenntnisse, S. 45.

308 Vgl. das obige Zitat aus dem Dictionnaire-Artikel „Musique".

309 Baud-Bovy, S. 104.

mit Musik, Bern 1818, S. XIV-XVI), le professeur J. R. Wyss insère un exposé de Ferdinand Huber sur les cor des Alpes.[310]

Weit mehr kopiert als selbst zusammengetragen hat Rousseau daneben auch die erst postum erschienene Sammlung *Consolations des misères de ma vie*, auf die Goethe mehrfach ausdrücklich zu sprechen kommt.

> Er [d. i. Goethe, MN] hat sich reichlich vierzig Jahre später den Gesang der Gondolieri ausdrücklich bestellt und ihn gleich dreimal fast gleichlautend beschrieben [„Tagebuch der ital. Reise für Frau von Stein", in: Goethe: Poetische Werke (Berliner Ausgabe), Bd. 14, Berlin und Weimar 1972, S. 114ff.; „Italienische Reise I", ebd. S. 241; „Volksgesang", ebd. S. 760ff.], wobei er auf eine Melodie Bezug nimmt, die wir ‚ohngefähr durch Rousseau' kennen – […]. Wahrscheinlich hatte Rousseau sich etliche Stücke aus einer 1768 in England erschienenen Sammlung abgeschrieben – aber offensichtlich, weil sich mit ihnen sehr konkrete Erinnerungen verbanden.[311]

Berücksichtigt man die Umstände des Zustandekommens der wenigen „Sammlungen" unter Rousseaus Namen, so kann man vielleicht von ihm als dem „Vater der Ethnomusikologie", aber wohl kaum als dem Vater musikalischer Sammeltätigkeiten sprechen – dies wird Herder vorbehalten sein.

1.2.4 Die Idee einer „Musik für alle"

Die oben beschriebene *Unité de mélodie* ist weit mehr als „nur" die Einforderung einer Simplizität in der Musik. Sie kann und darf zu Recht auch auf die gesellschaftspolitischen Forderungen Rousseaus übertragen werden.

> Hinter Rousseaus *unité de mélodie* steht motivierend die ehrwürdige, immer neu zur Einlösung auffordernde Utopie einer „Musik für alle", einer *„Kunst mit der Menschheit auf Du und Du"* (Thomas Mann), bezogen auf eine historische Situation, da die Interessen des dritten Standes mit denen aller Nicht-Privilegierten identisch und also Unterscheidungen von *citoyen*, Plebejer und Bauer unnötig waren.[312]

Positive Erwähnungen von Musik „as a locus of social unity" finden sich an vielen Stellen in Rousseaus Œuvre: außer im *Essai sur l'origine des langues* auch im Roman *Julie, ou la Nouvelle Héloise* beim Weinfest in Clarens, in der *Lettre à D'Alembert* mit der Beschreibung der Volksfeste, in den *Reveries du promeneur*

---

310 Huber war Trompeter an der Stuttgarter Oper und Spezialist für Ventilinstrumente. Vgl. Baud-Bovy, S. 108.
311 Gülke, Rousseau, S. 36.
312 Ebd., S. 90.

solitaire (Abendgesang am See), sowie bei der Beschreibung der Premiere des *Devin du village* in den *Bekenntnissen*.[313]

Als wohl entscheidendster Ansatz in Rousseaus Idee einer „demokratischen" Musik kann die Erfindung einer neuen Notenschrift gewertet werden. Da die meisten Pariser, die er stellvertretend für den Großteil der („zivilisierten") Menschheit anführt, aufgrund des großen Zeit- und Lernaufwands nie im Leben in der Lage sein werden, die herkömmliche Notenschrift zu erlernen, möchte er diese durch eine Darstellung in Zahlen vereinfachen und sie damit

> [faire] aussi aisée à apprendre qu'elle a été rebutante jusqu'à présent. [...] Elle [la méthode, MN] va permettre d'apprendre la musique, en deux et trois fois moins de temps que la méthode ordinaire [...] et elle offre plus de sûreté dans la formation des musiciens.[314]

Der demokratische Ansatz in der Erfindung der neuen Notenschrift zeigt sich aber nicht nur in der unvergleichlich leichteren Erlernbarkeit, sondern auch im weitaus geringeren Platzbedarf auf dem Papier und in den dadurch niedrigeren Druck- und Transportkosten.

Hinzu kommt, dass ein einfaches Ablesen für jedermann der Vereinzelung in der Gesellschaft entgegenwirkt, da Menschen – egal welchen musikalischen Bildungsniveaus – jederzeit gemeinsam musizieren können.

> „Une lecon d'un quart d'heure peut mettre toute personne en état de nommer couramment et sans hésiter toutes les notes dans quelque musique qu'on lui présente." The result would be an enlarged community of musicians who could perform music together. Rousseau's emphasis on rendering music more accessible reframes the question of the gap between the individual and the community in practical terms.[315]

Doch bekanntlich war die Durchsetzung gegen die traditionelle Schrift nicht weiter von Erfolg gekrönt: Nachdem Rousseau den Herren der Akademie seine Denkschrift über das neue Musiksystem vorgelegt hatte, war er weniger über dessen Ablehnung bestürzt – das natürlich auch – als über deren mangelnde Bildung in Sachen Musik, die zur Ablehnung führte. Ein Mönch namens Souhaitti (sic!) habe einige Zeit vorher bereits die gleiche Idee der Zahlendarstellung gehabt, war die Begründung; dies ist vielleicht nicht falsch, doch geht Rousseaus Methode viel weiter und ist deshalb mindestens ebenso innovativ.[316]

---

313 Für Näheres vgl. Dauphin, S. 118.

314 Rousseau, Dissertation sur la musique moderne, Préface, Œuvres Complètes, v. 160; zit. nach Dauphin, S. 141.

315 Alle Belege diese Thematik betreffend finden sich im Projet concernant de nouveaux signes pour la musique, Œuvres Complètes, v. 147-54. Das Zitat in diesem Abschnitt ebd., v. 152; zit. nach Dauphin, S. 193.

316 Rousseau, Bekenntnisse, S. 402.

Der größte Vorteil des meinen bestand darin, das Transponieren und die Schlüssel abzuschaffen, so dass man durch Umänderung eines einzigen Anfangsbuchstabens vor der Melodie jedes Musikstück nach Belieben in jede gewünschte Tonart umschreiben konnte. Die Herren hatten von ein paar Kaffeehausfiedlern in Paris sagen hören, die Methode des Transponierens an sich tauge nichts, und hiervon gingen sie nun aus, um den deutlichsten Vorzug meines Systems zu einem unwiderleglichen Einwand gegen dasselbe zu verwandeln, und so fällten sie das Urteil, meine Notenbezeichnung sei zwar gut für die Vokalmusik, aber unpraktisch für die Instrumentalmusik, anstatt, wie es sich gebührt hätte, zu urteilen, das System sei für Vokalmusik gut und für die Instrumentalmusik noch besser. Auf ihren Bericht hin stellte mir die Akademie ein Zeugnis voll der schönsten Artigkeiten zu, aus denen man herauslesen konnte, dass sie mein System im Grunde weder für neu noch für praktisch hielten.[317]

Der Einzige, der ihn versteht und sich ernsthaft – und als größter zeitgenössischer Komponist Frankreichs auch berechtigterweise – mit der Thematik auseinandersetzt, ist Rameau. Er widerlegt Rousseaus System schnell; und Rameau war auch der Einzige, dessen Urteil Rousseau akzeptierte:

Den einzigen berechtigten Einwand, der sich gegen mein System erheben lässt, hat Rameau gemacht. Ich hatte es ihm noch kaum auseinandergesetzt, so sah er auch schon die schwache Seite desselben. „Ihre Zeichen", sagte er zu mir, „sind vortrefflich, was ihre klare und einfache Bestimmung der Notenwerte, ihre deutliche Absetzung der Pausen und ihre Hervorhebung des Einfachen in der Verdoppelung anbelangt, lauter Dinge, die die gewöhnliche Notenschrift nicht leisten kann, aber sie taugen deshalb nichts, weil sie eine Geistestätigkeit erfordern, die sich nicht immer der Schnelligkeit der Ausführung anzubequemen vermag. Die Stellung unserer alten Noten dagegen", fuhr er fort, „kann vom Auge ohne Hilfe jener Geistestätigkeit wahrgenommen werden. Wenn zwei Noten, eine sehr hohe und eine sehr niedrige, durch eine Reihe dazwischenliegender Noten verbunden sind, so erkenne ich mit dem ersten Blick ihre stufenweise Verbindung miteinander; um jedoch bei Ihnen diese Notenreihe zu erfassen, muss ich notwendig alle ihre Zahlen, eine nach der anderen, mühsam ablesen, für die Möglichkeit eines schnellen Überblickes aber lässt sich kein Ersatz schaffen." Gegen diesen Einwurf schien sich nichts sagen zu lassen, und ich gestand es auch sofort zu, aber obgleich er einfach und schlagend ist, so bedurfte es doch einer großen Übung in der Kunst, um auf ihn zu verfallen, und deshalb ist es nicht erstaunlich, dass er von keinem der Akademiker gemacht wurde, erstaunlich bleibt aber, dass alle diese großen Gelehrten, die so gar viel wissen, eben dieses eine nicht wussten, dass nämlich jedermann nur über sein Fach urteilen sollte.[318]

---

317 Rousseau, Bekenntnisse, S. 403.
318 Ebd., S. 404.

Beim Thema „Musik für alle" muss letztlich noch die Frage gestellt werden, welchen Platz die „Kunstmusik" in Rousseaus Gesellschaftsbild überhaupt einnehmen soll und darf. Ist eine hochgradige Spezialisierung der Musik gut oder schlecht für die Gesellschaft? J. O. de Almeida Marques[319] wägt zwischen der städtisch-zivilisierten und der ländlich-„wilden" Bevölkerungsstruktur ab:

> Opera houses, concert halls, virtuoso players and singers are perfectly adequate for large European metropolises; they would, on the other hand, disrupt the musical practices of more traditional societies. One must be careful, however, when discussing Rousseau, not to identify artistic music with cosmopolitan music, as much as "good taste" must not be identified with "cosmopolitain taste". For Rousseau, rustic soceties can be "artistic" and show "good taste" as much as the most cultivated centres. In the "Lettre", he remembers his experiences as a young man in a village of farmers on a mountain near Neuchâtel:

> „Tous savent un peu dessiner, peindre, chiffrer; la plupart jouent de la flûte, plusieurs ont un peu de musique et chantent juste. Ces arts ne leur sont point enseignés par des maîtres, mais leur passent, pour ainsi dire, par tradition [...] Un de leurs plus fréquents amusements est de chanter avec leurs femmes et leurs enfants les psaumes à quatre parties ; et l'on est tout étonné d'entendre sortir de ces cabanes champêtres l'harmonie forte et mâle de Goudimel,[320] depuis si longtemps oubliée de nos savants artistes."[321]

Auch hier ist also wieder das Entscheidende, dass die Musik so einfach und natürlich wie möglich ist – und bleibt! – und dass das dekadente Musikwesen der Stadt nicht auf die noch intakte Kultur der Landbevölkerung übergeht; vielmehr sollte sich jene an deren reiner Natürlichkeit orientieren und so zum Wohle der ganzen (Musik-)Gesellschaft beitragen.

In seiner Ablehnung des Theater- und Opernbetriebes entwirft Rousseau seine Idee der „Fête", einer Art musikalisch-theatralischem „Volksfest". Dieses wäre inklusiv im Gegensatz zu der ex-klusiven Spektakelform eines Theaters für nur wenige.[322]

---

319 Marques, José Oscar de Almeida: The Politics of Taste. A Place for Art Music in Rousseau's Construction of the Political Community, in: Dauphin, Claude: Musique et langage chez Rousseau, Oxford 2004.

320 Claude Goudimel: Hugenottischer Komponist, *1514 Besançon, wahrscheinlich getötet Bartholomäusnacht 1572. Schrieb 4- und 6-stimmige polyphone Chorwerke – also eigentlich nicht nach Rousseaus „offiziellem" Geschmack der „unité de mélodie".

321 Rousseau, Lettre à D'Alembert, Œuvres Complètes, v. 56-57; zit. nach Dauphin, S. 163f.

322 Die Idee der „Fête" wurde vor allem im nachrevolutionären Frankreich und bei den Frühsozialisten wieder aufgegriffen und insbesondere von den Saint-Simonisten praktiziert. Vgl. hierzu sehr ausführlich Locke, Ralph P.: Music, Musicians, and the Saint-Simonians, Chicago 1986.

Dieser Ansatz ist in den Augen Rousseaus nicht nur kulturpolitisch bedeutsam; er besitzt eine mindestens ebenso große gesellschaftspolitische Dimension. Im *Essai sur l'origine des langues* wie auch im *Contrat social* analysiert Rousseau diesbezüglich die Rolle der Sprache. Demnach kommt den alten, sonoren, gewissermaßen „gesungenen" Sprachen eine herausragende Rolle in der Vermittlung von Gesetzen zu – und dies ist der Grund, weshalb die Völker, die sich (noch) einer solchen Sprache bedienten, auch noch in „guten", das heißt natürlichen und freien, Gesellschaften lebten.[323]

> „Ce sont les langues sonores, prosodiques, harmonieuses, dont on distingue le discours de fort loin." Modern languages are, by contrast, well suited for „le bourdonnement des divans" but when used to address crowds, come across as relentless, incomprehensible shouting. Rousseau asserts that „toute langue avec laquelle on ne peut pas se faire entendre au peuple assemblé est une langue servile ; il est impossible qu'un peuple demeure libre et qu'il parle cette langue-là".[324]

1.3 Zusammenfassung

Jean-Jacques Rousseau kann wohl zu Recht als der am meisten fehleingeschätzte Kopf des 18. Jahrhunderts gelten – und vielleicht als der einflussreichste in Bezug auf die Nachwelt. Hinter dem Rousseauismus steht eine „neue geschichtsphilosophische Vision": Mit seiner negativen Historik, auch seiner negativen Pädagogik, wendet sich Rousseau von der „normalen" Einstellung zur Kultur ab (wobei man hier ausgiebig diskutieren könnte, was denn nun der „Normalfall" sei):

> Normalerweise schätzt der Mensch Menschen und Werke umso höher, je kultivierter sie sind. Er verehrt in der Bildung, in der Gesittung, in der Technik die Überwindung und die Distanz zur Natur. In diesem Abstand von der Natur sieht der Rousseauist nun gerade den Mangel: er misst in diesem Abstand die Entfernung der Dinge von ihrem Ursprung und ihrer Ursprünglichkeit. Er sieht plötzlich nicht mehr das Erreichte, sondern das Verlorene. Von wo sich der normale Mensch aufzuschwingen suchte, dahin tastet sich der Rousseauist zurück.

---

323 „Music, with its unique ability to reach into the mind and elicit emotional response is key. Indeed Rousseau sometimes suggests that in the ancient world even the transmission of the law was the business of song (Rousseau, Dictionnaire de Musique, Œuvres Complètes, V. 690, 921). In the modern world, music and dance remain central to Rousseau's image of an affective community." (Dauphin, S. 179).

324 Rousseau, Essai sur l'origine des langues, Œuvres Complètes, v. 429; zit. nach Dauphin, S. 178.

[…] Jeder Rückgriff auf die Natur einer Sache ist ein Rückgriff auf die Sache der Natur. Daher ist das Ideen-Ensemble, das der Rousseauismus als solcher ausbildet, schwer einzugrenzen.[325]

Diese Schwierigkeit ist auch im vorliegenden Kapitel sichtbar geworden, wobei durch eine einigermaßen enge Begrenzung auf den Themenkomplex dieser Arbeit versucht wurde, Missverständnisse zu vermeiden und die häufigen Widersprüche in Rousseaus Werk so weit wie möglich zu glätten.

Es wäre bei Weitem zu einfach und ein Anachronismus, Rousseau auf den Voltaire'schen Satz des „Zurück zur Natur" reduzieren zu wollen. In all seinen theoretischen Schriften wie auch in seinem Umgang mit der Musik – der sich, wie wir gesehen haben, nur allzu oft als Weiterführung seiner Theorien deuten lässt – fordert er zwar ein natürliches und im besten Sinne „un-zivilisiertes" Leben. Auf der anderen Seite moniert er aber die rohen bzw. komplett fehlenden Sitten und Tugenden des Wilden und ist sich stets bewusst, dass ein Leben gänzlich außerhalb der aktuellen Gesellschaft, in einer Art Arkadien, ein unerreichbarer Traum bleiben muss. Iring Fetscher hat diesen Sachverhalt auf den Punkt gebracht:

Der von Rousseau idealisierte Naturzustand ist also nicht die uranfängliche Wildheit, sondern ein „juste milieu" zwischen dieser und dem Zustand des Kampfes aller gegen alle, der für die zeitgenössische Gesellschaft nach seiner Meinung charakteristisch war. Rousseau ist kein absoluter Gegner jeder Kultur, sondern lediglich ein Kritiker der depravierenden Hochkultur, in der die ursprüngliche „Güte" des Menschen und die natürliche und freie Gemeinschaft der Hirtenvölker verlorengegangen ist.[326]

In jedem Fall bleibt für unser Thema festzuhalten, dass Rousseau in seiner Verehrung des Einfach-Natürlichen, des ländlichen „Volkslebens" und der „Volksseele", die sich in naiven und gerade deshalb so bewundernswerten *Kultur*leistungen (allen voran Poesie und Musik) manifestiert, zum „Vater zweier sehr feindlicher Brüder [wurde], des Sozialismus und der Romantik."[327]

---

325 Weigand, Kurt: Einleitung zu den Schriften zur Kulturkritik, S. Xf.
326 Fetscher, Iring: Rousseaus politische Philosophie, 3. Aufl., Frankfurt/Main 1978, S. 43.
327 Weigand, Kurt: Einleitung zu den Schriften zur Kulturkritik, S. IX.

2. Der Vater aller Sammlungen: Johann Gottfried Herder

Es ist nicht zu übersehen, dass Rousseau auf Herder großen Einfluss ausgeübt hat; dies zeigt sich besonders deutlich in der *Abhandlung über den Ursprung der Sprache*:

> Es ist für mich unbegreiflich, wie unser Jahrhundert so tief in die Schatten, in die dunkeln Werkstätten des Kunstmäßigen sich verlieren kann, ohne auch nicht einmal das weite, helle Licht der uneingekerkerten Natur erkennen zu wollen.[328]

Doch ebenso klar wird, wie sehr Herder bemüht war, sich von diesem Vordenker zu distanzieren.[329]

> Sie lachen über meinen Enthusiasmus für die Wilden beinahe so, wie Voltaire über Rousseau, daß ihm das Gehen auf vieren so wohl gefiele: Glauben Sie nicht, daß ich deswegen unsre sittlichen und gesitteten Vorzüge, worin es auch sei, verachte. Das menschliche Geschlecht ist zu einem Fortgange von Szenen, von Bildung, von Sitten bestimmt: wehe dem Menschen, dem die Szene mißfällt, in der er auftreten, handeln und sich verleben soll![330]

Im Gegensatz zu Rousseau kommt es Herder nicht auf die Rückkehr zu den Ursprüngen, sondern auf eine Verquickung der Natur- mit der Kulturgeschichte an:[331] Herder sucht das Natürliche nicht aus einer Verteufelung aller Kultur heraus; er sieht vielmehr im kulturellen Fortschritt (wenn auch nicht in jeglichem) die Menschwerdung des Menschen, seine Humanisierung.

Häufig werden Herder und Rousseau in Bezug auf ihre Begriffe von Nation und Staat als „kulturell" (Herder) versus „politisch" (Rousseau) dargestellt – doch diese Gegenüberstellung greift zu kurz und ist in manchen Punkten auch einfach falsch.[332] Gemeinsam ist beiden die grundsätzliche Gleichsetzung von Natur mit dem Authentischen und Originären:

---

328 Herder, Johann Gottfried: Abhandlung über den Ursprung der Sprache, Berlin 1772 (Nachdruck Stuttgart 1966), S. 94.

329 Vgl. Irmscher, in: Herder, Abhandlung über den Ursprung der Sprache, S. 145f.

330 Herder, Von deutscher Art und Kunst, Einige fliegende Blätter, in: Nicolai, Heinz (Hrg.): Sturm und Drang, München 1971, Bd. 1, S. 265.

331 Vgl. Heise, Jens: Johann Gottfried Herder zur Einführung, Hamburg 1998, S. 20.

332 Auch Frederick Barnard widerspricht einer solchen Vereinfachung vehement: „Rousseau is frequently contrasted with Herder as a political nationalist, wheras Herder is seen as an essentially cultural nationalist. I [...] tried to show why I believe this opposition between political and cultural nationalism to be overdrawn, and that, if there are (as there undoubtedly are) differences between Rousseau and Herder, they do not derive from one being non-culturally political and the other non-politically cultural." (Barnard, Frederick M.: Herder on Nationality, Humanity, and History, Montreal u.a. 2003, S. 173).

The truly natural, therefore, consists of the stream of human development that underlies the „surface culture" that has become disconnected from it. Rousseau and Herder likewise seek, accordingly, to retake possession of a people's true heritage, so that the national and the natural coincide.[333]

Weitere Gemeinsamkeiten liegen im Misstrauen gegenüber einem zu weit gehenden und alle staatlichen Grenzen auflösenden Kosmopolitismus – nach Meinung Herders wie auch Rousseaus muss es Gesetze geben, deren Funktion beide in einer „grenzenlosen" Situation jedoch gefährdet sehen – sowie in einer Verachtung der Hochkultur, die auf einer Verachtung der ungleichen Gesellschaft, die jene erst hervorbringt, basiert.[334] Einig sind sich Herder und Rousseau in ihrer Überzeugung, dass das Movens einer Nation das *Volk* sein müsse und nicht etwa eine dünne adlige Oberschicht, die über die Masse bestimmt.[335]

Doch liegt genau in diesem Punkt auch ein wichtiger Unterschied: Er besteht sowohl in der jeweiligen Sichtweise des Übergangs von der existierenden zur legitimierten Nation, als auch in dem Bild, das sich beide von ihr machen – für Rousseau ist sie wie ein Körper, für Herder ist die Welt ein Garten, in dem die verschiedenen Völker als Blumen blühen.[336] Auch den „Ursprungsmenschen" zeichnet Herder anders als Rousseau: Er ist für Herder soziabel und besitzt von Anfang an Sprache,[337] die er sich selbständig – als *Kultur*leistung – angeeignet hat, jedoch gemischt mit bzw. ausgehend von natürlichen Voraussetzungen: „whereas Rousseau viewed culture as a marked departure from nature, Herder viewed it as a simultaneous development with nature."[338]

---

333 Barnard, Herder on Nationality, S. 39.
334 Ebd., S. 40.
335 Ebd., S. 176.
336 Ebd.
337 Ebd., S. 45f.
338 Ebd., S. 50.

2.1 Politischer Standpunkt – Sprache – Kulturnation

> Alle Philosophie, die des Volks sein soll, muss das Volk zu seinem Mittelpunkt ma-
> chen, und wenn man den Gesichtspunkt der Weltweisheit in der Art ändert, wie
> aus dem Ptolemäischen, das Kopernikanische System ward, welche neue fruchtbare
> Entwickelungen müssen hier nicht zeigen, wenn unsre ganze Philosophie Anthro-
> pologie wird.[339]

Diese „Einziehung der Philosophie auf Anthropologie", wie Herder es im Motto
seiner *Ideen zur Philosophie der Geschichte der Menschheit* 1765 nennt, bedeutet
auch,

> dass Herder Individualität und Besonderheit in der Geschichte als autonome Viel-
> falt denkt, ohne sie in die Beliebigkeit disparater Geschichten aufzulösen. Er hat
> diese Orientierung gegen die abstrakten Ansprüche der Aufklärung gerichtet und
> auf einer Dezentrierung der Geschichte bestanden.[340]

Es gibt für Herder nicht Völker mit oder ohne Kultur, sondern jedes Volk besitzt
eine Kultur, sie ist ein universelles Phänomen – und sie unterscheidet sich nur im
Grad ihrer Ausprägung, nicht in der *Art*.[341] Herder wendet sich stets gegen den
zeitgenössischen Eurozentrismus – die Kultur des Menschen ist nicht die des
Europäers – und fordert, da es eben nicht *eine Kultur*, sondern viele *Kulturen*
gebe, eine jede müsse in ihrem jeweiligen speziellen historischen, interkulturellen
und strukturellen Umfeld untersucht werden.[342] Dieser Ansatz macht Herder zu
einem der frühesten Vertreter der historischen Ethnologie und Anthropologie –
und deutet gleichzeitig die Richtung zu seinem Konzept der *Kulturnation*.

Entscheidend für Bildung und Fortbestehen einer Nation ist demnach nicht der
politische Staat, sondern die Existenz einer (Gefühls-)Sprache: Sprache ist der
wichtigste Bestandteil einer Nation, da sie die „Verkörperung der ‚Volksseele',
des ‚Volkscharakters' etc. [ist]. Sprache und das durch sie hervorgerufene Nationalbewusstsein sind nicht voneinander zu trennen."[343] „Verliert" ein Volk seine

---

339 Herder, Werke I, S. 134; zit. nach Heise, Herder, S. 8.
340 Heise, Herder, S. 69.
341 Vgl. Barnard, Herder on Nationality, S. 134f.
342 Vgl. ebd., S. 143.
343 Sundhaußen, Holm: Der Einfluss der Herderschen Ideen auf die Nationsbildung bei den
     Völkern der Habsburger Monarchie, München 1973, S. 29. Hierzu auch Barnard, Herder,
     S. 151: „Indeed, in the *Ideas* he declares that a nation will survive even if it ceases to be a
     state if it can preserve its language of feeling as the living manifestation of its continu-
     ity." Sowie ebd., S. 12: „‚No greater harm can befall a nation than to be robbed of ist
     character by being deprived of its language, for without its language it loses its own *Denk-
     art.*' Every effort must therefore be made to cultivate a community's language in order to

Sprache, zum Beispiel weil diese unterdrückt oder verboten wird, so gerät das ganze nationale Gebäude ins Wanken. Ob Herder dabei Deutschland im Sinn hatte, das nicht nicht mehr, sondern noch nicht von der Nation zum Staat gefunden hatte, kann nicht eindeutig geklärt werden; sicher ist jedoch, dass er an das Alte Israel dachte, das eine Schlüsselrolle in seinem Konzept des Nationalismus einnimmt.

> Herder's vision of nationhood has little to do with an emergent national conscious-ness in his native Germany, but is to a far greater extent the upshot of his interpretation of ancient Israel. The second point is that Herder's conception of *Volk*, with the Hebrew people in mind, is at variance with his conception of *Volk* within the context of his own times.[344]

Dabei stellt Herder, der Theologe, sich die Frage, wie es Moses gelang aus den zwölf Stämmen, die Herder als eigenständige „Republiken" (sic!) tituliert, eine *Nation* zu formen – ohne gleichzeitig auch eine Staatsgründung vorzunehmen.

> The two evidently did not necessarily go together for him. Just as Germany in his days was a nation of many states and Austria a state of many nations, so ancient Is-rael portrayed "a most excellent example" of a nation long before its emergence as a *state*. In trying to account for the creation and survival of Hebrew nationhood, Herder lists five principal components as causal determinants.[345]

Diese bestehen (1) im Land als gemeinsames Erbe, (2) im Gesetz, das alle anerkennen und dem sich alle unterwerfen, (3) in der gemeinsamen Sprache und einem geteilten kulturellen Gedächtnis, (4) in einer Wertschätzung und Pflege familiärer Bindungen, sowie (5) in der Verehrung der Vorväter. Das Ineinandergreifen dieser fünf Faktoren sicherte für Herder das Überleben des jüdischen Volkes über die Jahrhunderte, „even when some of the components as such were no longer operative".[346]

Herders Interesse und Wertschätzung für die Geschichte des Alten Israel ist ein Aspekt seiner Philosophie, den man auch bei der Analyse seines politischen Denkens im Hinterkopf behalten sollte. Dieses ist insgesamt nicht leicht einzuschätzen. An mehreren Stellen scheint es, als sei Herder dem Adel gegenüber feindlich eingestellt gewesen;[347] daraus jedoch eine Vorliebe für die konstitutionelle Monarchie abzuleiten, wie dies verschiedentlich getan wurde, kann im Einklang mit Barnard abgelehnt werden. Sicher hätte eine solche Staatsform für Herder das

---

create ‚that level ground upon which it can erect its natonal edifice.' (Werke I, 147-48, 162, 366; s. a. II, 103, ‚where Herder speaks of the realm and growth of a people's language as ‚a democracy which tolerates no tyrants')."

344 Barnard, Herder on Nationality, S. 17.
345 Ebd., S. 20.
346 Ebd.
347 Vgl. ebd., S. 29.

„kleinere Übel" dargestellt – viel mehr spricht allerdings dafür, ihn wenigstens in Grundzügen als Republikaner zu betrachten.

> By claiming that the *Volk*, composed of the ordinary *Bürger*, make up not only the majority of the population but also the most creative source of a nation's culture, Herder most effectively strengthened the fortunes of those anxious to present their case for nationalism and democracy as one and the same argument.[348]

Ein Problem besteht in diesem Zusammenhang darin, dass Herder Begriffe, die uns heute in klaren Umrissen geläufig sind, (noch) nicht in der gleichen Stringenz verwendet. Vielmehr benutzt er „Nation" und „Volk" fast immer gleichbedeutend, insbesondere dann, wenn er von Letzterem als den „Bürgern" (sic!) lobend, in Abgrenzung vom Pöbel, spricht.[349] Doch auch hierbei fällt eine eindeutige Definition schwer, da zu Herders Begriff des Bürgers „all die Berufe" zählen,

> die besonders häufig im Volkslied eine Rolle spielen: Bauern, Fischer, Handwerker und Kaufleute, die (durch Spontaneität, Erd- und Naturverbundenheit, eine Art Natürlichkeit und Einfalt, wie man sie bei Kindern findet) am reinsten und ursprünglichsten den ‚wahren Volkscharakter einer Nation verkörpern'. Sie [...] stellen den Grundpfeiler der Gesellschaft und des organischen Staates dar.[350]

Auf der anderen Seite hatte das Bürgertum gesellschaftlich und politisch wenig bis gar keinen Einfluss und wurde systematisch ausgebeutet und unterdrückt. Die begriffliche Unschärfe lässt sich wohl am besten klären, indem man in Herders Vorstellung das *Volk* als die *Masse der Bürger* betrachtet, wobei noch nicht der Bourgeois des 19. Jahrhunderts, sondern der mit wenig Rechten ausgestattete Kleinbürger des 18. Jahrhunderts gemeint ist – der Dritte Stand. Auf der anderen Seite steht die Kategorie derer, die später auch Marx und Engels als „Lumpenproletariat" – und zwar aus allen Schichten stammend – bezeichnet haben, der Vierte Stand, die spätere Arbeiterklasse. Doch auch hier liefert Herder keine klare Definition.

> The rabble [...] is perhaps best defined by what it is not, since, unlike the mainstream citizenry, it neither embodies, nor expresses, an identifiable social or national consciousness. Having no sense of abiding existence, no sense of stable location, its loyalties are exceedingly fluid and dangerously prone to rapid and unpredictable shifts – it simply cannot be trusted.[351]

---

348 Barnard, Herder on Nationality, S. 30. Vgl. auch Herder, Werke, hrg. von Bernhard Suphan, Bd. I, S. 392.

349 Vgl. Herder, Werke (Suphan), Bd. XV, S. 323.

350 Sundhaußen, S. 32.

351 Barnard, Herder on Nationality, S. 31.

So wie Marx davon ausging, mit dieser Gruppe könne im Klassenkampf nicht gerechnet werden, stellte sie auch für Herders Anliegen, der Bildung einer Kulturnation, eine vernachlässigbare Größe dar.

Der Hauptgrund für die soziale Unterlegenheit und politische Ohnmacht des Volkes liegt für Herder in dessen Mangel an Bildung und Erziehung.[352] Es scheint, als habe Herder zunächst Hoffnungen in die Thronbesteigungen Katharinas II. und Josephs II. gesetzt – doch musste er enttäuscht zu der Erkenntnis gelangen, dass Absolutismus und Aufklärung unvereinbar seien. Aus ebendiesem Grunde können nach Herders Ansicht Reformen nur vom Volk (im Sinne des *peuple*) – insbesondere der bürgerlichen „Mittelschicht" – ausgehen; was „von oben" kommt, muss zum Scheitern verurteilt sein. Die neuen Führer nennt Herder „Aristodemokraten": Sie kommen *aus dem Volk* und genießen deshalb auch höhere Akzeptanz als der sehr unspezifisch bleibende Rousseau'sche „Gesetzgeber".[353] Die Aristodemokraten sollen als „Philosophen auf dem Thron", als Berufserzieher und Wissenschaftler mithelfen, dem Bildungsnotstand entgegenzuwirken. Aber: Die politische Führung muss gleichzeitig

> dafür Sorge tragen, dass das Volk durch *eigene* Bemühung das Ziel erreicht; sie darf daher nicht zu viel Verantwortung übernehmen, da Selbstbestimmung das letzte Stadium der gesellschaftlichen Entwicklung sein soll.[354]

Da der Weg nach oben nur über die Bildung führen kann, muss das Volk zunächst lernen und bewahren, was das eigene von anderen Völkern unterscheidet.

> Dazu ist vor allem eine Schulreform vonnöten,[355] ferner die Errichtung von Institutionen, denen die Bemühung um die Muttersprache obliegt, die Begründung einer kritischen Geschichtsschreibung zur Erforschung der eigenen Vergangenheit, das Eindringen in die Mythologie des jeweiligen Volkes, das Sammeln von Volksliedern, Volkssagen, -märchen etc.[356]

Dass Herder auf dieses Konzept der Kulturnation setzte, lässt sich sowohl mit der damaligen Situation, die ein politisches Nationbuilding in Deutschland noch nicht ermöglichte, als auch mit der spezifisch „deutschen", schon auch romantischen Auffassung von „Nation" begründen. Während für die Jakobiner, in Frankreich wie anderswo, ein etatistischer Nationenbegriff galt, musste in Deutschland aus der politischen Ohnmacht heraus geradezu kulturpolitisch agiert werden, was „sich in romantischer Begeisterung für das Volk und das

---

352 Vgl. Herder, Werke (Suphan), Bd. VI, S. 104f.

353 Vgl. Barnard, Herder on Nationality, S. 31 und 47.

354 Herder, Werke (Suphan), Bd. XIII, S. 149; zit. nach Sundhaußen, S. 33.

355 Vgl. Herders Rede von 1793 in: Herder, Werke (Suphan), Bd. XXXII, S. 518 und den Brief an seinen Herzog vom 14.12.1785 in: Werke (Suphan), Bd. XXX, S. 429-52.

356 Sundhaußen, S. 33f.

Volkstümliche [äußerte]".[357] Herder und Fichte können mit ihren Theorien als deren Wegbereiter gelten, aus welchen die Romantiker reichlich schöpfen konnten.

> Herders Absicht, eine literarische Tradition auf Sprache und Gesang des einfachen Volkes aufzubauen, war revolutionär und hat die Dichter [...] nachhaltig beeinflusst. Der Gedanke, dass das „Volk", die niedrigste gesellschaftliche Schicht in der Auffassung der damaligen Zeit, [...] die schöpferische Quelle des Kollektiv- und Kulturbewusstseins der Nation sei, hat auch außerhalb Deutschlands gewirkt und dazu beigetragen, nationalistischen Bewegungen demokratische Aspekte zu verleihen. Herders Interesse für das Volkslied war also nicht nur von sprachlichen und literarischen, sondern auch von gesellschaftspolitischen und pädagogischen Überlegungen getragen.[358]

Herders sprachlich-literarisches Interesse sowie sein pädagogischer Auftrag sind sicherlich Schwerpunkte seiner Bemühungen um die Kulturnation. Doch ist auch ein anderer Punkt eine Überlegung wert: An verschiedenen Stellen wird behauptet, Herder sei im Grunde unpolitisch gewesen. Dies würde auch den sozialistischen Ansatz zu Recht entkräften, der ihn für bestimmte interessierte Kreise politisch vereinnahmen wollte, indem sein Humanitätsideal nur als ein Surrogat anstelle des noch nicht existierenden Sozialismus dargestellt wurde.[359] Wenig Beachtung hat aber bislang der Aspekt gefunden, sein ganzes Denken und Handeln in dieser Richtung könne, wenn nicht politisch – was in der Tat zweifelhaft ist –, so doch deutlich religiös motiviert gewesen sein. Einen zentralen Punkt in Herders Philosophie nimmt, oben wurde darauf hingewiesen, die Geschichte des Alten Israel ein, das er stark idealisiert und an dem er nicht nur seinen Nationenbegriff festmacht.

---

357 Sundhaußen, S. 41f.

358 Ebd., S. 33f.

359 Cvetko analysiert die Quellenlage zu diesem Punkt ausführlich: „Herder sei, so die ältere Herder-Forschung in der Wiedergabe Dobbeks im Jahr 1949, in seinem Wesen unpolitisch gewesen [...] Dobbek will sagen: ‚[...] der Sozialismus war noch nicht gekommen' (W. Dobbek 1949, S. 73 und 84). Daher habe Herder sein Augenmerk auf das Humanitätsideal gelenkt. [...] das [ist] nur die halbe Wahrheit [...] denn so sehr Herder etwa die Slawen auch rühmte, so sehr fiel er diesen und sich selbst durch seine Treue zu Zar Peter dem Großen in den Rücken, so Konrad Bittner (1953). Und auch hier findet sich der janusköpfige Herder: Einerseits feierte Herder ‚den Sturm auf die Bastille als ‚Taufe der Menscheit' und ‚Fest des Bundes' zwischen Gott und seinem Volke' [sic!] (W. Große/L. Grenzmann 1983, S. 50), andererseits sehe man in seiner geschichtlichen Darstellung des Absolutismus samt der Veränderungen durch die Französische Revolution zugleich auch sein Fürstenideal und damit den Widerspruch (so der kritische Einwand in beide Richtungen von G. Arnold, FA 10, S. 976f.)." (Cvetko, Alexander J.: Durch Gesänge lehrten sie. Johann Gottfried Herder und die Erziehung durch Musik, Frankfurt/Main 2006, S. 331f.).

Doch ist Herder mit Sicherheit zu vielschichtig, um ihn eindeutig und ausschließlich auf den „Politiker" oder „Theologen" festlegen zu können; dies kann ihm nicht gerecht werden. Vielmehr sollte man ihn als gesellschafts- und kulturpolitisch agierenden Theologen sehen, für den sein Humanitätsideal – sicherlich aus religiöser Quelle gespeist – Sinn und Ziel seines *gesamten* Handelns war. Religion, Humanität, der Umgang mit dem Volk und seinem kulturellen Erbe, der Bildungsgedanke: Alles greift ineinander.

> He knew that *Fortgang* [...] was not tantamount to *Fortschritt*. Again and again he therefore points to what lies ahead, and how ardously long and frequently interrupted the process of *Bildung,* in its literal meaning of conscious shaping, will be before people can hope to approximate to the political and moral ideal that he believed to have found in the Mosaic legacy, associating it, as he did, with his own most cherished aspirations toward nationality *and* humanity, *Volk* und *Humanität.*[360]

---

360 Barnard, Herder on Nationality, S. 35.

2.2 Wegbereiter der Romantik: Die Volksliedsammlung

Um das kulturelle Gedächtnis eines Volkes genau studieren und bewahren zu können, bedarf es nicht nur der Pflege der Sprache, sondern auch der der „Manifestationen der Sprache, das heißt der Literatur, insbesondere de[s] Volkslied[s]",[361] da für Herder „Gesänge [...] das Archiv des Volkes [sind]".[362]

> In ihnen findet man den reinsten Ausdruck der nationalen Sitten, Gebräuche und Gefühle sowohl der Vergangenheit als auch der Gegenwart. Das Interesse für das Volkslied ist daher ein entscheidendes Mittel zur Förderung der Selbsterkenntnis eines Volkes und seiner Herausbildung zur Kulturnation.[363]

Neben den oben beschriebenen Anliegen Herders ist es nicht erstaunlich, dass gerade das Volkslied eine Schlüsselrolle in seiner Philosophie spielt, denn „sein Lebensgang [ist] dazu angetan gewesen, der Musik näher zu treten".[364] Als Sohn eines Kantors geboren „[war] sein Geburtshaus [...] eine Stätte, wo die Musik – um Herders eigene Worte zu gebrauchen – ‚zur Ökonomie des täglichen Lebens gehörte'."[365] Vielleicht war Herders Musikalität, die auch seine Frau Caroline, selbst eine ordentliche Pianistin, in ihren Erinnerungen bezeugt, mit ein Grund, weshalb er fast ausschließlich in von Musik geprägten Städten ansässig wurde.[366] So entstand beispielsweise in Bückeburg eine „innige Freundschaft" mit dem dortigen Bach-Sohn Johann Christoph Friedrich, der einige seiner Texte vertonte,[367] und in Weimar gebührt Herder unter anderem das Verdienst, eine der ersten Aufführungen des Händel'schen *Messias* in Deutschland, mitsamt der Übersetzung des englischen Originaltextes, auf den Weg gebracht zu haben.[368]

Der eigentliche Auslöser für die eingehende Hinwendung Herders zum Volkslied liegt wahrscheinlich in der Freundschaft zu seinem Lehrer Hamann in Königsberg. „Im Anschluss an den englischen Unterricht" habe dieser ihn „in den tiefen Melodienreichtum bei Shakespeare und namentlich in der alten schottischen Balladendichtung [eingeführt]."[369] Hamann gebührt, so Hans Günther, „das unsterbliche Verdienst, Herder für die wunderbaren Klänge der volksmäßigen

---

361 Sundhaußen, S. 29.
362 Herder, Werke (Suphan), Bd. IX, S. 532.
363 Sundhaußen, S. 29.
364 Günther, Hans: Johann Gottfried Herders Stellung zur Musik. Inaugural-Dissertation zur Erlangung der Doktorwürde, Leipzig 1903, S. 9.
365 Ebd.
366 Vgl. ebd.
367 Ebd., S. 17f.
368 Vgl. ebd., S. 19.
369 Ebd., S. 12f.

Poesie das Ohr geöffnet zu haben."[370] Bereits in seiner Rigaer Zeit begann Herder, auf diesen Erfahrungen aufzubauen und „durch eifriges Sammeln alter litthauischer und lettischer Volkslieder den Grundstock zu seiner Volksliedersammlung zu legen".[371] In seinem späten ästhetischen Hauptwerk *Kalligone*, das der Musik ein eigenes Kapitel widmet, verteidigt Herder „den einfachen Ton als Grundlage aller Musik" und widerspricht damit vehement seinem Lehrer Kant und vielen anderen Zeitgenossen, die in der Harmonie das Maß aller Dinge sahen.

> Der Grund der Harmonie entdecke sich im Bau der Körper [...]; was ferner die Melodie betreffe, so könne er nach dem Studium der theoretischen Werke von Rameau (Traité de l'harmonie, 1722) und Tartini (Trattato die musica secondo la vera scienza dell'armonia, Padua 1754) in Übereinstimmung mit Rousseau (Dictionnaire de musique) nicht glauben, dass das blosse Zählen der Verhältnisse, das Messen der Intervalle das Wohlgefallen der Seele an der Musik zu erklären vermöge. So bleibt der einfache [sic!] Ton übrig, auf den im letzten Grunde die ästhetische Wirkung der Musik zurückzuführen sei; er allein ist schon Musik und erregt unsere innerste Empfindung.[372]

Einfache, will sagen: einstimmige Musik reicht also völlig aus, um den Menschen zu berühren – und berührt ihn vielmehr gerade durch diese Einfachheit, die sich in reinster Form dort findet, wo „unverdorbene" Menschen noch weitgehend frei von zivilisatorisch degenerierter „Kunst" poetisch am Werke sind.

Und eine weitere Parallele zu Rousseaus Verehrung des Naturzustandes lässt sich bei Herder finden: Auch er geht davon aus, dass alle Musik bereits in der Natur angelegt ist und nur vom Menschen zum Leben erweckt werden muss.[373] Gleichzeitig widerspricht Herder auch der damals wieder aufgeflammten Diskussion, ob der menschliche Gesang aus dem der Vögel hervorgegangen sei; für ihn ist Gesang unmittelbar mit *Sprache* verbunden und steht im gegenseitigen Wechselspiel.[374] Poesie – und damit Gesang – entsteht unmittelbar aus der „Nachahmung der [...] Natur":

> Was so viele Alten sagen und so viel Neuere ohne Sinn nachgesagt, nimmt hieraus sein sinnliches Leben, dass nämlich Poesie älter gewesen als Prose! Denn was war

---

370 Günther, Herder Musik, S. 12f.

371 Ebd., S. 13f.

372 Ebd., S. 24.

373 Vgl. Herder, Kalligone Bd. II, S. 4 (in Suphan XXII, 180): „Alles also, was in der Natur tönt, ist Musik; es hat ihre Elemente in sich, und verlangt nur eine Hand, die sie hervorlocke, ein Ohr, das sie höre, ein Mitgefühl, das sie vernehme. Kein Künstler erfand einen Ton, oder gab ihm eine Macht, die er in der Natur und in seinem Instrument nicht habe; er fand ihn aber und zwang ihn mit süßer Macht hervor."

374 Vgl. Günther, Herder Musik, S. 25.

diese erste Sprache als eine Sammlung von Elementen der Poesie? Nachahmung der
tönenden, handelnden, sich regenden Natur! Aus den Interjektionen aller Wesen
genommen und von Interjektionen menschlicher Empfindung belebt! Die Natur-
sprache aller Geschöpfe vom Verstande in Laute gedichtet, in Bilder von Handlung,
Leidenschaft und lebender Einwürkung! Ein Wörterbuch der Seele, was zugleich
Mythologie und eine wunderbare Epopee von den Handlungen und Reden aller
Wesen ist! Also eine beständige Fabeldichtung mit Leidenschaft und Interesse! –
Was ist Poesie anders?[375]

Herder fordert die Simplizität nicht nur in Bezug auf das ohnehin meist einfach
gehaltene Volkslied, sondern für Musik allgemein. Im Hinblick auf die Kirchenmusik, die ihm als Hofprediger besonders nahestand, lässt sich festhalten, dass

> Einfalt und Wahrheit [...] die treibende Kraft ... sein [müssen], und darum muss
> vom Texte in erster Linie gelten, dass in ihm ein „allgemeiner, populärer Inhalt in
> grossen Accenten" herrsche. – Wie leicht lässt sich von hier aus die Brücke schla-
> gen zu dem, was Herder unter Volksgeist, Volksgesang, Volkslied zusammen-
> fasst![376]

Die Kirchenmusik soll rein und frei von aller Theatralik erklingen und sie soll so
einfach gehalten sein, dass auch jeder Laie ihr folgen kann – denn nur so ist auch
gegeben, dass jeder Gläubige mit ganzem Herzen dem Gottesdienst beiwohnen
kann.[377]

Ähnlich stellt sich der Sachverhalt in Bezug auf die Oper dar: Auch wenn sie auf
dem Theater stattfindet, soll sie doch so wenig theatralisch wie möglich sein.
„Oper, eine *Oper der Menschheit* zu schaffen! Bloss *menschliche* Auftritte, Empfindungen, Szenen! Alles übrige ist Geräusch!" hält Herder im Journal seiner
Reise aus dem Jahre 1769 seine Eindrücke der Pariser Oper fest.

> Was ihn also in der französischen Oper abstiess, das war das überall hervortretende
> Wunderbare, Übermenschliche, sowohl in den Texten und Dekorationen, wie in
> der Musik. [...] Die unnatürlichen Gestalten, Stimmen und Melodien, die Pracht
> fürs Auge, die steife Aktion, die Tänze, die nicht mehr nach antikem Muster die
> ganze menschliche Empfindung ausdrücken, sondern durch einförmige Grazie und
> Noblesse belebt sind, das alles läuft seiner natürlichen Empfindung, seinem Begriffe
> von wahrer Menschlichkeit zuwider, und, als wolle er *Rousseaus* Stimme verstär-
> ken, ruft er [...] mitten in diese Unnatürlichkeit hinein: „Nur Simplizität!
> Simplizität!" – das ganze Theater ist zu sehr „Theater".[378]

---

375 Herder, Abhandlung über den Ursprung der Sprache, S. 50f.
376 Günther, Herder Musik, S. 36.
377 Vgl. ebd., S. 39. Dies entspricht exakt den Forderungen, die auch Theodor Hagen später
     an die Kirchenmusik stellen wird: Hagen, Civilisation und Musik, vgl. unten, Kap. I.3.1.
378 Günther, Herder Musik, S. 45.

Fast völlig gleichlautend begegnet uns diese Forderung nach Einfachheit schon bei Rousseau und wird sich über Herder bis zu ihren Vertretern im folgenden Jahrhundert fortsetzen.[379] Bei allen Protagonisten aus dem deutschsprachigen Raum führt darüber hinaus die Auseinandersetzung mit der Oper der beiden großen „Opernnationen" Frankreich und Italien zur Forderung nach einer eigenständigen deutschen Oper – nicht zuletzt aus dem Gedanken heraus, auf diesem Wege zum wenigstens kulturellen Nationbuilding beizutragen. Doch ist Herder, wir haben es oben gesehen, viel zu sehr Humanist (und vielleicht zu wenig politisch), um in der „neu zu schaffenden deutschen Oper" nur ein Nationaldenkmal zu begreifen; für ihn kann Deutschland als Kulturnation vielmehr der Vorreiter einer Oper für die gesamte Menschheit werden:

> O eine neu zu schaffende deutsche Oper! Auf menschlichem [und nicht mehr nationalem, MN] Grund und Boden; mit menschlicher Musik und Deklamation und Verzierung, aber mit Empfindung, Empfindung; o grosser Zweck! Grosses Werk![380]

Über Ansichten Herders zur Musikästhetik ist weder in seinen Schriften noch in der Sekundärliteratur viel zu finden. Cvetko fasst die wichtigsten Punkte zusammen: Dies sind (1) die Befreiung des Theaters von aller oberflächlichen Theatralik – oder auch dem, was später „Blasirtheit" genannt werden wird; (2) die „vollkommene Verbindung der Künste"; (3) eine größtmögliche Einfachheit in Melodie und Instrumentierung, um menschliche Empfindungen direkter transportieren zu können; (4) in diesem Zusammenhang auch die Einschränkung alles Virtuosentums; (5) die „Suche nach einer eigenen nationalen Form".[381] Zum letzten Punkt sei jedoch noch einmal darauf verwiesen, dass Herder stets die Kulturnation Deutschland auf humanistischem Boden vorschwebte, und sich wohl kaum ein deutsch-nationalistisches politisches Gebaren aus seinen Ideen interpretieren lässt, wie das verschiedentlich geschehen ist.[382]

Doch nach diesem kurzen Ausflug in andere Gattungen zurück zum Lied – und Lied bedeutet für Herder fast ausschließlich *Volks*lied. Mit Sicherheit war Herder nicht der erste Sammler; jedoch der Erste, der eben diesen Begriff des *Volkslieds* prägte. Wie zum Beweis, dass er nicht der Entdecker der Gattung sei, schickt Herder seiner Sammlung einige „Zeugnisse über Volkslieder" voraus, „klassische Aussprüche alter und ‚neuerer' Zeit ... die irgend ein Interesse am Volksliede

---

379 Vgl. unten, Kap. I.3 zu Theodor Hagen und Wilhelm Heinrich Riehl.
380 Zit. nach Günther, Herder Musik, S. 46.
381 Cvetko, S. 373.
382 Vgl. Cvetko, S. 374 sowie 390ff. Hier besonders absurd die Herder-Interpretation durch Joseph Goebbels.

verraten oder schon vorhandene Volksliedersammlungen nennen".[383] In unserem Zusammenhang sind besonders drei Äußerungen hervorzuheben:

> Die Volkspoesie, ganz Natur, wie sie ist, hat Naivetäten und Reize, durch die sie sich der Hauptschönheit der künstlichvollkommensten Poesie gleichet. (Montaigne B. 1. Kap. 54.)

> Nie hörte ich den alten Gesang Percy und Duglas, ohne daß ich mein Herz von mehr als Trompetenklang gerührt fand. Und doch war's nur irgend von einem blinden Bettler gesungen mit nicht rauherer Stimme als Versart - - - (Philipp Sidney.)

> Ein gewöhnlicher Volksgesang, an dem sich der gemeine Mann ergötzt, muss jedem Leser gefallen, der nicht durch Unwissenheit oder Ziererey sich jeder Unterhaltung unfähig gemacht hat. (Addison Zuschauer N. 70)[384]

Das Interesse am „Naiven" und Natürlichen in der Poesie des Volks, dessen Reinheit und Ursprünglichkeit stehen im Mittelpunkt; und besonders beim Zitat Addisons tritt hervor, was Rousseau bereits ablehnte und was Theodor Hagen „Blasirtheit" nennen wird: die Unfähigkeit zur Freude und Unterhaltung am Einfachen, natürlich Schönen aufgrund zu sehr in Anspruch genommenen Genusses dekadenter Hochkultur. Montaigne steht der Sammlung übrigens nicht nur aus chronologischen Gründen voran, sondern er hat auch den Begriff *poësie populaire* geprägt, den Herder auf Deutsch übernahm.[385]

Ansonsten fällt ins Auge, dass bereits in den einleitenden Zitaten englischsprachige Autoren die Mehrheit bilden. Ausgangspunkt und Hauptinteresse der gesamten Sammlung bilden denn in der Tat auch englische Volkslieder; daneben bietet Herder aber einen genauso „bunten Strauß" aus dem Schaffen aller möglichen anderen Völker. Für eine rein deutsche Sammlung hätte einerseits Herders Material nicht ausgereicht – es hätte vor allem seiner humanistischen Intention einer Sammlung von „Stimmen der Völker in Liedern" widersprochen. Interessant dabei ist, dass eine Ordnung der Lieder kaum stattfindet. Herder war wohl vorrangig daran gelegen, deren Gemeinsamkeiten aufzuzeigen.

> Von Herzen zu Herzen gesungen, voll melodischen Ganges der Leidenschaft oder Empfindung, voll äusserer Handlung oder innerer Begebenheit, sinnlich, anschaulich, Szene, Veränderung, kurz: tönende Natur, echte Lyrik nach seinem Sinn.[386]

„Tönende Lyrik" beschriebe am besten, weshalb wir in Herders Sammlung von Liedern keine einzige Melodie finden. An verschiedenen Stellen ist davon die

---

383 Günther, Herder Musik, S. 57.
384 Herder, Johann Gottfried: Volkslieder. Zwei Teile 1778/79. Hrg. von Heinz Rölleke, Stuttgart 1975, S. 5.
385 Vgl. das Nachwort von Rölleke in: Herder, Volkslieder, Stuttgart 1975, S. 463.
386 Günther, Herder Musik, S. 61f.

Rede, Herder hätte diese sehr gern mit herausgegeben;[387] so kann sich seine große Musikalität „nur" in der durchaus musikalisch gestalteten Übersetzung und Wiedergabe der Verse niederschlagen sowie in den teilweise sehr plastisch gelungenen Beschreibungen der zugehörigen Melodien (sofern ihm diese bekannt waren). Auch Herders Frau Caroline äußerte sich diesbezüglich:

> Er sammelte zu den Volksliedern die Originalmelodien; er würde in der Folge, wenn er die Stimmen der Völker geordnet hätte, wahrscheinlich die Original-Melodien damit verbunden haben: denn Lied und Melodie waren ihm unzertrennlich.

> Er fühlte bei dem Inhalt und Metrum eines Liedes von selbst die dazu passende Melodie und wusste mit Bestimmtheit anzugeben, wenn der Dichter und der Komponist nicht harmonierten oder der erstere die Melodie nicht selbst in seiner Seele gesungen hatte.[388]

Der Druckfassung mitsamt der Melodien standen jedoch auch „die drucktechnischen Möglichkeiten seiner Setzer" und die finanzielle Situation seiner Verleger entgegen.[389] Doch ist es in mindestens genauso starkem Maße Herders fast klassisch-griechische Empfindung der Einheit von Sprache und Musik, die ihn zu dieser Ausgabe bewogen haben mag. Für jemanden, dem „Lied und Melodie [...] unzertrennlich [waren]" – und der Sprache, vor allem die des Volkes, ohnehin als etwas Tönendes empfand, konnte die „eigentliche", also die Gesangsmelodie, ruhigen Gewissens hinter den Text zurücktreten. Das Lied ist und bleibt, im ganz klassischen Sinne, Lied, auch ohne (notierte) Melodie. Aus der Auflösung der Einheit von Text und Musik ergibt sich allerdings

> eine doppelte Konsequenz [...] für die Romantik: eine für die romantische Poesie, eine andere für die romantische Musik. Indem Herder die Volkslieder als Volkspoesie sammelt und publiziert, gibt er ihre Texte zu neuer Vertonung frei. Es scheint, als verdanke das deutsche Kunstlied gerade der Herderschen Trennung von Volkspoesie und Volksmusik einen wichtigen Anstoß zur Begründung seiner neuen Vereinigung von Musik und Dichtung, von Kunstmusik und „Naturpoesie". Andererseits aber begründet Herder, indem er Melodie und Text sondert, ein neues Verständnis nicht nur der Volkspoesie, sondern zugleich auch der Poesie überhaupt. Für ihn nämlich sind in der Volkspoesie Melodie, Ton und Weise in gewisser Weise immer schon enthalten, ja, Volkspoesie braucht nach seinem Verständnis eigentlich gar nicht mehr gesungen zu werden, um „Lied" zu sein. [...] Den Worten wird ein „Ton", ein „Gesangston" zugesprochen.[390]

---

387 Vgl. Cvetko, S. 32.
388 Zit. nach ebd., S. 33.
389 Ebd., S. 32.
390 P. H. Neumann 1972; zit. nach Cvetko, S. 31.

Dennoch wurde „das Fehlen der Melodien spätestens seit Erscheinen von *Des Knaben Wunderhorn* immer wieder beklagt"[391] und es erstaunt insofern doch, dass Herder seine rein auf die Texte beschränkte Sammlung herausbrachte – nachdem bereits andere *mit* Melodien an die Öffentlichkeit getreten waren, beispielsweise (und mit den weitreichendsten Folgen für Herder)

> der Berliner Verlagsbuchhändler und Aufklärer Christoph Friedrich Nicolai, ein [Mann aus dem gegnerischen Lager, mit seinem] „Eyn feyner kleyner Almanach". [… Er] parodierte im Titel Gottfried August Bürgers gerade erschienenen „Herzenserguss über Volkspoesie" (1776). Noch bevor Herder mit seiner Sammlung auf dem Markt erschienen war, machte Nicolai sich in Vorrede und Liedauswahl – einer Mischung von zeitgenössischen Volks- und Gassenliedern, die Herder als „Schüssel voll Schlamm" empfand – über Herders und Goethes Bestrebungen sowie über jede Art von Volksliedbegeisterung lustig. Gleichzeitig leistete er, gewiss ungewollt, der Volksliedforschung einen Dienst, indem er seinen 64 Liedern […] Melodien beigab, darunter solche von Johann Friedrich Reichardt, aber eben auch damals volksläufige Singweisen […] Auch in anderen Almanachen und Zeitschriften erschienen noch vor 1800 einzelne Volkslieder mit Melodien […] Und 1807, während schon „Des Knaben Wunderhorn" im Erscheinen begriffen war, veröffentlichte J. G. Büsching zusammen mit Friedrich Heinrich von Hagen eine kleine „Sammlung deutscher Volkslieder, mit einem Anhange Flamländischer und Französischer, nebst Melodien" – Weisen, wie sie zum Teil vermutlich auch zu den Wunderhorn-Texten damals gesungen wurden.[392]

Kritik und auch Spott, wie sie Herder nicht nur von Seiten Nicolais entgegenschlugen, sind zum Teil nicht ganz unberechtigt. In der Tat bestehen im Hinblick auf die Herder'schen Sammlungen einige circuli vitiosi. Erstens sind sie ohne Noten, obwohl sie eigentlich zum Nachsingen gedacht waren. Zweitens wollte Herder durch die Konservierung das Volkslied – auch seiner eigenen Zeit – vor dem Aussterben retten; er sammelte aber fast nur Altes (das meiste aus Spätmittelalter und Renaissance) und meinte gleichzeitig „die gesamte überlieferte Weltpoesie".[393] Drittens widerspricht die geforderte Einfachheit der anspruchsvollen Kunstlyrik, die er produziert.[394] Und als vierter Punkt ist das Dilemma zu benennen, in das bereits Herder im Hinblick auf die *Erfundene Tradition* gerät, wenn er *Volks*lieder meint:

> Ein Lied des Volkes? Ja: Alle Stände und nicht nur die Aristokraten sind angesprochen. Und gleichfalls nein: „Leider nahm der Weimarer Oberkonsistorialrat

---

391 Cvetko, S. 33.
392 O. Elschek 1992; zit. nach Cvetko, S. 33.
393 Vgl. Günther, Herder Musik, S. 62f.
394 Vgl. Cvetko, S. 383f.

Herder, unter dem Eindruck massiver geistlicher und aufklärerischer Kritik, zunächst seinen frohgemuten Ansatz selbst wieder zurück, indem er behauptete, es gebe kaum noch ‚echte Volkslieder', da man die sogenannten ‚Pöbellieder' nicht dazurechnen dürfe."[395] Gerade Herder überhebt sich über das nicht dem Bildungsbürgertum zugehörige Volk und wählt aus, dichtet nach (Palingenese), zensiert, verfeinert, ergänzt, verwässert, idealisiert – das Volkslied, eigentlich vielmehr Gruppenlied, ist schon bei Herder (zwar eine fruchtbare, jedoch) eine Fiktion, ein „schöpferischer Irrtum".[396]

Doch was versteht Herder eigentlich *genau* unter einem Volkslied, welche Kriterien muss es erfüllen, um als solches charakterisiert zu sein? In einem Satz zusammengefasst ist dies: „Vom Volke fürs Volk gedichtet, modulationsfähig nach Form und Inhalt, von melodischem Gange, reich an sinnlicher Kraft und Anschaulichkeit, voll kühner Würfe und Sprünge."[397] Das „musikalische Element" der lyrischen Sprache spielt dabei eine große Rolle – „Lied muss gehört werden, nicht gesehen; gehört mit dem Ohr der Seele, das nicht einzelne Silben allein zählt und misst und wäget, sondern auf Fortklang horcht und in ihm fortschwimmet."[398]

> Je entfernter von künstlicher, wissenschaftlicher Denkart, Sprache und Letternart das Volk ist: desto weniger müssen auch seine Lieder fürs Papier gemacht, und tote Lettern Verse sein: vom Lyrischen, vom Lebendigen und gleichsam Tanzmäßigen des Gesanges, von lebendiger Gegenwart der Bilder, vom Zusammenhange und gleichsam Notdrange des Inhalts, der Empfindungen, von Symmetrie der Worte, der Silben, bei manchen sogar der Buchstaben, vom Gange der Melodie, und von hundert andern Sachen, die zur lebendigen Welt, zum Spruch- und Nationalliede gehören, und mit diesem verschwinden – davon, und davon allein hängt das Wesen, der Zweck, die ganze wundertätige Kraft ab, die diese Lieder haben, die Entzückung, die Triebfeder, der ewige Erb- und Lustgesang des Volks zu sein![399]

Wo das Volk als Träger und (Mit-)Schöpfer des Liedes in den Mittelpunkt rückt, verliert dessen eigentlicher Dichter an Bedeutung. „Er hat, da nicht er, sondern das Volk Schöpfer der Idee ist, nicht das Recht, aber auch nicht das Bedürfnis, seinen Namen mit dem Liede zu verketten. Er fühlt sich nur als Reproduzent der innerlich naiven, allgemeinen Empfindung."[400] Und in gleicher Weise wird es unwichtig, wer der jeweilige Sänger des Liedes ist: Es ist „nicht für bestimmte Personen berechnet, sondern [...] Eigentum aller Glieder der Nation", wenn nicht

---

395 H. Rölleke/T. Medeck 1993; zit. nach Cvetko, S. 383.
396 I. Gansberg 1986; zit. nach Cvetko, S. 383f.
397 Herder, Joh. Gottfried: Von deutscher Art und Kunst. Einige fliegende Blätter, Hamburg 1773, in: Nicolai, Heinz (Hrg.): Sturm und Drang, München 1971, Bd. 1, S. 283ff.
398 Herder, Volkslieder, S. 183.
399 Herder, Von deutscher Art und Kunst, S. 262.
400 Günther, Herder Musik, S. 65.

gar der gesamten Menschheit.[401] Ebendieser humanistisch-kosmopolitische Gedanke hinter der Volksliedsammlung ist wohl auch „Schuld" daran gewesen, dass
deren Veröffentlichung „Herder nicht leicht" wurde.

> Für eine Zeit des erwachenden Nationalbewusstseins in den einzelnen Völkern
> [kam] Herders kosmopolitische Idee zweifellos zu früh. Man war damals besonders
> in Deutschland noch nicht so weit, dass man sich als Volk fühlte, und Herder eilte
> mit seinem tiefen Gefühl in eine Zeit voraus, in der bereits wieder die Schranken
> nationaler Abschließung gefallen sind, wo sich der Einzelne zwar als Glied seiner
> Nation, diese sich aber unter dem Szepter der allumfassenden und allbeglückenden
> Humanität immer als Teil der gesamten Menschheit fühlt.[402]

War das breite Publikum noch nicht so weit, so fanden Herders Ideen unter den
Dichtern doch weite Verbreitung – eigentlich alle orientierten sich an „Natura-
lismus und Popularität als Grundforderungen für die deutsche Dichtung"[403] –
auch wenn die direkten Reaktionen auf Herders Sammlung äußerst verhalten
waren und ihn entmutigten.[404] Klar ist, dass diese – wahrscheinlich aufgrund
eines fehlenden „zündenden" Titels, vielleicht auch nur, weil die Zeit noch nicht
reif war – weder unter Zeitgenossen noch in der späteren Rezeption den Stellenwert erreichen konnte, den nur wenige Jahre darauf *Des Knaben Wunderhorn* als
„Programmschrift" einer neuen Dichtergeneration einnehmen sollte.[405] Die Ziele,
die Herder sich, den Zeitgenossen und der Nachwelt mit der Sammlung steckte,
sind dennoch erreicht worden, „zwar nur zögernd, aber desto erfreulicher":[406] Er
wurde in der Tat Vorbild „für eine neue volkstümliche Lyrik"[407] und legte den
Grundstein zur Anlage zahlreicher weiterer Sammlungen. Seinen guten Freund
Goethe, der ihm vor allem im Elsass beim zusammentragen von Volkspoesie
geholfen hatte, mag Herder sogar zum „Erlkönig" inspiriert haben:

> Hatte Herder dem Volksliedsammler Goethe im ersten Teil eine nur dem Einge-
> weihten erkennbare Reverenz gezollt […] und dem Lyriker die Ehre erwiesen, den

---

401 Vgl. ebd., S. 65f.: „Man kann noch weiter gehen und es Eigentum der ganzen Menschheit
  nennen, wenn man Herders weitem, weltumspannenden Geist zu folgen vermag, der im
  Volksliede ‚die lebendige Stimme der Völker, ja der Menschheit selbst' vernimmt (vgl.
  Adrastea; ferner Zueignung der Volkslieder; endlich Vorrede zum 2. Teile der ‚Volkslieder'...)."
402 Günther, Herder Musik, S. 71.
403 Gottfried August Bürger, „Herzensausguss über Volkspoesie" (1776); zit. nach Günther, S.
  71.
404 Vgl. Nachwort Rölleke in: Herder, Volkslieder, S. 482f.
405 Vgl. ebd., S. 484: „Erst der 1807 nach einer Formulierung Herders [d. i. „Stimmen der
  Völker in Liedern", MN] gewählte Titel […] wurde zum Begriff und erreichte […] einen
  entsprechenden Effekt."
406 Ebd.
407 Ebd.

zweiten Teil der Volkslieder zu eröffnen, so bedankte sich Goethe auf ähnliche Art, als er 1782 in sein „auf dem natürlichen Schauplatz" vorzustellendes Singspiel *Die Fischerin* vier Stücke aus den Herderschen Volksliedern übernahm [...]; nach „Erlkönigs Tochter" (II/2, 27) aber gestaltete er den „Erlkönig", der [...] der deutschen Balladendichtung eine ganz neue Richtung wies.[408]

Die Dichtergenerationen nach Goethe sind nahezu untrennbar mit dem Volkslied verbunden, ob als Sammler oder als Schöpfer: Die Lieder Claudius', Stollbergs, Friedrich und Wilhelm Müllers, Eichendorffs, Heines, Hauffs,

> die Sänge der Freiheitsdichter, die prächtigen Frühlings- und Wanderlieder Uhlands [...]. Volksweisen ertönen an allen Orten, und auch kleineren Poeten gelingt ein echtes, volkstümliches, sangbares Lied. [...] Sie alle verdienen billig Volkslieder genannt zu werden. Sie wandern im Volke von Mund zu Munde, variieren daselbst, kein Mensch hat das Bedürfnis, ihre Dichter zu kennen, und die wenigsten kennen sie.[409]

Selbst hier erweist sich bereits: Das Volkslied als Konstrukt hat durchaus einen Dichter, der oft sogar klar bestimmbar ist. Zum Volkslied wird das Lied dieses Dichters durch Adaption und Modulation im Volk. Auf der einen Seite ist diese Modulationsfähigkeit ein wichtiges Charakteristikum des Volksliedes, auf der anderen stellt sich in diesem Zusammenhang auch die Frage nach dessen Authentizität.

Interessant ist dabei, dass mehr „ungeschönte", also durch Nennung eines Autors klar als solche identifizierbare, Kunstlieder als Volkslieder in der Sammlung vorkommen;[410] im ersten Buch sogar „zehn Stücke nach deutschen Lyrikern des 17. und 18. Jahrhunderts" und im zweiten Teil

> je einen Text nach Luther, Moscherosch, Rist und Fleming, zwei Texte nach Opitz und fünf nach dem Königsberger Dichterkreis [...]

> Ganz neu aber ist die Aufnahme von insgesamt zehn zeitgenössischen Gedichten: Goethes „Fischer" eröffnet und Claudius' „Abendlied" beschließt paradigmatisch den zweiten Teil, in dem Herder selbst mit sechs eigenen Texten vertreten ist.[411]

Gleichzeitig widerspricht Herder dem eigenen „Postulat der Mündlichkeit" durch die Verschriftlichung der Volkslieder,[412] von denen er zudem

> viele [...] aus dem Gedächtnisse niedergeschrieben [hat], wie er eine grosse Menge auch nur der mündlichen Überlieferung verdankt. Wer will feststellen, in der wievielten Fassung ein grosser Teil von Volksliedern durch Herder auf uns gekommen

---

408 Vgl. Nachwort Rölleke, in: Herder, Volkslieder, S. 483.
409 Günther, Herder Musik, S. 72f.
410 Vgl. die Tabelle in Herder, Volkslieder, S. 475f.
411 Herder, Volkslieder, S. 479.
412 Vgl. Cvetko, S. 246ff.

ist? Auch er musste mit der Modulationsfähigkeit des Volksliedes rechnen; hier zeigt es sich deutlich, dass das ganze Volk am Volkslied mitdichtet; jeder schaltet damit, wie mit seinem Eigentume, scheut sich nicht, Zusätze anzubringen, Kürzungen vorzunehmen, bis es seinem Geschmacke, seinem Empfinden entspricht; bewusst geschieht dies meist nicht. – Herder selbst hat darin eine Eigentümlichkeit des Volksliedes erblickt und hat geändert, was ihm nicht volkstümlich erschien, namentlich bei Übersetzungen.[413]

Die Kritik an dieser Vorgehensweise ist so alt wie Herders Volksliedsammlung selbst. Der Germanist Bernard Josef Docen, der am Wunderhorn-Projekt um Arnim und Brentano beteiligt war, vertrat 1807 im *Morgenblatt für gebildete Stände* die Meinung seiner Generation zu den angeblichen Volksliedern und Herders Sichtweise darauf:

> Herder hatte sie vielfältig in Anregung gebracht; in Rücksicht ihrer aber doch, als es zur That kam, wurde von ihm gerade am wenigsten geleistet. Diese Lieder aus S. Dach und Opitz können uns schwerlich den eigentlichen [sic!] Volksgesang ersetzen – [414]

Doch Herders Ansichten über das Volkslied, die Volkspoesie usf. liegen gerade darin, dass er eben keine feste Gattung etablieren, sondern seinen Begriff so offen wie möglich halten wollte, um „einer neuen Sichtweise und Wertvorstellung quer durch die verschiedensten Epochen, Gattungen und Nationalliteraturen einen Namen geben"[415] zu können. Mit normativen Definitionskriterien, wie sie im 19. und 20. Jahrhundert vor allem in Volkskunde und Literaturwissenschaft zur Anwendung kamen, wird man Herder hier also nicht gerecht, da diese

> in der Regel verbiete[n], eine althochdeutsche Dichtung, Texte der Edda, ein Lied Luthers oder Gedichte von Opitz bis Claudius wie volksläufig tradierte anonyme Liedtexte aufzufassen und zu klassifizieren. Anonyme bzw. kollektive Entstehung, Zurechtsingen (Um- oder Zersingen) im Zuge der volksläufigen Rezeption spielen als Volksliedkriterien offenbar bei Herder keine so dominierende Rolle [...] Für Herder war ein Text als Volkslied qualifiziert, wenn er ein nicht durch Reflexionen und künstliche Regeln gebrochenes, sondern ein im Hamannschen Sinn ,ursprüngliches' Verhältnis zur Wirklichkeit zeigte.[416]

---

413 Günther, Herder Musik, S. 65f. Zum „Annchen von Tharau", das er „Aus dem Preußischen Plattdeutsch" übertrug, merkt Herder an: „Es hat sehr verlohren, da ichs aus seinem treuherzigen (!), starken (!), naiven (!) Volksdialekt ins liebe (!) Hochdeutsch habe verpflanzen müssen (!), ob ich gleich, so viel möglich war, nichts geändert. (!) Das Lied ist von Simon Dach und steht im 5ten Theil der Arien Alberti's zum Singen und Spielen." (Herder, Volkslieder, S. 48; Hervorhebungen MN).

414 Morgenblatt für gebildete Stände, 24.6.1807; zit. nach Rölleke in Herder, Volkslieder, S. 490.

415 Rölleke in Herder, Volkslieder, S. 490.

416 Ebd., S. 490f.

Insofern konnte Herder problemlos Claudius' *Abendlied* an den Schluss seiner *Volkslied*-Sammlung setzen, denn es „ist der Intention nach (als Lied für das Volk) ein 'Volkslied' gewesen und der eminenten Wirkungsbreite nach (als im Volk stets weitergesungenes Lied) ein 'Volkslied' geworden."[417] Neben diese Sichtweise, die auch Gleim vorrangig vertrat, können ferner eine an Hamann angelehnte *ontologische* für „Lieder mit dem Charakter des Urtümlichen", eine *ethnische* für die „Lieder der verschiedenen Völker" sowie eine *soziale* für die Lieder der „Unterschicht" gestellt werden.[418]

Das Verhältnis zwischen oraler und schriftlicher Tradierung[419] ist ein nicht zu vernachlässigender Gesichtspunkt im Umgang mit Herders Sammelprojekt. Die Volkslieder „gehören dem oralen Erinnerungsraum einer Nation an und werden durch die Sammlung in die Schrift gerettet" – doch wird durch die schriftliche Fixierung gleichzeitig ein Rückwirken in das orale Gedächtnis ermöglicht, also die Weiterentwicklung des Liedes im gesamten Volk. Ob aber „Volk und Nation [...] in dieser medial-hermeneutischen Schleife überhaupt erst konstituiert [werden]"[420], wird der zweite Teil dieser Arbeit klären.

---

417 Rölleke in Herder, Volkslieder, S. 492.
418 Vgl. ebd.
419 Vgl. hierzu Linder-Beroud, Waltraud: Von der Mündlichkeit zur Schriftlichkeit?, Frankfurt/Main u.a. 1989.
420 Cvetko, S. 251.

2.3 Zusammenfassung

Herder hat, wie schon Rousseau, wenngleich aus anderer Motivation und mit anderem Ergebnis, eine *Abhandlung über den Ursprung der Sprache* verfasst und darin die Rolle der Sprache in und für die Gesellschaft untersucht. Dabei unterstreicht er abweichend von seinem Vorläufer Rousseau deren Stellenwert für die Nation und bringt als Beispiel mehrfach die Situation des Alten Israel, das dank einer gemeinsamen Sprache und anderer starker gemeinschaftsbildender Elemente auch unabhängig von einer politischen Staatsgründung als Nation existieren konnte.

Herders politisches Denken ist insgesamt nicht ganz leicht zu verorten. Vieles spricht dafür, ihn als Republikaner zu sehen, aber ganz sicher darf man sich auch dabei nicht sein. Verwirrung stiften vor allem Begriffe, die uns heute in anderer Bedeutung geläufig sind – was ist für Herder „das Volk"? Wer sind „die Bürger"? Die Bürger von damals, der Dritte Stand, entsprechen Herders Vorstellung von *Volk* – und alles andere „darunter" ist für Herder „Pöbel", mit dem politisch wie kulturell nicht zu rechnen ist.

Soziale Reformen, die der Pädagoge Herder für dringend notwendig hält, können nur von unten, vom Volk selbst ausgehen und nicht von oben oktroyiert werden, wenn sie Erfolg haben sollen. Der Weg dorthin führt selbstverständlich über Bildung, bei deren gesellschaftlicher Vermittlung die „Aristodemokraten" gewissermaßen als „Philosophen auf dem Thron" eine Schlüsselrolle einnehmen. Herders Ziel der Schaffung einer Kulturnation Deutschland – sei es, weil er selbst zu unpolitisch war, sei es, weil die Zeit zur politischen Staatsgründung noch nicht reif war, oder sei es, dass dem Theologen Herder wie schon mit Blick auf das Alte Israel die religiöse Dimension als Hauptbezugspunkt diente – kann nur dadurch verwirklicht werden, dass das Volk sich seiner kulturellen Eigenheiten bewusst wird. In einem weiteren Schritt soll dieses Erbe durch das Anlegen von Sammlungen sowohl für die Nachwelt bewahrt als auch für die Zeitgenossen festgehalten werden. Da Herder in den Volksliedern das „Archiv des Volkes" erblickte, ist deren Sammlung und Pflege auf dem Weg zur Kulturnation von größter Bedeutung.

Wie schon Rousseau ist auch Herder in Bezug auf das Lied dessen Einfachheit in Ton und Melodie besonders wichtig. Der einzelne Ton ist ihm Basis für alles – die Forderung nach Einstimmigkeit liegt nur allzu nahe und ist im Volkslied in natürlicher Weise gegeben. Einfache Musik vermag die menschliche Seele weit mehr zu beeindrucken als virtuose, überladene, weshalb Herder diese Simplizität auch in anderen musikalischen Bereichen, besonders in Kirchenmusik und Oper, verwirklicht sehen möchte.

Herders Bemühungen um die deutsche Kulturnation sollten allerdings auch nicht zu hoch bewertet werden: Grundlage und Motivation seiner gesamten Sammeltätigkeit war die alte englische Poesie, ein Faktum, das sich auch in deren Übergewicht in der Sammlung niederschlägt. Und wie um zu unterstreichen, dass nicht er der „Entdecker" der Gattung Volkslied gewesen sei, stellt Herder seiner Sammlung einige Zitate seiner (vor allem englischsprachigen) Vorläufer voran. Unbestritten ist jedoch, dass er der Erste war, der den Begriff *Volkslied*, die Übersetzung von Montaignes „chant populaire", im deutschen Sprachraum einführte. Doch auch wenn die englischsprachige Poesie überwiegt, bietet Herder ansonsten einen sehr „bunten Strauß" an Volkspoesie, bei der keine Nation – eben auch nicht die deutsche – im Vordergrund steht. Es ist vielmehr das humanistisch-kosmopolitische Ideal, dem Herder verpflichtet war, das die Sammlung motiviert und geprägt hat.

Im Hinblick auf deren Herausgabe sind einige Punkte festzuhalten. Die Tatsache, dass es sich um eine Volksliedsammlung komplett ohne Noten handelt, ist auch in den Liederbüchern des 19. Jahrhunderts durchaus keine Seltenheit. Doch abgesehen von mangelhaften drucktechnischen Möglichkeiten, die diesen Zustand mit bedingt haben mögen, war Poesie für Herder im ganz klassischen Sinne immer auch zugleich Gesang. Die Musik ist also stets mitgedacht – und mitgehört – und muss deshalb gar nicht extra notiert werden.

Das Konstrukt des Volksliedideals im Sinne der *Erfundenen Tradition* beginnt bei Herder. Dass die in ihrer natürlichen Einfachheit so gepriesenen Volkslieder zum allergrößten Teil gar nicht aus dem Volk stammen, sondern sich oft auf einen klar bestimmbaren Dichter zurückführen lassen, ist bekannt. Allerdings wird dieser im Zuge der „Volks"liedbegeisterung immer stärker in den Hintergrund gedrängt; das Lied wird durch Um- und Zersingen im Volk von diesem adaptiert, modifiziert und auf diese Weise erst zum *Volks*lied.

Der Romantik hat Herder durch seine Sammeltätigkeit entscheidende Impulse gegeben. Die Hinwendung zum Einfachen, Natürlichen, vermeintlich aus dem unverdorbenen Volk Kommenden wurde zum Programm einer langen Dichter- und Tondichtergeneration und hat sowohl das weitere Sammeln von Volkspoesie als auch deren Nachdichtung zur Folge gehabt.

> Einfachheit in Text und Musik wird zum herrschenden Prinzip. Die Dichtungen der Göttinger und Goethes Lyrik boten den berufenen Liedkomponisten der Periode ausgiebigste Nahrung. Von der Bühne herab, namentlich in Hillers Singspielen, war das volkstümliche Lied schon länger erklungen; jetzt ringt es sich zur Selbständigkeit hindurch, und zahlreiche Liedersammlungen [...] sind Zeugen seiner

grossen Beliebtheit und Verbreitung.[421] […] Indessen Herders Verdienste ums Lied danach bemessen zu wollen, wieviel Texte er der Komposition geliefert hat, wäre falsch. Was er in diesem Gebiete geleistet hat, ist von viel allgemeinerem Werte; es übersteigt den Rahmen des Liedes und gewinnt Bedeutung für die Musik überhaupt. […] Gluck vertritt die darauf [auf den Volkston; MN] gerichteten Bestrebungen in der Oper, Haydn in der Sinfonie. Und wenn nun namentlich das Lied alle [sic!] Volksschichten, alle Alters- und Berufsklassen ergriff, wenn es in die Schule drang, aus aller Kinder Munde, in geselligen Kreisen als Rundgesang, als mehrstimmiges Chorlied ertönte, so waren das die Wirkungen der grossen, auf die Erhaltung und Pflege deutscher Volkslieder gerichteten Bewegung, zu der Herder unter unseren klassischen Dichtern den ersten fühlbaren Anstoss gab.[422]

Dieser „erste fühlbare Anstoß" zu einer Bewegung, die wirklich das *ganze* Volk erfassen sollte, ist mit Sicherheit wichtiger Bestandteil des zumindest kulturellen Nationbuildings geworden. Um nicht mehr, aber auch nicht weniger kann es Herder gegangen sein. „Noch 1828 hat Goethe bezeugt, Herders Denken habe so nachhaltig auf die Bildung der Nation gewirkt, dass sie nach einigen Jahrzehnten die Quelle, aus der sie geschöpft habe, fast vergessen habe."[423]

---

421 Anm. Günther, S. 75: „J. A. Hiller, J. A. P. Schulz und seine zahlreichen Nachfolger im volkstümlichen Liede: André, Neefe, Naumann, Kunzen u.a.; besonders aber Joh. Friedr. Reichardt und Carl Zelter. Herderschen Liedertexten begegnen wir bei Reichardt in seinen *Liedern für die Jugend* (2 Hefte mit je 20 Liedern), ferner in den Sammlungen *Oden und Lieder von Herder, Goethe und anderen* 1781, *Frohe Lieder für deutsche Männer* Berlin 1781, *Lieder geselliger Freude*, Leipzig 1796; weiter bei H. G. Nägeli *Lieder in Musik gesetzt* (sic!), Zürich 1796."

422 Günther, S. 74f.

423 Zit. nach Cvetko, S. 409.

3. Zwei ungleiche Brüder im Geiste: Theodor Hagen und Wilhelm Heinrich Riehl

3.1 Theodor Hagen

Ein halbes Jahrhundert nach Herder ist die Industrialisierung weit vorangeschritten, die Soziale Frage stellt sich immer drängender und im Vormärz werden politische Forderungen, auch nach der Einheit der Nation, immer deutlicher formuliert.

Theodor Hagen (1823-71) greift all diese Fragen auf und verarbeitet sie in einem sozialistischen Konzept. Dass die „Civilisation" die „Gegnerin aller Kunst"[424] sei, erinnert an Rousseau. Die Kunst, insbesondere die Musik, ist aber ganz entscheidend für den Umbau der Gesellschaft verantwortlich: Der „Blasirtheit" seiner zivilisierten Zeit setzt Hagen seine Forderung nach „Naivität" entgegen – wenn das Musikleben diesen Zustand (wieder) erreicht, kann auch die Gesellschaft sich ändern. Die Musik ist das „geistige Band", das die Gesellschaft zusammenhält, und eine Gesellschaft, die „das Populaire" wieder schätzt, die das *Volk* – im Sinne der Grundschichten wie als Staatsvolk – in den Mittelpunkt rückt und sich ihres gemeinsamen Seins bewusst wird, kann auch Nation werden.

Wer aber ist Theodor Hagen? Einer der Mitarbeiter an Robert Schumanns *Neuer Zeitschrift für Musik* (NZfM) daneben Verfasser weniger höchst interessanter Werke, der dennoch nicht einmal Eingang in die *Deutsche Biographie* gefunden hat; die wenigen und meist extrem dürftigen Einträge unter seinem Namen finden sich in den ersten Auflagen von Riemanns Musiklexikon[425] sowie von literaturwissenschaftlicher Seite in Rudolf Eckarts *Lexikon der niedersächsischen Schriftsteller*, Brümmers *Deutschem Dichterlexikon* von 1876/77 und Schröders *Lexikon der hamburgischen Schriftsteller bis zur Gegenwart*. Aus Letzterem erhält man die umfangreichsten Informationen, so zum Beispiel zu Hagens Eltern, seiner Ausbildung und seinen Lehrern, seinen bis dahin erschienenen Werken sowie – besonders wichtig und sonst an keiner Stelle erwähnt – seinem politischen Engagement. Schröders Lexikon ist darüber hinaus noch zu Hagens Lebzeiten erschienen; dies führt zwar dazu, dass die Darstellung nur die Zeit bis zu seiner Emigration nach London umfasst, hat gleichzeitig aber den Vorteil einer höheren Authentizität, da sie auf Hagens „Selbstbericht" fußt und wohl auch von diesem autorisiert wurde. Auch im „Hamburger Tonkünstler-

---

424 Hagen, Theodor: Civilisation und Musik, Leipzig 1846, Vorwort S. V.

425 Letztmalig erwähnt wird Hagen dort in der 9. Auflage aus dem Jahre 1919, in der 10. von 1922 ist er nicht mehr vertreten.

Lexikon"[426] findet sich ein Eintrag unter Christian Theodor Hagen mit seinen Lebensdaten. Hier werden auch die Eltern erwähnt: der Hamburger Mobilienhändler Johann Joachim Friedrich Hagen in der Straße „Am Cremon" (aus Teterow stammend) und seine Mutter Anna Catharina Diercksen (aus Hamburg gebürtig). Darüberhinausgehende Recherchen an seinem Geburts- und langjährigen Wohnort Hamburg brachten keine weiteren Ergebnisse hinsichtlich seiner Biographie.[427]

Verwirrend ist neben den vielen Unklarheiten in Hagens wahrscheinlich recht bewegter Biographie, dass an verschiedenen Stellen[428] davon die Rede ist, er habe unter dem Pseudonym „Joachim Fels"[429] publiziert. Dies erweist sich als nur in Teilen richtig. Mit der Behauptung, just die beiden zentralen Werke *Civilisation und Musik* sowie *Musikalische Novellen* seien unter dem Pseudonym erschienen, hat Hugo Riemann Unrecht; dies belegen die Erstausgaben, die beide unter dem Namen Theodor Hagen erschienen, und dies gibt auch Schröder an, der als einziger präzisiert, Hagen habe nur „bis zum Jahre 1844" als „Joachim Fels" publiziert. In der Tat sind Hagens NZfM-Beiträge aus Paris – erschienen vom 1. März 1842[430] bis 9. November 1843[431] – mit „Joachim Fels" unterzeichnet; sein erster Artikel des Jahres 1844 vom 11. März[432] trägt dann bereits die Unterschrift „Hamburg. Theodor Hagen (Joachim Fels)" und in der Folge ist ausschließlich Hagens Klarname zu lesen.

Ein weiteres Problem stellt sich in der Unauffindbarkeit der „New York Weekly Review", deren Redakteur Hagen angeblich gewesen sein soll – alle Versuche, eine regelmäßige Publikation unter diesem oder einem ähnlichen Titel in der Zeit zwischen den Jahren 1854 (Hagens Eintreffen in New York) und 1871 (dem Jahr

---

426 Richert, Harald und Schultze, Karl-Egbert: Hamburger Tonkünstler-Lexikon, Hamburg 1983-.

427 Auch in den einschlägigen Online-Datenbanken findet sich nichts zu Theodor Hagen: Im Katalog HANS (Nachlass- und Autographenkatalog der Staats- und Universitätsbibliothek Hamburg) wird Hagen nicht nachgewiesen (http://www.sub.uni-hamburg. de/recherche/hans.html), und die Suche in der Hamburg-Bibliographie online (http:// landesbibliothek.sub.uni-hamburg.de/recherche-hh/hamburg-bibliographie-online.html) sowie in der Hamburgischen Biografie (Signatur in der Staatsbibliothek Hamburg: HH 3205/4) blieb ebenfalls erfolglos.

428 So v.a. bei Riemann (Musiklexikon) und Schröder (Lexikon der hamburgischen Schriftsteller).

429 Vgl. den Vornamen seines Vaters: Johann Joachim.

430 NZfM Bd. 16 (1842), Nr. 18.

431 NZfM Bd. 19 (1843), Nr. 38.

432 NZfM Bd. 20 (1844), Nr. 21.

seines Todes, wobei dessen genaues Datum ebenfalls variiert) auszumachen, verliefen erfolglos.[433]

Doch ist die Zeit vor seiner Emigration nach England und in die USA für unsere Belange ohnehin von größerem Interesse; denn in diese Zeit, und somit auch in das unmittelbare Umfeld der Revolution von 1848, fallen die Mitarbeit an der NZfM sowie die beiden Hauptwerke, *Civilisation und Musik* aus dem Jahre 1846 und *Musikalische Novellen*, erschienen 1848. Darüber hinaus sollten wir die Informationen über Hagens Ausbildungs- und Aufenthaltsorte,[434] die uns Rudolf Eckart und vor allem Hans Schröder in Bezug auf diese Periode im Leben des Autors liefern, im Hinterkopf behalten; sie sind vor allem zum Verständnis der höchstwahrscheinlich stark autobiographisch geprägten *Musikalischen Novellen* von großer Bedeutung.

Diese sind ein literarisch an das Junge Deutschland erinnernder Versuch, „die Romanform wieder zu beleben, und in nachfolgenden Schilderungen den innigen Zusammenhang zwischen Kunst, Künstler und Gesellschaft an gewissen musikalischen Richtungen und Typen unserer Zeit dazuthun."[435] Denn „bisher [sei] unter den Fachmusikern die Ansicht vorherrschend [gewesen], dergleichen Schriften hätten keinen für die Musik praktischen Nutzen, hauptsächlich aber erkannte man nicht den innigen Zusammenhang zwischen Kunst, Künstler und Gesellschaft. *Man wußte nicht, daß die Gesellschaft den Künstler, der Künstler die Kunst macht* [...]."[436] In diesem Sinne kann man die *Novellen* als die (sehr bunte) Illustration der schon zuvor in der theoretischen Abhandlung *Civilisation und Musik* vertretenen Thesen sehen – oder als zweite Seite derselben Medaille. Dass die Novellen an die Jungdeutschen erinnern, verwundert nicht, da auch Schumann, die Davidsbündler, die ganze (frühe) NZfM, überhaupt die Jugend-

---

433   Die einzige „Übereinstimmung" sind diverse Publikationen unter dem Dach der New York Times, doch erschien diese täglich und nicht wöchentlich, und – was entscheidend ist – es tauchen weder Theodor Hagen noch Joachim Fels als Autoren auf.

434   „[...] erhielt seinen Schulunterricht bei Detmer in Hamburg u. seine spätere Ausbildung in den Collegien zu Paris, ward musikalisch ausgebildet durch die Clavierlehrer Jakob Schmitt, Timm, Schiff u. Generalbaßlehrer Elkan in Hamburg, u. Georg Kastner in Paris. In den Jahren 1838, 1839 u. 1840 war er am Comtoir beschäftigt [Eckart: „Lehrling an einem Hamburger Handlungshause"], 1841 bis 1844 lebte er in Paris ganz der Kunst, kehrte dann nach Hamburg zurück, war musikalischer Kritiker am Hamb. Correspondenten, befand sich 1846 u. 1847 fast immer auf Reisen durch ganz Deutschland u. einen Theil Ungarns, u. zwar im Auftrage der Direction des Stadttheaters, welcher er viele tüchtige Opernkräfte zuführte. Es sind von ihm mehre Lieder- u. Claviercompositionen erschienen; auch ist er als Orchester-Componist aufgetreten." (Schröder, Lexikon der hamburgischen Schriftsteller, Art. Theodor Hagen).

435   Hagen, Musikalische Novellen, Leipzig 1848, S. 6. (Im Folgenden zitiert als Hagen, Novellen).

436   Ebd., S. 4.

bewegungen der 1830er Jahre in diesem Kreis zu sehen sind. Die zum Teil bei-ßende Ironie, die Hagens Texte durchzieht, legt einen Einfluss Heinrich Heines nahe, mit dem Hagen in Paris persönlich Bekanntschaft machte.[437]

Während die *Novellen* Kritik (fast) ausschließlich an den aktuellen Zuständen des *Musik*lebens üben, geht Hagen in *Civilisation und Musik* viel weiter: Zwei Jahre vor dem Erscheinen des Epoche machenden *Manifest(s) der Kommunistischen Partei*, zwei Jahre vor der Marx'schen Formulierung des Kommunismus also, fordert ein heute völlig vergessener kleiner – und vor allen Dingen sehr junger – Musikkritiker, Schriftsteller, Komponist,[438] Kaufmann, in erster Linie aber ganz großer Querdenker die neue Gesellschaft im sozialistischen Sinne. Besonders bemerkenswert daran ist (und diese Tatsache rückt den Text erst ins musik-soziologische Interesse), dass er seine Forderungen in direktem Zusammenhang mit der Kritik an den bestehenden Verhältnissen im deutschen Musikleben stellt, ja dieses geradezu als eine Art Mikrokosmos oder Spiegelbild der *Civilisation*, der Gesellschaft im Allgemeinen, sieht. Mehr noch, Musik und Gesellschaft sind für Hagen untrennbar miteinander verbunden, und eine Verbesserung der Umstän-de der einen kann nicht ohne eine Veränderung der anderen vonstattengehen, sondern ist nachgerade von ihr abhängig.[439]

In seinem schmalen, gerade 150 Seiten umfassenden Bändchen fächert Hagen seine Gesellschaftskritik in fünf Felder auf dem „Gebiete der Tonkunst" auf, „die dem Volke am zugänglichsten sind": „Zuallererst die Tanzmusik, dann die Mili-tair- und Straßenmusik, dann die Kirchenmusik, und zuletzt die Oper."[440] Man möchte glauben, im Jahre 1846 habe ein deutscher Autor seine Kritik an den bestehenden Verhältnissen nur indirekt formuliert, indem er seine Gesellschafts-in einer Musikkritik geschickt verpackt, um der Zensur zu entgehen; dass dies bei Hagen, der bei Erscheinen seines Buches gerade einmal 23 Jahre alt und sicher-lich dabei war, seine „Sturm-und-Drang-Phase" zu durchleben, mitnichten der Fall ist, führt bereits die Einleitung deutlich vor Augen. Mit unverhohlener Ge-radlinigkeit (ein Markenzeichen Hagens: seine klare Ausdrucksweise) konstatiert er einerseits, „die ganze geistige Production unserer Zeit [sei] nichts als eine Auf-

---

437 Vgl. NZfM, Bd. 20 (1844), Nr. 32: „Heinrich Heine fragte mich einmal, was ich von dem Talente Richard Wagner's hielte?".

438 Laut Riemann und Schröder veröffentlichte Hagen auch Lieder und Klavierstücke, vgl. unten.

439 Die Ähnlichkeiten zu den Zürcher Kunstschriften des jungen Richard Wagner sind un-übersehbar. Er soll und kann hier jedoch keine Beachtung finden, da er seine Werke zeitlich erst kurz nach Hagen verfasste (Die Kunst und die Revolution und Das Kunstwerk der Zukunft 1849, Oper und Drama 1850/51), diesen also nicht beeinflusst haben kann.

440 Hagen, Civilisation, S. 20.

erstehung verstorbener Ideen" und bemüht für diese Analyse des „menschliche[n] Geist[es], wie er nun einmal in dem Rahmen der Civilisation ist" auch das Bild des „ewigen Juden";[441] gleichzeitig setzt er als „anerkannt" voraus, was ihn ganz offensichtlich am meisten umtreibt und der Grund für seine Abhandlung ist: dass die Zivilisation der Grund für das Elend der Massen sei.[442] Doch nicht nur an der „materiellen Wohlfahrt" kann der Großteil der Menschheit nicht partizipieren, nein, sogar der Zugang zu (wahrer) Religion und – für Hagen entscheidend – zur *Kunst* bleibt ihm verwehrt.

Das „Zeithaben für Kunst", vor allem für Musik, ist demnach eine der Grundforderungen, die Hagen ebenso wie Marx und Engels und etliche Frühsozialisten stellt. Des Weiteren werden wir bei ihm auch die Forderung nach einer neuen Gesellschaft überhaupt, nach einer revolutionären Umgestaltung des Systems, wiederfinden – und dabei nehmen genau die bei Marx beschriebenen Punkte einen zentralen Platz ein: „die Annäherung von Stadt und Land, […] die allmähliche Überwindung der wesentlichen Unterschiede zwischen geistiger und körperlicher Arbeit, [und] die volle Verwirklichung der Gleichberechtigung der Frau."[443] War Theodor Hagen also Marxist? Die Frage könnte mit einem klaren „Ja" beantwortet werden, hätte Hagen seine Schriften nicht zeitlich vor den Marx'schen Hauptwerken verfasst. Auch wenn die gedankliche Vorarbeit durch die verschiedenen frühsozialistischen Strömungen, die Hagen nachweisbar bekannt waren, nicht außer Acht gelassen werden darf, so ist sein Ansatz doch bemerkenswert.

Wie bei späteren Sozialisten ist denn auch die Kritik am Christentum (hierzu später ausführlicher) bzw. dessen Auswüchsen ein durchgängiges, wenn auch nicht widerspruchsfreies Motiv sowohl in *Civilisation und Musik* als auch in den *Musikalischen Novellen*: Im ersten Werk wird klar ausgesprochen, was dann im zweiten literarisch verarbeitet wird – die Macht, die einige Wenige im Namen des Christentums auf den Geist der Massen ausüben, muss zusammenbrechen, „das Gebäude wird und muß zusammenstürzen",[444] um neuen Ideen endlich Raum zu geben.

---

441 Hagen, Civilisation, S. 8.

442 „Es ist anerkannt, daß die Civilisation Millionen von Menschen unglücklich gemacht hat, indem sie für das erste Bedingnis alles menschlichen Glückes, die materielle Wohlfahrt, keine Garantie bot." (Ebd., S. 9)

443 Rauschek, Kurt: Marx, Engels und Lenin über die Rolle der Kultur (Vorlesungen und Schriften der Parteihochschule „Karl Marx" beim ZK der SED), Berlin (DDR) 1981, S. 25.

444 Hagen, Civilisation, S. 8/9.

Diese neuen Ideen sind namentlich die von den Saint-Simonisten[445] geprägte und auch bei Fourier und anderen (Früh-) Sozialisten propagierte „Association" als Bindemittel einer Gesellschaft, deren Ziel in der „Verallgemeinerung" – auch und besonders der Kunst – liegt. „Die Association stellt nämlich die Individualitäten so zu einander, daß sie statt sich zu bekämpfen, gegenseitig angezogen werden, und zusammenwirken."[446] Zum Vergleich sei zitiert, was Marx und Engels kurz darauf im *Manifest der Kommunistischen Partei* ankündigen werden:

> An die Stelle der alten bürgerlichen Gesellschaft mit ihren Klassen und Klassengegensätzen tritt eine Assoziation, worin die freie Entwicklung eines jeden die Bedingung für die freie Entwicklung aller ist.[447]

Die „Assoziation" ist ein Idealzustand, der Hagens Annahme nach durch „keine bloße politische Reorganisation Deutschlands, wohl aber [durch] eine sociale"[448] erreicht werden wird. Das Beispiel Frankreichs zeige (und Hagen weiß, wovon er spricht, hat er doch – teilweise zeitgleich mit Karl Marx – die Jahre 1841-44 in Paris verbracht), dass zwar „die Werke der Kunst dort eine populairere Basis haben", was „in der kräftig ausgesprochenen Nationalität begründet"[449] [sei] – wir befinden uns im Vormärz! –, die gesellschaftliche Reform aber nur *„einigermaßen"* auf *„politischem* Wege"[450] erfolgt sei. „Constitutionen" böten keinerlei Sicherheit für die Freiheit, deshalb dürfe man in Deutschland „das Glück nicht in Constitutionen suchen, sondern vielmehr in solchen Regierungsformen, die Jedem d a s Theil vom Ganzen geben, das ihm vermöge seiner Stellung als Mensch und als Individuum zukommt."[451] Überhaupt bedürfe „gerade Deutschland einer socialen Reform […], um in der Kunst die Stellung einzunehmen, die ihm hinsichtlich seiner Vergangenheit und seiner eigenthümlichen Befähigung dafür gebührt."[452]

Das größte Problem hierzulande bestehe nicht allein in der Tatsache, dass der Genuss von Kunst und Musik nur einer Minderheit vorbehalten bleibe („Von Wenigen gepflegt, war sie nur Wenigen zugänglich",[453] „für die […] die Sonne

---

445 Siehe zu den Saint-Simonisten und ihrem Umgang mit Musik sehr ausführlich Locke, Ralph P.: Music, Musicians, and the Saint-Simonians, Chicago 1986 sowie allgemein Corcoran, Paul E.: Before Marx: Socialism and Communism in France, 1830-48, London u.a. 1983.

446 Hagen, Civilisation, S. 13.

447 MEW, Bd. 4, S. 482.

448 Hagen, Civilisation, S. 12.

449 Ebd.

450 Ebd., Hervorhebungen durch den Autor.

451 Ebd.

452 Ebd., S. 18.

453 Ebd., S. 10.

der Kunst eben so wenig [schien], wie die der Natur"[454]) – was nach Hagens Auffassung schlimm genug ist; darüber hinaus – und das ist noch gravierender, da schwerer zu bewältigen – „[untergräbt] die Civilisation die Naivität im Menschen".[455]

Diese Naivität spielt eine wichtige Rolle in Hagens Argumentation: Nur „der Kern des Volks", der auf gar keinen Fall mit der „große[n] Zahl der *Halbgebildeten*", dem „sogenannten Theaterpublikum", das „in der Regel alle Auswüchse der Civilisation zur Schau trage [...]" verwechselt werden darf, hat sich „die Naivität der Empfindung, die Ursprünglichkeit im Genießen bewahrt"[456] und wäre deshalb von so großer Wichtigkeit für die Kunst im Allgemeinen bzw. für die Erlangung einer „*musikalischen Volkssprache*"[457] im Besonderen. Doch hat eben „die Civilisation [...] dem Menschen das Genießen erschwert, ja, großentheils unmöglich gemacht, *und das ist ihr größter Fluch!*"[458]

Folge dieses Verlustes der Naivität ist der Zustand der „Blasirtheit", von dem „kein Volk" so stark befallen sei „wie das deutsche;

> *denn eben in Deutschland grassirt die Absichtlichkeit im Genießen, die Hauptquelle aller Blasirtheit.* Eben wir Deutsche sind's, die nicht vorurtheilsfrei an ein Kunstwerk hinantreten, die von vornherein glauben, nicht, es ist gut, sondern, es ist schlecht, die mit ihrem *Urtheil* noch eher bei der Hand sind, als sie *genossen* haben [...]."[459]

Hagens Zivilisationskritik ist Kulturkritik; in den *Musikalischen Novellen* ist denn dieser Komplex auch reichlich thematisiert. Er ist gewissermaßen der Stoff, aus dem eigentlich alle fünf Geschichten in unterschiedlicher Ausprägung gewebt sind; besonders deutlich tritt er in *Der Dorfmusikant* zutage.

Die Cousins Fritz und Karl stehen sich hier als zwei Pole gegenüber, Ersterer als „der Dorfmusikant", „eine im Ganzen noch unverdorbene künstlerische Natur, also eine, welche außerhalb der Gesellschaft leben und von deren schädlichen Einflüssen nicht berührt werden kann"[460] – er lebt ja im Mikrokosmos des väterlichen Hauses abseits des Dorfes gewissermaßen wirklich außerhalb der Gesellschaft und pflegt dort seine im positivsten Hagen'schen Sinne „naive" Musik; der andere, Karl, als der Ältere, Weitgereiste, leider schon viel zu „Civilisirte". Die Liebe zur Musik existiert bei Karl wie bei angeblich allen anderen Komponisten nicht aus „Beruf", sondern „aus Gewohnheit" bzw. „Vorurtheil":

---

454 Hagen, Civilisation, S. 11.
455 Ebd., S. 18.
456 Ebd., S. 11.
457 Ebd. Hervorhebung durch den Autor.
458 Ebd., S. 16. Hervorhebung durch den Autor.
459 Ebd., S. 16/17. Hervorhebungen durch den Autor.
460 Hagen, Novellen, S. 133.

> „Die Mehrheit treibt heute Musik, weil diese von den Vorfahren gepflegt worden ist, die Mehrzahl beschäftigt sich mit ihr, weil diese ihr gerade unter die Hände kommt."[461]

Und auf Fritz' Nachfrage hin erklärt er diese Tatsache auch, in Hagens klaren Worten:

> „Wir sind vor der Zeit alt geworden, dies mußte aber nothwendigerweise die wesentliche Substanz der musikalischen Natur, die Naivetät, in uns ersticken. Wir sind zu civilisirt und zu gleicher Zeit zu degoutirt, um noch musikalisch sein zu können." – „Demnach müsste sich der Musiker vor der Civilisation hüten?" – „O nein, er hüte sich nur vor dem Verlieren der Naivetät, welche die Civilisation bekanntlich nicht ausschließt."[462]

„Naivetät" und „Civilisation" schließen sich also *nicht* aus? Hier scheint sich innerhalb von zwei Jahren in Hagens Denken einiges geändert zu haben, denn in *Civilisation und Musik* treten noch beide, wie oben bereits angerissen, als eine Art Gegensatzpaar auf („die Civilisation [untergräbt] die Naivität im Menschen",[463] sie hat „dem Menschen das Genießen [...] unmöglich gemacht"[464] usw.). Überhaupt scheint es, als habe sich Hagen in den zwei Jahren zwischen beiden Büchern ein Stück weit mit den Verhältnissen arrangiert – er kritisiert sie zwar, gesteht aber indirekt auch ein, Teil der civilisierten Welt zu sein und seine Rolle darin zu spielen.

In diesem Zusammenhang stellt sich ein interessantes interpretatorisches Problem in Bezug auf die Figuren in den *Novellen*. Es will beinahe scheinen, als erfahre der Leser aus ihnen sehr viel mehr über die Person des Autors als aus den dürftigen Lexikoneinträgen. Denn man könnte ohne weiteres die These vertreten, Theodor Hagen sei in jeder der fünf Geschichten mehr oder weniger stark *persönlich* zugegen – und zwar weit über die Position des Erzählers und der unbestreitbar in jedem literarischen Text vorhandenen persönlichen Note des jeweiligen Verfassers hinaus.

In zwei der fünf Geschichten, *Die Oper auf dem Kirchhofe* und *Schreckliche Folgen*, haben wir es mit einem Ich-Erzähler zu tun. Selbstverständlich muss man sich hier davor hüten, einen solchen mit der Person des Autors gleichzusetzen, und so wird hier auch nur mit großer Vorsicht die Behauptung aufgestellt, es handle sich in beiden Novellen um eine Personalunion des Autors Theodor Hagen mit dem Ich-Erzähler.

---

461 Hagen, Novellen, S. 126.
462 Ebd.
463 Hagen, Civilisation, S. 18.
464 Ebd., S. 16.

> Aber abgesehen davon, daß wir die konkreten historischen Individuen sowieso nicht mehr befragen können, haben wir mit der Befragung ihrer künstlerischen Abbilder nicht notwendigerweise einen schlechten Tausch getan,

konstatiert auch Georg Knepler.[465] In *Die Oper auf dem Kirchhofe* führt die Wanderung den Protagonisten in die geradezu „kafkaeske" Situation eines wahrscheinlich österreichischen Dorfes,[466] die ganz im Sinne von Hagens allgemeiner Musikkritik grotesk überzeichnet gestaltet ist. Anzunehmen ist, dass den realen Kern seine Wanderungen durch Deutschland und Ungarn zur Rekrutierung neuer Sänger für das Hamburger Stadttheater bilden.[467] Das Szenario aus *Schreckliche Folgen* – ein junger Mann geht am Virtuosentum zugrunde und landet in der Irrenanstalt, die voll von Musikern ist – könnte hingegen ein reales sein. Darüber hinaus bietet es sich an, den bereits erwähnten Komponisten-Cousin Karl aus *Der Dorfmusikant* als *alter ego* des Verfassers zu betrachten; ganz besonders dann, wenn man Hans Schröders Worte im Hinterkopf behält, Hagen habe sich auch als Komponist von Liedern und Klavierstücken betätigt.[468] Es scheint ganz einfach, als habe er seine eigene Situation als „verkanntes Genie", das sich der Tatsache seiner „Civilisation" schmerzvoll gewahr wird, großflächig auf seine literarischen Figuren projeziert. Der Komponist, oder der Künstler im Allgemeinen, darf nicht zu viele Fragen nach dem Leben außerhalb von Kunst und Musik stellen (und Hagen hat diese Fragen ja bereits mit 23 Jahren in *Civilisation und Musik* gestellt, und noch früher in seinen Artikeln für die NZfM):

> „Sieh mich an, alle Furchen auf meiner Stirn, die hohlen Augen, die blassen Wangen, dies Alles sind so viele Fragen, als ich deren an das Leben gerichtet habe. Der Musiker hüte sich vor diesen Fragen." Und: „Ich schreibe schon lange keine Musik mehr, sondern Noten."[469]

Bei Schröder erhalten wir dann auch die passende Hintergrundinformation:

> Es sind von ihm mehre Lieder- u. Clavierkompositionen erschienen; auch ist er als Orchester-Componist aufgetreten. Aber von jeher gewohnt, Selbstkritik zu üben, fand er bald, daß die musikalische Ader in ihm erschöpft war. Dieß der Grund seiner spätern Unthätigkeit auf dem Gebiete musikalischer Composition.[470]

---

465 Knepler, Georg: Geschichte als Weg zum Musikverständnis, Leipzig 1977, S. 509f.

466 Auf S. 144 ist von „eine[r] jener melancholisch-heiteren Nationalweisen, wie man sie nur in Steyermark antrifft", die Rede.

467 Schröder, Lexikon, Art. Theodor Hagen (1400): „[…] befand sich 1846 u. 1847 fast immer auf Reisen durch ganz Deutschland u. einen Theil Ungarns, u. zwaar im Auftrage der Direction des Stadttheaters, welcher er viele tüchtige Opernkräfte zuführte."

468 Ebd.

469 Karl zu Fritz, in: Hagen, Novellen, S. 128.

470 Schröder, Lexikon, Art. Theodor Hagen (1400).

In die Reihe dieser Identifikationsfiguren des Autors gehörten, würde man diese gedankliche Linie fortsetzen und in allen fünf Novellen suchen, noch Adolph Stein aus der Novelle *Karoline Reichmann*:

> Adolph Stein,[471] der Liederkomponist [sic!], ‚der Gelbschnabel‘, das ‚nette Kerlchen‘, und wie sie ihn sonst noch nennen mögen [...][472] – ein junger Mann von drei- bis vierundzwanzig Jahren [sic!], dem man jedoch in den meisten Fällen nur neunzehn geben würde. Sein ganzes Wesen hat etwas ungemein Jugendliches, die kindlich blauen Augen, die blonden Löckchen, die zarte, frische Gesichtsfarbe, die fein geschnittene Nase, Alles dies ließe eher auf einen hübschen Wildfang, als auf einen talentvollen Komponisten schließen, der größtentheils in Moll komponirt,[473]

sowie Karl Valmy aus *Aus der Pariser Gesellschaft*, der gerade den Übergang von der „Naivität“ zur „Civilisation“ bzw. der daraus resultierenden „Blasirtheit“ vollzieht:

> In der That, Karl war schon blasirt. Auch ihn steckte die Krankheit der Zeit an, die man thörichter Weise oft für Affektation hält, wie die Ohnmachten bei den Damen. Aber nein, diese Blasirtheit existirt wirklich in den jungen Leuten, aus dem einfachen Grunde, weil die Jugend vor der Zeit die Periode erreicht, in welcher jeder Mensch nothwendigerweise blasirt sein muß. [...] Er [d. i. Karl, MN] war nur insofern blasirt, als der Wurm der Langeweile an ihm nagte. Dieser Wurm findet ein günstiges Terrain in dem Boden unserer Gesellschaft, und daher kommt es, daß er so weit verbreitet ist.[474]

Die Figur des Theodor Kayser, die eine tragende Rolle in dieser Novelle spielt, versucht jedoch immer wieder, den jungen Freund davon abzuhalten und zurück auf den rechten Weg zu bringen; und hier, mit dem Blick auf diesen Theodor Kayser, kann der Leser nicht umhin, in ihm den Autor Theodor Hagen zu erkennen – die Ähnlichkeit ist einfach zu offensichtlich. Auch wenn uns Hagen von dieser Tatsache ablenken möchte, wenn er, durch einen gewitzten Umschwung der Erzählperspektive vom allwissenden Erzähler auf die Meta-Ebene des „Autor-Ich“, die Figur seines *alter ego* in die Handlung einführt:

---

471 Vgl. Hagens Pseudonym „Joachim Fels“.

472 Hagen, Novellen, S. 17 (vgl. S. 14).

473 Ebd., S. 19. Von großem Interesse wäre, ob auch Hagens Stücke „größtentheils in Moll komponirt“ sind; die einzigen beiden Lieder, die sich in den Beständen der Staatsbibliothek zu Berlin auffinden ließen („Mädchen, sprich, willst du mich lieben“ und „Knabentod“ nach Friedrich Hebbel, beide für Sologesang und Klavier) sind dies jedenfalls nicht. Sie stehen in G- bzw. As-Dur und sind nicht gerade von herausragender kompositorischer Qualität.

474 Ebd., S. 295/96.

In diesem Augenblicke bemerke ich, daß meine Feder sehr schwer über's Papier fährt. Wer ist Schuld daran? Kein anderer als mein Freund Theodor Kayser, der sich mit Gewalt portraitiren lassen will.[475]

Dann folgt in dieser Passage von hohem literarischem Unterhaltungswert sogar eine direkte Ansprache an den Leser:

Wenn es denn sein muß – an's Werk. Siehst Du, lieber Leser, dieser junge Mann, den ich Theodor Kayser genannt habe, obgleich ich ihm jeden anderen Namen hätte geben können […].[476]

Hätte er das wirklich? Natürlich hätte er ihm einen anderen *Namen* geben können; an der Tatsache der Ähnlichkeit oder vielleicht sogar Gleichheit der Novellenfigur mit der Person des Autors – wir können es in Ermangelung ausreichender Fakten nicht mit Bestimmtheit sagen – hätte dies mitnichten etwas geändert. Ein Vergleich der Lebensdaten des Theodor Hagen mit der Charakterisierung des „Novellen-Theodor" zeigt noch einmal in aller Deutlichkeit die Wahrscheinlichkeit dieser These:

Hagen, Theodor: *15. April 1823 in Hamburg, wurde daselbst und in Paris ausgebildet, 1838-40 [also mit 15-17 Jahren, MN] Lehrling in einem Hamburger Handlungshause, 1841-44 [mit 18-21] in Paris der Kunst lebend, dann musikalischer Kritiker am Hamburger Korrespondenten, bereiste 1846 und 1847 [23-/24jährig] Deutschland und Ungarn […][477]

Theodor hatte sehr bald in seinem Innern eine Leere empfunden. Im fünfzehnten Jahre glaubte er sie am besten durch die Ausübung einer Kunst ausfüllen zu können. Er widmete sich der Musik mit einem Eifer, mit einer Ergebung, wie man Beides nur im fünfzehnten Jahre haben kann. Obgleich man ihm wenig Anlagen für seine Kunst zuschrieb, so wußte er doch nach einigen Jahren durch seine Kompositionen die Aufmerksamkeit auf sich zu ziehen. Aber es dauerte nicht lange Zeit, daß Theodor vergebens auf ein leeres Blatt starrte, um es zu beschreiben, vergebens nach Musik in seinem Innern suchte – er hatte keine mehr. – […] Er kam sich lächerlich in der Ausübung seiner Kunst vor. Und warum dies? Weil er die Naivetät der Empfindungen und Ideen verloren hatte, jene Naivetät, die das Wesen aller Kunst ist.[478] […]

Jetzt, in seinem fünf und zwanzigsten Jahre, war er zwar, wie früher, völlig gleichgültig gegen Alles, was ihn umgab, aber diese Gleichgültigkeit hatte nichts Schmerzliches mehr für ihn. Die Gewohnheit hatte die Leere in ihm bevölkert.[479]

---

475 Hagen, Novellen, S. 181f.
476 Ebd.
477 Eckart, Lexikon.
478 Hagen, Novellen, S. 183.
479 Ebd., S. 186. Hervorhebung durch den Autor.

Abgesehen vom gleichen Vornamen haben die beiden auch das gleiche Alter, bei Erscheinen der *Novellen* ist Hagen gerade 25 Jahre und damit ebenso alt wie die Figur des Theodor Kayser. Hagen scheint als Autor um einiges humorvoller, lustiger, gewitzter als die Charakterzeichnung, die er von Theodor Kayser anfertigt, doch teilen sie ganz klar die Gemeinsamkeit, ihrem Alter in Ernst und Weitsicht ein gutes Stück voraus zu sein: Theodor Kayser stürzt sich mit fünfzehn Jahren aufgrund einer „inneren Leere" in die Kunst (in eben diesem Lebensjahr beginnt Hagen „seine Lehre in einem Hamburger Handlungshause", vielleicht auch Kompositionen?) und in der letzten Novelle *Schreckliche Folgen* beschreibt er eindringlich, was passieren kann, wenn ein junger Mann Kaufmann werden soll, obwohl er nur für die Musik lebt – er geht zugrunde, und das Irrenhaus ist voll von ebensolchen „meist junge[n] Leute[n] zwischen 16 und 24",[480] der Großteil Musiker); Theodor Hagen verfasst nur wenige Jahre später mit *Civilisation und Musik* eine Gesellschaftsstudie, von der man nicht vermuten würde, sie sei aus der Feder eines 23-Jährigen geflossen. Hagen tritt hier, wie auch als Autor der *Novellen* und ganz besonders wie seine Figur Theodor Kayser, vielmehr als strenger Mahner auf (von dem man im Allgemeinen ein altväterliches höheres Alter erwarten würde). Beide, Hagen als aktiv in die Handlung eingreifender und diese lenkender Autor, Kayser als dessen Bild, tauchen immer in „unpassenden" Situationen auf – Letzterer z.B. immer wieder, um seinen jungen Freund Karl in die oberflächliche Pariser „Spaßgesellschaft" mit Maskenbällen[481] und Tanzveranstaltungen zu verfolgen und ihn aus dieser zurückzuholen:

> Aber seine [d. i. Karls, MN] Freude war bald dahin, als sein Freund ihm wieder in der Gestalt einer Mahnung erschien. Er fühlte sich beschämt und war unwillig darüber. „Es ist doch eigen", sagte er sich, „daß ich ihm immer in einem unvortheilhaften Lichte gegenüber stehen muß!"[482]

Die Kritik am bestehenden Musikleben, vor dessen Sümpfen Theodor Kayser seinen Freund Karl und damit gleichzeitig Theodor Hagen seine Leserschaft bewahren möchte, ist durchweg von großer bissiger Ironie, beispielsweise die Szene der „Höllengalloppade" der jungen Leute auf dem Maskenball in der Oper:

> Und wie die Schaulustigen darauf starren, scheint es doch, als wären auch s i e zum Thiere geworden. Es ist der Geist der Verdummung, der diesen Saal durchzieht [...].[483]

---

480 Hagen, Novellen, S. 312.
481 Mit großer Ironie beschreibt Hagen im Vierten Kapitel von Aus der Pariser Gesellschaft den Maskenball in der Oper: „Nur langsam, nicht rechts und links geblickt, mit Gefahr, an dem hölzernen Gitter etwas von unserem Körper oder der noch kostbareren Garderobe zu beschädigen." (Ebd., S. 234).
482 Ebd., S. 296f.
483 Ebd., S. 238.

Nahezu das gesamte zweite Kapitel von *Aus der Pariser Gesellschaft* ist diesem Themenkomplex gewidmet, und vor allem die „musikalischen" Soiréen in den Salons werden nicht verschont:

> Nichts ist lächerlicher als eine öffentliche Promenade, nichts burlesker, als eine *soirée musicale*. In beiden tritt die Affennatur der Menschen am Stärksten hervor.[484]

Ständiger großer Kritik des Autors unterliegt dabei, durch beide Schriften hindurch, die mangelnde Qualität der „musikalischen" Produktionen:[485]

> Nachdem ein Geiger aus Italien und Edmund von Flamen (Italien und Flamen sind die Geburtsstätten großer Künstler) in einem Duo gelangweilt, wollte sagen entzückt hatten […],[486]

tritt im Salon der Familie Valmy die Tochter des Hauses, Louise, in Erscheinung.

> Während der ersten vier Töne, welche gesungen wurden, war es mäuschenstill, dann sah man sich an, setzte das unterbrochene Gespräch leise fort, wurde hierbei mehr und mehr *crescendo*, brach jedoch plötzlich ab; denn das zweigestrichene b, welches Fräulein Valmy zum Besten gab, packte dermaßen das Ohrgebäude, daß dieses trotz aller Indifferenz[487] in seinen Fugen wankte und auf manche Gesichter eine Todtenblässe warf, die einige Minuten dauerte, dann einem sehr leisen Lächeln Platz machte und am Ende wieder in eine allgemeine Conversation auslief.[488]

Und auch das Theater wird nicht gnädiger behandelt:

> Wirklich, ich begreife nicht, warum es so wenig Komödien auf den Brettern giebt. Doch nicht, weil so viele in der wirklichen Welt gespielt werden? – Wer von den Dramaturgen über Mangel an Stoff klagt, der sperrt sicher nicht die Augen auf, der schläft; übrigens in den meisten Fällen das Beste, was er thun kann,[489]

erklärt Hagen nach der Beschreibung des schreienden Kontrastes zwischen einem armen Mann, „der weder Beine noch Lenden hatte und der mit seinem Magen

---

484 Hagen, Novellen, S. 189.

485 Mit der Kritik am allgegenwärtigen Dilettantismus steht Hagen keinesfalls allein da, vgl. Knepler, Georg: Musikgeschichte des 19. Jahrhunderts, Bd. 2, S. 705ff.

486 Hagen, Novellen, S. 203.

487 Den Begriff der „Indifferenz" führt Hagen bereits in Civilisation und Musik ein. Dieser Zustand geht einher mit dem der „Blasirtheit" bzw. resultiert aus ihr und bezeichnet die Unfähigkeit der „Halbgebildeten" zur eigenen Kritik eines Werkes. Stattdessen würde sich jeder nur auf das Urteil des anderen verlassen, und so seien die Opernhäuser in Deutschland (ganz im Gegensatz zu Frankreich!) ab spätestens der zweiten Vorstellung eines neuen Werkes leer, anstatt dass jeder selbst hineinginge, um sich von dessen Qualität ein Bild zu machen. „Tausende haben die Production nicht kennen gelernt, besitzen aber dennoch ein Urtheil darüber […]." (Hagen, Civilisation, S. 17).

488 Hagen, Novellen, S. 198.

489 Ebd., S. 190.

gerades Weges die Steine am Boden klopfte"[490] und der feinen Gesellschaft auf den „elysäischen Feldern". Und weiter:

> Man hat mir gesagt, daß das deutsche Lustspiel brach darnieder liegt. […] Wie, in unserer Zeit, wo fast Alles komisch ist, selbst die Philosophie der Fürsten, in unserer Zeit liegt das Lustspiel brach? Jedoch der Deutsche sieht mehr *über* sich, als *vor* sich, mehr in den Himmel als auf die Erde. Er träumt, selbst wenn man ihn mit Nadeln stachelt […].[491]

Die Schärfe beweist vor allem eines: Es ist dem Autor ernst mit seiner Kritik. Denn er sieht darin weit mehr als nur die Möglichkeit, bestehende Strukturen des Musiklebens anzuprangern – er will durch die Änderung dieser Strukturen die *Gesellschaft* ändern.

Genau dies ist auch, wie bereits erwähnt, Ausgangs- und Zielpunkt der Schrift *Civilisation und Musik*, auf die wir nun zurückkommen wollen. Es lassen sich darin drei Hauptkategorien der Kritik feststellen, die allerdings fast untrennbar dicht ineinander verflochten sind: (1) Musikkritik, (2) Gesellschafts-/Kapitalismuskritik, (3) Religions- bzw. Kirchenkritik.[492]

(1) Musikkritik. In seinem Schlusswort zieht Hagen die Bilanz, „daß das wirklich allseitig Populaire in der Musik in quantitativer wie qualitativer Hinsicht nur gering ist."[493] Das „Populaire" ist für Hagen – ganz anders als für Herder, der es stets pejorativ mit Blick auf den „Pöbel" verwendet – das wirklich Volksmäßige, Volkstümliche. Dies hat er zuvor an den fünf Bereichen,[494] die oben bereits kurz angeführt wurden, deutlich gemacht, indem er sie nacheinander einer musiksoziologischen Analyse unterzog.

Dabei setzt Hagen die Annahme („das Lieblingsthema des Verfassers"[495]) voraus, „daß die Civilisation die Gegnerin aller Kunst ist."[496] Einen Grund dafür, den

---

490 Hagen, Novellen, S. 190.

491 Ebd., S. 190f. Man bedenke, wir befinden uns im Jahre 1848; Fürstenkritik und das v.a. unter den Liberalen verbreitete Bild des „deutschen Michel" mit seiner Schlafmütze sind nicht selten, doch ist es im Hinblick auf die politische Situation doch erstaunlich, dass ein solches Buch – selbst wenn es im freiheitlichen Sachsen erschien – der Zensur entrann.

492 Trotz ihrer weitreichenden Verflechtung soll der Versuch unternommen werden, die Felder getrennt voneinander zu analysieren, auch wenn sich Überschneidungen ergeben können und werden.

493 Hagen, Civilisation, S. 150.

494 Dies sind namentlich die Tanz-, Straßen-, Militär- und Kirchenmusik sowie die Oper; vgl. Hagen, Civilisation, S. 20.

495 Vgl. ebd., S. V.

496 Ebd.

Verlust der Naivität und den daraus resultierenden Zustand der „Blasirtheit", kennen wir bereits; er ist Dreh- und Angelpunkt in Hagens Argumentation.

In der Tanzmusik erblickt der Autor eigentlich „ein Mittel [...], den künstlerischen Sinn der Masse zu wecken, zu beleben und auszubilden."[497] Die „Konzertmeister" seien aber nur auf Gewinn, keinesfalls auf bessere Musik aus, und „statt den Geschmack ihres Auditoriums zu leiten und zu läutern, wurden die Directoren von ihm geleitet."[498] Hagen fordert – nicht nur hier – Veränderungen in der Form v. a. der langsamen Walzer, um die „Monotonie zu bekämpfen, und dem Geist einige Nahrung zu geben."[499] Es sprächen sich nämlich „die nationalen Eigenheiten eines Volkes nirgends besser, als im Tanze aus", und es sei „nichts [...] so deutsch, wie dieser langsame Walzer",[500] denn in ihm läge „der Humor und das melancholische Sichgehenlassen der Deutschen."[501] Dennoch ist sich Hagen dessen bewusst, dass in der aktuellen Situation des „Vormärz", „wir [...] keinen nationalen Tanz haben können, aber umso mehr sollten wir uns eine interessantere Form als die bisherige anzueignen versuchen."[502] Die Überproduktion an Walzern, die in Deutschland stattfinde, beförderte nämlich nur die Monotonie darin; und Hagen macht, selbst Komponist, sodann auch einige Verbesserungsvorschläge. Auch wenn der Tanzmusik das kürzeste Kapitel gewidmet ist, ist sie dem Autor besonders wichtig, denn „der ¾ Tact ist derjenige, der den Lauf der modernen musikalischen Welt bestimmt; [...] wir treffen also hier eine Art populairer Basis",[503] deren Ausbau ja bekanntlich das Ziel von Hagens Bestrebungen ist, die man unter dem Motto „Kunst und Musik für alle zur Verbesserung des Einzelnen und zum Bau der neuen Gesellschaft" zusammenfassen könnte.

Noch größer als in der Tanzmusik ist die Monotonie jedoch in jener des Militärs. Hagen weist in einer sehr pazifistischen Ausführung nach, dass „das Militair [...] seiner Auflösung entgegengeht, [und] so wird auch die ihm angehörende Musik ein zweckloses Ding", sie gehöre „hauptsächlich der Gegenwart und der Vergangenheit an, die Zukunft wird wenig damit zu tun haben."[504] Darüber hinaus stößt sie bei Hagen auf wenig künstlerische Wertschätzung, weshalb sie auch „zur Verherrlichung und Sittlichung des Menschen wenig geeignet"[505] sei. Die einzige Ausnahme bildet für ihn die *Marseillaise* – die Soldaten, die ihr folgen, sind nur

---

497 Hagen, Civilisation, S. 21.
498 Ebd.
499 Ebd., S. 23.
500 Ebd.
501 Ebd., S. 24.
502 Ebd., S. 25.
503 Ebd., S. 26.
504 Ebd., S. 76.
505 Ebd., S. 81.

noch freiwillig kämpfende Bürger, und sie ist „demnach [...] die wirkungsreichste Militairmusik, welche man haben kann, [...] unstreitig der schönste Marsch, der je componirt worden ist."[506]

Hagen sucht zur Verwirklichung seiner Ziele „das Populaire" in der Musik. Dieses Ideal sieht er am stärksten in der Straßenmusik gegeben, über die er schreibt, sie stehe

> im Allgemeinen zur Kunst in sehr ferner Beziehung, jedoch hat die neueste Zeit hierin eine Abänderung getroffen. Die Liederfeste, welche im Freien gehalten werden, die Volksliedertafel, die sich sehr oft in den Straßen vernehmen läßt, das Virtuosenthum, das nach und nach aus den Sälen auf den öffentlichen Markt herniedersteigt – Alles dies sind höchst günstige Vorzeichen für die künstlerische Reorganisation der Straßenmusik.[507]

Damit ist klar, dass in seiner Konzeption die Straßenmusik den wichtigsten Platz einnehmen muss, da sie der Lebenswelt der Masse, den Grundschichten am nächsten kommt.

Der musikalischen Monotonie in Tanz- und Militärmusik stellt Hagen die „stete Originalität" der Volksweise gegenüber. Diese sei durch die Civilisation in den Städten so gut wie ausgerottet, doch auf dem Land habe sich vor allem in abgelegenen Regionen „die Naivetät der Empfindung, die Reinheit des Gefühls [und damit die „Fähigkeit" zur Volksmusik, MN] auf eine rührende Weise"[508] erhalten.

> Diese „armen" Landleute sind [...] reicher als wir; denn sie haben sich noch am reinsten das Gefühl der Unabhängigkeit zu bewahren gewußt, und Unabhängigkeit ist der höchste Reichthum auf der Erde, wie sie jetzt ist. Und dann, nirgends finden wir so viel wahres, geläutertes Wissen, so viel Toleranz, als eben auf dem Lande.[509]

Sicher übertreibt Hagen hier ganz bewusst, um seiner Argumentation den nötigen Nachdruck zu verleihen, doch sind die Parallelen zu den Auffassungen Rousseaus und Herders zum Landleben nicht zu übersehen. Für Hagen steht allerdings in diesem Zusammenhang – neben der gleichzeitig geäußerten Kritik an der auf dem Land auf vielerlei Gebieten herrschenden Misere – die Bedeutung für die Musik im Vordergrund.

Auch die „Familienbande", die auf dem Land noch weit stärker geknüpft seien als in der Stadt, werden hochgelobt: sie dienen Hagen vor allem dazu, „die Charlatanerie des Virtuosenthums" zu unterbinden. Und wo dieses kaum existiert, da ist die Kunst noch allen gleichermaßen zugänglich. Beziehungsweise *wäre* sie es – wenn denn im harten Arbeitsleben der Bauern die einzige Ruhe nicht nur in

---

506 Hagen, Civilisation, S. 82.
507 Ebd., S. 27.
508 Ebd., S. 28.
509 Ebd., S. 32.

Schlaf und Branntweinflasche bestünde, sondern auch in der Musik. Diese könnte den zur Maschine degradierten „Menschen" „das Bewußtsein ihres Lebens einhauchen"[510] und durch ihre Funktionen des „Läuterns und Erhebens" die Erziehung bei denen ersetzen, „welchen unsere Gesellschaft bloß vergönnt, zu arbeiten und zu schlafen."[511] Zu diesem Zwecke fordert Hagen die Einrichtung „musikalischer Institutionen", denn nur die Musik kann die „Ackerbesteller" aus dieser Misere befreien und „die Gemüther auf eine sociale Umwälzung vorbereiten."[512]

> Während die Eisenbahnen das materielle Band zwischen der alten und der neuen
> Zeit sind, ist die Musik das geistige.[513]

Mit diesen „musikalischen Institutionen" meint Hagen die Volksliedertafel und die Liederfeste, bei denen er an dieser Stelle bedauert, dass sie

> trotz größter Wichtigkeit […] im Vergleich zu den ihrer Bedürftigen sehr spärlich
> sind, und hauptsächlich den Städten anheimfallen.[514]

Das Land sei dagegen weitgehend „verwahrlost", weshalb Hagen dort die strikte Einführung der Liedertafeln fordert. Doch nicht nur in der Landwirtschaft – auch die Fabrikarbeiter in den Städten bräuchten diese Institutionen dringend. Allerdings sei bei ihnen die Umsetztung „schon theilweise erfolgt",[515] vor allem in den größeren Städten; das Problem sei jedoch, dass daran gemeinhin auch nur die Bessergestellten teilnehmen können, weil diese „den geringen Preis und die Zeit auftreiben können, welche die Liedertafel von ihren Mitgliedern fordert."[516] Es müssen aber *alle* Arbeiter an der Liedertafel teilnehmen, und können sie es nicht außerhalb, so muss dies eben *in* der Fabrik geschehen. Musik ist unverzichtbar; denn erstens kann der Arbeiter nach seinem „Tagewerk […] *nur noch genießen*"[517] und

> man muß dem […] eine Richtung geben, die ihn erhebt statt erniedrigt, die seine
> Seele kräftigt, und seinen Geist dem Wissen zugänglich macht,[518]

zweitens würde eine rein materielle Verbesserung ohne eine geistige Vorbereitung die arbeitenden Klassen zutiefst schockieren, da sie zu einem ungesunden

---

510 Hagen, Civilisation, S. 35.
511 Ebd.
512 Ebd., S. 38.
513 Ebd.
514 Ebd., S. 39.
515 Vgl. u.a. den Zusammenhang mit den Bestrebungen Joseph Mainzers, beschrieben z.B. bei Ehrenforth, Geschichte der musikalischen Bildung, Mainz 2005.
516 Hagen, Civilisation, S. 42.
517 Ebd., S. 43.
518 Ebd., S. 44.

„Ruck" in der Gesellschaft führe; Hagens Musikkonzept muss also dieser Verbesserung vorausgehen.

Dieses Konzept sieht genau vor, wie die Einführung in den Fabriken vonstattengehen soll. In jeder Fabrik solle es einen Versammlungsraum mit Orgel geben, in dem morgens vor und abends nach der Arbeit ein Choral gesungen werden solle. Die Folge davon sei die Etablierung einer Volksliedertafel in der Fabrik. Um diese auch für diejenigen Arbeiter durchzusetzen, die sich nicht finanziell beteiligen können, muss nach Hagen die Regierung die Fabrikherren zur Einrichtung zwingen; diese würden dem bald eifrig nachkommen, sobald sie auch den eigenen materiellen Nutzen erkannt hätten.

Den Gegnern seines Musikkonzepts, die behaupten, „ein singendes Volk [sei] ein sehr ungefährliches, schwaches", hält Hagen entgegen, dass dies nur bei den Italienern der Fall sei, die „*vereinzelt* ihren Schmerz in die Nacht hinaussängen";[519]

> aber ein Volk, das nach vollbrachtem Tagewerk sich in größeren Abtheilungen versammelt, und nach den kräftigen, gesunden Melodien, welche aus seinem Munde tönen, die Schritte fröhlich und frei in der Natur erschallen läßt, *ein solches Volk ist stark, denn es ist einig.*[520]

Das beste Beispiel hierfür sei die Französische Revolution und der unübertroffene Gesang der *Marseillaise*.

> Die Marseillaise ist der schönste Triumph, den die Musik seit ihrem Entstehen feiern konnte; denn sie ist die Bibel, auf die ein ganzes Volk schwört, der Gott, zu dem ein ganzes Volk betet.[521]

Denn sie erfüllt eben ganz einfach alle Bedingungen, die Hagen an „gute" Musik stellt: Sie ist durch „Begeisterung" hervorgerufen, das „melodische Element" ist vorherrschend und „die Factur ist populair".[522]

Ebendies sind die Bestandteile, die für Hagen auch „gute" von „schlechter" Kirchenmusik trennen. Die Musik müsse „gleichsam das Wunder ersetzen";

> die Kunst sei das Wunder, durch welches man auf die Masse wirkt, und da Musik die verständlichste, eindringlichste aller Künste ist, so lehrt Musik die Menschen glauben, an ein Besserwerden, so sei Musik das fliegende Panier des Asyls, unter welchem die leidende Menschheit Trost, Erhebung und Kraft zum Ausharren finden kann.[523]

---

519 Hagen, Civilisation, S. 50.
520 Ebd., S. 51. Hervorhebung durch den Autor.
521 Ebd., S. 52.
522 Ebd., S. 98.
523 Ebd., S. 99.

Die protestantische Kirchenmusik erfährt, da sie durch die Verdammung alles Sinnlichen den Ansprüchen an „gute Kirchenmusik" nicht genügen kann, in Hagens Schrift eine enorme Herabwürdigung, die glauben macht, die großartigen Werke eines Bach oder Händel hätten nie existiert. Oder seien zumindest nicht wie die der altitalienischen Kirchenkomponisten „aus der Quelle des Glaubens und der Begeisterung geflossen",[524] der einzigen Möglichkeit, im Hörer wieder Glauben und Begeisterung hervorzurufen.

Die Kunst als „Wohlthat für die Menschheit" – das ist nach Hagen neben der Kirche am besten im Theater zu erreichen. Doch noch weniger als die Kirche erfüllen Theater und Oper diesen Auftrag im Moment, und so hebt Hagens Kritik denn auch vorrangig auf die fehlende „populaire Faktur" und überhaupt den mangelnden Bezug zum Volk und dessen Belangen ab. Er sieht in der Oper sogar noch mehr als nur eine „Besserungsanstalt": Durch die Schaffung einer „Nationaloper", für die er sogleich die Anweisungen gibt, soll nach (!) Erreichen der sozialen und politischen auch die *künstlerische* Einigung der Nation stattfinden. Derzeit wirke sich jedoch die politische Zersplitterung auch auf die Kunst, v.a. die Musik aus:

> In Berlin läßt man einen Künstler hochleben, in Wien drückt man ihn in den Staub. Jede Residenz, jede Handelsstadt, jeder Flecken, jedes Dorf hat sein eigenes Urtheil, an dem es festhält, wie der Blinde an seinem Stabe.[525]

Diese Missstände zu beseitigen ist in erster Linie die Aufgabe der Kritiker. Sie sollen zu „Märthyrern der Wahrheit" werden; im Moment fürchteten sie diese allerdings, geprägt durch die Civilisation.

> Es darf also nicht Wunder nehmen, daß die gesinnungsvolle Kritik eine seltene Pflanze in dem Boden unserer Gesellschaft ist, sowohl in politischer, literarischer, als künstlerischer Hinsicht.[526]

Doch da der Berufsstand der Kritiker die Masse durch schlechte, da unwahre Kritik zum „schlechten Geschmack" und zur Urteilsunfähigkeit geführt hat, so müssen die Kritiker – da sie ja erwiesenermaßen die Macht dazu haben – auch dafür sorgen, dass sich dieser Zustand ins Gegenteil verkehrt. Denn

> wenn schon das Dasein eines jeden civilisirten Menschen den Kampf bedingt, so muß derjenige noch weit mehr kämpfen, der dem Egoismus, der Gesinnungslosigkeit, also den wesentlichen Elementen der Civilisation, die Stirn bietet, der für Wahrheit und Schönheit, für Gerechtigkeit und Freiheit sein ganzes Ich in die Schanze schlägt.[527]

---

524 Hagen, Civilisation, S. 103.
525 Ebd., S. 140f.
526 Ebd., S. 144.
527 Ebd., S. 145.

Die Wiederherstellung der *guten* Kunstkritik ist also der „hauptsächlichste Weg" in Richtung der Verbesserung des Menschen und somit einer neuen Gesellschaft.

(2) Gesellschafts-/Kapitalismuskritik. Die Felder der Gesellschafts- bzw. Kapitalismuskritik stimmen im Großen und Ganzen überein mit dem, was bereits über Hagens Kritik am Prozess und Zustand der „Civilisation" gesagt wurde – seine Zivilisationskritik ist Kulturkritik. Aus diesem Grunde sollen hier nur solche Gesichtspunkte noch einmal zur Sprache kommen, die bisher nicht oder nur sehr wenig thematisiert wurden.

Am erstaunlichsten ist hierbei Hagens regelrechte Prophetie hinsichtlich späterer Massenvernichtungswaffen und Weltmächte, die in seiner pazifistischen Kritik am Militär ihren Ausdruck findet:

> Das Wesen aller Civilisation ist Krieg; es ist ein ewiges Kämpfen und Ringen [...].[528]

> Aber wie dann, wenn die Civilisation, ihrer Aufgabe getreu, plötzlich ein Mittel erfände, das den Arm der Menschen zur Vernichtung unnöthig macht, wenn sie plötzlich durch einen Einzigen zerstören ließe, wozu es früher Tausende bedurfte. [...] Der Fürst, der in seinen Landen die folgereichsten Mittel der Vernichtung besitzt, wird nicht blos über seinen Nachbar gebieten können, er wird Herr der Erde sein [...]![529]

Ein weiterer Punkt, in welchem Hagen seinen deutschen Zeitgenossen[530] ein gutes Stück voraus ist, ist die ausführliche – immerhin auf acht Seiten formulierte – radikale Forderung nach der Emanzipation des weiblichen Geschlechts. Als Beispiel für dessen Misere führt er hier wie auch in der Novelle *Aus der Pariser Gesellschaft* das bedauernswerte Dasein der Pariser Arbeiterinnen, der *Grisettes*, an, die kaum für sich selbst sorgen können – geschweige denn, es ereilt sie „das Unglück [...], Mutter zu werden."[531] Hagen geißelt mit scharfen Worten die Gesellschaft, die von Moral und Tugend spricht und „die Gefallene an[klagt]",[532] ohne ihr zu helfen. Er räumt ein, dass „die Zeit noch fern" sei, in der sich die Situation der Frauen ändern werde, vor allem deshalb, „weil unsere gesellschaftlichen Institutionen in der Demoralisierung des Weibes ihre Alimente finden."[533] Doch kann die Situation schon nicht grundlegend verbessert werden, so soll wenigstens alles daran gesetzt werden, sie nicht weiter zu verschlimmern.

---

528 Hagen, Civilisation, S. 67.
529 Ebd., S. 69f.
530 In Frankreich begegnet uns dieser Punkt – wie auch der Pazifismus – beispielsweise schon bei den Saint-Simonisten.
531 Hagen, Civilisation, S. 59.
532 Ebd., S. 62.
533 Ebd., S. 64.

> Und dies ist Aufgabe der Musik. Was weder Religion noch Polizei vermögen, das vermag die Musik. […] Die Musik ist der heilige Geist, welcher allein das Laster in Fesseln zu schlagen vermag, es ist der unsichtbare Gott, dem man standhaft den Eingang verwehrt, und der endlich doch in's Ohr hineinschlüpft, […] es ist die einzige Religion, deren Wirkungen nicht entkräftet sind.[534]

Doch Hagen ist nicht nur der strenge Mahner, der sämtliche Missstände in der Gesellschaft anprangert. In seiner Art, auch pädagogisch wirken zu wollen, preist er die gelungenen Gegenbewegungen zur Civilisation. Nachdem er zum Beispiel die Tatsache bedauert hat, die Civilisation habe den Gesellen vom Meister isoliert – früher gehörten sie gewissermaßen derselben Familie an, aßen und schliefen im gleichen Haus, heute „wohnt der Meister für sich, der Arbeiter ebenfalls"[535] – führt er ein anderes Bild an:

> […] hie und da finden wir einen Fabrikherrn, der sich um seine Arbeiter kümmert, wie der Pfarrer um seine Gemeinde. Es sind die ersten Strahlen der neuen Morgenröthe, es ist die Sonne der Zukunft […]. Diese Fabriken […] sind die Symptome der werdenden Association, der Keim des neuen Lebensbaumes, von dem die Menschheit genießen soll.[536]

Nicht zuletzt treffen wir in diesen stark politisch geprägten Abschnitten auf eine Sprache, die uns später bei weniger „utopischen" als „realen" Sozialisten noch oft begegnen wird.

(3) Religions- bzw. Kirchenkritik. Die kritische Bewertung der christlichen Religionen oder eher dessen, was die *Civilisation* aus ihnen gemacht hat, taucht in Hagens Abhandlung zuerst im Kapitel über die Straßenmusik auf, im Rahmen der Zustandsbeschreibung der Lebens- und Lernverhältnisse der Bauern auf dem Land. Aufgrund deren mangelnder Bildung würden sie den Unfug der Predigten nicht erkennen und ohnehin die Kirche nur aus vier Gründen besuchen:

> Erstens: aus Gewohnheit, zweitens: der Anderen wegen, drittens: um seinen Kindern ein gutes Beispiel zu geben, und viertens: weil es in der That doch noch besser ist, in die Kirche zu gehen, als die Zeit zu verkneipen.[537]

Im Zuge der Volksliedertafeln, die laut Hagen der Misere auf dem Land entgegenwirkten, solle dann auch „der Director der Liedertafel auf dieselbe Weise

---

534 Ebd. Dieser religiöse Einschlag in Hagens sozial-musikalischem Konzept geht ohne Zweifel auf die Saint-Simonistische Philosophie zurück – zu deutlich ist die Ähnlichkeit.
535 Hagen, Civilisation, S. 49.
536 Ebd., S. 49f.
537 Ebd., S. 37f.

behandelt werden, wie der Seelsorger."[538] Ihm, „dem musikalischen Seelsorger", müsse eigentlich auch „eine Kirche werden";[539] da es aber schon genug Kirchen gebe und zudem Kosten vermieden werden müssten, schlägt Hagen pragmatisch vor, beide „Seelsorger" sollten sich eine Kirche teilen,

> der Eine würde sie zu seinem Zwecke am Morgen, der Andere am Nachmittage zu benutzen haben, und zwar an jedem Sonntage.[540]

Die Kritik Hagens an der Kirche geht also nicht so weit, sie abschaffen zu wollen; beide „Nutzungsformen" sollen vielmehr nebeneinander existieren und sich sogar ergänzen.

Oft, besonders in den *Novellen*, vergleicht Hagen die Kirche auch mit dem Theater:[541]

> In der That, der Unterschied [...] ist nicht groß. In beiden wird Komödie gespielt und in beiden macht man Miene, als nehme man das Gaukelspiel in Wahrheit an. [...] Ja, ja, es giebt in unserer Zeit mehr Götter und Göttinnen als im Heidenthume. [...] In Deutschland sollen die Kirchen wenig besucht sein; kaum glaublich. Soll der Deutsche in religiösen Dingen nicht auch Furcht haben? Im Grunde wäre dies natürlich, sind doch Furcht und Mißtrauen das Wesen aller Civilisation.[542]

Den breitesten Raum widmet Hagen dem Komplex „Religion und Kirche" im Kapitel über die Kirchenmusik (S. 83-110). Hier konstatiert er gleich zu Beginn, dass die Frage nach Gott oder dem Glauben an Gott allen Menschen gemein sei, fügt aber hinzu, „daß der Mensch selbst im civilsirten Zustande sein Leben hinbringen kann, ohne das Bedürfnis einer Religion zu fühlen" und so wäre auch „die Kirche ein unnützes Ding, und jeder Religionsunterricht als zeitraubend und Heuchelei befördernd verwerflich."[543] Wenn die Masse allerdings einen Glauben *braucht* – und besonders die Arbeiterklasse ist auf diese „Hoffnung eines Besserwerdens" angewiesen –, so muss dieser Glaube „geweckt und befestigt" werden. Dass es sich dabei einzig um den *christlichen* Glauben handeln kann, steht für Hagen außer Frage. Er wird sich als der beste von allen bewähren, da „vor allen Religionen die christliche den schönsten Glauben, die erhabensten Grundsätze lehrt."[544] Das gravierende Problem ist nun allerdings, dass es „keinen größeren Widerspruch [...], als den zwischen den Einrichtungen der Civilisation und den Lehrsätzen, welche Jesus aufgestellt hat",[545] gibt – „die eine Hälfte der Menschheit

---

538 Hagen, Civilisation, S. 40.
539 Ebd., S. 41.
540 Ebd.
541 Bzw. in Civilisation umgekehrt, vgl. ebd., S. 112.
542 Hagen, Novellen, S. 192f.
543 Hagen, Civilisation, S. 84.
544 Ebd., S. 85.
545 Ebd., S. 85

besitzt Alles, die andere so gut wie nichts."[546] Deshalb hat für Hagen die christliche Religion faktisch aufgehört zu existieren; denn „die Kirche schützt nicht; […] sie macht gemeinschaftliche Sache mit der Gesellschaft, wo sie sich gefährdet glaubt",[547] sie nimmt Teil am herzlosen Spiel der Civilisation, sie „kann es nicht verhindern, daß Tausende und aber Tausende in ihrem Schooße gemordet werden, […] weil sie die Schwächeren sind";[548] und als sie noch existierte, bestand „ein ewiges Werben und Rekrutieren in unserer Kirche, gerade so, als ob das Wesen der letzteren, wie das der Civilisation Krieg wäre."[549]

Hagens Position gegenüber dem Christentum ist allerdings von deutlichen Widersprüchen in seinen Texten geprägt, und er macht einen gewaltigen Unterschied zwischen Katholizismus und Protestantismus. Obwohl selbst Protestant,[550] lehnt er seine Konfession ab. Demgegenüber stellt er den Katholizismus in ein sehr helles Licht,[551] der seine komplett areligiöse Haltung an anderen bereits zitierten Stellen in Frage stellt. In der katholischen Kirche herrsche große Einigkeit, sie habe „etwas ungemein Fesselndes, Einschmeichelndes für jeden Menschen", und auch wenn „keine Fraction der christlichen Kirche über das Wort hinaus[gehe]", spräche doch der Katholizismus „von allen, welche existiren, […] noch das mildeste, das liebe- und eindruckvollste".[552] Die protestantische Kirche kann mit all den Vorzügen des Katholizismus nicht mithalten, „weil sie fast alles Gewicht auf den Gedanken, und ein nur geringes auf die Form legt."[553] Damit aber die Kirche ihre Funktion als Spenderin von „Trost und Erhebung" inmitten der von der Civilisation zerrütteten Welt wahrnehmen könne, müsse sie eigentlich „der annehmlichste, schönste [Ort] auf dieser Erde sein."[554] Dass nun die katholische Kirche diesem Ideal viel näher kommt als die protestantische, liege an „ihrer treuen Verbündeten, der Kunst."[555]

> Von allen Religionen hat der Katholicismus am meisten für die Kunst gethan, er hat Dome errichtet, […] er hat Gemälde hervorgerufen, […] er hat Musikstücke geschaffen […]. […] das hat er gethan für seine Kirche, und in Folge dessen für alle diejenigen, welche die Kirche betreten, und eben dadurch hat er für Weckung und

---

546 Hagen, Civilisation, S. 85.
547 Ebd., S. 86.
548 Ebd., S. 90.
549 Ebd., S. 87.
550 Die protestantische Taufe ist belegt im St. Catharinen Taufbuch 1822-1832, S. 55, Nr. 147.
551 Mit einer Ausnahme: Im Kapitel über die Straßenmusik vergleicht er die ausgebeuteten, zur Maschine verzerrten Bauern mit den katholischen Bettelmönchen und sagt: „Die katholische Religion und die Verdummung begegnen sich sehr oft!" (Hagen, Civilisation, S. 35).
552 Hagen, Civilisation, S. 91.
553 Ebd., S. 92. Vgl. Luthers Maxime „sola scriptura".
554 Ebd., S. 93.
555 Ebd., S. 95.

Aufrechterhaltung der Naivität in der menschlichen Natur Großes geleistet, was die Civilisation verdarb.[556]

Dabei machen nach Hagen die Bau- und die Tonkunst den größten Eindruck auf die Massen; damit sie jedoch

> die zartesten Fibern der Seele zu erschüttern vermögen, müssen sie hauptsächlich e i n Element bergen, und zwar das der Begeisterung. Der Bau- und Tonkünstler [...] muß die Flammen der Begeisterung, der Überzeugung, des Glaubens in sich tragen, wie denn überhaupt alles, was zur Kirche gehört, aus dieser einzigen Quelle hervorgehen muß, soll es wieder Begeisterung, Überzeugung, Glauben wecken.[557]

Da diese drei Dinge aber in großer Nähe zu den Idealen der „Ursprünglichkeit, Keuschheit und Naivität" stehen, für Hagen die „wesentlichen Elemente aller Kunst", stehen sie folglich in Opposition zur Civilisation und sind deshalb in der modernen Gesellschaft „gar seltene Dinge". Das Grundproblem des Protestantismus liege darin, dass er genau diese drei Eigenschaften „im Widerspruch mit aller Civilisation [...] bei den Menschen voraussetzt."[558] Eben deshalb sei „der Protestantismus [...] keine praktische Religion" – „weil er die eigentliche Natur des Menschen verkennt."[559] Die Masse wolle nicht das Wort hören, sondern dessen Versinnlichung; wo sie diese nicht bekomme, wie im Protestantismus, verfalle sie zumeist in Gleichgültigkeit. Um sie davor zu bewahren, gehe

> die edelste Anregung [...] von der Kunst aus. [...] Die Kunst sei das Wunder, durch welches man auf die Masse wirkt, und da Musik die verständlichste, eindringlichste aller Künste ist, so lehrt Musik die Menschen glauben, an ein Besserwerden, so sei Musik das fliegende Panier des Asyls, unter welchem die leidende Menschheit Trost, Erhebung und Kraft zum Ausharren finden kann.[560]

Um es noch einmal auf den Punkt zu bringen: Hagen war bei aller Widersprüchlichkeit ein gläubiger Mensch, das zeigt sich an verschiedenen Stellen.[561] So gilt seine Kritik denn auch nicht der (christlichen) Religion oder den Kirchen in ihrer Existenz (wie bei manch anderen zeitgenössischen und späteren Sozialisten). Der Protestantismus ist in seinen Augen wirklich hinfällig, im Katholizismus sieht er jedoch die großen Leistungen für Kunst und Musik in Vergangenheit und Zu-

---

556 Hagen, Civilisation, S. 95.
557 Ebd., S. 97.
558 Ebd., S. 99.
559 Ebd., S. 98f.
560 Ebd., S. 99.
561 Nicht zuletzt im Schlussabschnitt von Civilisation und Musik (S. 150): „Allmächtiger Gott, du kannst das [d. i. die Ungerechtigkeit zwischen den Klassen, MN] nicht wollen! Und eben deshalb wirst du mit denen sein, die für eine Ausgleichung der Schrecken erregenden Höhen und Tiefen in der menschlichen Gesellschaft wirksam sind. Ja, du bist mit uns, ich fühl's, drum unermüdet vorwärts! Wir werden unser Ziel erreichen!"

kunft, die auf dem Weg zur neuen Gesellschaft, zur Verbesserung des Menschen von Nutzen und Bedeutung sind.

Etlichen Ideen, zum Teil sogar kompletten Formulierungen, die sich in Hagens hier behandelten Hauptwerken finden, begegnet man bereits in seinen Artikeln für die *Neue Zeitschrift für Musik*. Diesen journalistischen Beiträgen soll abschließend unser Augenmerk gelten.

Hagens Mitarbeit an Robert Schumanns Musikzeitschrift reicht vom 1. März 1842 (Bd. 16) bis zum Jahr 1852 (Bd. 38), wobei er in den letzten vier Bänden, den Jahrgängen 1851/52, zwar noch als Mitarbeiter – nun „in London" – genannt wird, aber faktisch kein Text aus seiner Feder mehr zu finden ist.[562] Die in Beiträgen sichtbare, also aktive Mitarbeit endet am 8. Oktober 1850 (Bd. 33, Nr. 29) und erstreckt sich damit über einen Zeitraum von achteinhalb Jahren. Interessant ist, dass Hagen dem Briefbuch Robert Schumanns zufolge 27 Mal an den Komponisten und NZfM-Chefredakteur schrieb – dies stimmt fast genau mit den 26 Beiträgen überein, die Hagen bis Ende 1844, dem Zeitpunkt der Übernahme der NZfM-Redaktion durch Franz Brendel, einreichte (Schumann hingegen antwortete nur dreimal).[563]

Auf Hagens frühes Pseudonym „Joachim Fels" wurde bereits eingangs hingewiesen: Unter diesem schickt er 1842/43 insgesamt 21 Beiträge aus Paris. Ob er dort persönlich Bekanntschaft mit Wagner und Berlioz machte, die zeitgleich aus der französischen Hauptstadt für die NZfM berichteten, kann aufgrund mehrerer Äußerungen bezweifelt werden: Über Berlioz und seine Werke schreibt Hagen in respektvollem Ton, der auf keine nähere Bekanntschaft schließen lässt, bei Wagner verhält es sich ähnlich (wobei er dessen Werke weitaus kritischer bewertet). In Relation zum Gesamtumfang der Zeitschrift sind Hagens „Berichte aus Paris" recht umfangreich und erfolgen weit regelmäßiger als in späteren Jahren.

Der Einfluss Rousseaus zeigt sich gleich (und nie wieder so rein) im ersten Beitrag, in dem Hagen – noch vorsichtig im Vergleich zum späteren Selbstbewusstsein – unter dem Titel „Kunst und Natur" „seine" Grundgedanken zur Musikphilosophie ausbreitet:

> Ehe wir eine Kunst hatten, war die Natur schon da, diese ist nach der Tradition das zuerst Geschaffene; sowie aber im Universum Eins aus dem Andern entspringt, und überhaupt vom Menschen nichts kommen kann, was durchaus neu und wovon gar kein Ursprung im Gewesenen vorhanden wäre, so geht daraus schon

---

562 In Bd. 35 (1851) berichtet aus London Ferdinand Präger, nicht Theodor Hagen; in den drei weiteren „London-Bänden" findet sich kein einziger Beitrag von der Insel.

563 Vgl. die laufenden Nummern 849 (29.4.1842), 827 (20.7.1842) und 933 (3.4.1843) des Briefbuchvermerks.

hervor, daß die Natur die Basis der Kunst bildet. Den ersten Menschen war die Natur, die sichtbare Welt, Alles; sie lebten mit ihr innig verbunden, sich wechselseitig nährend, sie war das Erste, das ihnen entgegentrat, und das Letzte, das sie verließ. Da erschien die Sünde, und der Mensch wurde ein anderer, die Beziehungen zu seiner Umgebung veränderten sich, diese war nicht mehr das Ideal […] die Sünde war der Natur ein sinnliches Gewand um – das Ideal mußte nun erst aus diesem entwickelt werden. So haben wir die ursprüngliche Begriffsscheidung zwischen Kunst und Natur. Diese ist das durch die Sünde umgestaltete Gegebene, jene die Entwickelung und Veredlung des Gegebenen in einer Art, wie sie von der Natur vorgeschrieben ist. Diese Art zu finden, ist aber das Schwierige in der Kunst, nur dann hat sie ihre Aufgabe ganz erfüllt, *wenn sie das in der Natur nicht sichtlich Ausgesprochene, gleichsam den Gedanken hervorzulocken weiß, und ihn verkörpert* […] *im idealen Gewande wiedergiebt.* […] Ich halte die Musik für die beste, die mich das Schaffen derselben vergessen läßt, eben in der Musik muß die Kunst den Ton so wiedergeben, wie er in der Natur unausgesprochen vorhanden ist; denn die Musik ist die dem Menschen *natürlichste* Kunst, das ihm Eigene […]. Die Musik verlangt in ihrem Ursprunge nur den reinen Ton, der in jedem Menschen ruht, *Musik giebt die Natur am ehesten wieder*, sie ist das Universelle […][564]

Natürlichkeit, Einfachheit, die Abwendung von menschlicher Dekadenz (hier Sünde, später Civilisation und „Blasirtheit") – alles ist in diesen Zeilen des Neunzehnjährigen vorgebildet. Der für Hagen so charakteristische bissig-ironische und gleichzeitig höchst gewitzte Tonfall begegnet erstmals im *Brief aus Paris* vom 10. Mai 1842, der die Zustände in der französischen Hauptstadt zur Konzertsaison kritisiert. Jeder – und Hagen meint: wirklich *jeder* – konzertiert und lässt sich feiern. Die Kritik am alles beherrschenden Virtuosentum, die auch in den beiden Hauptwerken, vor allem den Novellen, so eklatant ist, bricht sich hier (im Vergleich zwischen Liszt und Thalberg) erstmals Bahn.

> Die Kränze, die man Liszt zuwirft, werden Thalberg auch zugeworfen; es ist dem Laien am Ende gleich, wohin er wirft, wenn er nur zum Werfen kommt.[565]

Der ironische Ton steigert sich merklich im Laufe des Jahres 1842 (ausgenommen nur einige recht objektiv gehaltene Konzertkritiken), Hagen thematisiert wie in den *Novellen* vor allem den Opernbetrieb, die Koketterien des „blasirten" Theaterpublikums und die „materielle" bzw. „industrielle" Zeit, die auch die Musikproduktion materiell, industriell werden lässt. Unter dem Titel „Aus Paris. Musik überall" gibt er dem Parisbesucher folgenden Ratschlag: Anstatt viel Geld auszugeben für Oper und Konzert, solle man lieber zwei Tage zu Hause bleiben. Da in Paris wirklich *jeder* musiziere, komme man so in den „Genuss" der verschiedensten Instrumente, Kompositionen und Künstler – von früh bis spät, vom

---

564 NZfM, Bd. 16 (1842), Nr. 18, S. 71; Hervorhebungen wie im Original.
565 NZfM, Bd. 16 (1842), Nr. 38, S. 152.

Nachbarn oben, unten, links, rechts und gegenüber. „Ich übertreibe, nicht wahr? Gewißlich nicht mehr, als einem Satyriker zukommt."[566] Seinen letzten Artikel des Jahres 1842 beschließt Hagen denn auch mit den Worten: „Je reicher wir an Virthuosen sind, desto ärmer sind wir an Musik."[567] Nachdem in dem die Ausgabe eröffnenden „Fragment" das oben zitierte Gespräch zwischen den Cousins Karl und Fritz, das später in der *Musikalischen Novelle „Der Dorfmusikant"* zu finden sein wird, bereits wörtlich wiedergegeben ist, würzt Hagen seinen letzten Artikel aus Paris (9. November 1843) nochmals kräftig mit Kritik an den „Pariser Musikzuständen":

> Paris bleibt noch immer der momentane oder permanente Hauptsitz aller virthuosen Notabilitäten.[568] [...] Das Ohr [wird hier] weniger beschäftigt als das Auge. Deshalb sieht man auch so wenig physisch Blinde in den Pariser Concerten.[569]

Wie zu erwarten, geizen auch die Artikel aus Hamburg (ab März 1844), deren größter Teil in *Hamburger Briefe[n]. An Maria* besteht, nicht mit gleich oder ähnlich lautender Kritik. Eine leuchtende Ausnahme im Vituosentaumel des Hamburger Stadttheaters – dem Hagen ja laut Schröders *Lexikon der Hamburgischen Schriftsteller* angeblich „tüchtige Opernkräfte zuführte", was man angesichts der häufig herben Kritik kaum glauben möchte, andererseits macht das die oft geäußerte Sorge über den Gesundheitszustand der Stimmen plausibel – bildet die von ihm wie die Jungfrau Maria (sic!) angebetete Jenny Lind, eine „Gott geweihete Norma",[570] von der Hagen in etlichen Artikeln über alle Maßen schwärmt. Er lobt an der außergewöhnlichen Sängerin vor allem deren Naivität – von der er schließlich auf das Lob der Straßenmusik zu sprechen kommt, die anrührender sei als alles Virtuosentum:

> Sie [Maria] haben mir oft von Paganini erzählt [...] Gestern habe ich seinen Schüler gehört, und ich freute mich meines Geschicks; denn jetzt brauchte ich ja nicht an den gigantesken Lehrer zu denken, sondern blos an den einfachen Straßengeiger, der auf uns so tiefen Eindruck gemacht hatte. Sie staunen? Ja, Maria, jener bleiche Mann, der eben nichts Romantisches [sic!] in seiner äußeren Erscheinung hatte, wenn nicht das, daß er unter'm freien Himmel spielte, jener Straßenmusikant hat mich mehr ergriffen, als dieser Schüler Paganini's, Sivori genannt.[571]

Nicht nur ist sie anrührender, wir erinnern uns auch, dass die Straßenmusik für Hagen den Inbegriff seines Ideals des „Populairen" darstellt.

---

566 NZfM, Bd. 17 (1842), Nr. 38, S. 157.
567 NZfM, Bd. 17 (1842), Nr. 48, S. 198.
568 NZfM, Bd. 19 (1843), Nr. 38, S. 150.
569 Ebd., S. 151.
570 NZfM, Bd. 22 (1845), Nr. 31, S. 130ff.
571 NZfM, Bd. 22 (1845), Nr. 41, S. 172.

Die italienischen Musiker bewertet Hagen stets positiver als die französischen. Die Italiener sängen besser, natürlicher, sie probten weitaus sinnvoller als Deutsche und Franzosen, und die italienischen Komponisten schrieben *für* die Sänger, und wenn nicht, dann werde so lange „modificirt", bis die einfache, eingängige Melodie unangefochten im Vordergrund steht, die durch ihre gute Einprägsamkeit viel schneller volksläufig werde, als dies bei deutschen oder französischen Opernmelodien der Fall sein könne.[572]

Verbunden mit der Kritik an gekünsteltem Virtuosentum und dem Konzertwesen im Allgemeinen scheint immer wieder – und in wachsendem Maße – Hagens Sozialkritik durch. Den *Hamburger Brief* in der Ausgabe vom 26. September 1845 beschließt er beispielsweise mit den Worten:

> Heute Abend tanzt die göttliche Cerito. Endlich einmal wieder eine Erscheinung, an der sich der künstlerische Sinn laben kann. Sie ist schön, graziös, die verkörperte Poesie – das ist schon hundert Louisd'or werth, selbst wenn die schlesischen Weber verhungern. –[573]

Den Gipfel der spezifisch Hagen'schen Musik- und Sozialkritik bildet der teilweise Vorabdruck von *Civilisation und Musik* in der NZfM im November/ Dezember 1845, hier noch unter dem sperrigen Titel *Die Civilisation in Beziehung zur Kunst mit specieller Berücksichtigung der Musik*. Nach Erscheinen der Schrift im folgenden Jahr bringt die NZfM dann auch eine umfangreiche (und die einzige mir bekannte) Rezension aus der Feder Franz Brendels, der zunächst darauf hinweist, dass sowohl das Werk in Teilen als auch der Autor den Lesern hinreichend bekannt sein dürfe. Von den bislang unveröffentlichten Kapiteln zur Kirchenmusik und zur Oper zeigt sich Brendel positiv überrascht und bezeichnet sie als „die vorzüglichsten des Ganzen". Auch mit der Grundhaltung zeigt er sich einverstanden, wenngleich er sie im Sinne seiner Fortschrittspartei auslegt:

> Der Grundgedanke des Werkes, die Tonkunst mehr und mehr dem socialen und politischen Leben einzubilden, den Kreisen des Volkes, was bis jetzt von ihr fast ganz unberührt war, zu nähern, und die bürgerlichen Zustände durch sie zu verbessern, ist ein sehr beherzigenswerther, durchaus wahrer. Die Musik ist die wichtigste, mächtigste Kunst der Neuzeit, und wenn es gelingt, sie für den Fortschritt zu gewinnen, so ist dadurch ein großes Beförderungsmittel desselben mehr in Anwendung gebracht.[574]

Doch Brendel widerspricht Hagen auch – und zeigt damit, dass er die tiefe sozialkritische und sozialistische Intention des Textes nicht versteht, nicht verstehen will, vielleicht auch nicht verstehen kann:

---

572 NZfM, Bd. 23 (1845), Nr. 14, S. 56.
573 NZfM, Bd. 23 (1845), Nr. 26, S. 104.
574 NZfM, Bd. 25 (1846), Nr. 23, S. 91.

> So ist es zum Beispiel nicht wahr, daß die Civilisation die Gegnerin der Kunst ist;
> die Kunst ist im Gegentheil *Resultat der Civilisation*, und in ihrer Entwicklung von
> derselben abhängig […] Es kommt alles darauf an, was man unter Civilisation ver-
> steht.[575]

Brendel sieht sie positiv; Hagen hat eben nicht denselben Begriff von Zivilisation, sondern beschreibt ein Zerrbild davon. In Bezug auf den Begriff der Popularität, dem Hagen laut Brendel „zu großes Gewicht" beimisst, wird die divergierende Gedankenwelt der beiden Musikkritiker noch deutlicher:

> Die Bestimmung der Kunst ist nicht, den Massen zu dienen, sei es auch im edelsten
> Sinne, und *der Fassungskraft derselben sich anzubequemen*: die Bestimmung der
> Kunst ist, die Massen zu sich emporzuheben, und für die Aufnahme des Geistes
> empfindlich zu machen.[576]

Mit dem chorsymphonischen Werk *Le Désert* des saint-simonistischen Komponisten Félicien David kann Brendel bezeichnenderweise nichts anfangen; für Hagen, der immer wieder davon schwärmt, stellt es die Erfüllung seiner sozialistischen Ideale in der Musik dar, was Brendel im Rundumschlag mit Hagens unstetem Leben und langem Aufenthalt in Frankreich zu „entschuldigen" versucht. Auf den Sozialismus kommt Hagen ein letztes Mal ganz explizit am 4. März 1848 zu sprechen, in der Besprechung des „*Columbus von Félicien David*, in Hamburg zum ersten Male aufgeführt in einem Concerte des Kapellmeisters Krebs am 5ten Februar". Diese Konzertkritik bewegt sich zunächst in einem ungewohnt objektiven Rahmen, bis Hagen über den Saint-Simonismus, dem der besprochene Komponist anhing, auf den Sozialismus kommt:

> Ich bin weit entfernt, dem Simonismus unbedingt das Wort zu reden, aber in ihm
> sind schon praktisch viele Fragen der Philosophie gelöst, welche selbst theoretisch
> bis jetzt noch sehr Wenige überwunden haben. […] Der Simonismus ist eine Phase
> der großen socialistischen Entwicklung, welche unser Jahrhundert nimmt, und alle
> die, welche sich zu seinen Lehren bekannten, oder ihn gar, wie David, praktisch
> ausübten, werden in ihren Werken eine höhere Weltanschauung offenbaren, als
> die, welche nicht wissen, was im Schooße der Menschheit vor sich geht.
>
> In musikalischer Hinsicht mögen die Schöpfungen David's nicht befriedigen kön-
> nen, die *philosophische* Bedeutung aber werden mit mir alle diejenigen erkennen,
> welche an der Hand der Geschichte und der Philosophie der *neuen Gesellschaft*
> entgegenzugehen wissen.[577]

Dies schreibt Hagen wenige Wochen vor Ausbruch der Revolution, in deren Wirren er aufgrund seiner politischen Überzeugung wahrscheinlich unter-

---

575 NZfM, Bd. 25 (1846), Nr. 23, S. 91.
576 NZfM, Bd. 25 (1846), Nr. 23, S. 192.
577 NZfM, Bd. 28 (1848), Nr. 19 (4. März), S. 112.

tauchen musste, bevor er sich Ende 1850 nach London absetzte. In der Folge erscheinen jedenfalls weit weniger Artikel von ihm, und kein einziger trägt mehr seinen Namen. Statt dessen sind die bis dato von ihm verfassten Beiträge *Aus Hamburg* 1848/49 mit einem kleinen Fadenkreuz unterzeichnet – dies würde natürlich zu einem Flüchtigen, Gejagten oder sich gejagt Fühlenden passen; doch passt der Stil keinesfalls. Es wäre Theodor Hagen zuzutrauen, sich zur Tarnung stilistisch und der Gesinnung nach zu verstellen, den angeblich ersten Artikel des „neuen" Hamburger Korrespondenten mit den Worten „Nichts ist so schwer für einen neuen Mitarbeiter an einer Zeitschrift [...] als einen passenden Anfang zu finden" zu beginnen und die vergangenen Wochen als „politischen Schwindel, dessen Beute die ganze Welt plötzlich geworden" zu bezeichnen, der Stadt wie Theater in heilloses Durcheinander gestürzt habe. Doch können wir nicht sicher sein. Was verwundert, sind die langen Abstände zwischen dem Datum der Abfassung – im folgenden Artikel beispielsweise „Ende Juni" – und dem der Veröffentlichung (18. Juli), die für eine Einsendung mit Hindernissen oder von weither sprechen. Der Artikel in der Ausgabe vom 18. Juli trägt eine Opernkritik in einem derart brav-biederen Ton vor, dass man zu Recht bezweifeln darf, dass das Fadenkreuz unter den Hamburger Beiträgen mit der Angabe „Theodor Hagen in Hamburg" auf der Titelseite des Zeitschriftenbandes in Übereinstimmung zu bringen ist. Erst am 3. Oktober und 28. November 1849 erscheinen in zwei Teilen die *Briefe über Kunst und Leben*, unterzeichnet und unverkennbar von Theodor Hagen. Auch die Tatsache, dass der erste Brief eigentlich gar nicht von „Kunst und Leben" handelt, sondern vielmehr einen enttäuschten politischen Bericht über die Revolution beinhaltet, passt zu ihm. Die in der Folge erscheinenden Korrespondenzen *Aus Hamburg* sind nicht mehr mit Hagens Namen unterzeichnet, die NZfM-Leserschaft dürfte aber auch ohne Kennzeichnung gewusst haben, um wen es sich beim Verfasser handelt.

Auffällig bei den Beiträgen der Nach-Revolutionszeit ist ein wenig ironischer, eher objektiver, aber in weiten Teilen auch gelangweilt und spöttisch-resigniert klingender Tonfall. Hagens Enttäuschung über den Ausgang der Revolution, sein Überdruss an den deutschen Verhältnissen stehen überdeutlich zwischen den Zeilen. Einen Artikel beginnt er mit den Worten „Das musikalische Leben ist im vollen Gange. Concerte über Concerte, Opern über Opern. [...] Gäste über Gäste",[578] einen anderen (ohnehin sehr kurzen) beendet er mit dem Satz „Sonst nichts Neues".[579]

Eingedenk der Tatsache, dass Hagen in den folgenden NZfM-Bänden 34-37 (1851/52) als Beiträger „in London" genannt, aber faktisch nichts mehr von ihm publiziert wird, verliert sich seine Spur.

---

578 NZfM, Bd. 32 (1850), Nr. 10 (1. Februar), S. 47.
579 NZfM, Bd. 33 (1850), Nr. 16 (23. August), S. 88.

3.2 Wilhelm Heinrich Riehl

Anders als bei Theodor Hagen wissen wir über seinen Zeitgenossen Wilhelm Heinrich Riehl deutlich mehr. Dies liegt einerseits an dem Renommé, das er sich bereits zu Lebzeiten durch seine unermüdliche wissenschaftliche und literarische Tätigkeit erwerben konnte, andererseits aber auch in der ideologischen Ausschlachtung des „Altmeisters der Volkskunde" durch das nationalkonservative Bürgertum ab der Wende vom 19. zum 20. Jahrhundert und vor allem während des Nationalsozialismus. Dieses Bild des „Säulenheiligen" der 1920er bis 1940er Jahre haftet Riehl als Makel bis heute an und bestimmt zumindest teilweise den wissenschaftlichen Umgang mit ihm – so er denn überhaupt Beachtung findet: Seit der (ideologie-)kritischen Auseinandersetzung und dem Paradigmenwechsel in der Volkskunde in den 1970er Jahren ist es still um ihn geworden.[580] Doch greift die Reduktion auf einen konservativen Folkloristen zu kurz. Wie wir sehen werden, behandelt Riehl in seinen Schriften eine ähnliche Thematik im Hinblick auf „Volkstümlichkeit" und Gesellschaft wie Theodor Hagen, wenngleich er aus seinen Feststellungen andere Schlüsse zieht.

3.2.1 Biographie[581] und wissenschaftlicher Werdegang

Zum besseren Verständnis und der leichteren Vergleichbarkeit mit Hagen wegen soll auch zu Riehl ein kurzer biographischer Abriss gegeben werden.

Wilhelm Heinrich Riehl wurde am 6. Mai 1823 in Biebrich am Rhein im Herzogtum Nassau geboren. Seine Erziehung erfolgte zwischen dem Pietismus und Traditionalismus des Großvaters mütterlicherseits und dem „weltbürgerlichen Geist eines protestantischen Rationalismus und Freimaurertums des Vaters",[582] der – sehr kunstbeflissen und musikalisch, mit einer großen Bibliothek und guten Kontakten ausgestattet – sich vom Tapezierer in Schlössern zum Schlossverwalter der Nassauischen Residenz heraufgearbeitet hatte. Leider folgt auf den raschen Aufstieg des Vaters ein ebenso schneller Abstieg: Er verliert seine Stellung, kämpft nach einem Unfall mit einem Nervenleiden und stirbt im Januar 1839 an den Folgen eines Suizidversuches. Wilhelm Heinrich ist Einzelkind und erst knapp sechzehn Jahre alt, als sein Vater, dem er viel zu verdanken hat, aus dem Leben tritt. Dieses Ereignis muss ebenso prägend gewesen sein wie das Aufwach-

---

580 Vgl. Altenbockum, Jasper von: Wilhelm Heinrich Riehl, 1823-1897. Sozialwissenschaft zwischen Kulturgeschichte und Ethnographie, Köln u.a. 1994, S. 2.

581 Die hier gemachten biographischen Angaben stammen, so nicht anders bezeichnet, aus Altenbockum, Riehl, S. 11ff.

582 Ebd., S. 11.

sen zwischen der alten, im Untergehen begriffenen Welt, für die der pietistische Großvater steht, und der neuen, die sein Vater verkörperte.

Der junge Riehl wird seinen Weg denn auch zwischen diesen beiden Welten gehen: Nach dem Willen seines Vaters hätte er Arzt werden sollen, er entscheidet sich jedoch für ein Studium der protestantischen Theologie in Marburg, Tübingen und Gießen, da er im Beruf des Dorfpfarrers all seine Ideale der vergangenen Jahre vereinigt sieht. Seinen eigentlichen Beruf wird er jedoch im Journalismus finden. Schon seit Beginn des Theologie-Studiums hört er viel Philosophie und findet über die Geschichtsphilosophie immer wieder zur Geschichtswissenschaft. Obwohl er sich angeblich nie als Hegelianer fühlte, zogen ihn der Junghegelianismus und seine Vertreter in ihren Bann: Der Wechsel von Marburg nach Tübingen ist wohl in erster Linie durch die dortige Tätigkeit der Junghegelianer Ferdinand Baur, David Friedrich Strauß, Eduard Zeller und Friedrich Theodor Vischer zu erklären.

Letzterer ist für Riehls weitere Entwicklung von größter Bedeutung, da er ihm gewissermaßen das Leitmotiv für sein Lebenswerk lieferte.

> Die Rückkehr zur „unlößlichen Einheit der edlen Sinnlichkeit und der wahren Sittlichkeit" verspreche […] eine „Reform des Staatlichen durchs Ästhetische", ein Prinzip, aus dem Riehl die Übertragung gehaltsästhetischer Kategorien auf das soziale und politische Leben übernahm.[583]

Nach dem Wechsel nach Gießen hört er vor allem Moritz Carrière, bei dem ihn wiederum die Verbindung von ästhetischer Theorie, Theologie und Geschichte interessiert. Carrière macht seinen Schüler darüber hinaus auch mit seinem Freundeskreis bekannt, zu dem – um nur die Herausragendsten zu nennen – Rachel Varnhagen, Bettine von Arnim, Clemens Brentano, Justinus Kerner, David Friedrich Strauß und Justus Liebig zählen. Carrière vertritt, ebenso wie Vischer, einen „Realidealismus" und plädiert für eine „Lebenswissenschaft", was Riehl in sein gedankliches Konstrukt übernimmt. Er sucht fortan eine „Verbindung von Ästhetik, Leben und unmittelbarer Anschauung".[584]

Zeitgleich mit dem Abschluss seines Theologiestudiums 1844 vollzieht Riehl auch die endgültige Abkehr von seinem eigentlichen Fach. Ausgestattet mit einem Stipendium geht er nach Bonn, vor allem um bei Arndt vergleichende Völkergeschichte und bei Dahlmann Politik zu hören.

Schon früh zeigt sich Riehls literarische Neigung: Zur Finanzierung seines Studiums fertigt er bereits in jungen Jahren „Skizzen" über verschiedene umliegende Regionen und deren Bevölkerung an.

---

583 Altenbockum, Riehl, S. 16.
584 Ebd., S. 17.

Statt kostspielige Bildungsreisen zu unternehmen, durchwanderte Riehl „die nächsten Berge und Täler bis in die abgelegensten Winkel", um dort „das Leben des Volkes persönlich zu beobachten und nach dem Leben zu malen".[585]

Der Ausgangspunkt seines literarisch-journalistischen Schaffens liegt in der Umbruchsituation des Vormärz, die ihn begeistert – ebenso sehr wie der neue bürgerliche Berufsstand des „Zeitschriftstellers", der für Riehl maßgeblich zu den Umbrüchen der Zeit beiträgt. Seit 1841 für die Frankfurter Oberpostamtzeitung tätig, prägt er mit seinem Artikel *Proletarier der Geistesarbeit*[586] als Kopf und Namensgeber eine

Schicht entwurzelter Intellektueller, deren Zeitempfinden einer selbstbewussten bürgerlichen Öffentlichkeit die „Doppelströmungen" der Gegenwart täglich vor Augen führte.[587]

1845 erfolgt die Festanstellung als Redakteur für das Kunstreferat, dessen Leitung Riehl bis zu seinem Wechsel zur Karlsruher Zeitung 1847 innehat. Dieser Wechsel geht einher mit einem gesteigerten Interesse für politischen Journalismus, der in der Situation unmittelbar vor 1848 nicht weiter verwundern kann. Einen Großteil der Märzforderungen unterstützt Riehl durchaus – ihre Durchsetzung sieht er jedoch von der Revolution bedroht. Die Erfahrungen von 1848 zerstören denn auch seine liberalen Haltungen und machen ihn letztlich „wahrhaft konservativ".[588] Riehl reagiert mit einem Rückzug aus dem Journalismus und beginnt, sich vor dem Hintergrund des Pauperismus in einer „dem ‚Realismus' entsprechenden sozialwissenschaftlichen Diagnose der gesellschaftlichen Krise"[589] dem „Leben", dem „gemeinen Mann", dem „eigentlichen Volk" zu widmen.[590]

Die brüske Unterbrechung seiner journalistischen Tätigkeit sollte jedoch nicht lange währen: Bereits im April 1848 wird Riehl leitender Redakteur der neu gegründeten „Nassauischen Allgemeinen Zeitung" in Wiesbaden, in deren Rahmen er gegen „republikanische Radikalisierung und demokratischen Umsturz" und für eine demokratische Monarchie nach belgischem Vorbild kämpft, da er nur auf diesem Weg die Möglichkeit sieht, die Märzerrungenschaften zu erhalten. Riehl verteidigt lange den Reichstag; als er diesen jedoch durch „Absolutisten und Demokraten" bedroht sieht, plädiert er für ein „modifiziertes Wahlgesetz, welches das Repräsentativ-System durch ein beschränktes Klassenwahlrecht ersetzen

---

585 Riehl, Wilhelm Heinrich: Religiöse Studien, S. 434ff.; zit. nach Altenbockum, Riehl, S. 20.

586 Frankfurter Oberpostamtzeitung, Nr. 6, 1842. Die Proletarier der Geistesarbeit ist auch Teil des 1851 publizierten Werkes *Die Bürgerliche Gesellschaft*, das mehrere solcher Artikel zu einer gesellschaftspolitischen Analyse zusammenfügt.

587 Altenbockum, Riehl, S. 10.

588 Riehl, Religiöse Studien, S. 468; zit. nach Altenbockum, Riehl, S. 26.

589 Altenbockum, Riehl, S. 26.

590 Ebd.

sollte"[591] – und verzichtet damit auf die wichtigste Errungenschaft der Revolution.

Riehl kann zu dieser Zeit der gemäßigt-liberalen politischen Mitte zugeordnet werden. 1848 gründet er in Wiesbaden die „Gemäßigte Partei", der er einige Zeit auch vorstand[592] – doch als die Nassauische Allgemeine Zeitung in einen immer stärkeren Reaktionismus abdriftet, verlässt er die Redaktion im Juni 1850, zumal ihm mit seiner neuen „Dreifach-Stelle" bei Cotta endlich der große Durchbruch gelingen soll: Cotta trägt ihm an, für das *Morgenblatt*, die *Augsburger Allgemeine* und die *Deutsche Vierteljahresschrift* als Redakteur zu arbeiten, was Riehl – nach einigem Zögern, denn eigentlich wollte er sich nun ganz der Wissenschaft widmen – auch akzeptiert. Überzeugt vom schriftstellerischen Talent Riehls und seinen soziohistorischen Ideen lockt Cotta ihn mit einem auf ihn zugeschnittenen Projekt, „sämtliche großen Gruppen der Gesellschaft in Form von Aufsätzen für die Vierteljahresschrift zu behandeln".[593] Riehl ist begeistert und schlägt dem Verleger darüber hinaus vor,

> die ganze Gesellschaft von meinem Standpunkte der Tatsachen und der Geschichte aus zu behandeln und in dieser von der ganz reinen Empirie aufgefundenen Naturbeschreibung der Gesellschaft meine Gedanken einer praktischen Politik darzulegen.[594]

Cotta veröffentlicht diese Typologie der vier Gesellschaftsgruppen 1851 unter dem Titel *Die bürgerliche Gesellschaft* und verschafft Riehl, der nun bis zum Ende seiner Karriere ausschließlich bei Cotta veröffentlichen wird, den „ersten publizistischen Erfolg als ‚Gesellschaftswissenschaftler'".[595]

Wichtigste Merkmale dieses ersten großen Werkes sind die unbedingte Unterscheidung von *Gesellschaft* und *Staat*[596] sowie ein Vokabular aus einer

> Mischung aus Idealismus und Realismus, die er in der ästhetischen Theorie des Vormärz kennengelernt hatte und die in der nationalliberalen Geschichtsschreibung der historisch-kritischen Schule das romantische Erbe der „vaterländischen Studien" antrat.[597]

---

591 Riehl, Art. „Der sinkende Einfluss der deutschen Kammer", in: Nassauische Allg. Zeitung Nr. 3 (1850); zit. nach Altenbockum, Riehl, S. 31.

592 Vgl. MacCort, Dennis: Perspectives on Music in German Fiction. The Music-Fiction of Wilhelm Heinrich Riehl, Bern u.a. 1974, S. 12: "In an attempt to help check the rising tide of popular revolt, he also found time in 1848 to establish the Moderate Party in Wiesbaden; and he later took over the directorship of that city."

593 Vgl. Altenbockum, Riehl, S. 33.

594 Brief an Cotta, 12.8.1850, Cotta-Archiv Brief Nr. 4; zit. nach Altenbockum, Riehl, S. 33f.

595 Vgl. Altenbockum, Riehl, S. 34.

596 Vgl. Riehl, Wilhelm Heinrich: Die bürgerliche Gesellschaft, Stuttgart 1851, S. 4.

597 Altenbockum, Riehl, S. 37.

Riehl beruft sich in dieser Herangehensweise auf Herder, Alexander von Humboldt und vor allem Justus Möser, der in seiner „Volksgeschichte" bereits ein ähnliches Muster des rein empirischen Zugangs zur Kulturgeschichtsschreibung verfolgt hatte.

Inhaltlich steht neben der „schichtenspezifischen Typisierung der ‚bürgerlichen Gesellschaft'" die „Umwandlung der statistischen Formel der ‚Land und Leute' zur Strukturlehre der anthropologischen Beziehung von Landschaft, Mensch und Kultur"[598] an erster Stelle. Als Kulturhistoriker sucht er das Leben des „gemeinen Mannes", seinen „Alletag", sucht „die Geschichte da, wo scheinbar nie etwas geschehen ist."[599] Eine Schlüsselfigur ist in diesem Zusammenhang der „Bauer von guter Art". Er steht in einer Art dorfromantischer Verklärung für die „Fiktion der guten alten Zeit" und ist

> zugleich Vorbild für die sozial-ethisch begründete Harmonie einer „naturwüchsigen" Gesellschaftsformation wie Gegenbild zur Proletarisierung und zu den „sozialen Verirrungen" im Gefolge der Sozialen Frage.[600]

Hier sind sich Riehl und Hagen in ihrer Sichtweise sehr nahe.

Während Riehl in Augsburg für Cotta arbeitet, kommt aus München, wo König Max II. zur Mehrung des bayrischen Einflusses Wissenschaftler vor allem aus dem norddeutsch-protestantischen Spektrum um sich schart, das Angebot, an einer staatswissenschaftlichen Enzyklopädie mitzuarbeiten. Ende 1853 geht Riehl in die Residenzstadt, zumal ihm darüber hinaus eine Honorarprofessur auf demselben Gebiet, verbunden mit einer Tätigkeit im Außenministerium, in Aussicht gestellt wird.

Die Zeit zwischen Studium und der Ankunft in München lässt sich zusammenfassend eine Art Gesellenzeit nennen, in deren Verlauf Riehl sich auf einer journalistischen Odyssee befand. In diesem guten Jahrzehnt schrieb er laut dem Biographen Friedrich Metz rund 670 Artikel „on topics ranging from German folk music to the sociology of the farmer to contemporary politics."[601]

An der Universität möchte er seine „soziale Ethnographie" endlich systematisieren. Mit der Idee einer Sozialgeschichte ist Riehl allerdings nicht der Einzige – seit der Revolution drängt sich die Frage einer „neuen" Historiographie im Rahmen der Sozialen Frage auf. Die Kulturgeschichte wird, der herkömmlichen politischen Geschichte überdrüssig, zu einer Art „Oppositionswissenschaft":

---

598 Altenbockum, Riehl, S. 8.

599 Riehl, Alpenwanderung, S. 94; zit. nach Altenbockum, Riehl, S. 6.

600 Altenbockum, Riehl, S. 39.

601 Vgl. MacCort, Music Fiction, S. 11f. Zitiert wird dort Metz, Friedrich: Art. „W. H. Riehl", in: Die großen Deutschen. Neue deutsche Biographie, IV (1936), S. 9.

Für die Orientierung am sozialen Wandel, am Leben der schriftlosen unteren Schichten wurde die Tradition des romantischen, im deutschen Idealismus verwurzelten Volksbegriff[es] wieder aktuell,[602]

„Land und Leute" werden nun endgültig zum wissenschaftlichen Programm Riehls erhoben. Doch im Gegensatz zu früher möchte er nun das *Innen*leben des Volkes beleuchten:

Anstatt „das Volk als eine Staffage der Landschaft" zu betrachten, wollte Riehl „in der Landschaft bloß einen Hintergrund des Volkslebens" sehen[603]

und läutete damit eine „ethnologisch-anthropologische Wende" seit der Geographie der Aufklärung ein, die erkennbar auf Rousseau und Herder zurückverweist. Das „Volk" definiert Riehl nicht als Staatsvolk, sondern als „Naturvolk", dessen Zusammenhalt in der „Gemeinsamkeit von Stamm, Sprache, Sitte und Siedelung"[604] besteht. Ein Problem in der Anwendung der Völkerkunde auf die Deutschen bestand für Riehl stets darin, dass diese Disziplin im allgemeinen Bewusstsein mit außereuropäischen Naturvölkern in Verbindung gebracht wurde – leichter als das eigene sind fremde Völker zu beschreiben, schon Tacitus verfuhr so.[605] Im Rahmen der neuen Wissenschaft der „Volkskunde" sollte nun jedoch der Blick von außen nach innen gerichtet werden. Die Konnotation der Völkerkunde mit dem Ausland sollte auf diese Weise durchbrochen, mit einem neuen Begriff der Nation verbunden und im Bewusstsein verankert werden, denn

[d]ie Volkskunde selber […] ist gar nicht als Wissenschaft denkbar, so lange sie nicht den Mittelpunkt ihrer zerstreuten Untersuchungen in der Idee der Nation gefunden hat.[606]

Das größte Hindernis auf dem Weg zur Erkenntnis der eigenen Nation sieht Riehl für die Deutschen darin, dass sie erst sehr spät „das Bewußtseyn ihrer nationalen Gesammtpersönlichkeit"[607] erlangten.

Erst unter Otto I. beginnt man von Deutschen zu sprechen. Vielleicht ist keines der großen Culturvölker langsamer zu dem Begriff seiner gesammten, einheitlichen Nationalität gekommen wie das deutsche, aber gerade weil es uns so sauer wurde, das Wort und die Thatsache des „deutschen Volkes" zu finden, scheinen wir auch

---

602 Altenbockum, Riehl, S. 48.

603 Riehl, Wilhelm Heinrich: Die Volkskunde als Wissenschaft; zit. nach Altenbockum, Riehl, S. 52.

604 Riehl, Wilhelm Heinrich: Die Volkskunde als Wissenschaft, in: Culturstudien aus drei Jahrhundertenn Zweiter, unveränderter Abdruck Stuttgart 1959, S. 213f.

605 Ebd., S. 217f.

606 Ebd., S. 216.

607 Ebd., S. 214.

vor Andern berufen, unser Volksthum nachgehends um so gründlicher zu erkennen und um so liebevoller zu hegen und zu pflegen.[608]

Was ist aber nun die „Wissenschaft vom Volk"? Notwendig, aber nicht hinreichend ist es, „das Volk" in seinen Eigenarten zu kennen – doch „die bloße Kenntiß der Thatsachen des Volkslebens gibt niemals eine Wissenschaft vom Volke; es muß die Erkenntniß der *Gesetze* des Volkslebens hinzukommen und zu einem Organismus geordnet werden."[609] Daraus ergibt sich ein Zusammenhang der Volkskunde nicht nur mit Geo- und Historiographie, sondern auch mit Staats-, Verwaltungs- und Polizeiwissenschaft, die allesamt auf ihr basieren oder dies jedenfalls sollten.[610] Doch Riehl geht noch über diese Zusammenhänge hinaus und erweitert seinen Forschungsgegenstand um „kirchengeschichtliche und kunstgeschichtliche Vorstudien wie volkswirthschaftliche und statistische. Denn die Nation ist ein Ganzes und auch die untersten Schichten des Volkes tragen ihre Gabe bei zu unsern höchsten geistigen Entwickelungen."[611] Als Beispiele wegweisender Wissenschaftler führt Riehl Achenwall, Smith, Möser und Ritter an sowie

> endlich und ganz besonders […] die mythologischen, antiquarischen und philologischen Forschungen der sogenannten Germanisten, wo ich statt Vieler nur die Namen der Gebrüder Grimm zu nennen brauche, um Ihnen mit der Erinnerung an ihre Werke unmittelbar zu veranschaulichen, daß wir von einer neuen Wissenschaft der Volkskunde selbst dann reden könnten, wenn wir auch gar nichts weiteres besäßen, als was diese beiden Männer zu Erkenntniß des deutschen Volkes ausgesonnen und ausgearbeitet haben.[612]

Dieser neue Ansatz der wissenschaftlichen Volkskunde führt auf der einen Seite dazu, dass Riehl 1859, sechs Jahre nach seiner Ankunft in München, von Max II zum Ordinarius für Kulturgeschichte und Statistik an die staatswissenschaftliche Fakultät berufen wird.[613] Auf der anderen Seite entzieht sein innovatives Konzept der alten Staatswissenschaft den Boden: Vor allem die Historiker der kleindeutsch-preußischen Schule, allen voran Heinrich Treitschke, fühlen sich angegriffen. Zeit seines Lebens wird er aus dieser Ecke insbesondere eines mangelhaften methodischen Vorgehens gescholten und wird damit keineswegs erst im 20. Jahrhundert zur umstrittenen Persönlichkeit.[614] Riehl scheint dies stets bewusst in Kauf genommen zu haben. Wenn er 1851 im Vorwort zu *Die Bürgerliche Gesellschaft* schreibt, er spreche *alles* offen aus, obgleich er

---

608 Riehl, Die Volkskunde als Wissenschaft, S. 214.
609 Ebd., S. 220.
610 Vgl. ebd., S. 224f.
611 Ebd., S. 227f.
612 Ebd., S. 228.
613 Vgl. Altenbockum, Riehl, S. 63.
614 Ebd., S. 76.

recht gut weiß, daß seine Ansichten nirgends ganz in die bestimmten Formen der herrschenden Parteigruppen passen, und daß in diesem Buche einer jeden Partei gar vieles wider den Strich gehen wird,[615]

so verteidigt er sich mehr mit einem strategischen Argument als durch eine Antwort auf die an ihm geäußerte Methodenkritik. Seine Polemik gegen die in bloßen Theorien befangene akademische Welt, seine unwissenschaftliche Karriere, seine als populär- bzw. pseudowissenschaftlich gebrandmarkten Publikationen sowie sein Einzelgängertum führen dazu, dass er in der wissenschaftlichen Welt kaum ernst genommen und sogar isoliert wird.

Diese Anfeindungen kommen nicht von ungefähr: Die große Masse Riehl'scher Publikationen besteht in Essays und Novellen, die den wissenschaftlichen Konventionen allein schon aufgrund ihrer Form kaum gerecht werden können; zudem übernimmt Riehl immer wieder die Redaktion populärwissenschaftlicher Editionen, so zum Beispiel die der ab 1870 jährlich bei Brockhaus erscheinenden „Historischen Taschenbücher". Das Anliegen, nicht nur *über*, sondern auch *für* das Volk zu schreiben, ist offensichtlich.[616]

Seiner Verkennung als Wissenschaftler steht allerdings seine Autorität als Hochschullehrer gegenüber: Im Wintersemester 1873/74 und dann wieder im Wintersemester 1883/84 sowie im darauf folgenden Sommer wird Riehl zum Rektor der Universiät gewählt. Genau ein Jahr später erfolgt ein weiterer wichtiger Schritt auf seinem Weg durch die bayrische Wissenschafts- und Kulturszene: Im April 1885 wird er zum Direktor des Bayrischen Nationalmuseums und Generalkonservator der Kunstdenkmale und Altertümer Bayerns ernannt, nachdem er bereits 1883 geadelt worden war.

Immer wieder beklagt Riehl die ständige Überlastung, der er durch seine Ämter- und Projektehäufung ausgesetzt sei – was ihn jedoch nicht davon abhält, seit 1871 zwei große Vortragsreisen pro Jahr durch das ganze nun politisch geeinte Reich zu unternehmen. 1885 schreibt er im Vorwort zur zweiten Sammlung seiner „Freien Vorträge", er habe

> seit 14 Jahren 112 verschiedene Themen [entlehnt aus Vorlesungen sowie in wachsendem Maße auch über Politik] in 487 Wandervorträgen behandelt und in 106 dteutschen Städten vor mehr als 180.000 Zuhörern gesprochen.[617]

Als Forum stehen ihm die neuen und schnell anwachsenden „Vereine für wissenschaftliche Vorträge" zur Verfügung. Bis 1894 – ein Vierteljahrhundert lang – bereist Riehl auf diese Weise Deutschland. So lernt er neben Städten, Dörfern

615 Riehl, Bürgerliche Gesellschaft, S. IV.
616 Vgl. zu diesem Abschnitt Altenbockum, Riehl, S. 64ff.
617 Riehl, Wilhelm Heinrich: Freie Vorträge. Zweite Sammlung, Stuttgart 1885, S. III.

und Regionen auch sein Publikum in hervorragender Weise kennen, also genau seinen Forschungsgegenstand „Land und Leute", die er „für ebenso gut geeignet für das Studium [hält] als Bücher".[618]

Am 16. November 1897 stirbt Wilhelm Heinrich Riehl nach einem äußerst produktiven Leben im Alter von 74 Jahren in seiner Wahlheimat München.

3.2.2 Zur Rolle der Musik in Riehls Werk

Nicht nur journalistisch geht Riehl seine Themen an: In den Jahren vor, während und nach seinem Studium entsteht bereits eine Vielzahl von Essays und Novellen, zu denen er sich auf seinen Wanderungen inspirieren lässt. Teils fiktional, teils wissenschaftlich begründet, bilden die Novellen ein Surrogat seiner Arbeit. Daneben komponiert er, in erster Linie Streichquartette. Das erste, ebenso wie die erste Novelle, schreibt er im Alter von 18 Jahren. Riehls novellistisches Werk ist bislang kaum untersucht, da es stets als „Feierabendbeschäftigung" des Professors verniedlicht, abgetan und nicht ernst genommen wurde (und wird); es ist jedoch nicht nur erzählerische Ergänzung seiner theoretischen Schriften, sondern transportiert durch seinen einfachen Stil Ideen und Werte vielleicht noch besser, als dies eine theoretische Abhandlung je könnte.[619] Den Widerspruch von Wissenschaft und Leben durch die literarische Verarbeitung in der Ästhetik aufzuheben war erklärtes Ziel des novellistischen Schaffens, das um die fünfzig Texte fasst, von denen sich neun explizit mit Musik beschäftigen. *Alle* sind kulturgeschichtlich inspiriert. Riehl kann als „Begründer der historischen oder kulturgeschichtlichen Novelle"[620] betrachtet werden, was bedeutet, dass Handlung und Protagonisten frei erfunden sind, die Ansiedlung in Ort und Zeit aber klar erkennbar bleibt.[621] Dieser Definition nach ist auch das Erzählwerk Theodor

---

618 Vgl. Riehl, Freie Vorträge, S. V.

619 Kalazny, Jerzy: Unter dem „bürgerlichen Wertehimmel". Untersuchungen zur kulturgeschichtlichen Erzählprosa von Wilhelm Heinrich Riehl, Frankfurt/Main u.a. 2007, S. 29. Kalaznys Habilitationsschrift von 2007 ist die derzeit umfangreichste und modernste Untersuchung zu Riehls erzählerischem Werk.

620 Vgl. MacCort, Music Fiction, S. 86ff.

621 Riehl selbst definiert im Vorwort zu seinen Kulturgeschichtlichen Novellen diese folgendermaßen als Platz historischer Darstellung: „Mir dünkt, die Aufgabe der historischen Novellistik liege nach dieser Seite darin, auf dem Grund der Gesittungszustände einer gegebenen Zeit freigeformte Charaktere in ihren Leidenschaften und Konflikten walten zu lassen. Die Scene ist historisch. Es sind dann aber – kurz gesagt – erfundene Personen, die in den Vordergrund treten, […] eine erfundene Handlung, die sich episch frei gestalten kann, keine geschichtliche, wenigstens keine weltgeschichtliche. […] Weltgeschichtliche Geschicke mögen von ferne hereinragen, weltgeschichtliche Personen im Hintergrunde über die Bühne des historischen Romanes schreiten. Der Boden aber, worauf sich die erfundene Handlung bewegt, ruhe auf den Pfeilern der Zeitgeschichte; die Luft, worin die

Hagens den kulturgeschichtlichen Novellen zuzuordnen, wenngleich sie in Stil und Zielsetzung differieren. Auch sind Hagens theoretische Hauptschrift *Civilisation und Musik* und Riehls *Briefe an einen Staatsmann*[622] inhaltlich vergleichbar, wobei Riehl sich auf die Erziehung des Volkes beschränkt und nicht wie Hagen einen daraus resultierenden gesellschaftlichen Umbau fordert.

Musik ist ein ständig wiederkehrendes Thema in Riehls Œuvre (den Novellen wie den Essays) und „indem Riehl die für die deutsche Kulturgeschichte bedeutenden Gestalten und Entwicklungen beschreibt, fragt er sich immer nach ihrer Relevanz für die bürgerliche und nationale Orientierung und Identitätsbildung."[623] In den *Musikalischen Charakterköpfen* wird dies besonders deutlich: Behandelt werden Komponisten, die wir heute nur noch bedingt zu den wichtigsten Protagonisten der Musikgeschichte zählen würden. Die Charakteristiken sind oft „Gelegenheitsblätter, zum Theil Nekrologe"[624] (z.B. zu Mendelssohn, Lortzing, Spontini, Kreutzer, Onslow), doch ist es Riehl wichtig, gerade auch die kleineren Meister hervorzuheben:

> [Es] galt […] mir als ein Akt der Pietät und als eine wissenschaftliche Ehrensache, Protest zu erheben gegen den in der Geschichte der Musik so stark eingerissenen Unfug, welcher blos um die bekannten großen Meister der vergangenen Perioden sich kümmert, die minder glänzenden historischen Charaktere aber, die Männer der Vorarbeit, der Uebergangsstufen, die kleineren Meister, durch deren reiche Gruppen unsere Kunstgeschichte erst ihr volles, individuelles Leben gewinnt, bei Seite liegen läßt.[625]

Den durchschlagenden Erfolg, der eine fünfte Auflage der *Musikalischen Charakterköpfe* nötig machte, erklärt Riehl damit, dass beim ersten Erscheinen 1853 ein hervorragender Zeitpunkt gegeben und er selbst der Erste gewesen sei, der das allgemeine Interesse am kulturellen Erbe der Tonkunst erkannte.

> Es war damals ein überaus günstiger Moment. Ueberall regte sich Theilnahme für die Tonwerke unserer früheren großen Perioden, man wünschte musikgeschichtlich belehrt und angeregt zu werden, sah sich aber vergebens nach neuen Schriften um, welche dies in einer auch literarisch, d.h. durch feinere Form und eigenartigen

---

erdichteten Personen atmen, sei die Luft ihres Jahrhunderts; die Gedanken, davon sie bewegt werden, seien ein Spiegel der weltgeschichtlichen Ideen ihrer Tage. Dies nenne ich kulturgeschichtliche Novellistik." (Riehl, Wilhelm Heinrich: Kulturgeschichtliche Novellen, Stuttgart 1856, Vorwort S. V).

622 Riehl, Wilhelm Heinrich: Unsere musikalische Erziehung. Briefe an einen Staatsmann, in: Culturstudien aus drei Jahrhunderten. Drittes Buch: Zur ästhetischen Culturpolitik. Zweiter, unveränderter Abdruck, Stuttgart 1859, S. 332ff.

623 Kalazny, Erzählprosa Riehl, S. 121.

624 Riehl, Wilhelm Heinrich: Musikalische Charakterköpfe I, 5. Aufl. Stuttgart 1876, S. XII (Vorwort zur 4. Aufl.).

625 Ebd. (Vorwort zur 2. Aufl.).

Gedankengehalt anziehenden Weise versucht hätten. Wer nun da den ersten Wurf wagte, der hatte Viel voraus [...] So war es vor fünfzehn Jahren. Heute freilich sieht es ganz anders aus: wir sind inzwischen überflutet von einem wahren Hochwasser guter und schlechter musikalischer Schriften [...].[626]

Dieser letzte Satz erinnert an Hagens Kritik an der ins Inflationäre angewachsenen Zahl musikalisch tätiger Dilettanten. Auch wirft Riehl die Frage auf, ob denn seine Schriften „durch die nachfolgenden schweren Geschwader" nicht überholt worden seien, da sie dagegen nur „kecke, leichte Plänkler" waren.[627] Die mangelnde wissenschaftliche Qualität seiner Werke, die Riehl stets vorgehalten wurde, räumt er also selbst ein; ja, er betont sie auf geradezu stolze Weise und deutet sie in Volksnähe um:

> Mir stand für diese Skizzen nur das allgemeinste literarische Material zu Gebote, und ich habe aus keinem einzigen Buche geschöpft, welches man auch nur eine seltene Quelle nennen könnte, geschweige aus unedirten Briefen und Urkunden. Nur in einem Punkte ging ich durchaus auf die letzten Quellen zurück: ich kannte die Tonwerke, über welche ich geschrieben habe, in- und auswendig, ja ich stand zu vielen derselben sogar in einer Art langjährigen Liebesverhältnisses, und schöpfte aus diesen meinen geliebten Noten eine Charakteristik der Meister. Meine „Quellen und Hülfsmittel" beschränkten sich demgemäß auf drei Nummern: erstens die Werke der geschilderten Componisten, zweitens die gleichzeitige Culturgeschichte und drittens meine eigenen Gedanken. Es ist mir schon öfters zum Vorwurf gemacht worden, daß ich meine eigenen Gedanken habe.[628]

Das Buch richtet sich im Sinne der angestrebten Volksnähe durchaus an ein wissenschaftlich und musikalisch wenig bis gar nicht gebildetes Publikum; Ziel ist, und das ähnelt wiederum Hagens Kritik an der „Blasirtheit", die „Rückkehr zum Genuß der *mannichfaltigsten* Musik und zum historischen Studium nicht zunächst der Musikliteratur, sondern der Tonwerke selber."[629] Auch die Ablehnung der Musik Wagners ist Hagen und Riehl gemein, Riehl lehnt insbesondere die musikalische Parteienbildung ab.

> Wir sind durch die ästhetischen Controversen der Wagnerianer neuerdings glücklich so weit gekommen, daß man gar nicht mehr genau weiß, was eigentlich Musik ist; denn was die eine Hälfte der musikalischen Welt für Musik erklärt, das bezeichnet die andere als Unmusik, und umgekehrt.[630]

Doch kritisiert Riehl nicht nur die Parteienbildung um Wagner herum, sondern auch dessen Musik. Im Essay *Die Kriegsgeschichte der deutschen Oper* (1874)

---

626 Riehl, Musikalische Charakterköpfe, S. VIIf. (Vorwort zur 4. Aufl.).
627 Ebd., S. VIIIf. (Vorwort zur 4. Aufl.).
628 Ebd., S. Xf. (Vorwort zur 4. Aufl.).
629 Ebd., S. XVf. (Vorwort zur 4. Aufl.), Hervorhebung durch den Autor.
630 Ebd., S. XIVf. (Vorwort zur 4. Aufl.).

führt er seine Überlegungen aus, die insbesondere im Hinblick auf die spätere Vereinnahmung Riehls im Nationalsozialismus interessant sind: Für Riehl ist Wagner noch der am wenigsten deutsche, nationale Komponist, da er viel zu übertrieben und monumental schreibt und sich mit seiner „endlosen Melodie" meilenweit von der erstrebenswerten einfachen Form des Volksliedes entfernt.[631] Der NS-Ideologie entsprechend sollte es bekanntermaßen gerade das Monumentale sein, das das angeblich „Deutsche" in der Musik Wagners ausmacht. Riehl dagegen sieht in Kleinmeistern wie Wenzel Müller, (wiewohl Österreicher) „ein[em] wahrhaft nationale[n] Tondichter",[632] das Ideal volkstümlich-einfacher und damit nationaler Komposition in reinster Form erfüllt.

> Fürwahr, es sitzt geheime Zauberei in diesen hingeworfenen Tonweisen des alten Wenzel Müller [...] Es ist die Zauberei des Volksliedes, freilich nicht des gefühlsinnigen oder humoristischen, wie man es jetzt mit Vorliebe hervorzieht. Hier hören wir Lieder der derben Lustigkeit und Ausgelassenheit, und daneben jene halb schauervollen, halb komischen Volksballaden, wie sie zuweilen noch vor der bemalten Leinwand zur Drehorgel gesungen werden, in denen der Hang der Volksphantasie zum Gräßlichen, Unheimlichen, Gespenstigen ein künstlerisches Genügen sucht und zugleich sich selber auslacht. [...] Er ist der größte Bänkelsänger, den die ganze Geschichte der deutschen Musik aufzuweisen hat [...]; ein Musiker, der den Keim des Poetischen, die Kraft deutschen Volksthums auch in dem Gesang der Jahrmarktsrhapsoden erkannte und das Volkslied in seiner vollen göttlichen Rohheit auf die Bühne brachte.[633]

Um solcherlei Musik schreiben und diese auch im Volk verankern zu können, müssen drei charakteristische Vorzüge des Volksliedes zusammentreffen:

> Erstlich leichten und natürlichen Fluß der Melodie [...] Dann eine Originalität gleich dem Ei des Columbus, daß Jeder meint, so etwas habe er auch machen können und doch hat es nur Einer gemacht. Endlich jene milde, stille, behagliche Wärme der Empfindung, die man – mit einem arg mißhandelten Worte – „Gemüthlichkeit" nennt.[634]

Wie Hagen bezeichnet auch Riehl das Zusammentreffen dieser Faktoren zu einem volkstümlich reinen, musikalischen Ganzen als *Naivetät*.[635] Die Suche nach einer solchen „Naivetät" war nach Ansicht Riehls ausschlaggebend für die einige

---

631 Riehl, Wilhelm Heinrich: Die Kriegsgeschichte der deutschen Oper, Leipzig 1874, S. 387; vgl. Kalazny, Erzählprosa Riehl, S. 125.

632 Riehl, Wilhelm Heinrich: Ein deutscher Bänkelsänger und ein wälscher Cavalier (1850), in: Musikalische Charakterköpfe I, S. 5.

633 Ebd., S. 4f.

634 Riehl, Wilhelm Heinrich: Ein deutscher Bänkelsänger und ein wälscher Cavalier (1850), in: Musikalische Charakterköpfe I, S. 9.

635 Ebd., S. 10ff.

Jahrzehnte zuvor neu entflammte (literarische) Begeisterung für das Volkslied. In der Musik fehle jetzt jedoch gänzlich „der leichte Fluß der Erfindung, die Kritiklosigkeit, die Gemüthlichkeit, es fehlt vor Allem jene Naivetät".[636] In den *Kulturgeschichtlichen Novellen*, die sich um Musik drehen, spielt dieser Aspekt der verloren gegangenen Naivität ebenfalls eine große Rolle und zeigt sich am deutlichsten in *Der Stadtpfeifer* (1847) und *Amphion* (1856):

Während des Siebenjährigen Krieges heiratet in der gleichnamigen Novelle der Stadtpfeifer Heinrich Kullmann die Bauerstochter Christine Schneider, im Hintergrund ist Kanonendonner zu hören. Der Schwiegervater erwartet von Heinrich nur, er möge Stadtpfeifer bleiben und nicht „abgehoben" werden,

> „keiner von denen, die obenhinaus wollen, kein Geiger, kein Notenfresser, oder wie man die vornehmen musikalischen Lumpen sonst heißt. Wer morgens, mittags und abends der Stadt den Choral bläst, der ist doch gleichsam ein Stück von einem Pfarrer, und wenn Ihr zum Tanze aufspielt, so ist das wenigstens eine Musik, davon man weiß, zu was sie nütze ist."[637]

Heinrich übt aber dennoch mit erheblichem Ehrgeiz und Ausdauer, auch in den bittersten Zeiten; doch es will ihm einfach nicht gelingen „ein anderer Corelli" zu werden. Seine Frau Christine versucht, ihn an seinen wahren Beruf zu erinnern:

> „Ich bin zu nichts gut", rief er unmutig [...] „Das thut weh, jede Passage gar wunderschön im Kopf zu haben und zu wissen, bis sie in die Finger kommt, wird alles holperig und matt sein!" Da hielt Christine das Spinnrad ein und sprach: „Laß ab von diesen Sachen, Heinrich. Treibe dein Handwerk ehrlich, daß du uns Brot schaffest, und lasse dir daran genügen. Dein eitles Begehren bricht dir den Mut. Die Steine, die man nicht heben kann, muß man liegen lassen. Der Krieg quält uns, die Hantierung stockt und allen Leuten geht das Geld aus. Da braucht es Kraft und Gottvertauen: geig dir das nicht aus der Seele! Zu was ist Hoffart nütze, wo man das letzte Stückchen Brot im Hause gegessen hat?"[638]

Heinrich scheint ihr Folge zu leisten und findet in der Nacht wie durch ein Wunder gleichzeitig das passende Geld, um Brot zu kaufen, und ein ausgesetztes Kind. Dieser Johann Friedrich, musikalisch hochbegabt, wird nun zur Projektionsfläche des ziehväterlichen Ehrgeizes. Eines Tages kommt Franz Anton Neubauer ins Haus und vermittelt einen Besuch des Fürsten, der den Jungen zur Ausbildung nach Wien schickt. Während Friedrichs Abwesenheit rührt Heinrich die Geige nicht mehr an. Als er endlich aufgrund seiner Hartnäckigkeit die lange ersehnte Stelle als Hofmusicus erhält, trifft am selben Tage die Nachricht von Friedrichs

---

636 Riehl, Wilhelm Heinrich: Ein deutscher Bänkelsänger und ein wälscher Cavalier (1850), in: Musikalische Charakterköpfe I, S. 18.

637 Riehl, Wilhelm Heinrich: Der Stadtpfeifer, in: Kulturgeschichtliche Novellen, Stuttgart 4. Aufl. 1898, S. 7.

638 Ebd., S. 22f.

Tod ein – sein stets kränklicher Körper hatte das „Übermaß des Studierens" nicht verkraftet.[639] Neubauer, der in der Novelle die „blasirrte" Musikwelt Wiens verkörpert, „hat sich längst zu Tode getrunken".[640] Heinrich versteht die Lehre, die ihm erteilt wurde, und rührt auch als Hofmusiker keine Geige mehr an, sondern spielt im Orchester Oboe. Seine musikalischen Wurzeln pflegt er, indem er an höchsten kirchlichen Feiertagen sowie an seinem Hochzeitstag stets wie früher auf dem Turm bläst.

In der Novelle *Amphion* ist die Moral eine ähnliche. Hier soll einem Virtuosen gezeigt werden, worin *wahre Musik* besteht. Die Szene spielt 1720 in Jena, und dreht sich um die zwanzigjährige Eva, die außer der angeblich weltberühmten Schenke „Zur Sirene" (sic!) nichts als Schulden geerbt hat. Sie liebt Friedrich Ritter, „den zeitweiligen Reichsverweser der ‚Sirene', den jungen Küfermeister".[641] Gemeinsam überlegen sie, wie man schnell zu viel Geld kommen könne und Friedrich erzählt vom Konzert des

> Lautenschläger[s] Baronius, der eben in Jena verweilt. Ein wahrer Teufel von einem Musikanten. Er gab gestern abend ein Konzert in der Aula der Universität und nimmt einen gestrichenen Säckel von fünfhundert Gulden mit nach Haus. Fünfhundert Gulden in zwei Stunden, ich glaube, so viel verdient der römische König nicht.[642]

Eva wünscht sich, der Musiker würde ihnen nur die fünfhundert Gulden eines einzigen Konzerts vermachen, um sie zu entschulden, doch Friedrich und die Großmutter weisen sie darauf hin, dass „so großgemutet [...] gar selten ein Musikant" sei.[643] Plötzlich steht ein edel gekleideter Herr im Zimmer und verlangt guten Wein für sich und seine erwarteten Gäste. Während Friedrich den Wein serviert, klärt ihn der Fremde, der das Gespräch offensichtlich mitgehört hatte, darüber auf, wie schwer doch das Leben eines Virtuosen heutzutage sei – wie hart man für ein wenig Ruhm arbeitet und wie viele zusätzliche Qualifikationen inzwischen von einem Instrumentalisten erwartet würden. Schnell ahnt Friedrich, dass es sich bei dem Fremden wenn nicht um den Teufel, dann um Barionius persönlich handeln müsse.[644] Dass er es persönlich ist, zeigt sich schon kurz darauf, als ein stattlicher, beeindruckender Student („der Senior") ihn überschwänglich begrüßt und zu einem Konzert in der Kneipe überredet. Doch hat der Senior etwas mit Baronius vor und weiht alle anwesenden Gäste in seine

---

639 Riehl, Wilhelm Heinrich: Der Stadtpfeifer, in: Kulturgeschichtliche Novellen, Stuttgart 4. Aufl. 1898, S. 63.
640 Ebd., S. 64.
641 Riehl, Wilhelm Heinrich: Amphion, in: Kulturgeschichtliche Novellen, Stuttgart 4. Aufl. 1898, S. 224.
642 Ebd., S. 225.
643 Ebd., S. 226.
644 Ebd., S. 229.

Pläne ein; alle bis auf Friedrich, der in ein Gespräch mit dem Virtuosen verwickelt ist. Als dessen Laute gebracht wird, bringt der Senior zunächst einen Toast aus, der die Erhabenheit volkstümlichen – in diesem Falle studentischen – Singens zeigen soll.

> „Erst einen Becher Weins! Ein Hoch auf die Musik! Dann singen wir einen lustigen Liedervers – denn wir wollen nicht stumme Fische sein, wo die Musik ihr Höchstes und Herrlichstes zeigen soll. Ein Studentenlied gehört auch zum Höchsten und Herrlichsten – rümpfe nur die Nase, Freund Baronius, es ist doch also."[645]

Als dann Baronius spielt, erreicht er es tatsächlich, die Anwesenden zu „verzaubern" wie einst Amphion die Steine und wilden Tiere, und sie in Zorn, Liebe etc. zu versetzen – alle außer Friedrich. Eva verfällt Baronius, als er sein Andante amoroso spielt, und auch er fühlt sich dadurch zu ihr hingezogen; Friedrich wird eifersüchtig und macht eine Szene, die taube Großmutter ebenso. Anschließend ist die Stimmung auch durch die schönste virtuose Musik nicht wieder herzustellen – wohl aber durch reinen, naiven Volksgesang.

> Da winkte der Senior seinen Burschen vom Faßbinderorden. Und mitten in das zopfige Geklimper hinein erscholl plötzlich urkräftig und den ganzen Kunstkram [!] des Lautenspielers vor sich niederschmetternd ein lustiges, neckisches Studentenlied. Das Herz mußte einem aufgehen bei diesen echten, ursprünglichen Klängen; nur dem Virtuosen schnürten sie die Brust zusammen [...] Zuletzt packte der Gesang selbst den Lautenspieler; er legte sein Instrument beiseite und stimmte ein in den Chorus zum großen Jubel der Studenten.[646]

So schnell möchte sich Baronius aber nicht geschlagen geben, er greift wieder zur Laute und es entspinnt sich ein musikalischer Wettstreit zwischen ihm und den singenden Studenten.

> Es war ein Lied in klaren, hellen Durtönen und klang doch ganz herzergreifend wehmütig, je nachdem man's sang, je nachdem man den Text verstand und ihn mit der einfachen Weise in Einklang zu setzen wußte. Denn dies gerade sind die rührendsten Volkslieder, die nicht wimmern und klagen in ihrer Melodie, sondern ruhig dahinschweben, fast wie ein heiterer Gesang und doch in Verbindung mit dem schwermütigen Text so ganz von ferne her leise traurig anklingen, daß es unser tiefstes Gemüt erbeben macht.[647]

Die Studenten singen weiter, nun ein melancholisches Lied über das Ende der „goldnen Burschenzeit", Baronius begleitet sie leise auf der Laute und hat am Ende Tränen in den Augen.

---

645 Riehl, Wilhelm Heinrich: Amphion, in: Kulturgeschichtliche Novellen, Stuttgart 4. Aufl. 1898, S. 239.
646 Ebd., S. 249.
647 Ebd.

Endlich fuhr er auf wie aus einem Traum, sah den Senior mit großen Augen an und rief: „Was war das?" „Das war M u s i k!" erwiderte der Freund. „Das war M u s i k!" wiederholte der Virtuose leise und nachdenklich. „Ja, Freund, wahrhaftige Musik, denn sie hat selbst dir das Wasser in die Augen getrieben." „Und was ich vorhin auf der Laute gespielt, was das nicht auch Musik, wahrhaftige Musik?" „Zum Teil – gewiß." „Wie, nur zum Teil?"[648]

Und der Senior klärt die ganze Geschichte auf: Dass er alle eingeweiht hat, die Komödie mitzuspielen und nur Friedrich vergaß.

„Der klagte nicht mit, der wütete nicht mit, der seufzte nicht mit. Du hältst ihn für einen musikalischen Esel. Du thust ihm unrecht. Er ist ein natürlicher, gesunder Mensch. [...] Sieh, er hat sich wieder herbeigeschlichen, als wir zu singen begannen, unstreitig, weil er aus dem Gesang herauszuhören glaubte, jetzt seien wir wieder vernünftige Menschen geworden, wie er fortgelaufen, weil er uns für Narren hielt, als du's mit deinem Lautenspiel immer ärger triebst." [...] „Also die Lieder, die ihr gesungen, waren Musik?" „Ja, wahrhaftige Musik!" erwiderte der Senior. [...] „Und mein Andante amoroso war auch wahrhaftige Musik?" „Ja, das erste, aber beileibe nicht das zweite. Das erste ergriff uns alle, ergriff dich selber, so tief wie nur immer eines unserer schönsten Lieder. Das zweite war zum Verzweifeln langweilig. Bedenke doch, du berühmter Künstler, daß die wahre Musik uns nicht zu kaltem Staunen verzaubern, daß sie uns erquicken, erheitern, erwärmen soll, ja, und auch die Leidenschaft soll sie in allen ihren Tiefen aufregen, sie soll uns schütteln, daß es uns eiskalt den Rücken hinabrieselt. Aber wenn solche Bursche wie du und deine Genossen uns nach Belieben willenlos hinreißen könnten zu jeder That der Leidenschaft, so wäre die Musik wahrlich nicht mehr die göttliche Kunst, sie wäre das gefährlichste Werkzeug des Teufels, das je einem Menschen in die Hand gegeben worden."[649]

Baronius gibt sich letztlich geschlagen – bis auf die Tatsache, er habe bei seinem Andante amoroso wirkliche Liebe zu Eva gefühlt. Diese weist ihn jedoch zurück, da sie Friedrich liebt. Ähnlich geläutert wie der Stadtpfeifer Heinrich Kullmann schließt sich der entzauberte Amphion für drei Tage ein, „um zu ergründen, wo die wahrhaftige Musik anfängt",[650] erinnert sich des ganz zu Anfang mitgehörten Gesprächs und schenkt Eva und Friedrich die fünfhundert Gulden des vergangenen Konzertabends.

Die Betonung des Deutschen in Abgrenzung vom „Welschen", also Französischen und Italienischen, ist ein weiteres Element, das Riehl mit Hagen und anderen Zeitgenossen verbindet. So wird in den *Musikalischen Charakterköpfen* der „deutsche Bänkelsänger" Wenzel Müller dem vollkommen abgehoben für die

---

648 Riehl, Kulturgeschichtliche Novellen, S. 250f.
649 Ebd., S. 252f.
650 Ebd., S. 258.

Aristokratie komponierenden „wälschen Cavalier" Astorga gegenüber gestellt, der aus angeblich nationaler Bodenständigkeit heraus deutsch schreibende Mattheson dem zwar bekannteren, aber nie im Volk angekommenen Rameau[651] und „das französische Römerthum der napoleonischen Zeit" (Spontini) der „tiefsinnig schwärmerischen Romantik des deutschen Volksthums" (Weber)[652]. Im Essay *Die Napoleonische Kunstepoche* (1852) geht Riehl dem zeitgenössischen französischen Musikleben, das er als „entartet" und „unwahr" charakterisiert, auf den Grund.[653] Die Musik aus Zeiten des Feudalismus wird vergleichsweise gut bewertet.

> Das Zeitalter Ludwigs des XIV. war wenigstens neu und französisch national gewesen in den Verkehrtheiten seines Kunststyls; das Napoleonische Künstlerthum war verkehrt, ohne national und neu zu seyn. Wir ertragen das conventionelle, d.h. eben das gemachte und unwahre Wesen in vielen der energischen französischen Kunstschöpfungen aus jener früheren Periode, weil es so entschieden und unbewußt aus dem Volks-Charakter der Frzosen hervorwuchs und darum doch wieder eine gewisse volksthümliche Wahrheit erhielt. Diese nationale Energie fehlt der Napoleonischen Kunstperiode.[654]

Stattdessen herrsche die tiefste Verehrung des Virtuosentums und ein weit verbreiteter „Dilettantismus der allgemeinen Kunstschwätzerei", in denen Riehl einen „noch tiefere[n] Verfall der Kunst und der Gesellschaft" erblickt, als wenn „die Kunst in Vergessenheit um ihre Existenz ringen" müsse.[655]

> Die Kunstpflege war eine Ehrensache der *ganzen Nation* geworden, während sie im 18. Jahrhundert höchstens eine Ehrensache der Großen gewesen war; man appellirte in Kunstsachen an die Volksstimme, weil man in politischen nicht an dieselbe appelliren wollte.[656]

Napoleon habe aus diesem Grunde mehr als alle seine Vorgänger den „Geist der Zeit [, der] zur Popularisierung der Kunst drängte" für sich zu nutzen gewusst.[657] Riehl lobt die Pflege des Nationalen in der Musik durchaus, kritisiert jedoch, dass „die Kunst zur Buhldirne erniedrigt [werde], wo man sie blos um des nationalen Ruhmes willen betreibt."[658]

---

651 Riehl, Wilhelm Heinrich: Die Schriftgelehrten mit Zopf und Schwert. Mattheson und seine Zeitgenossen, in: Musikalische Charakterköpfe I, Stuttgart 1853, S. 66ff.

652 Riehl, Wilhelm Heinrich: Der musikalische Dramatiker des französischen Kaiserthums, in: Musikalische Charakterköpfe I, Stuttgart 1853, S. 186.

653 Riehl, Wilhelm Heinrich: Die Napoleonische Kunstepoche, in: Culturstudien aus drei Jahrhunderten. Zweiter, unveränderter Abdruck, Stuttgart 1859, S. 145.

654 Ebd.

655 Ebd., S. 155.

656 Ebd., S. 158.

657 Ebd.

658 Ebd., S. 160.

Was demgegenüber Deutschland betrifft, so ist das unangefochtene Parade-beispiel eines „stolzen Repräsentanten jenes ächten, ungefälschten Bürgerthumes, wie es [...] das sociale Gleichgewicht herstellt gegenüber der Entsittlichung der vornehmen Welt, der Verflachung des wissenschaftlichen, der Verzopfung des künstlerischen Lebens"[659] Johann Sebastian Bach, der „als Identifikationsfigur [...] in sich bürgerliche Tradition, Religiosität und Sittlichkeit [vereint]".[660]

> Er, der deutsche Bürgersmann, ist von der Grille des künstlerischen Kosmo-politismus ... niemals besessen gewesen. Bach blieb durch und durch national – vielleicht der einzige deutsche Künstler auf den Grenzscheiden des siebzehnten und achtzehnten Jahrhunderts, dem man dieß im strengsten Wortsinne nachsagen kann.[661]

Im neunzehnten Jahrhundert könne sich nur Mendelssohn rühmen, in Bachs (und Händels) musikalische Fußstapfen getreten zu sein – und nicht nur das: Seine „Specialität [...] ist durchgedrungen, [...] sie ist allgemein geworden, das ganze musicirende Deutschland ward mehr oder minder angesteckt."[662] Das *ganze musizierende Deutschland*! Denn:

> Seit langer Zeit war Mendelssohn wieder der erste Meister gewesen, der den musi-kalischen Geschmack in Deutschland in gewisser Richtung centralisirte.[663]

Wie Hagen prangert auch Riehl den „musikalischen Partikularismus" an, der den politischen

> noch überbietet, denn er ist weit zufälliger und willkürlicher als dieser. Es gibt der-malen eine Wiener, Berliner, Hamburger, Leipziger etc. Musik; die deutsche ist ein historischer Begriff geworden, wie das deutsche Reich. Seit Mendelssohn todt ist, kann man von keinem der jüngeren Tondichter mehr sagen, er habe ein deutsches Publikum.[664]

So sei Schumann nur im Osten, Wagner nur einer geringen Schar Interessierter ein Begriff. Was die Oper und ihre verschiedenen „Hauptstädte" bzw. „Börsen-plätze" betrifft, so entsprechen die einschlägigen Textpassagen eins zu eins den Ansichten Theodor Hagens: „Deutschland besitzt keine musikalische Hauptstadt mehr",[665] vielmehr ist der Erfolg oder Misserfolg einer Oper allein abhängig vom Ort ihrer Uraufführung. Was in der einen Stadt gefeiert wird, fällt in der anderen

---

659 Riehl, Wilhelm Heinrich: Bach und Mendelssohn aus dem socialen Gesichtspunkte, in: Musikalische Charakterköpfe I, Stuttgart 1853, S. 76f.
660 Kalazny, Erzählprosa Riehl, S. 121.
661 Riehl, Wilhelm Heinrich: Bach und Mendelssohn aus dem socialen Gesichtspunkte, in: Musikalische Charakterköpfe I, S. 84.
662 Ebd., S. 94.
663 Ebd., S. 95.
664 Ebd., S. 96.
665 Ebd., S. 98f.

durch. Musikalischer Partikularismus als Spiegelbild der politischen Zerrissenheit des Reiches zeigt sich laut Riehl sogar in den verschiedenen Kammertönen:

> Einen *deutschen* Kammerton gibt es nicht, wohl aber Dutzende verschiedener deutscher Kammertöne, einen Wiener, Berliner, Dresdner, Frankfurter etc., so daß bei solchem Partikularismus selbst jene […] Zweitheiligkeit der nord- und süddeutschen Stimmung nur als eine ganz allgemein zu fassende Hypothese erscheint. Dagegen nimmt man ganz unverfänglich Pariser Ton und französischen Ton für gleichbedeutend (Anm.: Frankreich centralisirt auch hier…).[666]

Dass aber Mendelssohn diese musikalische Zerrissenheit zu überwinden verstand, lag laut Riehl daran, dass die „ ‚gebildete Gesellschaft‘, in der er wirkte und lebte, in deren Geist er dichtete, […] *in ganz Deutschland dieselbe*" sei.[667] Von dieser Oberschicht ausgehend habe Mendelssohn auch in den Grundschichten Verbreitung gefunden, sei „populär" worden. Hier zeigt sich ein deutlicher Unterschied zwischen Riehl und Hagen: Während beide den Partikularismus in der Musik (wie in der Politik) feststellen und monieren, führt Riehl als Beispiel für dessen Überwindung einen Komponisten an, der aus der „gebildeten Gesellschaft" stammt und für diese schreibt – auf eine solch „blasirte" Idee wäre Hagen nicht verfallen, dessen System Reformen stets von unten und nicht von oben her vorsieht. Auch ist für Hagen die politische Bedeutung der Musik klar – Riehl hingegen scheint zu schwanken. Er sagt zwar an der einen Stelle, „daß unsere Politiker sich's noch gar nicht träumen lassen, wie viel Politik in der Musik steckt",[668] an der anderen jedoch behauptet er, es werde

> in neuerer Zeit ein großer Unfug getrieben mit dem Gerede von politischer Musik. Die Musik hat aber an sich mit den Formen des Staatslebens gar nichts zu schaffen. Politisch bedeutsam kann sie nur insofern werden, als sie ästhetisch gut oder schlecht ist. Eine verführerisch schlechte Musik, die verweichlichend, überspannend, entnervend auf den Volksgeist wirkt, muß allerdings social destructiv, revolutionär, wenn man will, genannt werden. Die Aufgabe des Staatsmannes als eines politischen Pädagogen wäre dann aber auch lediglich, mitzuwirken daß die Leute bessere Musik zu hören bekämen und die Jugend zu einem ernsteren künstlerischen Urtheil herangebildet würde.[669]

---

666 Riehl, Wilhelm Heinrich: Das musikalische Ohr, in: Culturstudien aus drei Jahrhunderten. Zweiter, unveränderter Abdruck, Stuttgart 1859, S. 80.

667 Riehl, Wilhelm Heinrich: Bach und Mendelssohn aus dem socialen Gesichtspunkte, in: Musikalische Charakterköpfe I, S. 104ff.

668 Riehl, Wilhelm Heinrich: Der musikalische Dramatiker des französischen Kaiserthums, in: Musikalische Charakterköpfe I, S. 187.

669 Ebd., S. 189f.

Obgleich Riehl dies nicht explizit ausspricht, so misst er der volkstümlichen Musik, insbesondere dem Volkslied, durchaus eine politische Funktion bei. Denn nichts anderes sagt er beispielsweise über Konradin Kreutzer, nämlich

> daß nicht die vielen Noten, nicht die fette Instrumentierung die höchste Macht der Töne in sich schließen, sondern daß eben der schlichte Liedesklang die größten Wunder wirkt. Kreutzer hat den volksthümlichen Ton Raymunds ausgezeichnet in seiner Musik zu treffen gewußt; er hat ihn nicht musikalisch localisirt, wie das vordem Wenzel Müller gethan, [...] er hat ihn nationalisirt, zu einem deutschen Volkston erweitert.[670]

Die Tatsache, sich auf den „deutschen Volkston" zurückbesonnen zu haben, ist eine nicht hoch genug zu schätzende Leistung der großen und kleinen Meister der Wiener Klassik:

> Sie wagten es, was vorher für eine große künstlerische Plumpheit und Trivialität gegolten hätte, sich unmittelbar an den Grundton des *Volksgesanges* anzulehnen, ja die besten, wie Mozart und Haydn, gingen noch weiter, sie sprengten den engen Bann des altmodisch versteiften Satzes mit kühner Hand, sie pflanzten das Volkslied mitten hinein in die instrumentale Kunst.[671]

Die Volkstümlichkeit in der Musik sei deshalb so wichtig, weil ohne sie die Komposition nicht volksläufig werden, nicht „Gemeingut der Nation" werden könne. Sonst ist sie zu virtuos, zu schwer, um für die Masse der Dilettanten spielbar zu sein – nur wenn die Masse sie wenigstens ansatzweise zu spielen in der Lage ist, kann sie sich die Werke wirklich zu eigen machen, da sie sich auch „mit mäßiger Technik den Kern ihrer Wirkung selber veranschaulichen [...] kann."[672] Dabei darf nicht vergessen werden, dass für Riehl wahre Volkstümlichkeit – und damit auch wahrer Nationalgeist – nur in vokaler Musik gegeben ist; Instrumentalmusik kann volkstümlich also nur dann sein, wenn sie die Gesetzmäßigkeiten des Volksliedes zu übernehmen versteht. Vor allem Haydns Schüler erreichten dies – sie bewahrten sich ihre „Naivität" und schützten sich und ihre Werke so vor dem Abgleiten in den von Theodor Hagen als „Blasirtheit" gekennzeichneten Zustand.[673] In seinem Vortrag *Die Zopfperiode des deutschen Liedersatzes*[674] stellt Riehl die miserable Situation des deutschen Liedes in der ersten Hälfte des 18. Jahrhunderts dar. Gründe für die damalige Geringschätzung des deutschen Liedes sieht er erstens in einem Mangel an guten Texten (oft ähnelten diese eher

---

670 Riehl, Wilhelm Heinrich: Zwei kleine Meister, in: Musikalische Charakterköpfe I, S. 272.

671 Riehl, Wilhelm Heinrich: Die göttlichen Philister, in: Musikalische Charakterköpfe I, S. 221.

672 Riehl, Wilhelm Heinrich: Der Musiker in der Bildergalerie, in: Freie Vorträge I, S. 188.

673 Vgl. Riehl, Die göttlichen Philister, S. 228.

674 Riehl, Wilhelm Heinrich: Die Zopfperiode des deutschen Liedersatzes, in: Freie Vorträge I, S. 277ff.

Moralpredigten; die einzige Ausnahme bilden satirische Lieder),[675] zweitens darin, dass es für zu einfach, zu leicht gehalten wurde. Interessant ist an dieser Stelle, dass Riehl im Gegensatz zu Rousseau, Herder, Hagen und anderen aus der Einfachheit nicht eine zwangsläufig resultierende Einstimmigkeit hervorhebt, sondern vielmehr aus dieser Beschaffenheit eine zwangsläufige Mehrstimmigkeit ableitet:

> Kann uns doch auch das deutsche Volkslied schon zeigen, welch tiefes Bedürfniß nach harmonischer Vertiefung des Ausdruckes unsere Weisen in sich tragen! Die Melodie selbst unserer leichtesten Volkslieder sehnt sich fast durchweg nach einer zweiten oder gar dritten Stimme, und schon vor hundert Jahren bewunderte Burney gerade dies als einen dem deutschen Volke eingeborenen musikalischen Zug, daß unsere Bauern kaum ein Lied ersinnen können, welches nicht von Anbeginn wenigstens zweistimmig gedacht ist.[676]

Doch erst die zweite Hälfte des 18. Jahrhunderts brachte eine Aufwertung des Liedes mit sich. Eine erste Voaussetzung dafür war die Herausbildung einer „neuen Nationalliteratur, die dem Musiker statt ‚verfertigter‘ Gedichte – gedichtete Gedichte bot, ächte Lyrik, welche schon im Gedanken und im Verse von Sang und Klang erfüllt war."[677] Denn bis dato waren deutsche Sprache und deutscher Stil als minderwertig gegenüber dem italienischen und französischen erachtet worden, „das Lied aber wächst hervor aus dem heimischen Volksgesang und steigt und fällt mit der vaterländischen Poesie."[678] Das neue Bewusstsein der Aufklärung für eine gemeinsame Kultur und Sprache, mit dem „das Gesammtwirken der Liedermeister Ph. E. Bach, Gluck, Hiller, Schulze, Reichardt" einen „geistigen Bund"[679] einging, war also unmittelbar an der Anbahnung einer neuen Blütezeit für das deutsche Volkslied beteiligt:

> Die geistige Selbstbefreiung der Völker ergreift immer gleichzeitig die verschiedensten Seiten des nationalen Lebens. Dies bezeugt uns die Geschichte auch des schlichten, kleinen Liedes.[680]

Und dieses „schlichte, kleine Lied" ist Mitträger des deutschen *Nationbuildings*:

> Die deutsche Musik hat gar Vieles von den Fremden gelernt […] Bei dem Liede a ber ist es unser besonderer Stolz, daß wir es nicht von Außen übernommen, sondern uns selbst gemacht haben, daß es rein dem innersten Gemüthe unseres Volks entquollen ist. Darum hatten wir es in der ersten Hälfte des vorigen Jahrhunderts

---

675 Riehl, Freie Vorträge I, S. 221.
676 Ebd., S. 209.
677 Ebd., S. 233.
678 Ebd., S. 232.
679 Ebd., S. 234.
680 Ebd.

verloren, als wir von uns selber abgefallen waren: wir fanden es in der zweiten Hälfte wieder, als die Nation sich selber wiederfand.[681]

Aus einer wohl weit mehr politischen als musikalischen Motivation heraus wollte Riehl in der Integration des Volksliedes in die (bürgerliche) Hausmusik seine Ideale verwirklicht wissen und betätigte sich als Komponist volkstümlicher Lieder, die er 1859 unter dem Titel *Hausmusik* herausgab.[682] Im Vorwort zur zweiten Auflage wird deren Programmatik deutlich:

> Man hört im Hause und im geselligen Kreise so viele überschwängliche, sentimentale, verzuckte und verliebte Lieder singen, meist auch mit den subjectiv krankhaftesten Texten, Lieder, die vortreffliche, höchst geistreiche Musik bieten mögen, die aber mit dem neuerdings immer kräftiger auftretenden Umschwung unsers nationalen und häuslichen Lebens zu strengerer, mannhafterer Art in grellem Widerspruche stehen. Gerade die gebildetsten [!] Familien sehnen sich für ihr Haus nach hellem, schlichtem, freudigem Klang des Liedes, der sich an ächte, gesunde Gedichte schmiegt; sie möchten auch manchmal einen religiös andächtigen Gesang oder ein Lied der sittlichen Erhebung im Hause vernehmen. Hier ist eine noch wenig ausgefüllte Lücke in unserer modernen musikalischen Litteratur, auf welch ich mit meiner „Hausmusik" zielte.[683]

Kalazny weist zu Recht darauf hin, dass dieses Vorgehen „mit dem seit etwa Mitte der 1820er Jahre von der musikalischen Fachpresse propagierten Modell der musikalischen Praxis der ländlichen Bevölkerung als der Bewahrerin kulturellen deutschen Erbes"[684] in Einklang stand; doch ist ganz offensichtlich, dass es Riehl an dieser Stelle viel mehr um die bereits gebildeten, bürgerlichen Familien geht als um die arme, ungebildete Landbevölkerung (wie dies beispielsweise Hagen propagiert). Der Titel sagt bereits alles aus – Arbeiter und Bauern praktizieren keine „Hausmusik".

---

681 Ebd., S. 234f.
682 Kalazny, Erzählprosa Riehl, S. 130.
683 Riehl, Wilhelm Heinrich: Hausmusik. Fünfzig Lieder deutscher Dichter, in Musik gesetzt. Stuttgart ²1859, Vorwort, S. VIII; zit. nach Kalazny, Erzählprosa Riehl, S. 131.
684 Kalazny, Erzählprosa Riehl, S. 130.

3.3 Zusammenfassung

Theodor Hagen und Wilhelm Heinrich Riehl, „zwei ungleiche Brüder im Geiste"? Im selben Jahr, 1823, geboren, stammt der eine aus einer bürgerlichen Hamburger Kaufmannsfamilie und wird zum bekennenden Sozialisten, der im Zuge der Revolution sogar außer Landes fliehen muss; der andere stammt aus einer eher dem Arbeitermilieu zuzurechnenden hessischen Handwerkerfamilie und wird nach 1848 „wahrhaft konservativ". Beide haben sich den Grundschichten des Volkes verschrieben, beide sind Journalisten. Beide verfassen Novellen – und wollen darin nicht nur *über*, sondern auch *für* das Volk schreiben. Riehl wird durch die Begründung eines neuen Faches, der wissenschaftlichen Volkskunde, Professor und sogar Rektor, und doch finden sich viele Ansätze schon bei Hagen, dem nie größere Bekanntheit beschieden war.

Natürlich – die Forderungen nach allgemein verständlicher und damit volkstümlicher Musik, nach der Schaffung einer Nationaloper (nicht nur) zur Überwindung des kulturellen und politischen Partikularismus liegen in der Luft. Doch niemand spricht sie so radikal sozialistisch aus wie Hagen – und niemand biegt sie sich so konservativ zurecht wie Riehl: Indem sich beide in ihren Texten an den Bürger richten, will der eine die Gesellschaft umbauen, der andere das Wertesystem und dadurch die bestehende ständische Gesellschaft festigen. Für Riehl ist die Novelle „in erster Linie Familienlektüre"[685] und „es wäre gut, wenn sich [...] der Novelist [...] dann seine Stoffe nicht mit Vorliebe aus der sozialen und moralischen Krankenstube"[686] hole.

> Eine Novelle, die uns mit Gott und der Welt entzweit, statt uns im Innersten zu versöhnen, ist ... eine Novelle, die wir hinters Sofakissen verstecken müssen, wenn wir von unserer Frau oder Tochter bei der Lektüre überrascht werden. Der Novellist kann und soll auch in die Abgründe des Menschenherzens steigen, es kommt nur darauf an, zu welchem Zweck und in welcher Weise, und ich möchte keine Novelle schreiben, die ich nicht meinen Kindern vorlesen könnte.[687]

Riehl selbst schreibt natürlich genau diesen Maßstäben gerecht, Hagen dagegen überhaupt nicht, denn er möchte ja gerade die „soziale und moralische Krankenstube" zeigen – hier zeigt sich der Unterschied zwischen dem Konservativen und dem Sozialisten noch einmal deutlich.

> Riehls Schriften wirkten auf die Psyche der (bürgerlichen) Leser, indem sie ihnen – durch die Rückbesinnung auf traditionelle Werte – Trost und Orientierung boten.

---

685 Riehl, Wilhelm Heinrich: Novelle und Sonate, in: Freie Vorträge II, S. 452.
686 Ebd., S. 453.
687 Ebd.

In Zeiten, in denen eine schwungvolle technische industrielle und soziale Entwicklung alte Gesellschaftsstrukturen ins Wanken brachte und auf der individuellen Ebene eine Identitätskrise verursachte, konnten sich die Leser […] unter dem Riehlschen Wertehimmel, dessen Stützpfeiler „Sitte“, „Familie“, „Arbeit“ und „Religion“ waren, heimisch und geborgen fühlen. Orientierungsfindung und Identitätsstiftung auf der Basis der von Riehl uminterpretierten vormodernen Werte waren in seinen Schriften […] vorprogrammiert.[688]

Genau dieses Festhalten an traditionellen Werten machte es auf der einen Seite späteren Ideologien so leicht, Riehl für sich zu vereinnahmen. Auf der anderen Seite ist es sein sich in „Goldigkeiten“ und Redundanzen manifestierender Stil, sein Spießertum mit gleichzeitiger Empirie, seine Verbindung von „Emotionsniedlichkeit“ (Kaden) und staatstragendem Auftreten, der den Nerv des biedermeierlichen Bürgers besser traf als Theodor Hagens messerscharfe, zutiefst kritische Ironien, die nicht aufs Gefallen aus waren. Vielleicht ist genau das der Punkt, der Riehl zum „Säulenheiligen“ einer Epoche werden ließ und Hagen dem Vergessen preisgab.

---

688 Kalazny, Erzählprosa Riehl, S. 281.

Teil II. Sammlungen von Volkspoesie im 19. Jahrhundert

1. Einige „große" Sammlungen ...

1.1 Rudolph Zacharias Beckers *Mildheimisches Liederbuch*

Der Erfurter Pädagoge und Philanthrop Rudolph Zacharias Becker schlägt unter
den Volksaufklärern des 18. Jahrhunderts einen umgekehrten Weg ein. Wenngleich er – wie alle Volksaufklärer – aus höheren gesellschaftlichen Schichten,
also „von oben" kommt, möchte er Volkserziehung nicht mehr „von oben nach
unten", sondern „von unten nach oben" verstanden wissen: Von den Grundschichten aus soll die Bildung sich im gesamten Volk verbreiten. Ähnlich wie vor
ihm Rousseau schätzt Becker die schwer arbeitende, materiell arme, aber von der
Zivilisation unverdorbene Landbevölkerung sehr hoch und hält es deshalb für
möglich,

> dass die wahre praktische Aufklärung, von der die verfeinerten Stände meistens nur
> reden und schreiben, bei dem Landmanne zuerst Wurzeln fassen und sich von un-
> ten hinauf verbreiten könne; so wie die Verfeinerung die verschiedenen Klassen des
> Volks von oben herunter angesteckt hat.[689]

In Beckers *Versuch über die Aufklärung des Landmannes* von 1785 sind sämtliche
Theorien seiner späteren volkserzieherischen Schriften bereits enthalten, wie
auch Idee und Plan für das *Noth- und Hülfsbüchlein für Bauersleute*, Beckers
aufklärerisches Hauptwerk.[690] Basis für all diese Schriften ist die Diskussion um
die Volkserziehung, die sich vor allem in der Spätaufklärung in Bezug auf die
Frage, ob wirklich alle Menschen zur gleichen Bildung fähig seien, deutlich aus-
differenziert. Auch Becker vertritt die These, Bildung solle zwar der gesamten
Gesellschaft dienen, müsse aber in ihren Inhalten auf die jeweiligen Adressaten
bezogen sein – nur so könne die Aufklärung ihren Zweck erfüllen:[691]

---

689 Becker, Rudolf Zacharias: Versuch über die Aufklärung des Landmannes, Dessau/Leipzig
     1785, S. 35; zit. nach Geschichtliche Grundbegriffe. Historisches Lexikon zur historisch-
     politischen Sprache in Deutschland, hrg. von Otto Brunner, Werner Conze, Reinhart Ko-
     selleck, Bd. 7, Stuttgart 1992, S. 315.
690 Weissert, Gottfried: Das Mildheimische Liederbuch. Studien zur volkspädagogischen
     Literatur der Aufklärung, Tübingen 1966, S. 12.
691 Vgl. ebd., S. 13.

Das Wesen der Aufklärung besteht also, nach dieser Bestimmung des Begriffs, bey den einzelnen Menschen in der richtigen Kenntniß seines persönlichen Wirkungskreises und seiner wahren Verbindung mit dem Ganzen, dessen Theil er ist.[692]

Der Aufgeklärte kennt die Stelle, die er in der Welt, im Menschengeschlecht, in der bürgerlichen Gesellschaft und in seiner Familie, vermöge seiner Kräfte, Fähigkeiten und äußern Lage bekleidet, so daß er aus derselben den Umfang seiner gesammten Rechte, Pflichten und Geschäfte übersiehet. Die untergeordneten Verhältnisse des Hausvaters, Bürgers usw. betrachtet er als Mittel und Wege, durch die er seine letzte Bestimmung, als Mensch, erreichen soll, und seine Vorstellung von dieser ist keine andere, als die: durch nützliche Anwendung seiner Kräfte in seinem Wirkungskreise stufenweise immer edler, glückseliger, der Unsterblichkeit würdiger, und der Gottheit ähnlicher zu werden.[693]

In diesem Sinne sollte das *Noth- und Hülfsbüchlein für Bauersleute* wirken, das 1788 erschien und das Becker auch als „Encyklopädie" bzw. als „Handbuch für den Landmann" verstanden wissen wollte.[694] Dem Büchlein war durchschlagender Erfolg beschieden, es erlangte die für damalige Verhältnisse unglaubliche Auflage von über einer Million,[695] wurde in mehrere Sprachen übersetzt und auch von etlichen Fürsten aktiv im Volk verbreitet. Becker war es damit als einem der ganz wenigen Volkserzieher gelungen, seine Adressaten wirklich zu erreichen, von ihnen in Massen gelesen zu werden.[696]

Inhaltlich ist das Geschehen bereits im fiktiven Ort Mildheim angesiedelt, der auch dem Liederbuch später seinen Namen geben wird. Indem die dortigen Bürger durchgängig der im *Noth- und Hülfsbüchlein* vorgegebenen Ordnung folgen und die hierin propagierten Sozial- und Bildungseinrichtungen schaffen, wird Mildheim zudem „schließlich zum Musterdorf durch die Aufhebung der herrschaftlichen Triftgerechtigkeiten und der Frondienste. Der Herr von Mildheim – das ist sicher als Aufforderung an den Adel in Deutschland gedacht – zerschlägt sein Rittergut und siedelt neue Bauernfamilien darauf an."[697] Beckers sozialkritisches Moralsystem, das in der *Mildheimer Sittentafel* dargestellt ist, folgt dabei einfachen Kantianischen Grundsätzen:

a, Mache dich und alles um dich her immer besser! b, verfahre in der fortschreitenden Vervollkommnung immer so, dass du vernünftig wollen kannst, die

---

692 Becker, Versuch über die Aufklärung des Landmannes, S. 18f.; zit. nach Weissert, S. 14.
693 Becker, Versuch über die Aufklärung des Landmannes, S. 23; zit. nach Weissert, S. 14.
694 Vgl. Weissert, S. 16.
695 Vgl. ebd., S. 17.
696 Vgl. ebd.
697 Ebd.

ganze Welt solle ebenso handeln! oder – thue dabey immer Recht und niemals Unrecht![698]

Die Volkserziehung soll die Umsetzung dieser ethisch-moralischen Ideale unterstützen, die Sitten heben – und dazu soll auf dem Land auch mehr gesungen werden. Um dies zu erreichen, und gleichzeitig auch „unsittliche" alte Volkslieder zu verdrängen, plant Becker sein *Mildheimisches Liederbuch*.[699] Mit einem Preisausschreiben, 1787 in der *Deutschen Zeitung* veranstaltet,[700] wirbt er um Einsendungen passender Beiträge. Und passend, das bedeutet für Becker vor allem *seiner* Vorstellung des „richtigen" Volksliedes gemäß – wobei festzuhalten ist, dass Becker unter „Volkslied" das Lied versteht, das vom „Volk" gesungen werden *soll*, und das folglich auch extra für dieses geschrieben werden kann und soll. Die „vaterländischen Dichter" fordert er genau dazu auf: Sie sollen ihre „edle Gabe des Gesanges [dazu verwenden], dem Bauer, der ihnen Brot schaffet und dem Handwerker, der sie mit Kleidung, Wohnung und anderen Bequemlichkeiten versiehet, guthen Muth einzusingen."[701] Die Dichter sollen allerdings streng darauf achten, ihre Adressaten nicht zu überfordern, die Texte sollen allgemein verständlich, einprägsam und frei von Abstraktem sein – ohne natürlich den erzieherischen Gedanken außer Acht zu lassen.[702] Es ist

> das horazische „aut prodesse volunt aut delectare poetae", was hier anklingt, der
> Angelpunkt der Poetik im 18. Jahrhundert. In der Ästhetik dieses Jahrhunderts
> kam zu der erzieherischen Grundhaltung noch der Begriff *Popularität*, welcher der
> aufklärerischen Forderung nach Verbreitung der Bildung entgegenkam.[703]

Faktisch kam jedoch dem Preisausschreiben bei Beckers Materialbeschaffung keine besondere Rolle zu; den weitaus überwiegenden Teil seiner Lieder gewann er aus bereits bestehenden Liederbüchern, -sammlungen und Almanachen.[704] Dabei weisen die Texte eine recht unterschiedliche Qualität auf:

> Neben Gedichten harmloser Versemacher finden sich solche der bedeutendsten
> Dichter der Zeit. Außerdem laufen in der zweiten Hälfte des 18. Jahrhunderts mehrere Stilrichtungen nebeneinander her: der Stil des Rationalismus, der der

---

698 Zit. nach Weissert, S. 20.

699 Vgl. ebd., S. 22.

700 Deutsche Zeitung, 49stes Stück (1787), S. 403; zit. nach Weissert, S. 23.

701 Becker, Versuch über die Aufklärung des Landmannes, S. 62; zit. nach Weissert, S. 23.

702 „Die Volkslieder sollen nämlich […] möglichst deutlich und faßlich seyn: dürfen also keine Anspielungen auf Dinge und Begriffe, die außer dem Gesichtskreis des Volks liegen, keine Mythologie, keine personificirten Abstracta, nichts von der süßen Natur, vom keuschen Mond und dergleichen enthalten, und sollen gleichwohl so bilderreich und so edel und erhaben in Ausdruck und Gedanken seyn, als es möglich ist." (Dt. Zeitung 1787, S. 407; zit. nach Weissert, S. 23).

703 Weissert, S. 44.

704 Vgl. ebd., S. 38.

Empfindsamkeit und der des „Sturms und Drang" fanden ihren Niederschlag auch im Mildheimischen Liederbuch.[705]

Selbstverständlich entstammen die Dichter der Liedtexte zum größten Teil dem gehobenen Bürgertum – wie überhaupt die gesamte Literatur der Zeit explizit bürgerlich und vom bürgerlichen Bildungsanspruch geprägt ist.[706] Becker selbst war Freimaurer[707] und seine tief empfundene Philanthropie durchzieht den Geist des gesamten Buches. Dass dieses nicht nur der Bildung und Erziehung, sondern als „Prototyp des Gesellschaftsliederbuchs der Zeit um 1800, das sich an alle Bevölkerungsschichten wendet",[708] auch dem geselligen Beisammensein dienen sollte, macht der umfangreiche Untertitel (1815) deutlich: *Mildheimisches Lieder-Buch von acht hundert lustigen und ernsthaften Gesängen über alle Dinge in der Welt und alle Umstände des menschlichen Lebens, die man besingen kann. Gesammelt für Freunde erlaubter Fröhlichkeit und ächter Tugend, die den Kopf nicht hängt.*

Inhaltlich wird dazu immer wieder – idealisierend „natürlich" – der Gegensatz zwischen Stadt und Land herausgestellt. Von Rousseau ist uns bekannt, dass die Stadt stellvertretend steht für

> Begriffe wie Unnatur, Laster, Ungleichheit, Fürstendespotismus, Reichtum, Gelehrsamkeit des Kopfes und so fort, mit dem Land [demgegenüber] die Gegenbegriffe wie Natürlichkeit, Tugend, Gleichheit, Freiheit, *laeta paupertas*, natürlicher Witz [verbunden sind].[709]

Bei aller Idealisierung des Landlebens, die ebenso auf Rousseau zurückverweist wie die eng damit verbundene Kultur- und Sozialkritik, darf die politische Komponente der Texte nicht überbewertet werden – auch wenn der Feudalismus in den Liedern oft kritisiert wird, so war Becker am Erhalt der ständischen Ordnung doch gelegen.[710]

> Trotz aller kritischen Wendungen gegen Fürsten und Adel ist in den Liedern doch nie eine wirklich revolutionäre Anklage enthalten. Im Gegenteil, es entspricht dem Optimismus der Aufklärung, wie er sich auch im *Mildheimischen Liederbuch* ausspricht, dass man die geschilderten Verhältnisse als gerecht empfand. In den

---

705 Ebd., S. 91.
706 Vgl. ebd., S. 42.
707 Ebd., S. 81: „Mitglied des Illuminatenordens in Gotha."
708 Linder-Beroud, Waltraud: Von der Mündlichkeit zur Schriftlichkeit? Untersuchungen zur Interdependenz von Individualdichtung und Kollektivlied, Frankfurt/Main u.a. 1989, S. 232.
709 Weissert, S. 71.
710 „Dass die ständische Ordnung sinnvoll sei und alle Stände ihre verschiedenen Aufgaben zum Wohle des Ganzen erfüllen, versucht Becker in seinem Noth- und Hülfsbüchlein seinem bäuerlichen Publikum zu vermitteln." (Weissert, S. 78).

Gegenüberstellungen erscheint immer alles gerecht verteilt: was die Reichen zu viel an Überfluss haben, fehlt ihnen an Natürlichkeit und wahrem Glück.[711]

Die von den Texten geforderte Einfachheit schlägt sich auch in der absichtlich schmucklosen äußerlichen Aufmachung des Liederbuchs nieder. Der Druck der Texte erinnert – auch das ist Absicht – an die Satzweise des Kirchengesangbuchs: In zwei Spalten, eng und ohne Einteilung der Verse stehen die Lieder dicht an dicht, unterteilt nur durch den fett gedruckten Anfangsbuchstaben und die Liednummer. Ein solches Layout hatte mehrere Vorteile. Zum einen war es mit Sicherheit die günstigste Variante, zum anderen war den Bauern diese Aufmachung aus der Kirche vertraut – beides also ein Garant dafür, eine weite Verbreitung des Liederbuches zu gewährleisten, und daneben auch ein ausdrücklicher Versuch Beckers, „das Gesangbuch der Kirche abzulösen. […] Becker hat das *Mildheimische Liederbuch* als Beitrag zur Aufklärung verstanden, als Mittel zur menschlichen Veredelung durch die Verbesserung des Volksgesangs."[712] Verwandt ist es damit (neben etlichen Versuchen im späten 18. und 19. Jahrhunderts, die Lage der Grundschichten durch Gesang zu verbessern) auch Goethes Projekt einer allgemeinen Liedersammlung „zur Erbauung und Ergötzung der Deutschen".[713] Doch auch wenn Becker nicht der Einzige war, so war er doch der Aufklärer, der sich auf dem Markt am besten durchsetzen konnte: Sein Liederbuch war 1799 bereits kurz nach dem Erscheinen vergriffen, eine zweite Auflage wurde schon 1800 nötig, der in der Ursprungsfassung noch drei weitere folgten. Die fünfte Auflage von 1815 wurde in ihrem Umfang stark erweitert und enthielt jetzt 800 statt der bisher 580 Lieder – diese Version wurde bis zur achten Auflage 1837 beibehalten. Da das *Mildheimische Liederbuch* wie die meisten anderen Sammlungen keine Noten enthielt, bot Becker einen getrennten Melodieband in Quer-Oktav (Singstimme mit Klavierbegleitung) an. Für die ursprünglichen 580 Lieder stellte er darin 391 Melodien zur Verfügung, 1815 erschien zur erweiterten Textausgabe ein Anhang mit weiteren 210 Melodien.[714] Die große Fülle sowohl im Text- als auch im Notenband hebt das *Mildheimische Liederbuch* über sämtliche Sammlungen der Zeit heraus – Ende des 18. Jahrhunderts lagen die großen (wissenschaftlichen) Editionen späterer Jahrzehnte noch in weiter Ferne.[715]

---

711 Weissert, S. 76.

712 Vgl. ebd., S. 32 und 36.

713 Goethe, Über den Plan eines lyrischen Volksbuches (1808), Cottas Jubiläumsausgabe Bd. 37, S. 4.

714 Vgl. Weissert, S. 33.

715 Vgl. ebd., S. 95.

Was die Kompositionen des Notenbandes betrifft, stammen 84 Weisen aus anonymer Hand; die Liste der bekannten führt Reichardt[716] an (Ausgabe 1799 bereits 67, dann 85 Lieder), gefolgt von J. A. P. Schulz[717] (1799: 47, dann 56) und Hiller (31). Man kann sagen, dass „fast alle namhaften Liederkomponisten des späteren 18. Jahrhunderts […] wenigstens mit einem Liede im *Mildheimischen Liederbuch* vertreten [sind]."[718] Musikhistorisch spiegelt es also auch die Bemühungen der zeitgenössischen Komponisten – nicht nur, aber in herausragender Weise auch der Berliner Liederschule[719] – wider, durch die ästhetischen Maximen von Einfachheit, Sangbarkeit, Volkstümlichkeit den Gegensatz zwischen bürgerlicher Kunst- und im Volk verbreiteter Gebrauchsmusik aufzuheben oder jedenfalls erheblich abzuschwächen. Das Wechselspiel zwischen musikalischer wie gesellschaftlicher Ober- und Unterschicht ist dabei höchst interessant: Die Lieder aus (bürgerlicher) Bühnenmusik, aus Singspielen etc., die volksläufig geworden waren, wurden dies aufgrund ihrer Einfachheit und Sangbarkeit – für die Volkserzieher musste also daraus folgen, dass pädagogische Inhalte sich am besten innerhalb dieser Formen vermitteln ließen.[720] Max Friedländer beschreibt, auf welche Weise der Popularisierungsprozess sich vollzogen haben könnte:

> Wie mag das Publikum aufgejubelt haben, als ihm von der Bühne her diese frischen, leicht fasslichen Hillerschen Melodien entgegenklangen, die allen im Ohre blieben, die man beim Nachhausegehen förmlich unbewusst vor sich hinträllerte, die dann im Zimmer irgend ein musikalisches Familienmitglied am Spinett [!] wiederholte, die bei häuslichen Festen für andere Texte benutzt werden konnten! Und wie schnell verbreiteten sich diese Lieder durch ganz Deutschland (v.a. durch Wanderbühnen).[721]

---

716 „Für Reichardt wurde nach dem Studium der Schriften Herders, Rousseaus und Kants die Volksgesangsbildung im Rahmen einer allgemeinen Menschenbildung zur Aufgabe, da erst durch die Musik ‚der bessere, innere Mensch' erwache und ‚jede Veredelung des wilden Natursohns von ihr' ausgehe." (W. Salmen, Reichardt, S. 225; zit. nach Weissert, S. 100).

717 „Schulzens Lieder wurden für Spätere geradezu Muster für das Volkslied schlechthin, so vor allem seine Melodie zu Claudius' Der Mond ist aufgegangen (Im Mildheimischen Liederbuch steht das Abendlied […] jedoch nicht mit der berühmt gewordenen Melodie von Schulz, sondern mit einer Melodie von Reichardt) oder sein ebenfalls heute noch bekanntes Lied Alle Jahre wieder." (Weissert, S. 105).

718 Ebd., S. 96f.

719 „Mit den Regeln der Berliner Liederschule kann man wohl die meisten Lieder des Mildheimischen Liederbuchs fassen, zumindest kann man einen gewissen Typus des Liedes feststellen. Freilich hat sich auch hier mit dem Anhang zu den Melodien, der parallel zu der erweiterten Textausgabe erschien, ein gewisser Wandel vollzogen. Hier sind auch Lieder jüngeren Datums abgedruckt, auf welche die Regeln der zweiten Berliner Liederschule nicht mehr zutreffen." (Weissert, S. 116).

720 Vgl. ebd., S. 99.

721 Friedlaender, Max: Das deutsche Lied im 18. Jahrhundert I, 1, S. XLVII; zit. nach Weissert, S. 99.

Den „Schein des Bekannten" zu erwecken, wurde damit zu einer der wichtigsten Forderungen an die Komponisten bis weit ins 19. Jahrhundert hinein.

Als Sammlung stellt das *Mildheimische Liederbuch* einen einzigartigen Schatz des zeitgenössischen Liedguts dar, es darf mit Recht „der Konservator des Liedes der ganzen Periode"[722] genannt werden – unumstritten ist in der Forschung, dass es damit „unter den vielen anderen Sammlungen der Zeit den ersten Platz" einnimmt:[723]

> Das Werk ist eine fast erschöpfende Anthologie des damals vorhandenen volkstümlichen Liederschatzes […] Was sich in späteren Kommersbüchern, Logen- und Tafelliedersammlungen, Schulgesangbüchern usw. an guten Liedern findet, hat alles schon im *Mildheimischen Liederbuch* gestanden und ist erst aus dieser Fundgrube geschöpft und weitergewandert.[724]

Mit dem zeitlichen Abstand von gut zweihundert Jahren und dem Blick des modernen Musikforschers ist uns dieser Wert bewusst. Die Zeitgenossen waren durchaus anderer Meinung: Während die „aufklärerisch und philantropisch gestimmte Fachpresse" Beckers Werke wohlwollend rezensierte, stießen diese bei den Romantikern auf vehemente Ablehnung (wobei der Grad der Vehemenz deutlich macht, welche Bedeutung dem *Mildheimischen Liederbuch* wie auch dem *Noth- und Hülfsbüchlein* damals zukam).[725] Doch auch wenn beispielsweise Achim von Arnim und Clemens Brentano mit der Herausgabe des „Wunderhorns" als Konkurrenzprojekt das ausdrückliche Ziel verfolgten, „das *Mildheimische Liederbuch* wieder zu verdrängen",[726] so sah Arnim doch ein, dieses sei „zwar im Ganzen schlecht", könne „uns aber im Einzelnen manches Brauchbare liefern."[727] Und auch die erzieherischen Absichten, die beide Projekte verfolgten, setzen sie in eine gewisse Beziehung zueinander – auch wenn es Becker „nur" darum ging, das Volk, Arnim und Brentano dagegen darum gehen sollte, die *Nation* zu bilden (im doppelten Sinne). Wie wir jedoch sehen werden, sollte *Des Knaben Wunderhorn* allein schon aufgrund seines viel zu hohen Preises sich niemals am Markt durchsetzen – Beckers *Mildheimisches Liederbuch* hingegen war Jahrzentelang *das Liederbuch des Volkes*.

---

722 Seyfert, Bernhard: Das musikalisch-volkstümliche Lied von 1770-1800, in: Vierteljahresschrift für Musikwissenschaft X, S. 83.

723 Weissert, S. 162.

724 Schneider, K. E.: Das musikalische Lied in geschichtlicher Entwicklung III, S. 247; zit. nach Weissert, S. 162.

725 Vgl. Weissert, S. 133.

726 Ebd.

727 Brief A. v. Arnim an C. Brentano, 27. Febr. 1805; zit. nach R. Steig, Achim von Arnim und Clemens Brentano, S. 134.

1.2 Achim von Arnim, Clemens Brentano und
Des Knaben Wunderhorn

Seit Beginn der tiefgehenden Freundschaft zwischen Achim von Arnim und Clemens Brentano wurden immer wieder gemeinsame Publikationsprojekte ins Auge gefasst – *Des Knaben Wunderhorn* sollte schließlich das erste, gleichzeitig das größte und berühmteste Werk werden, das die beiden Autoren realisierten. Die Begeisterung, die Herder wenige Jahre zuvor für das Volkslied entfacht hatte, hatte die Romantiker erfasst und war auch der Auslöser für dieses größte Sammlungsprojekt der Romantik. Mehr noch als bei Herder stand für Arnim und Brentano die Rettung und „Wiederbelebung" des – freilich mythisch verklärten – alten Volkslieds, des mittelalterlichen (Bänkel-)Sangs im Vordergrund; und stärker als bei den Vorkämpfern tritt nun ein damit verbundenes nationalpolitisches Ziel hinzu.

> Arnim hatte Brentano in seiner Mittelalter-Begeisterung und im Volkslied-
> überschwang „eine Schule für Bänkelsänger" auf Schloß Laufen am Rheinfall
> [vorgeschlagen], wo die „einfachsten Melodien von Schulz, Reichardt, Mozart u.a.
> [...] mit den Liedern unter das Volk gebracht" werden sollten; von „Sänger-
> herbergen in den Städten" sollen die Bänkelsänger durch das Land ziehen, den
> „Deutschen einen Ton und eine enge Verbindung geben" und so durch die Erneue-
> rung des Volksgeistes und die Überbrückung der Kluft zwischen Volkspoesie und
> Kunstpoesie letztlich die deutsche Einheit herbeiführen.[728]

Im Februar 1805 stieß Arnim auf die 1784 erschienenen *Ungedruckten Reste alten Gesangs*, die der hessische Amtmann Anselm Elwert[729] (1761-1825) zusammengestellt hatte und die das *Wunderhorn*-Projekt in Idee und Ausführung beeinflussten.[730] Auf der anderen Seite sollte die neue Sammlung auch das äußerst populäre *Mildheimische Liederbuch* ablösen (vgl. oben, Kap. II.1.1) – eine Beeinflussung, und sei es nur durch Abgrenzung, ist auch hier unbestreitbar. Ebenso

---

728   Steig, Reinhold: Achim von Arnim und Clemens Brentano, Stuttgart 1894 (=Achim von Arnim und die ihm nahe standen, hrgg. von R. Steig und H. Grimm, Bd. 1), S. 38f., Brief vom 9. Juli 1802 an Brentano.

729   Indem Elwert die (angeblich) bislang Ungedruckten Reste im Druck herausbringt, überträgt er sie in die Sphäre der Schriftlichkeit. Vgl. hierzu Grosch, Nils: Die „Altdeutschen Volkslieder" des 19. Jahrhunderts. Auf den Spuren eines editorischen Konstrukts, in: E. John/T. Widmaier (Hrgg.): From „Wunderhorn" to the Internet. Perspectives on Conceptions of „Folk Song" and the Editing of Traditional Songs, Trier 2010, S. 190-199 sowie Linder-Beroud, Waltraud: Von der Mündlichkeit zur Schriftlichkeit?, Frankfurt/Main 1989.

730   Schlechter, Armin: Die Romantik in Heidelberg. Brentano, Arnim und Görres am Neckar, Heidelberg 2007, S. 54.

unumstritten ist, dass *Des Knaben Wunderhorn* alle vorangegangenen Sammlungen in „Umfang und [...] Anspruch [...] weit übertreffen sollte".[731]

Fast zeitgleich mit Arnims Entdeckung der *Ungedruckten Reste alten Gesangs* eröffnet ihm Brentano in einem Brief seine Idee eines Volks(lieder)buches:

> Ich habe dir und Reichard [sic] einen Vorschlag zu machen, bei dem ihr mich nur nicht ausschließen müßt, nehmlich ein Wohlfeiles Volksliederbuch zu unternehmen, welches das platte oft unendlich gemeine Mildheimische Liederbuch unnötig mache, wenn wir zum Anfang nur ein hundert Lieder, die den gewöhnlichen Bedingungen des jezzigen Volksliedes entsprechen, beisammen haben, mehrere sehr vernünftige Prediger der Pfalz haben mich schon darum gebeten, man könnte es abtheilen in einen Band für Süddtld., und einen für Norddtld., weil beide sich in ihren Gesängen nothwenig trennen, es muß sehr zwischen dem romantischen und alltäglichen schweben, es muß Geistliche, Handwerks, Tagewerks, Tagezeits, Jahrzeits, und Scherzlieder ohne Zote enthalten [...] es muß so eingerichtet sein, daß kein Alter davon ausgeschloßen ist, es könnten die bessern Volkslieder drinnen befestigt, und neue hinzugedichtet werden, ich bin versichert, es wäre viel mit zu würken, äußre dich darüber mir ist der Gedanke lieb.[732]

Und Arnim, bei dem Brentano gewissermaßen „offene Türen einrennt", antwortet herzlich:

> Ueber das Volksliedbuch denke ich sind wir lange einig, nicht ohne Dich und mit keinem andern als mit Dir möchte ich es herausgeben.[733]

Von Anfang an ging Arnim systematischer und besonnener an die Arbeit als Brentano – und mit einem klaren nationalpolitischen Ziel; er stand dem *Mildheimischen Liederbuch* weniger feindlich gegenüber, erkannte vielmehr dessen Wert auch für das aktuelle Projekt und war auf eine strengere Auswahl der Lieder bedacht.[734]

Was allerdings die Echtheit der Wunderhorn-Lieder betrifft, so ist seit langem bekannt, dass es sich zum geringsten Teil um Aufzeichnungen der oralen Überlieferung handelt.[735] Und dennoch hat das *Wunderhorn*, ähnlich wie die

---

731 Schlechter, S. 54.

732 Arnim/Brentano, Freundschaftsbriefe, Nr. 51; zit. nach Schlechter, S. 53.

733 Arnim/Brentano, Freundschaftsbriefe, Nr. 52; zit. nach Schlechter, S. 54.

734 Vgl. Schlechter, S. 54.

735 „1. Was Arnim und Brentano mit Mündlich bezeichnen, sind nur höchst selten Lieder, die sie selbst etwa aus mündlicher Tradition gewonnen hätten; vielmehr kennzeichnet dieser im Wunderhorn häufigste Herkunftsvermerk fast ausschließlich gravierende Eingriffe in einen überlieferten Text oder die (meist vage) Vermutung, ein durch einen Mittelsmann eingesandter Text sei von diesem nach mündlicher Tradition aufgezeichnet. 2. Wirklich direkt aus lebendiger Volksüberlieferung sind von Brentano neben einigen Kinderliedern nur verschwindend wenig Texte gewonnen, jedoch so gut wie nichts von Arnim, der selbst

Sammlungen der Brüder Grimm in Bezug auf unseren Begriff des Volksmärchens, unseren Begriff vom „Volkslied" entscheidend geprägt.[736]

> Wir empfinden heute als typisch deutsches Volkslied, was in Liederbüchern als Quellenangabe „Wunderhorn" trägt. Dabei hat die Literaturwissenschaft längst zeigen können, dass die beiden Herausgeber nicht von Haus zu Haus gingen und gesungene Texte aufzeichneten, sondern in der Regel gedruckt überlieferte Texte radikal und artistisch „romantisierten".[737]

Neben zahlreichen solcher „Restaurationen" alter Volkslieder, ihrer Überarbeitung und Glättung im Sinne der Romantik stehen etliche gänzlich eigene Dichtungen im „Volkston". Besonders Brentano schaffte es wie kaum ein anderer, Lieder im alten Stil zu dichten: So ist vor allem bei mit dem Attribut „mündlich" versehenen Texten ein Fingerzeig in diese Richtung zu suchen. Der erste Wunderhorn-Band, der 1806 erschien und 214 Lieder enthielt, war nach Brentanos Aussage innerhalb weniger Wochen zusammengestellt, da er sich aus einem „bereits längst gesammelte[n] Vorrath" an Quellenmaterial speiste.[738]

---

einmal gesteht, der Dialekt mündlich vorgetragener Volkslieder mache ihn so konfus, dass er nicht ein einziges aufzuzeichnen wisse." (Rölleke in Pape, Walter (Hrg.): Das „Wunderhorn" und die Heidelberger Romantik: Mündlichkeit, Schriftlichkeit, Performanz, Tübingen 2005, S. 8). Vgl. hierzu auch Tumat, Antje: Von Volkston und Romantik. „Des Knaben Wunderhorn" in der Musik, Heidelberg 2008, S. 3.

736   Vgl. Rölleke in Pape, Das „Wunderhorn" und die Heidelberger Romantik, S. 10.

737   Schultz in Heidenreich, Bernd (Hrg.): Geist und Macht. Die Brentanos, Wiesbaden 2000, S. 61. Schultz ebd. weiter: „Goethe hat zum ersten Band der Wunderhorn-Sammlung 1806 eine begeisterte Rezension geschrieben, in der er ebenfalls [wie auch Arnim und Brentano im Briefwechsel, MN] von Restaurieren spricht [...] Eine ‚sondernde Untersuchung in wiefern das alles, was uns hier gebracht wird, völlig echt, oder mehr oder weniger restauriert sei', lehnt er kategorisch ab; ‚das hie und da seltsam Restaurierte, aus fremdartigen Teilen verbundene, ja das Untergeschobene, ist mit Dank anzunehmen. Wer weiß nicht, was ein Lied auszustehen hat, wenn es durch den Mund des Volks, und nicht etwa nur des ungebildeten [sic!], eine Weile durchgeht! Warum soll der, der es in letzter Instanz aufzeichnet [...] nicht auch ein gewisses Recht daran haben?' (Münchner Ausgabe, Bd. 6,2, S. 616). An einer wissenschaftlich genauen Aufzeichnung und Edition mündlich überlieferter Texte gab es bei Goethe ebensowenig Interesse wie bei Arnim und Brentano." Ein gutes Beispiel für diese Vorgehensweise ist Goethes *Heidenröslein:* „Auch Goethe hat aus einem älteren längeren Volksliedtext lediglich ein Motiv herausgelöst und daraus ein gänzlich neues Kunstvolkslied [sic] geschaffen. Auch er ließ den artistisch geformten Text zunächst in einer Volksliedersammlung publizieren, sein Freund Herder, der ihm die Quelle vermittelt hatte, hilft ihm nach Kräften bei seinen Mystifikationen, indem er Goethes Text in einem Aufsatz (Von deutscher Art u Kunst. Einige fliegende Blätter, Hamburg 1773, S. 57) als ‚Fabelliedchen [...] aus dem Gedächtniß' abdruckt und dann auch in seine Volkslieder aufnimmt." (Schultz in Heidenreich, Geist und Macht, S. 64. Zum Heidenröslein vgl. unten Kap. II.2.2).

738   Brentano an den Heidelberger Verleger Johann Georg Zimmer, Briefe 3, Nr. 481; zit. nach Schlechter, S. 56.

Tatsächlich gehen nur gut dreißig Lieder auf handschriftliche Vorlagen zurück. Die restlichen Dichtungen stammen aus alten Drucken vor allem aus Brentanos Besitz oder wurden aus zeitgenössischen Zeitschriften und Monographien übernommen.[739]

Dabei entstammen 13 Lieder der Herder'schen Sammlung[740] und sogar 19 deren Widersacher, Nicolais *Kleinem feynem Almanach*.[741] Dass sich Arnim und Brentano dem Erbe Herders durchaus bewusst waren und verpflichtet sahen, zeigt sich in der selten genauen Quellenangabe, mit der sie die aus seiner Sammlung übernommenen Lieder versahen. Doch auch in vielerlei anderer Hinsicht diente Herder dem *Wunderhorn* zum Vorbild: Die Übernahme von Texten „nach Luther, Opitz, Dach sowie zeitgenössischer und eigener Lyrik […], die Freiheit bei der Bearbeitung […] und die bunte Mischung der Stücke."[742] Außerdem schöpften Arnim und Brentano aus Herders ergiebigen Hinweisen auf Fundstellen. Bei aller Sichtbarkeit dieses Erbes fällt jedoch auch ein deutlicher Unterschied in der Herangehensweise auf: Herder sammelte in seinem Kosmopolitismus *Stimmen der Völker in Liedern* – den „Wunderhornisten" ging es dagegen um deutsche Überlieferung, weshalb sich bis auf das Eingangsgedicht „nach dem Altfranzösischen" und dem Schlusstext in Mittellatein keine Lieder fremdsprachigen Ursprungs finden. Dass es ausgerechnet Anfang und Schluss sind, die eine Ausnahme bilden, ist natürlich bemerkenswert, ebenso wie die Tatsache, „dass Brentano am 20. Mai 1806 an Goethes Freund Höpfner [Goethe hatte das Fehlen fremdsprachiger Texte bemängelt, MN] schrieb: ‚Freilich ist alles Ausländische noch [sic!] aus unserem Plan ausgeschlossen.'"[743] Für das Jahr 1810 war zu diesem Zweck ein vierter Band vorgesehen, zu dessen Realisierung es jedoch nicht kam.[744]

Das *Wunderhorn* besteht also „aus unveränderten und veränderten altdeutschen Liedern, Volksliedern sowie romantischen Kunstliedern",[745] wobei „die Fülle und Vielfalt der aus alten Handschriften und Drucken [der weitaus größte Teil, MN] und aus dem lebenden Volksgesang gesammelten Lieder" dazu Anlass gibt, „von

---

739 Schlechter, S. 56.

740 Es handelt sich um die Lieder Nr. I/1, 6 (zweifach), 12, 16, 20; I/2, 1, 5, 9; I/3, 2; II/2, 27; teilweise I/1, 1, I/3, 19; II/1, 24.

741 Vgl. Rölleke, Nachwort zu Herder, Volkslieder, S. 473.

742 Ebd., S. 485f.

743 Ebd., S. 486.

744 „Im Rahmen der von Bettine initiierten Gesamtausgabe der Werke ihres Mannes veröffentlichte der Volksliedforscher Ludwig Erk 1854 als Band 21 der ‚Neuen Ausgabe' einen vierten Wunderhorn-Band. Er ging teilweise auf den Wunderhorn-Nachlass im Besitz der Familie von Arnim zurück. Dieses Material floss auch in Erks Hauptwerk ein, den Deutschen Liederhort." (Schlechter, S. 169).

745 Schlechter, S. 58.

einer ersten Gesamtausgabe deutscher Volkslieder zu sprechen."[746] Die mitunter sehr freie Bearbeitung der Lieder führte aber schon mit Erscheinen der Sammlung zu etlichen Anfeindungen von Seiten derer, die die fehlende Wissenschaftlichkeit anmahnten.[747]

> Die Brüder Grimm hatten sich schon 1809 ablehnend zur Idee geäußert, das ‚Wunderhorn' durch einen kritischen Anhang wissenschaftlich aufzuwerten. Im März schrieb Wilhelm an Savigny, „eine Selbstcritik des Wunderhorns, eine Geschichte des Lieds" sei am „allerschwierigsten" und ohne große Vorarbeiten überhaupt nicht zu leisten. Mit Verweis auf die Goethesche Rezension [die den freien Umgang mit den Vorlagen gebilligt hatte, s.o.; MN] vertrat er den Standpunkt, dass die Liedsammlung „von dieser critischen Seite" überhaupt nicht beurteilt werden dürfe, vielmehr müsse „die Idee in welcher es gesammelt ist […] verteidigt werden".[748]

Jacob und Wilhelm Grimm gehörten dennoch zum Kreise der engeren Mitarbeiter, man kannte Brentano aus Marburger Studententagen.[749] Auf das Engagement qualifizierter Mitarbeiter ebenso wie das breiterer Bevölkerungsschichten konnte ein Unterfangen dieser Größenordnung gar nicht verzichten. Bereits im September 1805 hatte Arnim das Projekt im „Kaiserlich-privilegirten Reichs-Anzeiger" annonciert und im Dezember an gleicher Stelle um Liedeinsendungen gebeten, wobei er sich vor allem an „Vorgesetzte und Beamte jeder Art, Pfarrer, Schullehrer [wandte], denn sie verstehen den Werth der Volkslieder."[750] Arnims nationalpolitisches Ziel wird bereits zu diesem Zeitpunkt deutlich: Die französische Besatzung und der deutsche Partikularismus machten die Rückbesinnung auf das gesamtdeutsche Erbe nun umso wichtiger, „wo der Rhein einen schönen Theil unsres alten Landes los löst vom alten Stamme, andere Gegenden in kurzsichtiger Klugheit sich vereinzeln."[751] Da Arnim nach der Arbeit am ersten Band viel auf Reisen war und sich folglich nicht in gleichem Maße wie Brentano an der Fortsetzung des Projektes beteiligen konnte, versandte dieser ab Juni 1806 den berühmten *Zirkularbrief,*

> in dem er die Bitte an „recht viele brave deutsche Männer" richtete, „alle ältere[n] Volkslieder, welche die Tradition im Gesange dieser Stände noch erhalten hat, schriftlich aufzufassen. Vorzüglich wäre auf jene Lieder zu achten, welche die Kunstsprache mit dem Namen Romanze, Ballade bezeichnet, das ist, in welchen irgend eine Begebenheit dargestellt wird, Liebeshandel, Mordgeschichte, Ritter-

---

746 Stockmann, Erich: Des Knaben Wunderhorn in den Weisen seiner Zeit, Berlin 1958, S. 5.
747 Vgl. Schlechter, S. 139.
748 Grimm/Grimm, Briefe an Savigny, Nr. 35; zit. nach Schlechter, S. 146.
749 Vgl. Schlechter, S. 70f.
750 Arnim/Brentano, Wunderhorn III, S. 344; zit. nach Schlechter, S. 69.
751 Ebd.

geschichte, Wundergeschichte … Weiter scherzhafte und elegische Volkslieder, Spottlieder." Daneben warb Brentano um Einsendungen von „gedruckten musikalischen weltlichen Liedersammlungen" des 16. und 17. Jahrhunderts. In Zusammenhang mit dem „Zirkularbrief" knüpfte Brentano von Mai bis Oktober eine umfangreiche Korrespondenz mit verschiedenen Personen an, die dann zum Teil durch ihre Lieferungen zu *Wunderhorn*-Beiträgern wurden.[752]

Im Jahr darauf, während der gemeinsamen Arbeit am zweiten Band – Arnim weilte für mehrere Wochen bei Brentano in Kassel –, wurde der Heidelberger Wunderhorn-Verleger Zimmer um die Veröffentlichung einer „Aufforderung, altdeutschen Volksgesang betreffend" ersucht. Der Aufruf erschien in mehreren Organen in Baden, Schwaben, Franken, der Schweiz und dem Elsass.[753] Geplant war zunächst nur ein zusätzlicher Band; aufgrund der Fülle an Material nahm Arnim im Alleingang dessen Teilung in zwei Bände vor. Ein vierter sollte Kinderliedern (103 Seiten) vorbehalten sein, wurde schließlich aufgrund des Ungleichgewichts zwischen Band 2 (448 Seiten) und 3 (ursprünglich 253 Seiten) dem dritten zugeschlagen.[754] In groben Zügen waren die Folgebände des *Wunderhorns* bis Ende des Jahres 1807 redigiert, wobei die Zusammenarbeit mit den Brüdern Grimm nicht geringzuschätzen ist. Man wollte auch den zweiten Band wieder Goethe widmen und erhoffte sich von einer erneuten wohlwollenden Rezension aus dessen Feder eine Steigerung des Wertes und der Verkaufszahlen.[755]

Ein erklärtes Ziel Arnims und Brentanos war, auch den aktiven Volksgesang vor seinem Aussterben zu bewahren und „wiederzubeleben".[756] Das Ziel einer „Wiederbelebung" zeigt in aller Deutlichkeit das ideologische Konstrukt des „alten deutschen Volksgesangs". Heute ist klar: Was nie existierte, zumindest nicht in dieser mythisch verklärten Form, konnte und kann auch nicht wiederbelebt werden.

---

752 Schlechter, S. 70; Zitate in: Brentano, Briefe III, Nr. 444; Arnim/Brentano, Wunderhorn III, S. 350-52.

753 Vgl. Schlechter, S. 108f.

754 Vgl. ebd., S. 110f.: „Insgesamt enthalten die drei Bände der Fortsetzung 509 Lieder."

755 Vgl. ebd., S. 109. Die Rezensionen waren fast sämtlich sehr positiv, am ausschlaggebendsten für den weiteren Erfolg des Wunderhorns war aber die anonyme Stellungnahme Goethes, Januar 1806 in der ‚Jenaischen allgemeinen Literatur-Zeitung' (21.-22. Jan. 1806, Nr. 18f., Sp. 137-48). „Vorangegangen war ein Besuch Arnims in Weimar im Dezember 1805, über den er seinem Freund berichtete: ‚Goethe, der viel sehr viel Güte für ich hat, er grüst dich, dankt für unsre Sammlung, findet sie sehr angenehm, hat sie gegen viele in Weimar gelobt und wird vielleicht selbst einige Worte darüber in der Jenaer Literaturzeitung sagen. Er hat fast über jedes Lied gesprochen […] Es war mir dabey als wenn eine schöne Königin mit ihren Fingern durch meine Mähne striche und mir den Hals klatschte' (Arnim/Brentano, Freundschaftsbriefe, Nr. 69)." (Schlechter, S. 66).

756 Vgl. Stockmann, Wunderhorn in Weisen seiner Zeit, S. 5.

„Aus der Verbindung von Volks- und Kunstdichtung sollte eine frische, lebens-nahe Dichtung entstehen, die den Erfordernissen der Gegenwart entsprach"[757] – dass die Texte als „Gesänge" bezeichnet und gedacht waren, zeigt, wie sehr die Herausgeber die Einheit von Wort und Musik betonten. Wie es scheint, machte Brentano, der musikalisch besser gebildet war als Arnim, dem Freund mehrmals den Vorschlag, das *Wunderhorn* im Hinblick auf eine Veröffentlichung von Me-lodien beispielsweise mit dem gemeinsamen Komponisten-Freund Reichardt herauszugeben, was Arnim kategorisch ablehnte.[758] Doch auch wenn Brentano ein wenig Gitarre spielte,[759] so reichten beider musikalische Kenntnisse bei wei-tem nicht hin, um die Herausgabe mit Melodien allein bewerkstelligen zu können. „Mir und Brentano fehlte die musikalische Kenntniß, um die Melodien auch da, wo wir sie kannten, den Liedern beyfügen zu können",[760] gesteht Arnim. Die Entscheidung gegen eine Herausgabe mit Noten schloss jedoch keineswegs die Erwartungshaltung an zeitgenössische Komponisten aus, diese möchten durch volkstümliche Weisen „den Liedern zu vollem Leben verhelfen."[761] So war Arnim der Meinung, dass beispielsweise Reichardts Lieder im Volkston „echtes Volkslied werden" könnten.[762]

Und es kam denn auch recht schnell zur Veröffentlichung von „Wunderhorn-Melodien": Bereits 1810, als alle drei Wunderhorn-Bände veröffentlicht waren, erschienen in Heidelberg *Vier und zwanzig Alte deutsche Lieder aus dem Wun-derhorn mit bekannten meist älteren Weisen beym Klavier zu singen*, heraus-gegeben von dem Hamburger Kaufmann Johann Nikolaus Böhl von Faber (1770-1836). Dass Faber auf ihm Bekanntes zurückgriff und sich dabei aus dem *Mild-heimischen Liederbuch* ebenso bediente wie aus Nicolais *Almanach* und dem katholischen Gesangbuch, entspricht der Vorgehensweise der Sammler von Volkspoesie.[763] Goethe hatte dem *Wunderhorn* in seiner berühmten Rezension gewünscht, in der Verbindung mit Musik den Weg „zurück zum Volk" zu finden, populär zu werden.

> Von Rechtswegen [sic!] sollte dieses Büchlein in jedem Hause, wo frische Men-
> schen wohnen, am Fenster, unterm Spiegel, oder wo sonst Gesang- und
> Kochbücher[764] zu liegen pflegen, zu finden sein […]. Am besten aber läge dieser

---

757 Vgl. Stockmann, Wunderhorn in Weisen seiner Zeit, S. 6.

758 Vgl. ebd., S. 8f.

759 Vgl. zur Musikalität Brentanos ebd., S. 11f.

760 Brief an August von Haxthausen, 2.4.1808, zit. nach Stockmann, Wunderhorn in Weisen seiner Zeit, S. 9.

761 Stockmann, Wunderhorn in Weisen seiner Zeit, S. 15.

762 Steig, Reinhold: Achim von Arnim und Clemens Brentano, Stuttgart 1894, Bd. 1, S. 135.

763 Vgl. Stockmann, Wunderhorn in Weisen seiner Zeit, S. 157, sowie Schlechter, S. 154.

764 Die Nennung von „Gesang- und Kochbüchern" in einem Atemzug deutet darauf hin, wie sehr Goethe an der Popularisierung der Volksliedsammlung gelegen war. Stellt man es zu

Band auf dem Klavier des Liebhabers oder Meisters der Tonkunst, um den darin enthaltenen Liedern entweder mit bekannten hergebrachten Melodien ganz ihr Recht widerfahren zu lassen, oder ihnen schickliche Weisen anzuschmiegen, oder, wenn Gott wollte, neue bedeutende Melodien durch sie hervorzulocken.

Würden dann diese Lieder, nach und nach, in ihrem eigenen Ton- und Klangelemente von Ohr zu Ohr, von Mund zu Mund getragen, kehrten sie, allmählich, belebt und verherrlicht, zum Volke zurück, von dem sie zum Teil [!] gewissermaßen [!] ausgegangen: so könnte man sagen, das Büchlein habe seine Bestimmung erfüllt, und könne nun wieder, als geschrieben und gedruckt, verloren gehen, weil es in Leben und Bildung der Nation übergegangen.[765]

Goethes Wunsch wurde in wenigstens einer Hinsicht erfüllt, „neue bedeutende Melodien" wurden geschaffen. In erster Linie handelte es sich dabei um Kunstlieder im Volkston aus dem Kreis der Berliner Schule, von Reichardt, Hiller, Zelter und J. A. P. Schulz,[766] doch riss die kompositorische Beschäftigung mit Wunderhorn-Texten auch lange danach nicht ab. Eine Katalogisierung der Vertonungen liegt bis heute nicht vor,[767] ein Problem bei der Erfassung birgt die jederzeit strittige Behandlung des Volksliedbegriffs.

Etliche Texte waren bereits vor dem Erscheinen der Heidelberger Sammlung greifbar, viele von ihnen gingen in Volksliedsammlungen mit Notenbeigabe auf, wie etwa die von Friedrich Silcher. Ob solche Vertonungen unter die Rubrik *Wunderhorn*-Vertonungen subsumiert werden können, ist letztlich oft nicht zu entscheiden. Vor demselben Problem standen schließlich auch die Verfasser von Werkverzeichnissen, in denen oft als Textquelle ausschließlich die Bezeichnung „Volkslied" ohne Hinweis auf die Heidelberger Sammlung (oder eine andere Volksliedsammlung) zu finden ist.[768]

---

den Kochbüchern, so ist es wirklich im Volk „angekommen" – und beide können gemeinsam für das leibliche und seelische Wohl sorgen.

765 Goethe, Münchner Ausgabe, Band 6,2, S. 602; zit. nach Heidenreich, Geist und Macht, S. 65.

766 Vgl. Tumat, S. 4.

767 Benischek in Tumat, S. 189-216.

768 Ebd. Caren Benischek liefert eine Auswahl an Kompositionen, die für uns von Interesse sind (ebd., S. 193-215): Brahms: Das Lied vom Herrn von Falkenstein, in: Vier Gesänge op. 43, 1868 bei Rieter-Biedermann (entst. 1857); Der Überläufer, in: Sieben Lieder op. 48, 1868 bei Simrock (entst. 1853); Liebesklage des Mädchens, in: ebd. (entst. vor 1868); Wiegenlied, in: Fünf Lieder op. 49, 1868 bei Simrock; Rosmarin, in: Sieben Lieder für gem. Chor op. 62, 1874 bei Simrock; Von alten Liebesliedern, in: ebd.; Hüt du dich!, in: Fünf Duette für Sopran und Alt op. 66, 1875 bei Simrock; Guter Rat, in: Vier Balladen und Romanzen für zwei Singstimmen op. 75, 1878 bei Simrock (entst. 1877).
Mendelssohn-Bartholdy: Erntelied, in: Zwölf Gesänge für eine Singstimme und Klavier op. 8, 1827 bei Schlesinger (entst. 1827); Minnelied, in: Sechs Gesänge für eine Singstimme und Klavier op. 34, 1837 bei Breitk.+Härtel (enst. 1834); Jagdlied, in: Drei Gesänge für

Des Knaben Wunderhorn trägt in seinem Titel an keiner Stelle das Wort „Volkslieder" – vielmehr lautet der Untertitel *Alte deutsche Lieder* und spiegelt damit Arnims politisches Ziel einer Einigung der deutschen Nation durch Rückbesinnung auf die gemeinsame mittelalterliche (Kultur-)Geschichte wider.[769] Im Aufsatz *Von Volksliedern*[770] stellt Arnim unter anderem dar, woher dieser Untertitel stammt: 1552, in der vierten Auflage der Liedersammlung *Frische teutsche Lieder*, stellt deren Herausgeber Georg Forster (1514-1568) im Vorwort „ungereimte neue Kompositionen" gegen „alte Teutsche Lieder". Arnim hielt viel von Forsters Sammlung, bezeichnete sie gar als eines seiner „liebsten Herzblätter".[771] Und auch Brentano schrieb an Savigny von der „Sammlung aller deutschen alten Romanzen [...] unter dem Titel des Knaben Wunderhorn" als einem „teut-

---

eine Singstimme und Klavier op. 84, 1850/51 in Leipzig o.V. (enst. 1834); Altdeutsches Frühlingslied, in: Sechs Gesänge für eine Singstimme und Klavier op. 86, ebd. (entst. 1847).

Schumann: Wenn ich ein Vöglein wär', in: Drei Duette op. 43, 1844 bei Simrock (enst. 1840); Schnitter Tod, in: Romanzen und Balladen für Chor op. 75, 1850 bei Whistling (enst. 1849); Jäger Wohlgemuth, in: Romanzen und Balladen für Chor op. 75/Anhang; Käuzlein, in: Liederalbum für die Jugend op. 79, 1849 bei Breitk.+Härtel (enst. 1849); Marienwürmchen, in: ebd. (enst. 1849); Die Schwalben, in: ebd. (enst. 1849); Spinnelied, in: ebd. (enst. 1849); Die Ammenuhr, ebd. (enst. 1849); Käuzlein, in: ebd.; Rosmarien, in: Romanzen für Frauenstimmen mit Klavier ad libitum op. 91, Heft II, 1851 bei Simrock (enst. 1849); Jäger Wohlgemuth, in: ebd. (enst. 1849).

Silcher: Zahlreiche Wunderhorn-Vertonungen gingen in seine Volksliedsammlungen für versch. Besetzungen ein, darunter: Aennchen von Tharau, Der Schweizer, Die drei Schwestern, Die Prager Schlacht, Erfrorne Blumen, Lebewohl, Müllers Abschied, Schäferleben, Sehnsucht, Zu Straßburg auf der Schanz.

Weber: Weine, weine, weine nur nicht (Volkslied), in: Volkslieder, 1. Sammlung op. 54, 1818 bei Peters (enst. 1818); Die fromme Magd, in: ebd.; Wenn ich ein Vöglein wär (Volkslied), in: ebd.; Volkslied. Ei, ei, ei, wie scheint der Mond so hell, in: Volkslieder, 2. Sammlung op. 64, 1822 bei Schlesinger (enst. 1818); Mailied, in: ebd. (enst. 1817); Gelahrtheit, in: ebd. (enst. 1818); Abendsegen, in: ebd. (enst. 1819); Mein Schatzerl is hübsch (Volkslied), in: ebd. (Datierung fraglich, spätestens 1822).

Zelter: Folgende Wunderhorn-Vertonungen werden in Sekundärquellen genannt: Der deutsche Zecher; Fuge; Probatum.

769 Indem Arnim und Brentano die Lieder als „alte deutsche", und nicht explizit als Volkslieder bezeichneten, trug das Wunderhorn dazu bei, „diesen Volksliedbegriff unterschwellig bis in die Gegenwart hinein" zu tragen (Rölleke, Nachwort zu Herder, Volkslieder, Stuttgart 1975, S. 466) – das Volkslied also als etwas Altes, Vergangenes oder zumindest Aussterbendes, das mit der eigenen Gegenwart eigentlich nicht mehr viel gemein hat.

770 Der Aufsatz erschien erstmals in gekürzter Fassung Anfang 1805 in der von Reichardt begründeten „Berlinischen Musikalischen Zeitung" und findet sich anschließend im ersten Band des Wunderhorns.

771 Vgl. Schlechter, S. 55.

sche[n] Volks Gesangbuch".[772] Die Parallele zu vorhergehenden aufklärerischen Volksbildungsprojekten anhand von Gesang, wie dem *Mildheimischen Liederbuch*, ist evident. Auch Arnim schrieb in jungen Jahren:

> [F]ühre ihnen [d. i. dem einfachen Volk, MN] die göttligen Gedanken zu. Segle mit den Alls Lebends Bildern des Herkules und der Venus in die Wüsten der Erde, führe ihnen ein zweiter Prometheus den Himmels funken zu, zu dem Pöbel gehe um dich vom Pöbel zu befreyen, gebe ihm Aussicht und Hoffnung, Wissen der Ahndung seines Wirkens.[773]

Die Idee einer ästhetischen Volkserziehung durchzieht auch Arnims Volksliedaufsatz. Seine Verwendung des Begriffes „Volkslied" ist dabei weniger auf eine mit klaren Merkmalen versehene Gattung bezogen, sondern

> ein nur je in Zukunft einlösbares Rezeptionsphänomen. Ein Volkslied ist nicht Exempel einer umschreibbaren Gattung, sondern eine Erfolgs- und soziale Vitalitätszuschreibung. Das Unternehmen der beiden Volksliedsammler ist janusköpfig, richtet sich auf Vergangenheit und Zukunft. Die Herausgeber suchen Liedtexte, die einen Platz im Volk gehabt zu haben schienen; Lieder, die jene Sichtung und Bewährung durch die Zeit, von der Arnim oft spricht, schon bestanden hätten.[774]

Dabei handelt es sich gar nicht unbedingt immer um „gesungene" Lieder. Andere, gesprochene Texte „volksnaher Poesie" sollten der Rettung und Erneuerung der Sprache dienen, und darüber hinaus „Elemente eines zukünftigen Kanons [bilden], also einer Anthologie ‚erhörter' Texte, die den Bekanntheitsgrad erlangt haben, der identitätsstiftend und kultureinigend wirkt."[775] Die politische Dimension beider Aspekte ist unübersehbar: Unmittelbar vor den Befreiungskriegen von napoleonischer Herrschaft sollte *Des Knaben Wunderhorn* dazu dienen, ein politisches Bewusstsein unter *den Deutschen* zu schaffen, „singend" sollte „das zerstreute deutsche Volk, getrennt durch Sprache, Staatsvorurteile, Religionsirrthümer und müßige Neuigkeit, zu einer neuen Zeit"[776] geführt werden. Brentanos erste Idee einer Herausgabe von zwei getrennten Bänden, einem für Nord- und einem für Süddeutschland, wird ersetzt durch die Idee eines „gesamtdeutschen" Unterfangens, durch eine „bunte Zusammenstellung von Liedern aller deutschen Regionen, die die gemeinsame Tradition der deutschen Stämme im Zeitalter der Napoleonischen Kriege und der deutschen Teilung bewusst

---

772 Brentano, Briefe 3, Nr. 412, 416; zit. nach Schlechter, S. 55.

773 Arnim, Werke und Briefwechsel, Bd. 30, S. 175; zit. nach Pape, Wunderhorn und Heidelberger Romantik, S. 158.

774 Ricklefs in Pape, Wunderhorn und Heidelberger Romantik, S. 159.

775 Ebd., S. 162.

776 Arnim, Von Volksliedern, S. 473; zit. nach Stockmann, Wunderhorn in Weisen seiner Zeit, S. 6.

macht."[777] Heinrich Heine, der sich in Paris an seine Beschäftigung mit dem *Wunderhorn* erinnert, meint, „in diesen Volksliedern (!) ein[en] sonderbare[n] Zauber" zu erkennen – „in diesen Liedern fühlt man den Herzschlag des deutschen Volks."[778] Auch Heinrich Hoffmann von Fallersleben lobte in der ersten Geschichte des *Wunderhorns*, 1855 im „Weimarischen Jahrbuch" publiziert, dessen nationalpolitische Ziele. Nach einer deutlichen Kritik am Umgang mit dem Volksliedbegriff bzw. der Bezeichnung „Alte deutsche Lieder", an der „Capuziner- und Jesuitenverselei und [der] süßliche[n] protestantische[n] Pietistenpoesie" hebt er die „nachhaltig gute Wirkung, zunächst auf unsere lyrische Poesie, dann auch auf die Musik und die zeichnenden Künste"[779] hervor. Damit

> ist und bleibt das Wunderhorn ein Werk, dessen wir uns immer freuen dürfen und mit Liebe und Dank gedenken müssen. [...] Es hat das deutsche Element mit wieder zu Ehren gebracht; [...] es hat das Studium des Volksliedes angebahnt und Manchen zum Sammeln und Forschen ermuntert [...] Das Wunderhorn hat seine Sendung erfüllt.[780]

Doch hat es das wirklich? Trotz – oder wohl gerade aufgrund – seiner (zu) hoch gesteckten Ziele ist deren Verwirklichung fraglich. Eine wirkliche „romantische Alternative" zum *Mildheimischen Liederbuch* ist das *Wunderhorn* jedenfalls nicht geworden:

> Das attackierte Mildheimische Liederbuch von 1799 war und blieb ein außerordentlicher Publikumserfolg und erlebte noch 1837 seine zehnte Auflage. Von der einzigen Auflage des Wunderhorns [...] aber lagen noch hundert Jahre nach Erscheinen zahlreiche, trotz Angeboten zu Ramschpreisen unverkäufliche Exemplare auf Lager.[781]

Denn lange Zeit musste die erwünschte weite Verbreitung der Sammlung in allen Schichten des Volkes allein schon am viel zu hohen Anschaffungspreis scheitern; nicht einmal ein durchschnittlich verdienender Pfarrer konnte sich ein Exemplar leisten. Dies

> mach[t] deutlich, dass das *Wunderhorn* ein verlegerischer Misserfolg ersten Ranges war, dass die Sammlung folglich nicht in den verdächtig oft und fälschlich berufenen „singenden Schichten des einfachen Volks" ankam oder rezipiert wurde.[782]

Schon Goethe hatte in seiner berühmten Rezension darauf hingewiesen, dass „das Volk" in Wahrheit weder Autor noch Adressat der „Art Gedichte [sei], die wir

---

777 Häntzschel in Pape, Wunderhorn und Heidelberger Romantik, S. 50.

778 Heine, Die Romantische Schule, 3. Buch (=Sämtliche Schriften, Bd. 3), S. 450; zit. nach Rölleke in Pape, Wunderhorn und Heidelberger Romantik, S. 9.

779 Hoffmann, zit. nach Schlechter, S. 167.

780 Ebd.

781 Rölleke in Pape, Wunderhorn und Heidelberger Romantik, S. 4.

782 Ebd., S. 8.

seit Jahren Volkslieder zu nennen pflegen, [denn sie seien] eigentlich weder vom Volk noch fürs Volk gedichtet."[783]

Ähnlich scheint es den „volkstümlichen" Vertonungen der Texte zu ergehen: „So bedeutend diese Werke auch sein mögen, Gemeinbesitz des Volkes wurden sie nicht. Sie blieben dem Konzertsaal, der Schul-, Vereins- und der Hausmusik verhaftet."[784]

Ein vernichtendes Urteil also für das gesamte *Wunderhorn*-Projekt? Mitnichten. Denn einerseits war es der „Startschuss" für ein neues Interesse am – freilich stark mystifizierten – „Volk" und dessen angeblichem kulturellen Schaffen, andererseits lieferte die Zusammenstellung einer derart breit angelegten Anthologie die Basis für eine Masse kostengünstiger, nun wirklich in allen Schichten des Volkes verbreiteter Sammlungen und Liederbücher, die in den folgenden Jahren und im Laufe des gesamten 19. Jahrhunderts publiziert werden sollten.

---

783 Zit. nach Ricklefs in Pape, Wunderhorn und Heidelberger Romantik, S. 229.
784 Stockmann, Wunderhorn in Weisen seiner Zeit, S. 16.

1.3 Die Sammlungen der Brüder Grimm

Die *Kinder- und Hausmärchen* der Brüder Jacob und Wilhelm Grimm kennt im wahrsten Sinne des Wortes jedes Kind, und das weit über Deutschland hinaus. Dass die beiden Brüder im Rahmen eines groß angelegten Planes einer Erneuerung, Erforschung und Systematisierung der deutschen Sprache unter anderem auch Lieder sammelten, weiß dagegen nicht jeder. Die Beteiligung Jacob und Wilhelm Grimms an *Des Knaben Wunderhorn* der Freunde Arnim und Brentano wurde im vorhergehenden Kapitel bereits erwähnt. Ihre eigene Volksliedsammlung veröffentlichten die Grimms jedoch nicht (dies erfolgte erst posthum) – wohl aus Bescheidenheit, da sie bereits im *Wunderhorn* namentlich genannt waren und sich nicht „wiederholen" wollten.[785] Doch wenngleich die Grimm'sche Volksliedsammlung keine große Rolle in der Geschichte der Liedsammlungen spielt, ist sichtbar, dass die folkloristische Sammeltätigkeit der Grimms durch die Mitarbeit am *Wunderhorn* entfacht wurde: Ihre rege Betätigung auf diesem Gebiet, vor allem auch im Hinblick auf die Märchen, setzt 1806, also fast gleichzeitig mit dem Wunderhorn-Projekt, ein.[786]

Wie dort und in etlichen anderen Publikationen der Zeit drängt sich die Frage nach der Echtheit auf. „Volksmärchen" sind die Grimm'schen Märchen in gewisser Weise ebenso wenig wie die Lieder bei Arnim und Brentano „Volkslieder" sind – die Märchen sind vielmehr „Buchmärchen", sprachlich geglättete, redaktionell überarbeitete[787] poetische Texte, die allerdings auf einer soliden Basis oraler Überlieferung stehen (mit ca. 15% deutlich solider als beim *Wunderhorn* und allen anderen zeitgenössischen Sammlungen).[788] Der Großteil wurde aus

---

785 Grimm, Jacob und Wilhelm: Volkslieder, Bd. 1: Textband, Vorwort S. XVII.

786 Uther, Hans-Jörg: Die Brüder Grimm als Sammler von Märchen und Sagen, in: Heidenreich, Bernd und Grothe, Ewald (Hrgg.): Die Grimms – Kultur und Politik, Frankfurt/Main ²2008, S. 83ff.

787 Bluhm, Lothar und Rölleke, Heinz: „Redensarten des Volks, auf die ich immer horche". Märchen – Sprichwort – Redensart. Zur volkspoetischen Ausgestaltung der Kinder- und Hausmärchen durch die Brüder Grimm, Neuausgabe Stuttgart/Leipzig 1997, S. 20f.: „‚Außerdem', so bekannte [...] der jüngere Grimm-Bruder in der Vorrede zur Drittauflage [der Kinder- und Hausmärchen, MN] ‚sind viele der frühern Stücke abermals umgearbeitet und durch Zusätze und einzelne, aus mündlichen Erzählungen gewonnene Züge ergänzt und bereichert.' Die Texte wurden im Zuge dieser redaktionellen Bearbeitung erzähltechnisch ausgearbeitet [...] vor allem auch wurden die Texte sprachlich ausgefeilt und einem – wohlgemerkt – vorgestellten volkstümlichen Erzählton angenähert. Dabei wurden insbesondere die Anteile wörtlicher Rede vermehrt und [...] sprichwörtliches oder redensartliches Sprachmaterial eingefügt."

788 Vgl. Bluhm/Rölleke, Redensarten des Volks, S. 20 sowie Uther in Heidenreich/Grothe, S. 114f.

verschiedenster Literatur des 16.-18. Jahrhunderts zusammengetragen, auch wenn die Brüder Grimm immer viel Wert auf ihre angebliche „Mündlichkeit" legten und etliche Quellenangaben in Richtung dieses Ideals „zurechtbogen".

Die 15% oraler Überlieferung stammten keineswegs von Menschen aus den untersten Volksschichten, sondern in den meisten Fällen von Angehörigen der bürgerlichen Mittel- und Oberschicht sowie der Aristokratie;[789] die Begriffe „Volk", dann auch „Nation" und „Vaterland", wie sie die Grimms gebrauchen, müssen zunächst unter diesem „bürgerlichen" Blickwinkel betrachtet werden. „Volk" beinhaltet für Jacob Grimm[790] stets auch soziale und ethische Aspekte[791] (wobei man bei ihm noch kein Interesse für die in seiner Zeit entstehende Arbeiterschaft erkennen kann – deren sozialer wie geographischer Entwurzelung der seiner hessischen Heimat extrem Verbundene wohl auch verständnislos gegenüberstand).[792] Auch Wilhelm dachte die soziale Komponente mit, indem er die bäuerlichen Unterschichten in den Volksbegriff miteinbezieht.[793] „Volk" als Bevölkerungsklassifikation bezeichnet für die Grimms im Kern den bürgerlichen (gebildeten, besitzenden) Mittelstand[794] – dem sie ja selbst angehörten, samt eines vorbildhaften gesellschaftlichen Aufstiegs durch Bildung.[795]

> Der Wille des Volks ist für Grimm oft identisch mit den Bestrebungen des gebildeten Bürgertums. Unter Volk stellt er sich aber auch einfache, fromme, stille, rechtschaffene, von ihrer Hände Arbeit lebende Menschen vor. Der Begriff Volk kann, je nach dem Zusammenhang, in dem er gebraucht wird, entweder eine soziale Schicht oder eine kulturelle Gemeinschaft, aber auch die Menschen, die in einer Landschaft oder in einem Staat zusammenleben, bezeichnen. […] Volk ist der Zu-

---

789 Vgl. Zipes, Jack: The Brothers Grimm. From Enchanted Forests to the Modern World, New York 2002, S. 28: „Most of the storytellers during this period were educated young women from the middle class or aristocracy." Vgl. auch Bluhm/Rölleke, S. 32.

790 Bedauerlicherweise stand der jüngere Wilhelm zeitlebens im Schatten seines berühmteren Bruders, auch wenn er ein mindestens genauso fleißiger Mitarbeiter an den gemeinsamen Großprojekten war. Wenn im Folgenden fast ausschließlich von Jacobs politischer Einstellung etc. die Rede ist, dann ist dieser Umstand allein der Tatsache geschuldet, dass Jacob als Mitglied der Frankfurter Paulskirche, als Vorsitzender der Germanistenversammlungen u.v.m. eine in der Öffentlichkeit viel stärker agierende und wahrgenommene Persönlichkeit war als sein Bruder und infolgedessen auch sehr viel besser erforscht ist.

791 Vgl. Feldmann, Roland: Jacob Grimm und die Politik, Kassel o.J. (1973?), S. 54.

792 Vgl. ebd., S. 55.

793 Vgl. Bluhm/Rölleke, S. 31f.

794 Vgl. Feldmann, J. Grimm und die Politik, S. 56.

795 Lauer, Bernhard: Die hessische Familie Grimm – Herkunft und Heimat, in: Heidenreich/Grothe, S. 31.

sammenklang verschiedener Elemente. Es wird gebildet durch alle im Vaterland geeinten Menschen.[796]

Festzuhalten ist – und das macht die Festlegung des Grimm'schen Volksbegriffes nicht leichter –, dass die Grimms diesen deutlich weiter und politischer dachten als nur innerhalb der „zeittypischen Schwärmerei für das Volkstümliche".[797] Und festzuhalten ist auch, dass politische Aktivität und politische Äußerung der Mittelschicht vorbehalten sein sollten, die sich von der Masse, vom „Pöbel" eben darin unterscheidet. Immer wieder formuliert Jacob Grimm, beispielsweise in seinem Paulskirchen-Antrag zum ersten Artikel der Grundrechte, „dass der Mittelstand der Kern der Nation sei".[798] Dabei benutzt Grimm „Nation" jedoch nicht im staatsrechtlichen Sinne, sondern wie Herder im Sinne der *Kulturnation*, häufiger noch als Synonym für „Vaterland", das sich aus gemeinsamer Geschichte, Sprache, Rechtsprechung konstituiert.[799] Dieser Fakt darf nicht darüber hinwegtäuschen, dass die Grimms ganz entschiedene Nationalisten, Patrioten im besten Sinne, waren, und ihr gesamtes Leben in den Dienst dieser Sache stellten.

Obwohl sich beide Brüder politisch und kulturell stark machten für das geeinigte Deutschland, blieben sie – denn das war kein Widerspruch – doch immer „bekennende" Hessen mit sehr liberalem Geist. Früh waren ihnen gemeinsame Spaziergänge in die ruhige und unberührte Natur der hessischen Heimat von großer Bedeutung,[800] erste Beschäftigungen mit natur- und völkerkundlichen „Forschungen", „in denen sich die spätere schöpferische Natur und auch das Interesse beider Brüder für das ‚Kleine und Unbedeutende' bereits andeutet", finden schon statt, als die beiden noch das Gymnasium besuchen.[801] Mit dem Studium der Jurisprudenz bei Savigny in Marburg beginnt eine ganz entscheidende Zeit der Weichenstellung für ihr weiteres Leben, wissenschaftlich wie persönlich: Savigny führt die Brüder „nicht nur in seine bahnbrechende kritische Methode der organischen Rechtswissenschaft ein […], sondern [erweckte] mit seiner großen Bibliothek auch ihr Interesse für die Dichtungen des deutschen Mittelalters."[802] Zugleich macht er sie mit den Vertretern der „jüngeren Roman-

---

796 Feldmann, J. Grimm und die Politik, S. 57.
797 Bluhm/Rölleke, S. 31.
798 Feldmann, S. 265; siehe zum Antrag Denecke, Faksimile-Ausgabe des handschr. Antrags Grimms zum ersten Art. der Grundrechte, Schrift des Brüder-Grimm-Museums, Kassel o.J.
799 Vgl. Achterberg, Nicola: Das Spannungsfeld von Verantwortungs- und Gesinnungsethik im Verhältnis zum politischen Bewusstsein Jacob Grimms, Frankfurt/Main u.a. 2001, S. 50f.
800 Lauer in Heidenreich/Grothe, S. 28.
801 Ebd., S. 31.
802 Ebd., S. 32.

tik" bekannt: Clemens und Bettine Brentano, etwas später Achim von Arnim.[803] Entscheidend für die Herausbildung des Nationalbewusstseins war – wie so oft – auch die Auseinandersetzung mit Frankreich. Mit bzw. für Savigny geht Jacob nach Paris, wo es ihm – wie so vielen – nicht gefallen will.[804] Nur die Nationalbibliothek genießt seine Wertschätzung, alles andere ist unter der uns von etlichen Parisreisenden des 19. Jahrhunderts bekannten Rubrik „Ablehnung des gekünstelten welschen Tands" zu verbuchen. Nach seinem Sieg bei Jena und Auerstedt besetzt Napoleon auch Kassel und regiert über Hessen; und auch hier sind die Grimms nicht die Einzigen, die Napoleon und die französische Fremdherrschaft entschieden ablehnen. „Ich habe stets die Schmach gefühlt, welche in der fremden Herrschaft lag; an harten, unerträglichen Einrichtungen, an Ungerechtigkeiten aller Art fehlte es nicht",[805] notiert Wilhelm Grimm 1830 in seiner Selbstbiographie. Doch schließlich – Ironie des Schicksals? – bekommt Jacob eine Stelle als Bibliothekar in Napoleons Diensten: Damit steht ihm nicht nur die gesamte Kasseler Sammlung offen, sondern er kann sich auch alles, was sein Herz begehrt, aus der Pariser Bibliothek beschaffen. Gleichzeitig sitzt er als einziger Deutscher im westphälischen Kabinett auf der in „Napoleonshöhe" umbenannten Wilhelmshöhe, die Stellung lässt ihm „viel eigene Zeit, [er kann sich] fast unbekümmert auf das Studium der altdeutschen Poesie und Sprache"[806] konzentrieren. Ein Glücksfall.

Die französische Fremdherrschaft ist entscheidendes Movens für die besonders in den besetzten Teilen des deutschen Sprachraumes verstärkt einsetzende Beschäftigung mit der deutschen Sprach- und Literaturgeschichte, was auch die Selbstbiographien der Brüder Grimm nahelegen:

> Das drückende jener Zeiten zu überwinden half denn auch der Eifer, womit die altdeutschen Studien getrieben wurden […] Ohne Zweifel hatten die Weltereigniße und das Bedürfniß sich in den Frieden der Wissenschaft zurückzuziehen, beigetragen, daß jene lange vergessene Literatur wiedererweckt wurde; allein man suchte nicht bloß in der Vergangenheit einen Trost, auch die Hoffnung war natürlich, daß diese Richtung zu der Rückkehr einer andern Zeit etwas beitragen könne.[807]

Ab 1807 erscheinen diverse Beiträge zum Thema, die Grimms springen in gewisser Weise auf einen fahrenden Zug auf – dessen Steuer sie später als Begründer der Germanistik übernehmen werden.

---

803 Vgl. Lauer in Heidenreich/Grothe, S. 32.
804 Ebd., S. 34.
805 Schnack, Die Selbstbiographien von J. und W. Grimm aus dem Juli und September 1830, Kassel 1958, S. 45; zit. nach Lauer in Heidenreich/Grothe, S. 35.
806 Lauer in Heidenreich/Grothe, S. 36.
807 In: Schnack, Die Selbstbiographien; zit. nach Lauer in Heidenreich/Grothe, S. 37.

In seiner Göttinger Antrittsvorlesung (der Weggang aus Kassel war den heimatverbundenen Brüdern äußerst schwer gefallen), nicht umsonst unter dem Titel „de desiderio patriae", nimmt Jacob Grimm deutlichen, wenngleich nicht wörtlich benannten, Bezug auf das Herder'sche Konzept der Kulturnation auf Grundlage einer gemeinsamen Sprache:

> Durch nichts anderes wird das Band zur Heimat und ihre Unentbehrlichkeit so beleuchtet und ans Licht gezogen wie durch die Gemeinschaftlichkeit der Sprache. […] ich behaupte, daß weder ein Volk wirklich blühen kann, das seine Muttersprache vernachlässigt, noch eine Sprache verfeinert werden kann von einem Volke, das seine Freiheit verloren hat […]. Die Muttersprache aber, die das feste Fundament des Staates ist, sollten wir unermüdlich pflegen und verfeinern und nicht daran zweifeln, daß, so weit und breit sie in Kraft steht, auch Deutschland sich erstreckt. Bei solcher Veränderung und Verwirrung der Verhältnisse, bei welcher uns in dieser Zeit ein Übergang aus überlieferten Gewohnheiten in eine ganz neue Ordnung bevorsteht, tut es den Wachenden und Schlafenden not, die Liebe zur Heimat rein zu bewahren.[808]

Der angesprochene „Übergang aus überlieferten Gewohnheiten in eine ganz neue Ordnung" – von der alten Feudalherrschaft zu den aus dem revolutionären Frankreich nach Deutschland herübergeschwappten demokratischen Ideen – führt uns dazu, einen Blick auf Jacob Grimms politische Aktivitäten zu werfen. In seinem Wirken verbinden sich Wissenschaft und Politik zum gemeinsamen Ziel der nationalen Einheit: In diesem Zusammenhang war er stets entschieden liberal gesinnt, wenngleich er nie einem radikal-aufklärerischen Liberalismus anhing.[809]

> Jacob Grimms politische Priorität lautete, auf eine griffige Formel gebracht: „Erst Einheit, dann Freiheit", oder noch präziser: „Freiheit durch Einheit". Damit verortete er sich selbst auf dem rechten Flügel des deutschen Liberalismus, und gleichzeitig widersprach er entschieden der Parole „Lieber Freiheit ohne Einheit als eine Einheit ohne Freiheit", die im selben Jahr 1832 der Anführer der aufgeklärten südwestdeutschen Liberalen, Karl von Rotteck, ausgegeben hatte.[810]

Einer Partei wollten sich die Brüder Grimm nie zuordnen lassen oder gar offiziell anschließen:[811] In der Frankfurter Paulskirche tritt Jacob keiner der Fraktionen

---

808 Zit. nach Lauer in Heidenreich/Grothe, S. 48f.

809 Kraus, Hans-Christof: Jacob Grimm – Wissenschaft und Politik, in: Heidenreich/Grothe, S. 200, spricht von „seinem [d.i. Jacobs, MN] Streben nach Realisierung der Einheit Deutschlands und […] seinem keineswegs nur kulturell, sondern eindeutig politisch geprägten Patriotismus".

810 Ebd., S. 202; vgl. auch Ehmke, Horst: Karl von Rotteck, der „politische Professor", Karlsruhe 1964 (=Freiburger rechts- und staatswissenschaftliche Abhandlungen 3), S. 3.

811 Vgl. Grothe, Ewald: Die Brüder Grimm und die hessische Politik, in: Heidenreich/Grothe, S. 253.

bei, sondern setzt sich allein in den Mittelrang direkt vor das Rednerpult.[812] Inhalt seiner eher seltenen Diskussionsbeiträge sind nicht die „Spezialprobleme" der Form und Organisation des neuen Staates, sondern in allererster Linie dessen endliche Einigung. Sowohl sein engagierter Antrag zu den Grundartikeln als auch der zur Abschaffung des Adels finden keine Mehrheit.[813] Wilhelm Bleek behauptet, der „fraktionslose" Platz in der Paulskirche ganz vorne in der Mitte sei ein „Ehrenplatz" gewesen, der Grimm seiner Berühmtheit wegen zugewiesen wurde, was aufgrund anderer Textquellen bezweifelt werden kann.[814] Demnach soll er, was sehr viel einleuchtender ist, der sogenannten „Casino-Fraktion" nahegestanden haben:

> Diese Gruppierung der rechten Mitte vertrat das gemäßigte Programm einer rechtsstaatlichen und konstitutionellen Monarchie, wie es Jacob Grimm in dem Dankesschreiben vom 21. Mai 1848 an die Wahlmänner seines Wahlkreises […] kurz und bündig umrissen hatte: „Ich bin für ein freies einiges Vaterland unter einem mächtigen König und gegen alle republikanischen Gelüste. Das Nähere werden mir mein Herz und die Zeit eingeben."[815]

Bei allen konservativen und konstitutionell-monarchistischen Zügen spielt doch die Freiheit stets die entscheidende Rolle im politischen Denken der Grimms. Auch den Demokraten, die Jacob lange radikal ablehnte, bringt er allmählich wachsende Sympathien entgegen und bekennt:

> Je älter ich bin, desto demokratischer gesinnt bin ich. Sässe ich nochmals in einer Nationalversammlung, ich würde viel mehr mit Uhland, Schoder stimmen, denn die Verfassung in das Geleise der bestehenden Verhältnisse zu zwängen, kann zu keinem Heil führen.[816]

Der Weg zu demokratischem Gedankengut war für Grimm gepflastert mit der Erkenntnis, dass die wahre – also die politische, nationalstaatliche – Einheit Deutschlands nur vom Volk selbst geschaffen werden könne, da dieses wahren „Volksgeist" besitze. Die Regierungen der Partikularstaaten haben diesen nicht und können ihn auch gar nicht haben – und hätten ohnehin kein Interesse an einer Nationalstaatsgründung.[817]

---

812   Vgl. Kraus in Heidenreich/Grothe, S. 210.

813   Vgl. ebd., S. 210f.

814   Vgl. Bleek, Wilhelm: Die Brüder Grimm und Friedrich Christoph Dahlmann – Freundschaft zwischen drei Gelehrten in: Heidenreich/Grothe, S. 282.

815   Ebd.

816   In: G. Waitz, Zum Gedächtnis an Jacob Grimm. Gelesen in der Kgl. Ges. der Wissenschaften den 5. Dez. 1863. Göttingen 1863, S. 23f.; zit. nach Kraus in Heidenreich/Grothe, S. 221.

817   Vgl. Feldmann, J. Grimm und die Politik, S. 54.

Alles in allem lässt sich das politische Denken der Brüder Grimm kaum auf eine Richtung oder Partei festlegen; sie dachten und handelten zwischen Pragmatismus und dem Hochhalten des alten deutschen Erbes.[818] Dabei ist jedoch an die zu Beginn dieses Kapitels gemachte Feststellung zu erinnern, dass sich beide stets im Rahmen des Bürgertums bewegten, das der Kern der Nation ist – Unterstützung wurde also ausschließlich den Forderungen der bürgerlichen Schichten entgegengebracht, während man mit dem „sogenannten Pöbel", ähnlich wie schon Herder, nichts zu tun haben wollte.[819]

Sich diesen Volksbegriff erneut vor Augen zu halten, ist für den Umgang mit den Sammlungen von Volkspoesie unerlässlich. Mitunter wurde beispielsweise den Märchen angekreidet, sie verherrlichten den europäischen Feudalismus (der junge Prinz, die hübsche Königstochter ...). Doch ist vielmehr das Gegenteil der Fall: Häufig ist es gerade der einfache, tugendhafte Mensch aus dem Volk, dem durch seine moralische Reinheit der soziale Aufstieg gelingt – und den er aufgrund seiner Tugendhaftigkeit und Einfachheit auch verdient wie kein anderer.[820] Die Verteilung der sozialen Typen der Protagonisten in den Märchen ist dabei aufschlussreich: Neben sehr vielen Prinzen (17) und Prinzessinnen (12) kommt an zweiter Stelle der Schneider (10) – als „ehrlicher Handwerker" ein klassischer Bürger – dann der Soldat (9), der Diener (8), der Jäger (4) sowie einige Male auch Angehörige höherer bürgerlicher Berufe. Demgegenüber stehen aber 78 Märchen, in denen Bauern und andere arme, aber ehrliche, tugendhafte Figuren im Mittelpunkt stehen.[821] Dieses Ideal der Einfachheit, Natürlichkeit – wir kennen es

---

818 Vgl. Grothe in Heidenreich/Grothe, S. 258: „Wahrung historischer Traditionen, organisches Wachstum und Bewahren im Wandel, so hießen die politischen Maximen von Jacob und Wilhelm Grimm. Vorsichtige Anpassung des politischen Systems an die Zeitbedürfnisse, so lautete das Ziel. Insgesamt sind die Brüder Grimm politisch nur mit Einschränkungen als liberal einzustufen. Ihre Ansichten befanden sich vielmehr in einer Übergangszone zwischen reformkonservativ, konstitutionell und gemäßigt liberal. Ihnen kam es auf eine praktische Verbesserung der politischen Zustände in Hessen und Deutschland an. Gegen eine Etikettierung haben sich die Brüder Grimm jedoch immer wieder gewehrt."

819 Vgl. ebd., S. 246.

820 Vgl. Achterberg, S. 135 sowie Zipes, S. 115.

821 Vgl. Zipes, S. 78. Vgl. auch Uther in Heidenreich/Grothe, S. 99: „Viele Märchen schildern in der Heldin einen Prototyp, der durch die Verbindung von Arbeit und Schönheit gekennzeichnet ist. Die oft unscheinbare Heldin stammt aus kleinen Verhältnissen, ist aber prädestiniert zu sozialem Aufstieg, weil sie sich durch Fleiß und gute Haushaltsführung auszeichnet und Mitgefühl gegenüber den Tieren und der Natur besitzt. So sind die „Kinder- und Hausmärchen" bestimmt von einer Vielzahl bürgerlicher Normen, die in ihrem Ganzen der Welt des Biedermeier entsprechen, aber doch überzeitlich sind. [Deutsche?

von Rousseau wie von Herder gut – gilt den Grimms wie den meisten ihrer romantischen Zeitgenossen auch als Ideal der Dichtung. „Alles in der Natur [ist] zugleich wunderbar und einfach" schreibt Jacob an Georg Friedrich Grotefend (Cassel, 2.9.1819), und bringt damit auch seine Vorstellung „von Poesie und von seinen wissenschaftlichen Bemühungen überhaupt" auf den Punkt. „Er sucht das Wunderbare im Einfachen."[822] In der Einteilung in Kunst- und Naturpoesie, die zum Teil von Herder stammt, zeigt sich sein romantisches Denken in höchstem Maße: Während die Kunstpoesie aus der Feder eines klar benennbaren Autors meist jüngerer Zeit stammt, ist die Quelle der Naturpoesie diffus – es ist gewissermaßen göttliche Urkraft, die im Geist des Volkes wirkt.[823] Das *Kollektiv* ist „Autor" der Werke, die aus diesem Wirken erwachsen, weshalb die Volkspoesie, da sie von allen geschaffen ist, auch allen gehört.[824] Eine solche Philosophie brachte für die nationsbildenden Pläne der Grimms mehrere Vorteile mit sich – wobei hier „Nationsbildung" im doppelten Sinne gemeint ist: Bildung des Einzelnen und (auch dadurch) Bildung, Schaffung der Nation. Im „Circular wegen der Aufsammlung der Volkspoesie", gedruckt und verteilt 1815, wird Jacobs „emphasis placed on collecting natural and pure lore and bringing it together to celebrate a paternal heritage of a fatherland" deutlich.[825]

> The Grimms shared a sense of imaginative *nation-building*, and the Germany they
> thought had existed and existed during their lifetime was a Germany that they
> thought to create in the name of the fatherland.[826]

Die Schaffung eines neuen Idealtyps des *literarischen* Märchens in den *Kinder-und Hausmärchen*[827] – so nah wie möglich am oralen „Original", aber eben ver-

---

MN] Tugenden wie Fleiß, Reinlichkeit und Arbeitsamkeit sind hochgeschätzt, Faulheit und Müßigkeit werden dagegen negativ sanktioniert."
822 Feldmann, S. 26.
823 Vgl. ebd., S. 16.
824 Vgl. Zipes, S. 11 sowie den dort zitierten Brief Jacob Grimms an Achim von Arnim vom 20.5.1811.
825 Zipes, S. 28.
826 Ebd.
827 Die Erstausgabe der Kinder- und Hausmärchen 1812 war zu wissenschaftlich und zu wenig für Kinder geeignet, teils auch einfach unfertig; weshalb also bald Neubearbeitung(en) nötig wurden. Die zweite Ausgabe erschien jedoch erst 1819 und die dritte erst weitere 18 Jahre später. Dazwischen wurden allerdings billigere „Kleine Ausgaben" (1825, 1833, 1836) veröffentlicht, die sich gut verkauften, wobei der Durchbruch erst mit der dritten „Großen Ausgabe" gelang, „nachdem Märchenbücher, auch illustrierte Ausgaben, inzwischen eine höhere Akzeptanz erreicht hatten und der Gebrauch von Märchen für pädagogische Zwecke (Lesebuch, Sprachlehrbuch) zugenommen hatte." In der Folge erschienen immer abwechselnd eine große und eine kleine Ausgabe, stets im Abstand von ca. 3 Jahren. Die große Bekanntheit erreichten die Kinder- und Hausmärchen naheliegenderweise durch Kleine Ausgaben, die deutlich billiger waren und dadurch eine leichtere

feinert und „gehoben" durch stilistischen und teils auch thematischen Schliff – war ganz entscheidend dazu gedacht, der wachsenden Leserschaft aus der bürgerlichen Mittelschicht entgegenzukommen. Auch die Anpassung an bürgerliche Werte wurde erst im und durch das Bürgertum und die Aristokratie vorgenommen.[828] Diese Adaption und Verfeinerung von Kulturgütern niederer Volksschichten war ein entscheidender Bestandteil der Herausbildung einer eigenen und selbstbewussten bürgerlichen Kultur mit ihren Werten, Institutionen und Konventionen.[829] Auch das „Zurechtschreiben" der Märchen nach protestantischer Ethik und nach demokratischen Grundsätzen hatte eine große Bedeutung für die Verbreitung im deutschen Bürgertum – der einfache Mensch schafft den sozialen Aufstieg durch seine Tugenden, seine eigene Leistung, und eben nicht durch Geburt.[830] Die nationalintegrative Kraft der „Grimm'schen" Märchen ist dabei nicht zu unterschätzen:

> What is special about Germany is that the fairy tale as an institution became a sacred meeting place of readers from the agrarian, middle-class, and aristocratic sectors of the population, a place to which they could withdraw, a source from which they could draw succor, and through which their aspirations and wishes could be fulfilled. Within the institution of the fairy tale they could become legitimate human beings again; it was within this institution that all social classes in what was to become Germany could unite.[831]

Der Glaube an die nationalintegrative Kraft der gemeinsamen Sprache einer „Kulturnation Deutschland" schlug sich neben den Sammlungen von Volkspoesie auch in den Bemühungen der Brüder Grimm zur Begründung der Germanistik bzw. der verschiedenen „Germanistiken" (in Recht, Sprache, Historie) nieder. Entscheidend für deren Entstehung waren die beiden Germanistenversammlungen von Frankfurt (1846) und Lübeck (1847). Den Vorsitz bei diesen Zusammenkünften von Juristen,[832] Philologen, Historikern und

---

Verbreitung möglich machten. Diese Ausgaben beinhalteten immer 50 Märchen, den Abschluss bildete immer Sterntaler. Solche Kontinuitäten dürfen nicht darüber hinwegtäuschen, dass alle Texte ständiger Bearbeitung unterworfen waren – nur die mundartlichen blieben unverändert. (Vgl. Uther in Heidenreich/Grothe, S. 88-94).

828 Ebd., S. 57.
829 Vgl. ebd., S. 56.
830 Vgl. Zipes, S. 114.
831 Zipes, S. 119f.
832 Zu den „Beiträgen der Brüder Grimm zur Rechtswissenschaft und Rechtsgeschichte" siehe den Artikel von Barbara Dölemeyer in Heidenreich/Grothe. Sie weist darauf hin, dass der Marburger Freundeskreis um Savigny deren geistige Avantgarde darstellte – „hier entwickelte Jacob die Vorstellungen von der Gemeinsamkeit von Recht, Sprache und Volkslied als genuinen Ausdrucksformen einer nationalen Kultur." (S. 167). Grimms Abhandlung „Von der Poesie im Recht" verbindet Rechts- und Sprachwissenschaft: Auch hier tritt deren Einheit in der Entstehung aus dem „Volksgeist" zutage. „Das Recht ist wie die Sitte

Altertumskundlern hatte Jacob Grimm inne. Die Tagungen der Germanisten wurden zum Teil als Vorläufer der Frankfurter Nationalversammlung betrachtet:

> Das Bindeglied zwischen den versammelten Gelehrten war die Germanistik, nicht nur als Forschungsgegenstand, sondern vor allem als wissenschaftliches und politisches Prinzip, das alles, was deutsch ist und der Einheit dient, in den Mittelpunkt des Interesses rückt. Über Deutschland konnte die Versammlung nicht entscheiden, wohl aber über Deutsches.[833]

> Die wissenschaftliche Beschäftigung mit dem Deutschen sollte eine kulturelle Einheit begründen, die als Vorläufer der politischen Einheit verstanden wurde und letzendlich zur Bildung einer staatlichen Nation beitragen sollte.[834]

Ein wirklicher Vorläufer der Paulskirche waren die Versammlungen jedoch nicht,[835] jedenfalls nicht in erster Linie, da ihr Vorsitzender die Tagespolitik absichtlich außen vor halten wollte.[836] Im Mittelpunkt sollte „nur" die Sprache stehen (wobei genau das ja auch Politik bedeutete!) – seine Rede begann Jacob Grimm 1846 mit den an Herder gemahnenden Worten: „Lassen sie mich mit der einfachen frage anheben: Was ist ein volk? Und ebenso einfach antworten: ein volk ist der inbegriff von menschen, welche dieselbe sprache reden."[837] Und auch bei der Präsentation des Großprojektes eines „Deutschen Wörterbuchs" durch Wilhelm Grimm auf dem Germanistentag 1846 sind das Erbe Herders ebenso wie nationale Töne nicht zu überhören, wenn er vom hohen Wert der gemeinsamen Sprache spricht, „die ein Volk noch zusammenhält, wenn andere Stützen brechen".[838] So soll durch die Gemeinsamkeiten in Sprache, Literatur, Geschichte usw. die nationale Identität der Volks- und Kulturnation betont werden, die die wirkliche politische Einheit vorbereiten helfen sollte.[839]

Es wurde darauf hingewiesen, dass sich nach 1832 in fast allen Wissenschaften gesamtdeutsche Zusammenschlüsse bildeten. Die Germanistik unterscheidet sich

---

und Sprache volksmäßig, dem Ursprung und der organisch lebendigen Fortbewegung nach." (Brief vom 29.10.1840; zit. a.a.O., S. 180).

833 Netzer, Katinka: Die Brüder Grimm und die ersten Germanistenversammlungen, in: Heidenreich/Grothe, S. 307.

834 Ebd., S. 317.

835 Die Germanisten waren bei weitem auch nicht die einzigen, die sich zusammenschlossen: Seit dem Hambacher Fest 1832 fanden zunehmend gesamtdeutsche Veranstaltungen statt, v.a. natürlich der Turner und Sänger, aber auch von diversen Wissenschaftlern. (Vgl. Netzer in Heidenreich/Grothe, S. 303).

836 Vgl. Schmidt-Wiegand, Ruth: Die Brüder Grimm als Mitbegründer der Germanistik, in: Heidenreich/Grothe, S. 138.

837 Zit. nach Schmidt-Wiegand in Heidenreich/Grothe, S. 139; vgl. auch Feldmann, J. Grimm und die Politik, S. 224.

838 Schmidt-Wiegand in Heidenreich/Grothe, S. 152.

839 Vgl. Netzer in Heidenreich/Grothe, S. 324f.

von diesen jedoch darin, dass sie eben *durch* ihr Forschen und Wirken „Nationalbildung im doppelten Sinne" betrieb: Schaffung eines Nationalbewusstsein und Volkserziehung, die beide Hand in Hand gehen. Die Märchensammlung und sogar das Deutsche Wörterbuch waren als nationale Erziehungsbücher gedacht – doch soll und kann das Bewusstsein für das kulturelle Erbe nach Ansicht der Grimms nicht durch aktives Lernen entstehen, weshalb Jacob auch dessen Anwendung im schulischen Unterricht ablehnt:

> Weil das Lernen von außen zu uns kommt, das einheimische aber kein Wissen und Lernen, sondern eine angeborene und angeatmete Liebe ist. Die vaterländische Geschichte ist daher nur als wirkliches Hörensagen, als Tradition lebendig, wenn sie Kinder zu Hause und auf der Gasse hören, ohne zu wissen, von wem und wie und ich halte aus dem Grund für widersinnig, dass auf unsern Schulen deutsche Sprache [sic!] und Religion gelehrt wird, oder gar ein altdeutsches Gedicht zu vaterländischer Ermunterung getrieben werden soll.[840]

Dass die Bemühungen der Brüder Grimm um die Einheit der Nation durch Sprache und Kultur Erfolg hatten, zeigt sich in der integrativen Wirkung ihrer Kinder- und Hausmärchen: Noch knapp zweihundert Jahre nach ihrem ersten Erscheinen ist ihre Beliebtheit durch alle gesellschaftlichen Schichten und allen politischen Umbrüchen zum Trotz ungebrochen.

---

840 J. Grimm an Savigny, 22.9.1814; zit. nach Feldmann, S. 210f.

2. ... und viele „kleine":
Deutschsprachige Gebrauchsliederbücher 1806-1870

2.1 Zum Untersuchungsgegenstand der Gebrauchsliederbücher

Gegenstand der Untersuchungen bilden 192 Gebrauchsliederbücher des Forschungszeitraums 1806-1870 aus dem Bestand des Deutschen Volksliedarchivs Freiburg im Breisgau.[841] Die Eingrenzung des Zeitraumes ergibt sich aus dem Erscheinen des ersten Bandes des *Wunderhorns* als Meilenstein volkspoetisch motivierter Sammlungen im Jahre 1806, dem im selben Jahr erfolgenden Untergang des Heiligen Römischen Reiches deutscher Nation und der Gründung des Rheinbundes; der Ausbruch des Deutsch-Französischen Krieges 1870 (mit der Folge der deutschen Reichsgründung im Jahr darauf) bildet das Ende unserer Betrachtungen.

Festzustellen ist, dass sich um einschneidende politische Begebenheiten herum, im Schnitt alle 10-15 Jahre, das Repertoire in den Sammlungen ändert. So werden beispielsweise immer dann verstärkt Rheinlieder in allen Teilen Deutschlands in die Liederbücher aufgenommen, wenn Konflikte mit Frankreich auflodern (z.B. Rheinkrise 1840, Vorabend des deutsch-französischen Krieges). Da explizit politische Lieder – wie es der Großteil der Rheinlieder oder auch das Schleswig-Holstein-Lied („Schleswig-Holstein, meerumschlungen...") sind – jedoch nicht im Mittelpunkt unserer Untersuchungen stehen, wurden sie größtenteils außer Acht gelassen. In fast jeder Sammlung des Forschungszeitraums finden sich etliche politische Rheinlieder, die in sich schon einen Komplex darstellen, der eine eigene Untersuchung nötig machte.

Nicht behandelt wurden darüber hinaus Liederbücher und einzelne Lieder für eine abgeschlossene Adressatengruppe, also keine Kriegs- bzw. Soldatenlieder, keine geistlichen Lieder (zum Beispiel Weihnachtslieder), so gut wie keine Kinderlieder, ebenso wenig wie Lieder bestimmter Gruppen, die in ihrer Verbreitung auf diese Gruppe beschränkt blieben (zum Beispiel spezielle Turner-, Handwerker-, Freimaurerlieder).

Selbstverständlich variiert die Anzahl der zur Verfügung stehenden Sammlungen von Jahrgang zu Jahrgang: Einerseits wurde nicht jedes Jahr eine gleichbleibende Menge an Liederbüchern aufgelegt, andererseits können wir uns nur auf das stützen, was Eingang in die Archive – in unserem Fall ins Deutsche Volksliedarchiv – gefunden und Kriege, Geringschätzung späterer Generationen und

---

841   Es handelt sich um die Freiburger V3-Signaturen 2440-4210.

Ähnliches überdauert hat. Es liegt aus beiden Gründen nahe, dass zu Beginn des Forschungszeitraums weniger Material zur Verfügung steht als gegen Ende. Zwei Jahrgänge – 1811 und 1816 – fehlen unter den Freiburger Gebrauchsliederbüchern gänzlich; in den übrigen bewegt sich die Anzahl der vorliegenden Sammlungen zwischen einer (1806, 1808, 1809, 1813, 1814, 1823, 1826, 1828, 1829, 1830, 1834, 1837, 1839, 1842, 1866) und neun (1841, 1848), also stets im einstelligen Bereich.

Die Erscheinungsorte sind über das gesamte deutschsprachige Gebiet und das Ausland verteilt: An der Spitze liegt konkurrenzlos Leipzig (31 Ausgaben), gefolgt von Berlin (14), Stuttgart (13), Reutlingen (9), Nürnberg (8), Hamburg und Zürich (jeweils 6). München und Halle werden je viermal genannt, alle anderen Orte entweder zweimal (24: Altona, Basel, Bern, Dresden, Elberfeld (heute Wuppertal), Erfurt, Essen, Frankfurt/Main, Gotha, Heilbronn, Jena, Lahr, Nordhausen, Paris, Plauen, Prag, Schaffhausen, Schwabach, Strasbourg, Tübingen, Wesel, Wien, Wismar, Zwickau) oder ein Mal (47: Aarau, Aschersleben, Augsburg, Biberach, Bonn, Brandenburg/Havel, Braunschweig, Cöslin, Dänemark, Düsseldorf, Eisleben, Eppendorf, Freiburg i. Br., Friedland, Glarus, Glückstadt, Hanau, Hannover, Heidelberg, Helmstedt, Hirschberg (Jelenia Gora, Schlesien), Karlsruhe, Königsberg, Liegnitz (Legnica, Niederschlesien), Lübeck, Mannheim, Marienwerder, Meiningen, Neu-Ruppin, Neustadt (Holstein), Nisky, Osterode/Goslar, Passau, Pirna, Quedlinburg, Ratzeburg, Regensburg, Rendsburg, Rotterdam, Schwäbisch Hall, Sorau (heute Zary/Polen), Tönning, Trier, Weimar, Rostock/Ludwigslust, Zittau/Görlitz, Zwenkau).

Die folgenden Karten des Deutschen Bundes sollen die Verteilung der Gebrauchsliederbücher anhand ihrer Erscheinungsorte visualisieren.

a) Wichtigste Erscheinungsorte (4- bis 31-mal)

Quelle: http://upload.wikimedia.org/wikipedia/commons/6/6c/Deutscher_Bund.png (29.09.2011),
eigene Bearbeitung

b) Erscheinungsorte II (zusätzlich zu a) die 24 zweimal genannten Orte)

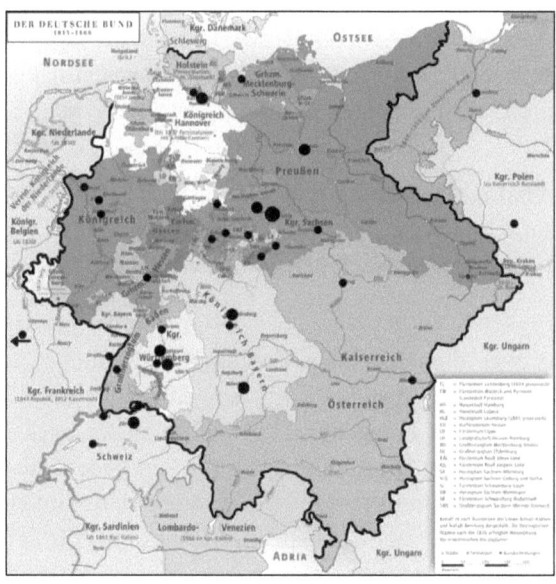

Quelle: http://upload.wikimedia.org/wikipedia/commons/6/6c/Deutscher_Bund.png (29.09.2011),
eigene Bearbeitung

c) Erscheinungsorte III (zusätzlich zu a) und b) die 47 einmal genannten Orte)

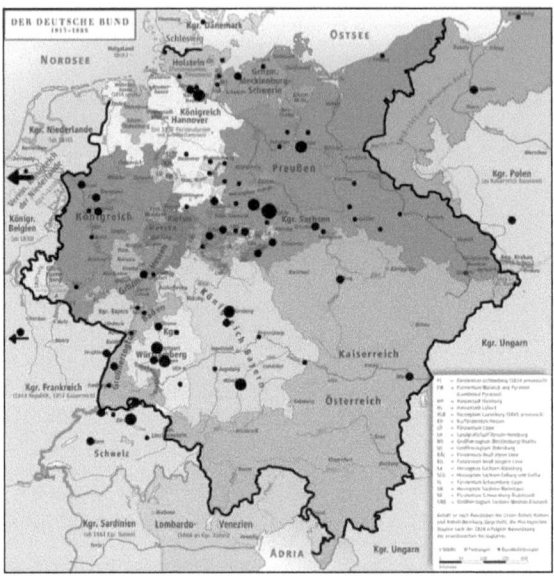

Quelle: http://upload.wikimedia.org/wikipedia/commons/6/6c/Deutscher_Bund.png (29.09.2011),
eigene Bearbeitung

Dass Sammlungen aus Österreich so wenig repräsentiert sind, könnte mit der Gründung des Österreichischen Volksliedwerks im Jahre 1904, also 10 Jahre vor der Gründung des Deutschen Volksliedarchivs, zusammenhängen. Davon abgesehen wurde durch die damaligen Sammler des DVA kein Schwerpunkt auf Österreich gelegt.

Die relativ gleichmäßige Verteilung über den restlichen deutschsprachigen Raum ist allerdings deutlich sichtbar. Interessant ist dabei auch Leipzig, das sowohl publizistisch wie auch geographisch das Zentrum bildet.

Im Folgenden sollen die einzelnen Gebrauchsliederbücher samt Kürzel (in Klammern) und Signatur aufgeführt und – soweit möglich und sinnvoll – näher betrachtet werden. Für die Beurteilung der Sammlungen nach ihrer politischen Absicht sind Titel, Vorwort, Kommentare des Herausgebers etc. von Bedeutung, aber auch Größe und Ausstattung des Bandes interessieren im Hinblick auf Preis und Verbreitung. Zudem ist es oft erhellend, welches Lied die Sammlung eröffnet und ob diese alphabetisch oder thematisch geordnet ist. Eine alphabetische Reihung wurde oft gewählt, um der Zensur zu entgehen und zeigt sich besonders häufig in Zeiten und an Orten verstärkter politischer Repression. Ob es sich um eine reine Textausgabe oder um eine Liedsammlung mit Noten handelt, ist jeweils durch ein T bzw. N gekennzeichnet, wobei eine in Klammern gesetzte Zahl hinter dem N die Anzahl der Stimmen bezeichnet (z.B. N(4) für einen vierstimmigen Chorsatz, N(1) für eine Singstimme).

Der Vollständigkeit halber und um weitergehende Forschungen auf diesem Gebiet zu erleichtern, werden hier sämtliche für die Herausarbeitung des Liederkanons genutzten Gebrauchsliederbücher aufgeführt, auch wenn nicht alle einer näheren Betrachtung unterzogen werden. Es bietet sich an, dieses Kapitel und das darauf folgende zum Liederkanon parallel zu lesen.

1) *Was fangen wir heute an? Eine Sammlung gesellschaftlicher Spiele und Lieder für gebildete Cirkel. Freunden geselliger Fröhlichkeit geweiht von W. B[esser], Halle 1806. – T –*

   (Halle 06) – V3 2440.

Der gesamte erste Teil der Sammlung beinhaltet Gesellschaftsspiele. Diese vor allem im ersten Drittel des Jahrhunderts noch häufiger auftretende Kombination von Spielen und Liedern zeigt die soziale Bedeutung gemeinschaftlichen Singens für Zusammenhalt, Zeitvertreib der nichtarbeitenden bzw. „Freizeitgestaltung" der arbeitenden Bevölkerung. Hier handelt es sich dem Titel und dem Inhalt nach um eine Sammlung für das gehobene Bürgertum.

2) *Gesellschafts-Liederbuch mit leichten Melodien und Begleitung der Guitarre. Gesammlet (sic) von W. C. Müller, zweitem Lehrer am Lyceum, Bremen 1807. – T –*

   (HB 07) – V3 2450.

Das winzige, dünne Bändchen verzeichnet seinem Umfange gemäß nur Liedtexte, die mit nach Nummern zugeordneten Melodie-Angaben versehen sind. Adressat des bildungsbürgerlichen Herausgebers ist auch hier das gehobene Bürgertum, das des Notenlesens und evtl. des Gitarrespielens mächtig ist. Allerdings kann das Heftchen nicht sehr teuer gewesen sein, was auch weniger wohlhabenden Schichten den Kauf ermöglicht haben dürfte.

3) *Auswahl neuer Lieder aus Opern, aus Wallensteins Lager und freundschaft-liche, von 160 Lieder. Aufsätze in Stammbücher, Kartenkünste, und mechanische Kunststücke, Hamburg 1807? 1809. – T –*

(HH 0709) – V3 2502.

Die Jahresangabe auf dem Titelblatt scheint eine „7" zu sein, ist aber zeitgenös-sisch handschriftlich zur „9" korrigiert. Auch hier ist die Absicht des Herausgebers klar erkennbar, ein Buch zum Zeitvertreib für gebildete bürgerliche Schichten sein zu wollen.

4) *Blumenkränze geselliger Freude und unschuldigen Frohsinns, gewunden für gute und frohe Menschen. Oder neue zweckmäßige Auswahl von Gesängen nach meist bekannten Melodieen. (Drei Bände, erster in dritter Auflage 1809, zweiter 1808, dritter 1809), Bremen und Aurich 1808/09. – T –*

(Blumen 0809) – V3 2475/1-3.

Band I beginnt mit dem Lied *Es kann schon nicht Alles so bleiben*, gefolgt von *Ahnst du das Land …* mit der Angabe „Mel. Kennst du das Land, wo die Citro-nen blühn?". Auch die Nr. 16 bildet mit *Schäfers Klagelied* ein Goethe-Gedicht.

Dem gesamten Band III vorangestellt ist „An die Geselligkeit. Als Einleitung. Mel. Bekränzt mit Laub …", dem als erstes Lied dieses Teils (I/1) die Schiller'sche *Ode an die Freude* folgt, mit dem Verweis auf die Melodie Ignaz Walters verse-hen. Eine Fußnote weist darauf hin, dass „Zwar […] diese Hymne von mehreren Meistern ihrer würdig in Musik gesetzt worden [ist]: allein, ohne einem zu nahe treten zu wollen, können wir besonders oben genannte Melodie, ihrer Leichtig-keit und Gefälligkeit wegen, zum Gesange im gesellschaftlichen Kreise empfehlen."

Die Sammlung muss für ein gebildeteres und zahlungskräftigeres Publikum ge-dacht gewesen sein: a) spricht der Titel dafür, b) besteht die Sammlung aus drei Bänden in c) relativ guter, stabiler Ausführung und d) sind viele Lieder (Band II) an das Klavier, das Instrument des Bürgertums, gerichtet.

5) *Gesänge für die Conversation, Dresden 1809. – T –*

(DD 09) – V3 2500.

6) *Mildheimisches Liederbuch, 6. Aufl., Gotha 1810. – T –*

(MLB 10) – V3 2510.

7) *Vollständiges Gesangbuch für Freimaurer. Zum Gebrauch der großen National-Mutter-Loge zu den drei Weltkugeln in Berlin, und aller mit ihr vereinigten Logen in Deutschland. Vierte verbesserte und vermehrte Auflage, Berlin 1810 (Erstauflage 1801). – T –*

(Freim 10) – V3 2511.

8) *Was fangen wir heute an? Eine Sammlung gesellschaftlicher Spiele und Lieder für gebildete Cirkel. Freunden geselliger Fröhlichkeit geweihet von Wilhelm Besser, Zweite sehr vermehrte und verbesserte Ausgabe nebst einigen Melodieen, Halle 1812. – T –*

(Halle 12) – V3 2520. (Vgl. Nr. 1 (Halle 06))

Der Herausgeber weist im Vorwort darauf hin, die Neuauflage sei umso erfreulicher, als es derzeit so viele solcher Sammlungen auf dem Markt gebe. Zudem seien

> zu den gesellschaftlichen Liedern … mehrere, zum Theil in keiner gedruckten Sammlung befindliche hinzugekommen. (IV)

Anschließend beschäftigt sich das Vorwort mit einer ausführlichen Plagiatsdiskussion, da die Fülle solcherlei Sammlungen eine Zuordnung von Quellen oft nicht zulasse.

9) *Taschenbuch dem Bacchus und Jocus geweiht von Friederich Hophthalmos, der sieben freien Künste Magister. Anhang von hundert der besten ältern und neuern Gesellschafts- und Trink-Lieder. Mit einem Titelkupfer. Stuttgart 1812?. – T –*

(BJ 12) – V3 2525.

Im eigentlichen Buch finden sich dem Titel entsprechend ausschließlich Trinklieder bzw. Lieder mit Bezug zu Wein o. Ä.; der „Anhang …" ist dann allerdings noch viel dicker als das eigentliche Buch – und hier stehen die für uns interessanten Titel (Nr. 1 beispielsweise die *Ode an die Freude*).

10) *Auswahl der beliebtesten Arien und Gesänge zur Erhöhung des gesellschaftlichen Vergnügens. / Neues Buch des Frohsinns und der heitern Laune. Für Freunde einer abwechselnden, lustigen und frohen Unterhaltung. Enthaltend: I. Historische Unterhaltungen und geistreiche Anekdoten aus dem Leben berühmter Menschen. II. Auswahl der beliebtesten Arien und Gesänge von den besten Dichtern Deutschlands. III. Gesellschaftsspiele für gesell-*

schaftliche Zusammenkünfte. Dritte verbesserte und vermehrte Auflage, Reutlingen 1813. – T –

(Froh 13) – V3 2575.

In der „Vorerinnerung" weist der Herausgeber darauf hin, er habe

sich bemüht, blos solche Gesänge zusammen zu stellen, welche sowohl in Rücksicht des Inhalts als besonders auch der Composition, allgemein als die beliebtesten anerkannt sind. (5)

Nr. 1 ist denn auch Schillers *An die Freude*. Goethes hier als „Des Schäfers Klagen" tituliertes Gedicht ist bezeichnenderweise als „componirt von Brentano" angegeben.

11) *Ergießungen Deutschen Gefühles in Gesängen und Liedern bey den Ereignissen dieser Zeit. (Eine Anthologie Patriotischer Lyrik aus den Befreiungskriegen), Nachdruck Hildesheim 1983. – T –*

(Anth 14) – V3 2627.

Teil I der bemerkenswerten Sammlung beinhaltet „Gesänge für das im heiligen Kampfe erstandene Vaterland".

12) *Südteutsche Thalia, enthaltend eine Sammlung der auserlesensten Gesänge teutscher Dichter. Zur Beförderung wahren Frohsinns in Cirkeln der Freundschaft und Vertraulichkeit, Reutlingen 1814. – T –*

(Tha 14) – V3 2625. → vgl. Tha 19 (Nr. 27) und S Tha 19 (Nr. 22).

13) *Auswahl der schönsten Lieder und Gesänge für fröhliche Gesellschaften nebst einem Anhang der auf allen Universitäten Deutschlands üblichen Commerce-Lieder, gesammelt und herausgegeben von J. M. Bauer. Zweyte viel vermehrte, und mit Gesängen für den 18ten October versehene Auflage, Nürnberg 1815. – T –*

(FG 15) – V3 2650.

Vorrede:

So viel es möglich war, habe ich mich bemüht nur solche Lieder auszuwählen, wovon die Sing-Weise allgemein bekannt ist [...]

14) *Der fröhliche Sänger, eine Sammlung der beliebtesten Gesellschaftslieder für gesellschaftliche Zirkel, Pirna 1815. – T –*

(Pirna 15) – V3 2652

Die Sammlung im sehr kleinen und einfachen Taschenformat fand aufgrund eines wahrscheinlich relativ niedrigen Preises Verbreitung. Für unsere Belange ist jedoch nur Schillers *An die Freude* von Interesse.

15) *Auserlesene Gesellschafts-Lieder. Neue verbesserte und vermehrte Ausgabe, Heidelberg 1815. – T –*

(HD 15) – V3 2680.

Der Herausgeber nennt im Vorwort seine Publikation „Liederbuch" und spricht auch von der Menge der aktuell erscheinenden Liederbücher – es steht hier also die Anwendung im Mittelpunkt, nicht der Aspekt des Sammelns und Bewahrens. Der hier vorliegende Band soll ein „Allerley" aus allen Bereichen bieten und ist alphabetisch geordnet.

16) *Mildheimisches Lieder-Buch von acht hundert lustigen und ernsthaften Gesängen über alle Dinge in der Welt und alle Umstände des menschlichen Lebens, die man besingen kann. Gesammelt für Freunde erlaubter Fröhlichkeit und ächter Tugend, die den Kopf nicht hängt, von Rudolph Zacharias Becker. Neue vermehrte und verbesserte Ausgabe, Gotha 1815. – T –*

(MLB 15) – V3 2681.[842]

Zum Mildheimischen Liederbuch siehe ausführlich Kapitel II.1.1 dieser Arbeit.

17) *Gesangbuch zum Gebrauch der Loge Hermann zum Lande der Berge in Elberfeld, 1817. – T –*

(Freim 17) – V3 2700.

---

842 Faksimiledruck nach der Ausgabe von 1815, Stuttgart 1971.

18) *Auswahl von Maurer-Gesängen mit Melodien der vorzüglichsten Componisten. Erste Abtheilung. Gesammlet und herausgegeben von F. M. Böheim. Neue Ausgabe Berlin 1817. –* N(Chor)+T –

(Mau 17) – V3 2701.

Ein hochwertiger, sehr umfangreicher Notenband für vierstimmigen Chor.

19) *Deutsche Lieder für Jung und Alt, Berlin 1818. –* N(1)+T –

(DL 18) – V3 2725.

Die Sammlung verzeichnet weder Dichter noch Komponisten und wirkt – vielleicht gerade dadurch – sehr „volkstümlich".

20) *Gesänge der ersten alten Dichter Deutschlands, den frohen Lebensstunden der Geselligkeit bestimmt. Altona 1818. –* T –

(Alt 18) – V3 2726.

Teil I – Trinklieder und Rheinweinlieder – beginnt mit Claudius' *Bekränzt mit Wein den lieben, vollen Becher.*

21) *Neues Liederbuch für frohe Gesellschaften enthaltend die besten teutschen Gesänge zur Erhöhung geselliger Freuden. Zweite, gänzlich umgearbeitete und vermehrte Auflage, Nürnberg 1818. –* T –

(NLB 18) – V3 2750. → vgl. NLB 19 (Nr. 29) und NLB 21 (Nr. 32).

22) *Südteutsche Thalia, enthaltend eine Sammlung der auserlesensten Gesänge teutscher Dichter. Zur Beförderung wahren Frohsinns in Cirkeln der Freundschaft und Vertraulichkeit, Zweiter vermehrter und verbesserter Abdruck, Reutlingen und Leipzig 1819. –* T –

(S Tha 19) – V3 2775.

→ vgl. Tha 14 (Nr. 12) und Tha 19 (Nr. 27).
Anm. wie Tha 19.

23) *Freye Stimmen frischer Jugend. Durch Adolf Ludwig Follen, Jena 1819. –*
T+N extra –

(Jena 19) – V3 2776.

24) *Liederbuch für den Hanseatischen Verein in Hamburg, Hamburg 1819.*
– T –

(HH 19) – V3 2778.

25) *Lieder und Gedichte den vaterländischen Freunden der geselligen Freude*
und des Gesangs gewidmet. Gesammelt und hrg. von Karl Friedrich Hart-
mann. Straßburg 1819. – T –

(Stras 19) – V3 2781.

Der Band ist äußerst umfangreich und auf gutem Papier gedruckt, war also mit
Sicherheit teuer. Er verzeichnet sämtliche „Hits" aus Mozarts *Zauberflöte*.

26) *Der Nordhäuser-Gesellschafter. Enthält eine auserlesene Sammlung von*
mehr als 600 der besten und beliebtesten Lieder, Gesellschaftsspiele, dra-
matischen Sprichwörterspiele, Pfänderspiele, Charaden, Räthsel, Erzäh-
lungen, Historien von der alten Ritterschaft und Turniren, Punschpredigten
und declamatorischen Unterhaltungen. Erstes Bändchen, Nordhausen 1819.
– T –

(NG 19) – V3 2786.

Diese Sammlung ist an den Teil der Bevölkerung adressiert, der gelegentlicher
Langeweile ausgesetzt ist, weil er wenig bis gar nicht arbeitet. Interessant für uns
ist, dass angeblich „alle sowohl hier als in der Umgegend bekannten Gesellschaftslieder darin aufgenommen sind und für gesellschaftliche Spiele und
Unterhaltung aller Art reichlich gesorgt ist […]." Leider lassen sich derlei Be-
hauptungen über Vollständigkeiten so gut wie gar nicht überprüfen.

27) *Nordteutsche Thalia, enthaltend eine Sammlung der auserlesensten Gesän-*
ge teutscher Dichter. Zur Beförderung wahren Frohsinns in Cirkeln der
Freundschaft und Vertraulichkeit. Zweiter vermehrter und verbeßerter Ab-
druck, Leipzig 1819. – T –

(Tha 19) – V3 2795. → vgl. Tha 14 (Nr. 12) und S Tha 19 (Nr. 22).

Alle „Thalia"-Ausgaben sind alphabetisch geordnet und äußerst umfangreich, was sie sicherlich nicht für jeden erschwinglich machte.

28) *Allgemeines Leipziger Lieder-Buch für frohe Gesellschaften bey festlichen Tagen mit singbaren Melodien, nebst einem Anhange passender Gesundheiten. Vierte vermehrte und verbesserte Auflage, Leipzig 1819.* – T –

(L 19) – V3 2790.

29) *Neues Liederbuch für frohe Gesellschaften, enthaltend die besten teutschen Gesänge zur Erhöhung geselliger Freuden. Dritte, verbesserte und stark vermehrte Auflage, Nürnberg 1819.* – T –

(NLB 19) – V3 2800. → vgl. NLB 21 (Nr. 32) und NLB 18 (Nr. 21).

Die Erstauflage erschien 1815, war aber sehr schnell vergriffen. Das Liederbuch ist auch für die „akademische Jugend" gedacht und den Älteren zur Erinnerung an ihre eigene Universitätszeit. Die nationalpolitische Absicht des Herausgebers zu sammeln und bewahren, zeigt sich deutlich, wenn er darauf hinweist, dass er

> unter die vermischten Lieder, auch manchen alten, fast vergessenen Gesang, aufnahm. Lieder, wie: Blühe liebes Veilchen; Das ganze Dorf versammelt sich etc. etc., waren, vor 50 Jahren, im Munde des Volks, vom Belt bis zu den Alpen [sic!). Es sind die Wurzeln des neuern teutschen Nationalgesanges; es sind Nachklänge einer schönen untergegangenen Zeit! […]

> Übrigens kann sich keine andere Nation mit der unsrigen im Volksgesange messen. Wer in England, Frankreich und Italien war, wird dies – wie der Herausgeber – bestätigt gefunden haben. […] Ein kräftiges, herzerhebendes Volkslied kann der Anker einer Nation werden. […]

> Man treffe nur beim Teutschen den rechten Ton, und schnell, wie ein elektrischer Schlag, verbreitet es sich durchs ganze Volk. Haben wir es nicht, in neuerer Zeit, mit Kotzebue's: Es kann ja nicht immer so bleiben; nicht mit Usteri's Freut euch des Lebens, gesehen? (Vorrede, IV/V)

Dass diese beiden letztgenannten Lieder zu unserem Liederkanon zählen, findet sich also auch hier bestätigt.

30) *Deutscher Liederkranz. Eine Auswahl der besten Gesänge für frohe Gesellschaften. Mit Beitrag einiger neuen Lieder hrg. von A. F. E. Langbein, Berlin 1820.* – T – (DLK 20) – V3 2826.

Der Band ist sehr umfangreich und gliedert sich in fünf „Abtheilungen: 1) Frohsinn und Geselligkeit, 2) Landleben und Naturfreude, 3) Vaterland,

4) Vermischte Lieder, 5) Gedichte zum Vorlesen". Als Quelle diente laut Vorwort v. a. Matthissons lyrische Anthologie; auf die Richtigkeit der Quellen wurde kein gesteigerter Wert gelegt, da Singbarkeit und Verwendbarkeit im Vordergrund stehen sollten.

Dies dürfte für die meisten der Sammlungen gelten.

> 31) *Neue Lieder-Sammlung für die Gesellschaft Eunomia, Leipzig 1820. – T –*
>
> (Eu 20) – V2 2828.

> 32) *Neues Liederbuch für frohe Gesellschaften, enthaltend die besten teutschen Gesänge zur Erhöhung geselliger Freuden. Vierte, verbesserte und abermals stark vermehrte Auflage, Nürnberg 1821. – T –*
>
> (NLB 21) – V3 2850. → vgl. NLB 19 (Nr. 29) und NLB 18 (Nr. 21).

Vorangestellt ist mit einem sehr schönem Stich das Zitat „Seid umschlungen, Millionen; Diesen Kuss der ganzen Welt!" aus Schillers *An die Freude* – auch dies ein Zeichen für den extrem hohen Bekanntheits- und Beliebtheitsgrad der Ode.

> 33) *Der Deutsche Sänger, oder das fünffache Liederbuch für frohe Gesellschaften, enthaltend die beliebtesten deutschen Gesänge nach bekannten Melodien zur Erhöhung und Belebung geselliger Freuden. Helmstedt 1821. – T –*
>
> (DDS 21) – V3 2855, 1-5 (nur 1 und 4 vorhanden)

Die fünf Heftchen sind keine Bände, sondern verzeichnen jeweils dieselben Lieder. Da nach den Worten des Herausgebers Gesang „die Herzen aufrichten" solle, gebe es zwar schon etliche derartige Sammlungen, die aber zu wenig benutzt würden. Seine Lösung solle dem Notstand entgegenwirken:

> Ich habe den Grund darin zu finden geglaubt, dass die, durch allzu große Reichhaltigkeit entstandene, Theurung dieser Bücher dem Käufer die Anschaffung mehrerer Exemplare zu kostbar macht, indem doch aber ein einziges auch für eine kleinere Gesellschaft nicht ausreicht.

Auch diese Sammlung beginnt mit Schillers Ode *An die Freude*.

34) *Auswahl Deutscher Lieder. Halle 1822. – N(1)+T –*

(Halle 22) – V3 2875.

35) *Eidgenössische Lieder, Basel 1822. – T –*

(CH 22) – V3 2885.

Das lange Vorwort verweist auf den Zweck und die (auch politisch-gesellschaftliche) Macht gemeinschaftlichen Gesanges. Da die Schweizer mit den Deutschen verwandt seien, die gemeinsame Geschichte teilten und mit ihnen fühlten in Bezug auf die Befreiung von der Fremdherrschaft etc., sind auch viele deutsche Lieder aufgenommen.

Bei den deutschsprachigen Schweizer Sammlungen – zumal wie hier aus Basel – ist davon auszugehen, dass sie auch außerhalb der Schweiz Verbreitung fanden; dies ist der Grund, weshalb sie hier Aufnahme fanden.

36) *Lieder teutscher Jugend. Nebst den Weisen. (Die Weisen werden auch besonders abgegeben.), Stuttgart 1822. – T(!) –*

(S 22) – V3 2886.

Die Sammlung, die wider ihren Titel nur aus Texten ohne Weisen besteht, beginnt mit einem Teil Turnlieder, da im Vorwort durch ein Luther-Zitat darauf hingewiesen wird, die Jugend solle sich körperlich betätigen, um gesund zu sein und das Vaterland verteidigen zu können. Danach folgen die Teile II. Vaterlands- und Volks-Lieder, III. Erinnerungs- und Heldenlieder, IV. Anhang. Interessant ist die Verwendung des Begriffes „Volks-Lied", der hier keineswegs zur Bezeichnung aller versammelten Lieder benutzt wird, sondern nur eine eng umrissene (thematisch das „Volk" betreffende) Gruppe von Liedern bezeichnet.

37) *Gesellschafts-Lieder des Winter-Vereins zu Greiffenberg. Zweite vermehrte und verbesserte Auflage, Hirschberg 1822. – T –*

(Ges 22) – V3 2887.

38) *Auslerlesene Lieder-Sammlung zur Erhöhung gesellschaftlicher Freuden, Schwabach 1823. – T –*

(ALS 23) – V3 2890.

Lied Nr. 1 ist, wie so oft, Schillers Ode *An die Freude*. Die sehr umfangreiche Sammlung verzeichnet zudem sämltliche „Zauberflöten-Hits" und erstmals das Lied *Die Gedanken sind frei!*, was an der freiheitlichen Gesinnung des Herausgebers keinen Zweifel lässt.

39) *Liedersammlung für gesellige Vereine. Gesammelt und geordnet von H. L. v. Gullann, Rendsburg 1824.* – T –

    (gesV 24) – V3 2896.

Der Herausgeber unterscheidet sich deutlich von der romantischen Herangehensweise an Volkspoesie – es ist ihm vollkommen klar, dass es sich bei den Dichtern um konkrete Personen und nicht einen ominösen „Volksgeist" handle:

> Eigenmächtige Abänderungen der Lieder habe ich mir nicht erlaubt; daß aber hin und wieder dennoch Abänderungen gefunden werden, ist unzweifelhaft, da es mir nicht möglich war, von allen Liedern das Original des Dichters zur Hand zu haben. Woe es hingegen möglich gewesen ist, bin ich diesem, oder doch den vorzüglichsten Liedersammlungen gefolgt.

> Den mehrsten Liedern ist der Name des Dichters beigefügt; wo dieser fehlt, ist er mir unbekannt geblieben. (VII)

Eine Melodiensammlung war zunächst vorgesehen, der Herausgeber hat aber aus ökonomischen Gründen davon Abstand genommen.

40) *Der lustige Cantor oder Neues Gesangbuch für fröhliche Gesellschaften. Dritte stark vermehrte Auflage mit einem Titelkupfer. Erfurt 1824.* – T –

    (lC 24) – V3 2900.

41) *Liederbuch für Schweizer. Eine Auswahl der beliebtesten Arien und Gesänge zur Erhöhung gesellschaftlichen Vergnügens, Aarau 1825.* – T –

    (CH 25) – V3 2925.

42) *Lieder-Kranz zur Beförderung des geselligen Vergnügens, (Hänelsche Hofbuchdruckerey – Sachsen?) 1825.* – T –

    (LK 25) – V3 2930.

Die Sammlung erschien in der Hofdruckerei – der Inhalt ist wahrscheinlich aufgrund dieser Tatsache sehr regierungskonform.

43) *Lieder zur Förderung des sittlichen, rüstigen und fröhlichen Lebens der deutschen Jugend mit Singweisen. Hrg. von D. E. F. Runge, Leipzig 1826.*
– N(1-3)+T –

(LL 26) – V3 2961.

Das mit fast 30 Seiten ungewöhnlich lange Vorwort, mit Erklärungen, Quellenangaben und vielem mehr, erinnert in seinem Tonfall an nationalsozialistische Aufrufe ein Jahrhundert später. Es spricht sich gegen die Verweichlichung der Jugend, für deren Kraft und Stärke aus; Vaterlands-, Kriegs- und Turnlieder seien zur Beförderung dieser Anliegen am besten geeignet. Die Zusammenstellung der Lieder hebt sich dann jedoch kaum von den anderen zeitgenössischen Sammlungen ab – sie beginnt mit Morgenliedern, bringt aber schon bald darauf (Nr. 5) *Was ist des Deutschen Vaterland* in der 10-strophigen Fassung.

44) *Auswahl der schönsten Lieder und Gesänge für fröhliche Gesellschaften, gesammelt und herausgegeben von J. M. Bauer. Enthält: I. Vaterlandsgesänge. – II. Lieder an die Natur. – III. Lieder im fröhlichen Kreise. – IV. Trinklieder. – V. Tischlieder. – VI. Liebeslieder. – VII. Jagdlieder. – VIII. Soldaten- und Kriegslieder. – IX. Lieder zu Familienfesten. – X. Schifferlieder. – XI. Lieder beim Jahreswechsel. – XII. Abschiedslieder. – XIII. Akademische Trinklieder. – XIV. Ernsthafte Lieder. – XV. Gesänge aus beliebten Opern. – XVI. Vermischte Lieder. Dritte stark vermehrte Auflage. Mit einem Titelkupfer. Nürnberg 1827. – T –*

(N 27) – V3 2990.

Das Vorwort weist darauf hin, dass die Notwendigkeit einer 3. Auflage die Beliebtheit dieser Sammlung anzeige. Das Problem sei häufig, dass die Lieder (bei anderen Sammlungen) nicht in den Volksgebrauch übergingen, was z.T. daran liege, dass die Melodien nicht ausreichend angegeben seien.

> Um diesem Mangel nun abzuhelfen und meine Liedersammlung durch eine *allgemeine* Brauchbarkeit und zweckmäßige Einrichtung besonders auszuzeichnen, hab' ich mir es angelegen sein lassen, nur solche Lieder auszuwählen, die allgemein bekannt sind und mit deren Melodie sich das singlustige Publikum hinlänglich vertraut gemacht hat; dadurch hat es einen großen Vorzug vor andern voraus, und kann daher mit Recht als Volksbuch betrachtet und als solches in die Hände des Publikums gegeben werden. (IV) [...] Bei diesem Geschäfte [der Neugestaltung der Auflage, MN] sah ich besonders darauf, so viel als möglich beliebte *klassische* Lieder für meine Sammlung zu gewinnen; auch ältere dieser Art fanden darin einen Platz, indem sie nie, mögen auch noch so viele Jahre darüber hingehn, ihren Werth verlieren und aus dem Munde des Volkes verschwinden werden. (V)

„Klassisch" bedeutet: nicht nur gute, alte Volkspoesie, sondern auch alles aus der *Zauberflöte*. Diese sehr häufige Aufnahme von „Hits" aus Mozarts Oper bezeugt das hohe Maß an Volksläufigkeit, die diesen zuteilgeworden war.

45) *Auswahl deutscher Lieder, mit ein- und mehrstimmigen Weisen. Sehr vermehrte und verbeßerte Auflage, Leipzig 1827.* – N(1-4)+T –

(ADL 27) – V3 2991. → vgl. ADL 60, 58, 50, 44, 43, 36, 30.

Aus dem Inhalt:

> Erster Theil. Vaterlandslieder (Nr. 1: *Was ist des Deutschen Vaterland*), Weihelieder, Lieder deutscher Sitte. – Lieder auf den Rhein, Freiheitslieder. – Sociale, politische, satyrische Lieder, Polenlieder. – Kriegs- und Siegslieder. – Lieder auf ausgezeichnete Männer. – Bundeslieder.

> Zweiter Theil. Trinklieder, Studentenlieder, Lieder beim Jahreswechsel. – Abschiedslieder, Wanderlieder, Heimathslieder, Minnelieder und Ständchen. – Jäger- und Turnlieder. – Morgen- und Abendlieder, Lieder auf die Natur und ernste Lieder. – Romanzen, Balladen und allerlei Volkslieder [!].

Nr. 54 des ersten Teils bringt die französische Originalfassung der *Marseillaise* in sieben Strophen. Thematisch ist dieser Teil der für uns interessantere; bezeichnend jedoch auch hier wieder die Verwendung des Volksliedbegriffs im zweiten Teil.

46) *Neuer Liederkranz gewunden für Fröhliche von F. H. Schulze, Tübingen 1827.* – T –

(Tü 27) – V3 3000.

Die Sammlung erschien früher „unter dem Titel „Südteutsche Thalia'", worauf der Herausgeber aus Gründen des Wiedererkennens hinweist.

Die Lieder stehen in alphabetischer Ordnung.

47) *Das Taschen-Liederbuch. Eine Auswahl von Liedern, die am liebsten gesungen werden. Mit den Melodien der Lieder und Guitarrebegleitung. Passau 1828.* – N(1+Akk.)+T –

(PT 28) – V3 3025.

48) *Neues Taschenliederbuch. Eine Auswahl von zweihundert der bekanntesten und beliebtesten Gesellschafts-, Commers-, Trink- und Scherzlieder. Zum bequemern Nachschlagen alphabetisch geordnet. Zweite Auflage, Meiningen 1829. – T –*

(NTL 29) – V3 3051.

In diesem Fall ist die alphabetische Ordnung nicht (oder jedenfalls nicht vorrangig) aus Gründen des Umgehens der Zensur erfolgt, sondern ist aufgrund der extrem unübersichtlichen Satzweise die letzte Orientierung, um überhaupt etwas finden zu können. Die zweite Hälfte des Bandes besteht aus Blanco-Blättern für Notizen; im hier vorliegenden Exemplar wurde auch reichlich von dieser Möglichkeit Gebrauch gemacht. (Für unsere Belange fanden sich darin jedoch keine weiterführenden Hinweise.)

49) *Auswahl deutscher Lieder, mit ein- und mehrstimmigen Weisen. Dritte vermehrte und verbesserte Auflage, Leipzig 1830. –* N(1-4)+T –

(ADL 30) – V3 3075. → vgl. ADL 60, 58, 50, 44, 43, 36, 27.

50) *Teutsche Lieder. Verlegt von der Turngemeinde zu Ratzeburg. 1831. – T –*

(T 31) – V3 3100.

Auch in dieser Sammlung steht die zweite Hälfte blanco für handschriftliche Eintragungen zur Verfügung. Im Freiburger Exemplar ist davon ca. 1/3 beschrieben; insgesamt ist das Bändchen recht dünn, war aber auf diese Weise für viele erschwinglich.

Festzuhalten ist, dass um 1830 das Adjektiv „deutsch", das vorher nur vereinzelt erscheint, verstärkt in den Titeln der Sammlungen benutzt wird.

51) *Allgemeines Liederbuch für fröhliche Gesellschaften. Mit einem Anhange Schnaderhüpfrln aus dem bayrischen Hochlande und unterhaltender Spiele. Zweite vermehrte Ausgabe, München 1831. – T –*

(M 31) – V3 3105.

52) *(Diverse Festschriften zum Hambacher Fest, in einem Band zus.gefasst). –*T
– (divHF 32) – V3 3132.

53) *Lieder zum deutschen Volksfeste am 27. Mai 1832 auf den Schloßruinen zu Hambach.* – T –

(HF 32) – V3 3131.

Dieses Konvolut aus Flugschriften des Hambacher Festes liegt zwar nur in Kopie vor, ist aber ein äußerst beeindruckendes historisches Dokument.

54) *Neuestes Opern- und Taschen-Liederbuch, nebst einem Anhange unterhaltender Gesellschaftsspiele und witziger Anecdoten. Hrg. von J. C. Fröhlich, Hanau 1832.* – T –

(OTL 32) – V3 3130.

An dieser Sammlung zeigen sich mehrere exemplarische Widersprüche: Erstens enthüllt der Titel, indem er von „Opern-Liedern" spricht, die damals wie heute oft nicht stringente Verwendung des Begriffes *Lied*. Zweitens beklagt der Herausgeber, wie fast alle seiner zeitgenössischen Kollegen, die bereits existierende Fülle von Sammlungen – und fügt ebenso wie jene trotzdem eine weitere hinzu, angeblich besser und unter einem bestimmtem Gesichtspunkt:

> Theils sind sie veraltet [sic!] oder enthalten vielmehr zu viel Altes und entbehren des Schönen und Neuern, oder sie sind zu voluminös, allen aber mangeln mehr oder weniger die patriotischen Lieder und Poesien der neuesten Zeit [!], durch welche der menschliche Geist kühnen Aufschwung erhält, so wie die neuesten, beliebten Operngesänge.

Eine interessante und widersprüchliche Mischung – der Ruf nach den „neuesten, beliebten Operngesänge[n]" zeichnet den Herausgeber als das aus, was Theodor Hagen als „blasirt" bezeichnet hätte; und dass allen anderen Sammlungen „mehr oder weniger die patriotischen Lieder … [mangeln]", kann aus unserer Sicht nicht bestätigt werden. Auch im Umgang mit diesen patriotischen Liedern ist der Herausgeber widersprüchlich: Als einer der wenigen nimmt er den französischen Originaltext der *Marseillaise* (Nr. 49) auf, bringt aber bei *Was ist des Deutschen Vaterland?* die extrem antifranzösische Strophe ein, die viele Herausgeber tilgen.

55) *Neue Liedersammlung, enthaltend eine Auswahl der besten und beliebtesten Lieder vaterländischer und deutscher Dichter. Zweite Auflage, Glarus 1832.* – T –

(CH 32) – V3 3135.

Der erste Teil „Vaterlandslieder" besteht bezeichnenderweise fast zu gleichen Teilen aus Liedern aus der Schweiz und aus Deutschland – und macht damit die

Verbundenheit deutlich, die die patriotischen Schweizer den in Sprache und Kultur verwandten und nun ebenfalls für ihre Freiheit kämpfenden Deutschen entgegenbrachten. Andersherum sah man in deutschen freiheitlichen Kreisen die Eidgenossen stets als leuchtendes Vorbild im Freiheitskampf gegen den Despotismus.

> 56) *Thüringisches Liederbuch. Eine Sammlung der bekanntesten und beliebtesten Gesellschafts- und Bundeslieder, Romanzen und Balladen, Oper-Gesänge, Trinklieder, Toaste etc. aus den Werken der besten Deutschen Dichter gesammelt. Zweite gänzlich umgearbeitete Aufl., Nordhausen 1832.* – T –
>
> (ThLB 32) – V3 3136.

> 57) *Auserlesene Liedersammlung zur Erhöhung gesellschaftlicher Freuden, Schwabach 1833.* – T –
>
> (LS 33) – V3 3150.

> 58) *Liederbuch für deutsche Künstler. Berlin 1833.* – N(1)+T –
>
> (B 33) – V3 3151.

Die Sammlung ist „Den Vereinen der jüngeren Künstler zu Berlin und zu Düsseldorf gewidmet von den Herausgebern Franz Kugler. R. Reinick, Maler." In ihrer Adressierung an diese Berufsgruppe trägt sie damit fast ein Alleinstellungsmerkmal.

> 59) *Der Freund des Gesanges. Sammlung gefälliger Lieder und Arien hrg. von G. H. Schröter. Erste Sammlung, Zwenkau 1833.* – T –
>
> (FdG 33) – V3 3152.

Der Band versammelt Heftchen mit jeweils 4-6 Liedern und Arien unter fortlaufenden Seitenzahlen. Die Absicht des Herausgebers, das Niveau des Volksgesanges zu heben, indem er in die niederen Bevölkerungsschichten vordringt, zeigt sich in der sehr wohlfeilen Ausgabe seiner Sammlung und im Vorwort:

> Um die in den niederen Classen des Volkes bekannt gewordenen schmutzigen und
> erbärmlichen Gassenhauer, welche durch Abdrücke, betitelt: „Drei schöne neue
> Lieder, gedruckt in diesem Jahr" sogar [!] häufig verbreitet werden, zu unter-

drücken und zu verdrängen, entschloß ich mich, unter einem passenden Titel, eine fortlaufende Reihe Numern von beliebten und gefälligen Gesängen, drucken zu lassen. […] So lange ich sehe, daß dieses Unternehmen beifällig aufgenommen wird, werde ich mit demselben fortfahren, so daß nach und nach, eine vollständige [!] Sammlung der bessern deutschen Gesänge daraus entsteht.

Da ich nun besonders darauf Rücksicht nehmen werde, immer so schnell als möglich, das Beste und Neueste zu bringen: so wird dadurch die Sammlung gar sehr an Interesse gewinnen.

Für neue Gesänge, von denen mir keine Melodie bekannt ist, suche ich unter den ältern Melodieen eine passende zu finden, die jedesmal angegeben wird, und dadurch wird es um so leichter möglich, daß die in Journalen, Taschenbüchern u. dergleichen zerstreuten Gesänge, welche hier mit angegebenen, schon im Volke ziemlich bekannten Melodieen, mitgetheilt werden, gar bald als Volksgesänge in deutschen Landen weit umher ertönen.

Interessant ist der sehr pragmatische und im Vergleich zu dem der ursprünglichen, romantischen, aber auch zu dem etlicher zeitgenössischer Volksliedsammler ganz unterschiedliche Ansatz: Es geht nicht (mehr) darum, das Alte zu bewahren und zur Verbesserung des Volksgesanges zu verbreiten, sondern vielmehr, „immer so schnell als möglich das Beste und Neueste zu bringen" und dieses zu „Volksgesänge[n] in deutschen Landen" werden zu lassen.

> 60) *Bardenhain. Eine Sammlung auserlesener Lieder der Dichter deutscher Zunge, zu Erhöhung und Belebung gesellschaftlichen Lebens, mit vierstimmig gesetzten alten und neuen Weisen, theils für Männerstimmen allein, theils für Männer- und Frauen-Stimmen. Gesammelt und hrg. von Conrad Kocher, Stuttgart 1833. – N(4)+T –*
>
> (Bard 33) – V3 3153.

Die Sammlung ist ungeordnet, dies sagt der Herausgeber auch selbst – denn „man ist doch noch oft und lang genug in den Karren irgend eines Systems gespannt". Dass die Hymne *Heil unsrem König, heil …* den Band eröffnet, darf nach einer solchen Äußerung weniger als Fürstentreue gewertet werden denn vielmehr als ein Versuch, die strenge württembergische Zensur zu beschwichtigen. Auch die Entscheidung, Sätze für gemischten Chor aufzunehmen, da „in Gesellschaftsliedern die herrliche Frauenstimme bisher zu wenig beachtet ist", spricht für die Fortschrittlichkeit des Herausgebers.

> 61) *Neues Gesangbuch für die große National-Mutterloge zu den drei Weltkugeln in Berlin und deren Tochterlogen, Berlin 1834. – T –*
>
> (Freim34) – V3 3165.

62) *Liederbuch für gesellige Zirkel bestehend in 106 der beliebtesten Gesell-*
    schaftslieder und vaterländischen Gedichte mit durch Noten angegebenen
    Melodieen. Quedlinburg und Leipzig 1835. – N(1)+T –

    (QL 35) – V3 3185.

Teil I verzeichnet „Gesellschafts-Lieder", Teil II „Patriotische Lieder und Sprech-
gedichte", denen (Teil III) ein Anhang von verschiedenen Liedern folgt.

Im bereits 1828 verfassten Vorwort macht der Herausgeber darauf aufmerksam,
patriotische Gesänge gehörten für ihn auf jeden Fall zum heiteren Gesang in
fröhlichen Zirkeln, jedoch ohne „burschikose Kraftstücke" (S.VI), wie sie des
Öfteren in den Liedern der studentischen Verbindungen durchscheinen.

63) *Der Sänger oder Lieder geselliger Freude. Erste Abtheilung. – 100 Lieder mit*
    Melodien. Gesammelt und hrg. von J. F. Kayser, Hamburg 1835. – N(1-
    2)+T –

    (Säng 35) – V3 3186.

Auch diese Sammlung erhebt einen zweifelhaften Anspruch auf Vollständigkeit,
den sie sogar zu erfüllen behauptet. Gerichtet ist sie an das Bildungsbürgertum,
bei dem „ein Pianoforte oder eine Guitarre selten fehlt" – und das in seinen nationalistischen Bestrebungen ein Werk zu schätzen weiß, das den Partikularismus
auf dem Gebiete der Poesie zu überwinden sucht:

> Ungeachtet der großen Anzahl von Liederbüchern, fehlt es doch bisher noch im-
> mer an einem vollständigen Werke dieser Gattung, einer Sammlung alles Schönen,
> was Deutschlands vorzügliche Dichter und Componisten, in vielen Werken zer-
> streut, uns dargeboten haben. Der Herausgeber, welcher zur Beförderung geselliger
> Freude dieses Unternehmen begonnen, schmeichelt sich, dieses ehrenvolle Ziel, so
> viel in seinen Kräften steht, erreicht zu haben und bietet hier allen Freunden gesel-
> liger Lieder die erste Abtheilung seines Werkes dar.

> … Ein Pianoforte oder eine Guitarre fehlt selten in einer gebildeten Familie und
> dann wird es jedem irgend geübten Spieler nicht schwer fallen, sich selbst eine
> leichte Begleitung zu schaffen.

64) *Auswahl deutscher Lieder, mit ein- und mehrstimmigen Weisen. Vierte*
    vermehrte und verbesserte Auflage, Leipzig 1836. – N(1-4)+T –

    (ADL 36) – V3 3210. → vgl. ADL 60, 58, 50, 44, 43, 30, 27.

65) *Fünfzig alte und neue Deutsche Volkslieder und ihre Singweisen mit Kla-*
vier- oder Harfen-Begleitung versehen und herausgegeben von Sophie Plath,
geb. Krause, München 1836. – N(Kl.)+T –

(M 36) – V3 3211.

Eine etwas klischeehaft „von der Dame für die Dame" wirkende (und auch so
gemeinte) romantische Sammlung.

66) *Neue Süddeutsche Thalia. Eine Sammlung auserlesener Gesänge und Volks-*
lieder für Frohgesinnte, Reutlingen 1837. – T –

(Tha 37) – V3 3220.

Diese Neuausgabe der „Süddeutschen Thalia" ist „Des Liederreichs Bürgern gewidmet" – wobei nicht klar ist, ob mit einer solchen Zuordnung ein resignativer
Rückzug aus der Politik oder vielmehr der aus Angst vor der Zensur getarnte
Hinweis auf das von den Sängern angestrebte deutsche Nationbuilding gemeint
ist.

Die Reihenfolge der Lieder ist alphabetisch.

67) *Haller Liederkranz. Auswahl der beliebtesten Gesänge aus Orpheus, Silchers*
Volksliedern, Liederfestgesängen u. dgl., Schwäb. Hall 1838. – T –

(Hall 38) – V3 3260.

Als einer der Ersten formuliert der Herausgeber dieser Sammlung das explizit
politische Ziel des Volksgesangs:

> Wir haben allerdings schon viele Liedersammlungen, und sie haben sich in num-
> merischer Beziehung außerordentlich vermehrt, seitdem das schöne Beispiel
> größerer Städte, auf des Volkes Bildung und sittliches Voranschreiten, auch durch
> Verfeinerung seiner sinnlichen Genüsse einzuwirken, und hiezu den Gesang als das
> nicht unwirksamste Mittel zu wählen, in so vielen kleineren Städten lobenswerthe
> Nachahmung gefunden hat. (Vorwort *An die Sänger*)

Die vorliegende Ausgabe soll in erster Linie der Zusammenstellung eines Kanons
dienen, um bei Sängerfesten ein gemeinsames Repertoire zu haben. Eröffnendes
Lied ist denn auch das bei derlei Anlässen beliebte Mozart'sche *Brüder, reicht die*
Hand zum Bunde. Danach folgen die übrigen Lieder in thematisch lockerer Zusammenstellung.

68) *Deutsche Lieder für Turner, Friedland 1838. – T –*

(Turn 38) – V3 3250.

Bei dieser Ausgabe handelt es sich um ein zerschossenes Exemplar, wobei (jedenfalls im vorliegenden Band) jedoch nur sehr wenige handschriftliche Einträge verzeichnet sind.

69) *Allgemeines deutsches Liederbuch oder vollständige [sic!] Sammlung der bekannten und beliebten deutschen Lieder und Volksgesänge. Gesammelt, planmäßig zusammengestellt und mit einem alphabetarischen Register versehen von Guido Reinhold. Leipzig 1838. – T+N(1) extra–*

(L 38) – V3 3265.

Das zusätzliche Notenbuch, „welches die Melodien zu sämmtlichen in diesem Liederbuche enthaltenen Liedern und Gesängen enthält und dadurch dieses erst recht brauchbar macht" (Vorwort), kostete 12 Groschen.

70) *Tandelmarkt der fidelsten Lieder, oder der Nachtwächter von Troja. Gekauft und gestohlen im Vereine mit mehreren lustigen Buchhändlern von E. A. R. Damian, ein zu Grund gegangener Buchhändlers-G'sell, nunmehriger Tandler bei seinem Schwager. Augsburg 1839. – T –*

(Tand 39) – V3 3290.

Dieses Exemplar ist unten zum Teil voller Brandflecken, die der Form und Art nach auch von unvorsichtigem Rauchen herrühren könnten, was zu den „fidelsten Liedern" passen würde.

71) *Lieder gesungen auf unserer Harzreise im Sommer 1840, Eppendorf 1840. –*
T – (Harz 40) – V3 3324.

Die Sammlung beinhaltet eine bunte Mischung an Liedern, darunter auch sehr viel Geistliches.

72) *Allgemeines deutsches Liederbuch. Hrg. von Ernst Ortlepp. Zweite Auflage, Stuttgart 1840. – T –*

(allg 40) – V3 3325.

Die sehr ansprechend gestaltete Zueignung in Gedichtform lässt zunächst an eine Sammlung voller „Niedlichkeiten" denken – dies ist jedoch mitnichten der Fall.

Der Band ist außerordentlich klar strukturiert und bietet ein reichhaltiges Repertoire aus sämtlichen Bereichen des Gesangs:

I. Lieder für geselliges Vergnügen (Nr. 1: *Freude, schöner Götterfunken*)

II. Vaterlands- und Kriegslieder (Nr. 1: *Was ist des Deutschen Vaterland* in der zehnstrophigen Fassung)

III. Neujahrslieder

IV. Akademische Lieder

V. Liebeslieder

[…]

VIII. Lieder aus Opern

73) *Auswahl deutscher Volkslieder. Motto: Wo man singt, da laß dich ruhig nieder; Böse Menschen haben keine Lieder. Zweite Auflage Altona um 1840.* – T –

(ADVL 40) – V3 3326.

In dieser *Auswahl deutscher Volkslieder* (!) finden sich unter anderem sämtliche „Hits" aus der *Zauberflöte*.

74) *Gesangbuch für Freimaurer-Logen. Hrg. von der St. Joh.-Loge zu den drei Rosen im Walde im Orient zu Sorau, Sorau 1840.* – T –

(Freim40) – V3 3329.

75) *Holböl-Liederbuch/Deutsch-Dänisches Liederbuch, Dänemark um 1840.* – T –

(DK 40) – V3 3335.

Interessant ist der beigefügte maschinenschriftliche Anmerkungs-Apparat mit Hinweisen auf die Häufigkeit der Drucke im deutschen Teil. Es wurde nur dieser Teil analysiert.

76) *Der Sänger am Neckar, oder kleines süddeutsches Lieder- und Commersbuch, nebst einer Auswahl beliebter Volksgesänge für fröhliche Gesellschaften. Zweite unveränderte Auflage, Heilbronn nach 1840.* – T –

(Neckar 40) – V3 3360.

77) *Allgemeines Gesellschafts-Liederbuch, enthaltend: das Beste, Beliebteste und Neueste von Deutschlands gefeierten Sängern. Gesammelt und herausgegeben von J. J. Algier, unter mittelbarer Mitwirkung verschiedener Singvereine, Reutlingen 1841. – T –*

(AlgA 41) – V3 3370.

78) *Universal-Liederbuch. Weltlicher Liederschatz für Deutschlands Gesangfreunde. Eine Sammlung von mehr als 1600 auserlesenen Liedern, älterer und neuester Zeit, zur Erhöhung und Belebung geseliger Freuden, von J. J. Algier, dem Verfasser der süddeutschen Thalia und anderen Liederbüchern, - unter mittelbarer Mitwirkung zahlreicher Singvereine. Reutlingen 1841. – T –*

(AlgU 41) – V3 3371.

Dem Titel entsprechend handelt es sich hierbei um eine der umfangreichsten Sammlungen, wahrlich einen „Liederschatz", der sich an die „Gesangfreunde des deutschen Vaterlandes" richtet.

> So oft auch ein neues Liederbuch erschien, so mussten, des Raumes wegen, ältere, ja oft neuere, Lieder wegbleiben. Dieses Werk soll aber durch Nachträge zum stehenden Liederbuche erhoben, also ein Nachschlagebuch werden, worin nicht nur ältere Lieder für den Liebhaber, sondern auch für den Tonkünstler, der das Alte in neuer Composition geben will, zu finden sind. (Vorrede)

Die 1600 Lieder stehen – angeblich, aber aus Gründen der thematischen Überschneidungen nachvollziehbar – in alphabetischer Reihung.

79) *Volks-Klänge. Eine Sammlung patriotischer Lieder, Paris 1841. – T –*

(Paris 41) – V3 3373.

Den hier gesammelten Texten merkt man ihren Erscheinungsort im freien Ausland deutlich an: Sehr „patriotisch" und mit viel Überschwang versammeln sie beispielsweise erstmals Lieder wie *Das deutsche Treibjagen* („Fürsten zum Land hinaus") und *Die Fürstenjagd* („Hallo, zum wilden Jagen auf jedes Kronenthier").

79a) *Schwäbisches Volks-Liederbuch, Stuttgart 1841. – T –*

(S 41a) – V3 3375.

Aus dem Vorwort:

> Zweck und Inhalt sind im Titel deutlich genug ausgesprochen. Die Lieder, welche *das Volk* im weitesten Sinne des Worts singt, seien es nun eigentliche Volkslieder, deren Verfasser und Entstehungszeit nicht ermittelt werden könne, seien es Gedichte eines Einzelnen, in denen man den Ausdruck eines Gefühls der Gesammtheit gefunden hat, sind ohne Unterschied aufgenommen worden.

> […] Das Beiwort *Schwäbisch* bezeichnet ihn in so weit noch näher, als damit gesagt sein soll, die oben ausgesprochenen Grundsätze hätten ihre besondere Anwendung auf die Lieder gefunden, welche in Schwaben gesungen werden. Ueberdieß hat die Sammlung das Verdienst, daß viele ursprüngliche Volkslieder hier zum ersten Mal gedruckt sind.

79b) =*Teutsches Volks-Liederbuch, Stuttgart 1841. – T –*

(S 41b) – V3 3372.

Beide Versionen bieten den genau gleichen Inhalt – nur eben ein Mal mit dem Attribut „Schwäbisch", das andere Mal „Teutsch". Nimmt man den zweiten oben zitierten Absatz des Vorwortes ernst, so würde in Schwaben haargenau das gleiche Liedrepertoire gesungen wie im restlichen Deutschland – nicht unmöglich, aber unwahrscheinlich. Naheliegender ist die Vermutung, der Autor habe mit beiden Ausgaben „zwei Fliegen mit einer Klappe schlagen" wollen, um deutschlandweit höhere Verkaufszahlen zu erzielen.

80) *Drei Lieder um einen Pfennig. Neues Taschenliederbuch. Enthaltend die beliebtesten Trink- und Gesellschaftslieder, Romanzen, Arien, Chöre aus ältern und neuern Opern und Liederspielen etc. etc., Nürnberg 1841. – T –*

(NTL 41) – V3 3376.

Die Sammlung ist in ihrer Haltung nur „blasirt" zu nennen; dennoch steht gleich als Erstes *Was ist des Deutschen Vaterland?*, in neun Strophen – wobei nicht die gegen die Fürsten, sondern die gegen Frankreich gestrichen wurde. Diese vermeintliche Frankophilie wird allerdings sofort durch das anschließende *Sie sollen ihn nicht haben, den freien deutschen Rhein* aufgehoben.

81) *Bergmänische Phantasiegemälde von Ign. Rud. Günther. Mit einer Titelvignette und Kupfer. Prag 1841. Und: Grubenklänge. Eine Liedersammlung für Bergleute, bergmännische Sänger-Chöre und Freunde des bergmännischen Gesanges; hrg. von der Gewerkschaft der Zeche Wiesche bei Mülheim a. d. Ruhr 1838. – T –*

(Berg 38) – V3 3380.

Der Band vereinigt zwei nur thematisch verwandte, ansonsten voneinander vollkommen unabhängige Werke. Teil I bietet Novellen zum Thema Bergbau, der für uns weitaus wichtigere Teil II („Grubenklänge") soll vor allem der Sammlung beliebter Lieder des Berufsstandes dienen und durch Gesang Ehre und Pflichtgefühl gerade auch bei den Jüngeren heben.

Es ist ein Extraheft mit Chorsätzen erhältlich.

82) *Musarion für Freunde fröhlichen Gesangs. Verlegt und redigirt durch eine Gesellschaft in Heilbronn. Dritte vermehrte Auflage, Heilbronn 1841. – T –*

(Musa 41) – V3 3385.

Alphabetische Ordnung.

83) *Der Volkssänger. Eine Sammlung deutscher ächter Volksweisen, mit alten und neuen Texten; der sanglustigen Jugend in allen deutschen Gauen besonders den Volksschulen gewidmet von F. U. L. Jacob. Erstes Heft, Essen 1841. – N(1-2)+T –*

(VS 41) – V3 3387.

Der Herausgeber gibt im Vorwort den Hinweis auf eigene Aufzeichnungen sowie auf die Sammlungen von Erk/Irmer. In gewisser Weise kann deshalb auch die hier vorliegende mit in die Reihe der ersten wissenschaftlichen Sammlungen gestellt werden.

> Der größte Theil der gegebenen Melodieen ist vom Herausgeber selbst aus dem Munde des Volkes aufgenommen; die übrigen verdankt er größtentheils der Güte seines hochgeschätzten Freundes, Herrn Erk (Musiklehrer am Seminar für Stadtschulen), in Berlin, welcher überhaupt durch Rath und That den Herausgeber bei Bearbeitung dieser Liedersammlung mannigfach unterstützte […]

> Die Originaltexte zu den meisten Melodieen sind, wie dies die betreffenden Anzeigen über den einzelnen Liedern andeuten, in der von den Herren Erk und Irmer herausgegebenen Volksliedersammlung, betitelt: „Die deutschen Volkslieder mit ihren Singweisen …" zu finden; eine Sammlung, welche allen Freunden der Volkspoesie und des Volksliedes dringend zu empfehlen ist.

84) *Lieder für Deutschlands turnende Jugend. Hrg. von Lud. Ulr. Beck, Brandenburg a/ H. 1842. – N(4)+T –*

(tuJu 42) – V3 3410. → vgl. tuJu 54 (Nr. 138).

85) *Liederbuch des deutschen Volkes, Leipzig 1843. – T –*

(LBDV 43) – V3 3440.

Die Sammlung beginnt mit Kinderliedern, auch wenn das Buch nicht für Kinder geeignet sei, da Kinder die Lieder niemals aus Büchern lernen sollten (vgl. die Äußerungen der Brüder Grimm über die Kinder- und Hausmärchen, Kap. II.1.3 dieser Arbeit). Da aber auch Kinderlieder den Volksliedern zuzurechnen sind, wurden auch sie mit aufgenommen. Das Vorwort weist des Weiteren auf den Entstehungsprozess des Liederbuches hin:

> Ein Kreis von Freunden hatte sich nach des Tages Arbeit in den Winterabenden daran erfreut, gute weltliche Lieder mit einander zu lesen und zu singen. Man hielt sich vornehmlich an den deutschen Volksgesang im engeren Sinne, die bekannten Sammlungen von Herder, Nicolai, Elwert, Büsching und von der Hagen, Brentano und von Arnim, zuletzt auch Erk und Irmer, wurden zu Rathe gezogen; dazu brachte jeder von Liedern und Lesarten, was er in der Jugend, in der Heimath, oder auf der Wanderschaft gehört hatte; auch das Neue und Neueste der Kunstpoesie, was in der Kinderstube bis zu den Bretern [sic], welche die Welt bedeuten, singt und klingt, fand seine Gönner; und was den Meisten gefiel, wurde als ein gemein- sames Besitzthum schriftlich niedergelegt.
>
> […] Bei den mannigfachen Stimmen der Lieder, die aus mündlicher Überlieferung stammen, oder doch durch dieselbe hindurchgegangen sind, wurde immer diejeni- ge Lesart aufgenommen, die dem Geiste des Liedes, mitunter wohl auch unserm eignen, am meisten zusagt; aber niemals ist etwas Neues hineingedichtet worden.

Die zuletzt gemachte Feststellung ist aufschlussreich im Hinblick auf den allgemein übli- chen Umgang mit dem Konstrukt eines „Volksguts", der uns von Arnim/Brentano, den Brüdern Grimm und anderen sammelnden Zeitgenossen bekannt ist. Ein *Liederbuch des deutschen Volkes* zu liefern, entspricht dabei ganz dem Geist der Zeit.

86) *Heimathsklänge. Teutsche Lieder von und für Künstler und Handwerker in der Fremde, gesammelt und mit Musik aus Joseph Mainzer's Werken, hrg. von Eduard Rauch. Erstes Heft, Paris 1843. – N(2)+T –*

(Paris 43) – V3 3442.

Diese Sammlung ist in mehrfacher Hinsicht höchst interessant. 1843 befanden sich Heinrich Heine, Karl Marx und Theodor Hagen neben etlichen anderen deutschen „Künstlern und Handwerkern in der Fremde" der französischen Hauptstadt. Dass sozialistisches Gedankengut in diesen Kreisen, zumal in Frank- reich, diskutiert wurde, ist bekannt und muss nicht betont werden. Auch die Verbindung zu Joseph Mainzer, dem Vater der Arbeiterchöre, geht ganz in die

Richtung der Arbeiterbildung, zu der im Vorwort unverkennbar Stellung bezogen wird:

> Der Zweck unseres Werkes ist: Verbreitung volksthümlicher Ideen, Erweckung des Selbstgefühls, Aufklärung der arbeitenden Klasse, Anfeuerung zur wahren Tugend. Alles, was zu diesem Zwecke führt, selbst das freieste Wort, wird aufgenommen; aber wilde, ungebührliche Ausfälle auf Andersdenkende, ungeschlachte Drohungen und Schimpfreden, so wie Alles was Anstand und Sittlichkeit beleidigt, sind eben sowohl als alle arisotkratischen, volkswidrigen Ideen aus unserm Werke ausgeschlossen.

Obwohl das Werk für unsere Belange viel versprechend daherkommt, findet sich darin nur ein Lied des erweiterten Kanons, nämlich „Kennt ihr das Land so wunderschön …" (Wächter/ Nägeli).

87) *Auswahl deutscher Lieder, mit ein- und mehrstimmigen Weisen. Fünfte vermehrte und verbessere Auflage, Leipzig 1843.* – N(1-4)+T –

(ADL 43) – V3 3445. → vgl. ADL 60, 58, 50, 44, 36, ADL 30, 27.

88) *Turn-Lieder, München 1844.* – T+handschriftlicher Notenanhang (fast halbes Buch) –

(TL 44) – V3 3468.

Die Sammlung, die eine „Auswahl aus den größeren Liederbüchern" darstellt, ist

> dem Bedürfniß entsprungen, den Leibesübungen, dem Turnwesen das wichtigste und erhebendste Beförderungsmittel *deutschen Sinnes*, den *Gesang*, anzuschließen, der als Herzensergießung freudiger Jugendbegeisterung, als Sporn zu unwankbarer Vaterlandsliebe das Ganze veredelt […] Die Lieder sollen als geistige Nahrung den Turner erquicken und stärken. (III)

Die *Turnlieder* entstanden „in Erinnerung an jene große Hoffnungszeit jüngster Vergangenheit von 1813" und bieten „einen Nahrungsstoff voll körniger Grundsätze und Lehren, wie es dem deutschen Jünglinge zu leben und zu handeln gezieme." (IV) Die eher geringe Auswahl ermöglichte einen billigeren Preis und dadurch eine höhere Auflage und größere Verbreitung. Diese weite Verbreitung ist wichtig, denn:

> Wenn uns dann auch Zeit und Verhältnisse äußerlich trennen, so sind wir doch vereint dadurch im *deutschen Sinn und Geist*, der in der Liebe zum gemeinsamen, großen, deutschen Vaterland seinen Mittel- und Haltpunkt hat und uns **Alle in Einigkeit** umschließt. (VIII; Hervorhebungen original)

89) *Liederbuch für Turner. Hrg. von W. Looff. Mit Melodieen, größtenteils vierstimmig gesetzt, versehen von J. G. Hoyer, Aschersleben 1844.* – N(4)+T –

(LBT 44) – V3 3471.

Im I. Teil, den *Turnliedern*, ist nur das letzte für uns interessant (*Gaudeamus igitur*); Teil II., die *Vaterlands-, Kriegs- und Heldenlieder*, werden eröffnet mit *Des Deutschen Vaterland* (Zehn Strophen); es folgen Teil III., die *Volkslieder* und Teil IV., *Lieder bei besonderer Veranlassung.*

90) *Auswahl deutscher Lieder, mit ein- und mehrstimmigen Weisen. Sechste stark vermehrte und verbesserte Auflage, Leipzig 1844.* – N(1-4)+T –

(ADL 44) – V3 3470. → vgl. ADL 60, 58, 50, 43, 36, 30, 27.

Der erste Teil trägt hier noch den Titel *Vaterlands- und Bundeslieder*; Letztere werden in späteren Auflagen nicht mehr explizit genannt. „Kriegs- und Heldenlieder nebst Festgesängen für Siegestage", unter ihnen das französische Original der *Marseillaise* (Nr. 42, 6 Strophen) dienen der Komplettierung.

Teil zwei versammelt „Trinklieder nebst Rundgesängen. Lieder zum neuen Jahre und für Abschiedsfeste. Wanderlieder, Morgen- und Abendlieder, Turnlieder und Volkslieder", wobei auch hier die Verwendung des Wortes „Volkslied" wieder einmal ins Auge fällt.

91) *Liedersammlung für den schweizerischen Turnverein, Zürich 1845.* – N(4)+T – (CH 45) – V3 3473.

92) *Liederbuch für Schützengilden, Marienwerder 1845.* – T –

(Schü 45) – V3 3477.

93) *Turnlieder. Hrg. bei Einweihung der Turnanstalt in Zittau, Zittau/Görlitz 1845.* – T –

(Turn 45) – V3 3478.

94) *Freiheitsklänge an und aus Schleswig-Holstein, in zwanglosen Heften. I. Heft, Neustadt 1846.* – T –

(FSH 46) – V3 4062.

95) *Deutscher Liederkranz. Vierte veränderte und vermehrte Auflage, Osterode und Goslar 1846. – T –*

(LK 46) – V3 3480.

Die sehr umfangreiche Sammlung besteht aus zwei separat gezählten Teilen und versammelt unter anderem sämtliche „Hits" aus der *Zauberflöte*.

96) *Der Schleswig-Holsteinische Liedertäfler, eine reichhaltige Sammlung der beliebtesten und neuesten Deutschen Volkslieder. Dritte, vermehrte und verbesserte Auflage, Tönning 1846. – T –*

(SH 46) – V3 3481.

97) *Maurerische Lieder als Anhang zum neuen Gesangbuch für die große National-Mutterloge zu den drei Weltkugeln, gesammelt von Br. Theodor Kanzler, Berlin 1846. – T –*

(freim 46) – V3 3483.

98) *Deutsches Volksliederbuch. Mannheim 1847. – T –*

(MA 47) – V3 3510.

Der Sammlung vorangestellt ist ein Gedicht des patriotischen Dichters Hermann Rollet. Rollet war mit etlichen bedeutenden „48ern" befreundet und politisch verfolgt (vgl. Nrr. 106 und 120).

> Ich weiß, wir werden durch das Lied / Die Freiheit nicht ersingen, / Doch in des Volkes Seele zieht / Der Muth auf Liedesschwingen.

99) *Alte und neue Studenten-, Soldaten- und Volks-Lieder. Mit Bildern und Singweisen herausgegeben von L. Richter, A. E. Marschner, F. Pocci und A. Jürgens. 62 Studentenlieder, 31 Soldatenlieder und 64 VLer. Leipzig 1847. – N(1-4)+T –*

(L 47) – V3 3515.

Ein sehr schön gestalteter Band; vor allem Teil 1, die Studentenlieder, sind für unsere Belange ergiebig (Nr. 1 *Gaudeamus igitur*, Nr. 2 *Bekränzt mit Laub…*)

100) *Neuestes Gesellschaftsbuch für fröhliche Kreise. Eine Sammlung von 120 Gratulationsgedichten, Festreden, 280 Deklamationsstücken, 80 Gesell-*

schaftsliedern, Trinksprüchen, unterhaltenden Gesellschaftsspielen, magi-schen Belustigungen, interessanten Kartenkünsten, sinnigen Räthseln, Charaden und Scherz- und Räthselfragen. Von Felix Engelmann. Zweite Aufl., Quedlinburg und Leipzig 1847. – T –

(Ges 47) – V3 3519.

In dieser enorm umfangreichen Sammlung finden sich unter den Liedern im-merhin zwei für unsere Statistik interessante: *Was ist des Deutschen Vaterland* (als Eröffnungsstück des IV. Teils „Lieder und Trinksprüche", A. Lieder) und gleich danach *Wer hat dich du deutscher Wald …* (Mendelssohn-Bartholdy).

101) *Deutsche Volkslieder. Zwickau 1847.* – N(1)+T –

(Zwickau 47) – V3 3520.

102) *Liederbuch des Berliner Handwerker-Vereins, Berlin 1847.* – T –

(B 47) – V3 3521.

103) *Maurerisches Liederbuch. Hrg. von der Loge zum goldnen Apfel im Or. Dresden 1848.* – T –

(Freim 48) – V3 3447.

104) *Deutsches Liederbuch. Hrg. von Julius Schanz und Carl Parucker, Leipzig 1848.* – N(1-4)+T –

(DLB 48) – V3 3540.

Z.T. verzeichnet die Sammlung nur Texte mit Angabe der Weise, teils mit ein-stimmiger Melodieangabe, teils bis zu vierstimmig gesetzt. „Hoffmann von Fallersleben gewidmet", stammen die ersten beiden Lieder sowie etliche danach aus dessen Feder.

105) *Germania. Ein Freiheitsliederkranz für deutsche Sänger aller Stände. Mit alten und neuen Sangweisen der besten Tonsetzer für vierstimmigen Chor hrg. von Th. Täglichsbeck. Mit einer allegorischen Titelzeichnung, Stuttgart 1848.* – N(2-4)+T –

(TG 48) – V3 3541.

Die berühmte „Täglichsbeck-Germania" durchströmt unübersehbar der Geist von 1848. Das Vorwort rechnet ab mit den „bleichsüchtigen Mondscheinliedern", denen sich die Romantik noch sehnsüchtig zugewandt habe – die aber für die neue Zeit vollkommen ungeeignet seien.

> Die Stürme, die zu Anfang dieses Jahrhunderts Europa durchbrausten, und die glorreichen Kriege, die Deutschland vom fremden Joche befreiten, brachten uns auch ein neues deutsches Volkslied. Jener Zeit, die in Eisen klirrte und alte Schmach mit Blut zu sühnen strebte, konnten die alten bleichsüchtigen Mondscheinlieder, traurige Erzeugnisse einer kraft- und thatlosen Vergangenheit, nicht mehr genügen. Mit anderem Plunder von morschgewordenen Zöpfen und Zeptern warf sie auch den Wust der sogenannten Gesellschafts- und Operngesänge von sich und setzte an ihre Stelle wie mit einem Zauberschlage eine ganze Reihe neuer Lieder von kräftigem, echt deutschem Gepräge. (V/VI)

Nr. 1 ist denn auch selbstverständlich „Des Deutschen Vaterland"; danach folgen, und es ist ein recht dicker Band, erst einmal ausschließlich Vaterlands-, Kampf-/Kriegs-/Jäger-, Rheinlieder usw. und erst im letzten Drittel andere „Volks"lieder. Ein etwa 70 Seiten starker Anhang beherbergt ausschließlich *Deutsche Lieder für Schleswig-Holstein*, auch dies ein deutliches Zeichen für den hier herrschenden radikalen Nationalismus.

106) *Republikanisches Liederbuch, hrg. von Hermann Rollett, Leipzig 1848.*

– T –

(Rep 48) – V3 3542.

107) *Männerlieder, alte und neue, für Freunde des mehrstimmigen Gesanges. Hrg. von Wilhelm Greef. Vierte Stereotyp-Auflage, Essen 1848.* – N(4)+T – (männer 48) – V3 3545.

108) *Liederbuch für ernste und heitere Stunden. In Verbindung mit einem Vereine von Musikfreunden, hrg. von G. Th. Stricker, Straßburg 1848.* – N(1)+T –

(Stras 48) – V3 3547.

Die „handschriftlich" gedruckte Sammlung hat z. T. eine sehr schlechte Qualität, was sie unbenutzbar macht. Das ist bedauernswert, da in Bezug auf das Nationbuilding die Rolle des Elsass stets interessant war und ist und dieses Liederbuch zu ungefähr gleichen Teilen und vollkommen gemischt aus deutschen und französischen Liedern besteht.

109) *Schweizerisches Volks-Liederbuch. Kuhreihen, Alpen-, Vaterlands-, Frei-heits-, Kriegs- und Soldatenlieder, Lieder der geselligen Freude, der Liebe und Freundschaft etc. Gesammelt und herausgegeben von Franz Fluri, Bern 1848. – T –*

(CH 48) – V3 3548.

Im Vorwort wird darauf hingewiesen, dass es vor allem um schöne Lieder aus der schönen Schweiz gehen soll, aber die gegenseitige Durchdringung mit deutschem Volksliedgut wird ebenfalls hervorgehoben und dieses deshalb in die Sammlung aufgenommen.

Teil I. versammelt auf über 200 Seiten „Lieder in der Volkssprache"; da diese doch sehr auf die Schweiz bezogen sind, wurden sie bis auf einige letzte aus ande-ren deutschen Dialekten außer Acht gelassen. Auch Teil II., „Lieder der Heimath, Vaterlands- und Freiheitslieder" ist stark auf die Schweiz gemünzt; in Teil III., „Kriegs- und Soldatenlieder" fand sich ebenfalls nichts für uns Brauchbares. Teil IV. „Vermischte Lieder. Lieder des Ernstes und des Scherzes, des Schmerzes und der Lust, der Natur, der Liebe und Freundschaft, Opern-Arien, Jagd-, Turn- und Trinklieder" (man beachte Stellung und Stellenwert der Opern-Arien!) bringt ganz zum Ende einige französische Lieder: Die *Marseillaise* (7 Strophen), die *Parisienne* und den *Chant Fédéral*.

110) *Liederkranz für die Turngemeinden des Vaterlandes. Mit alten und neuen Sangweisen der besten Tonsetzer für vierstimmigen Chor. Mit einem Vor-wort von August Ravenstein. Zweite unveränderte Auflage, Stuttgart ca. 1848. – N(4)+T –*

(LKT 48) – V3 3549. = LKT 50 (dritte unv. Aufl.; Nr. 122).

Die Erstauflage von 1844 liegt nicht vor.

111) *Westentaschen-Lieder-Buch. Vier und zwanzigste verbesserte Auflage. Je-na 1848. – T –*

(West 48) – V3 3550.

Die Tatsache, dass dieses Liederbuch – im „Westentaschen-Format" und deshalb für jedermann erschwinglich – 1848 bereits seine vierundzwanzigste Auflage erfuhr, spricht für seine enorme Popularität und damit auch für die der in ihm enthaltenen Lieder. Nr. 1 ist zwar ein relativ unbekanntes Hirten-Abendlied, doch schon Nrr. 2 (*Es kann doch nicht immer so bleiben*) und 4 (*Bekränzt mit Laub den lieben vollen Becher*) zählen zu den verbreitetsten des Jahrhunderts.

112) *Liederbuch für deutsche Turner. Hrg. vom Männer-Turnverein zu Braunschweig, Braunschweig 1849. –T –*

(Turn 49) – V3 3566.

Etwa die Hälfte des Buches ist mit unbedruckten Seiten versehen, die zwischen
den Teilen sowie verstärkt am Ende eingefügt, jedoch in diesem Exemplar mit
nicht allzu vielen handschriftlichen Nachträgen versehen sind.

Das Vorwort nimmt Bezug auf die Ereignisse des vergangenen Revolutionsjahres
und ruft dazu auf, das Erreichte nicht wieder preiszugeben – unter anderem
durch Turnen und Gesang. Die einzelnen Teile sind auf diese Forderungen ausgerichtet: I. Turnlieder, II. Freiheits- und Vaterlandslieder, III. Volks- und
Gesellschaftslieder.

113) *Taschen-Liederbuch für das deutsche Volk. Eine ausgewählte Sammlung
der beliebtesten und bekanntesten Volks-, Studenten-, Jäger-, Soldaten-, Lie-
bes-, Trink-, Wander-, Opern- und Gesellschaftslieder. Sechste vermehrte
und verbesserte Auflage, Plauen ca. 1849. – T –*

(Taschen 49) – V3 3567. → vgl. Taschen 60 (Nr. 153).

Eröffnendes Lied ist „Schwarz, Roth und Gold, die vaterländ'schen Fahnen …".

114) *Zweite Sammlung beliebter Guitarrlieder, bestehend in 365 Nummern
nebst Melodie und Begleitung. Hrg. von F. Samans. Nach der Ordnung dessen praktischen Guitarrschule, wonach Jemand in kurzer Zeit, selbst ohne
Kenntnis der Noten, bekannte Lieder mit der Guitarre begleiten lernen
kann. Erster Theil, enthaltend 200 gemischte Lieder nur mit Dur-Akkorden.
Zweite Auflage Wesel 1849. – N(1)+T –*

(Git 49) – V3 3570. → vgl. Git 50 (Nr. 117).

Die Erstauflage dieser Gitarrenschule stammt bereits von 1838 – die Methode ist
aber erstaunlich modern. Mit etwas bösem Willen könnte man bei solch einer
Herangehensweise die allerorten musizierenden Nachbarn aus Theodor Hagens
Pariser Korrespondenzen befürchten; denn wo es jedem „selbst ohne Kenntnis
der Noten" offen steht, „in kurzer Zeit" das Liedbegleitspiel auf der Gitarre zu
erlernen, kann es mit der Kunst nicht weit her sein. Viel naheliegender ist es
jedoch, auch hier einen ganz demokratischen Ansatz zur Volksbildung anzunehmen – mit einer Methode, die das Musizieren eben nicht nur den einschlägig
Gebildeten ermöglicht, und auf einem Instrument, das erschwinglicher und
„volksmäßiger" ist als das Klavier.

115) *Allgemeines deutsches Liederbuch für gesellige Vereine bearbeitet von Hermann Hauer. Dritte vermehrte und verbesserte Aufl., Berlin ca. 1850.*

– N(1)+T –

(gesV 50) – V3 3599.

Die Sammlung beginnt mit Vaterlands- und Weiheliedern, folgt aber hierin wie insgesamt keiner besonderen Ordnung.

116) *Auswahl deutscher Lieder mit ein- und mehrstimmigen Weisen. Siebente stark vermehrte und gänzlich umgearbeitete Auflage, Leipzig 1850.*
– N(1-4)+T –

(ADL 50) – V3 3605. ➔ vgl. ADL 60, ADL 58, ADL 44, ADL 43, ADL 36, ADL 30, ADL 27.

117) *Praktische Guitarr-Schule oder gemeinfassliche Anleitung, in kurzer Zeit selbst ohne alle Notenkenntniss bekannte Lieder auf der Guitarre begleiten zu können. Nebst 365 Liedern mit ihren Melodien und Angabe der Begleitung nach dieser Methode. Zusammengestellt und allen Freunden und Freundinnen des Gesanges gewidmet von F. Samans. Fünfte Aufl., Wesel 1850.* –N(1)+T –

(Git 50) – V3 3606. ➔ vgl. Git 49 (Nr. 114).

118) *Lieder-Sammlung. Hrg. vom Cösliner Zweigvereine des Treubundes: „Mit Gott, für König und Vaterland." Erste Lieferung, Cöslin 1850.* – T –

(Cös 50) – V3 3608.

Wie der Titel vermuten lässt, handelt es sich hier um keine sehr freiheitlich-revolutionäre Liedersammlung. Sie kommt vielmehr sehr preußisch und „blasirt" daher; Eröffnungsnummer ist denn auch *Ein feste Burg*, es folgen etliche Kirchengesänge, Arien und andere nicht dem unmittelbaren Volksgesang zuzuordnende Stücke.

119) *Taschen-Liederbuch, 5te Auflage. Sammlung von 74 der neuesten (!) und beliebtesten Lieder, Neu-Ruppin um 1850.* – T –

(TLB 50) – V3 3609.

Die Reihenfolge der Lieder erfolgt wieder alphabetisch.

120) *Die Freiheit siegt! Liederbuch der Meklenburgischen Dorfzeitung, Wismar 1850.* – T –

(Freiheit 50) – V3 3610.

Dem Titel gemäß handelt es sich hierbei um eine der freiheitlichsten Sammlungen, die ihre politische Gesinnung auch nicht ansatzweise zu verstecken trachtet. Das Titelblatt zieren eine schwarz-rot-goldene Fahne sowie die „Einigkeit-macht-stark"-Hände, die allerdings ein Schwert halten.

Vorangestellt ist wieder der Rollet'sche Vierzeiler: *Ich weiß wir werden durch das Lied / Die Freiheit nicht ersingen* ... Gleich auf Seite 1, unter der fett gesetzten Überschrift „Was wir wollen!", steht der Text *Was will das dt. Vaterland* mit äußerst weitreichenden politischen Forderungen, danach folgen mehrere ähnliche Lieder, schließlich (S. 15) die deutsche Marseillaise.

121) *Democratische Lieder, Trier 1850.* – T –

(Demok 50) – V3 3611.

Zum ersten Mal kreuzt in dieser Sammlung der (1848 von Robert Schumann vertonte) Freiligrath-Text *In Kümmernis und Dunkelheit* unseren Weg (unter dem Titel „Die deutsche Fahne") – und das sogar gleich als Eröffnungsstück; Nr. 2 ist ein Lied über die Weber, Nr. 3 die *Reveille* (Deutsche Marseillaise), gefolgt von der Original-Marseillaise (5 Strophen). Dieser hohe politische Gehalt macht die Sammlung zwar interessant, zu unserer Statistik lieferte allerdings nur die abschließende Nr. 12 einen Beitrag (*Es zogen drei Burschen wohl über den Rhein*).

122) *Liederkranz für die Turngemeinden des Vaterlandes. Mit alten und neuen Sangweisen der besten Tonsetzer für vierstimmigen Chor. Mit einem Vorwort von August Ravenstein. Dritte unveränderte Auflage, Stuttgart ca. 1850.* – N(4)+T –

(LKT 50) – V3 3612. = LKT 48 (2. unv. Aufl.; Nr. 110).

123) *Allgemeines Taschen-Liederbuch für Deutschlands singlustiges Volk, enthaltend mehr als 300 Liebes-, Soldaten-, Kriegs-, Vaterlands-, Freiheits-, Lebens-, Trink-, Gesellschafts-, Burschen-, Jäger-, Turner- und Wanderlieder, Glückstadt 1851.* – T –

(ATL 51) – V3 3630.

Die Anordnung erfolgt wie im Untertitel bezeichnet (wobei 2-5 und 7-8 zusammengefasst und die Lieder innerhalb der Teile alphabetisch gereiht sind).

124) *Gesänge für die Loge Amalia. Neue Bearbeitung, Weimar 1851.*

– N(1-4)+T –

(freim 51) – V3 3631.

125) *Liederbuch für das deutsche Volk. Vierstimmige Männerchöre. Hrg. von J. Chr. Weeber, Stuttgart 1851.* – N(4)+T –

(dV 51) – V3 3633.

Die Sammlung war, so der Herausgeber, zunächst für die Schule gedacht – doch sie hat einen sehr viel tiefgreifenderen Anspruch, der selten so deutlich in einem Vorwort ausgesprochen ist:

> Da aber eine Sammlung dieser Art nur dann erst sich wahrhaft erprobt, wenn sie zugleich den Weg in's Leben und in's Volk findet; so würde ich es für das beste Zugniß meiner Arbeit halten, wenn es ihr gelänge, auch in unsern Liederkränzen sich einzubürgern [sic!]. Diesen Zweck habe ich besonders im Auge gehabt und mich daher bemüht, dem ächt Volksthümlichen, den alten Volksweisen, die man bei uns noch allenthalben in Städten und Dörfern hört, die gebührende Ehre widerfahren zu lassen. – Wenn meine Arbeit auch zunächst schwäbischen Ursprungs ist, … so habe ich doch das höhere Ziel dabei nicht außer Acht gelassen, auch nach meinen Kräften dazu zu wirken, daß der *nationale Sinn* an alten und neuen Erinnerungen erweckt und erfrischt werde.
>
> Wenn es mir daher gelungen wäre, *deutschen Sinn und deutsche Art* durch diese Lieder in das Gemüth des Volkes zu verpflanzen: so würde dieß der schönste Lohn meiner vieljährigen Bemühungen sein. (Hervorhebungen original.)

Auch die Einteilung der Kapitel entspricht diesem Anliegen: I. Vaterlandslieder, II. Heldenlieder, III. Kriegslieder, IV. Turnlieder, V. Wanderlieder, VI. Naturlieder (die sonst nie explizit genannt werden), VII. Verschiedenartiges.

126) *Lieder-Sammlung für die Freiburger Feuerwehr, [Freiburg?] 1851.* – T –

(FW 51) – V3 3634.

Der Titeldruck zeigt unter einem Feuerwehrhelm und anderem einschlägigem Zubehör die „Einigkeit-macht-stark"-Hände.

127) *Schweizerischer Lieder- und Deklamirsaal zur Belehrung und Erheiterung für Schule und Haus, Jung und Alt. Hrg. von J. J. Leuthy, Zürich 1852. – T –*

(CH 52) – V3 3660.

Ein groß angelegter Band aus mehreren Teilen und mit hohem Anspruch – eigentlich kein „richtiges" Liederbuch, da auch ganze Teile nur aus Fabeln, Sagen, Gedichten etc. bestehen.

128) *Liedersammlung für den schweizerischen Turnverein. Dritte Auflage, Schaffhausen 1852. – N(4)+T –*

(Turn 52) – V3 3661.

129) *Liedersammlung für die Jugendbündnisse, zus.getragen von einem ihrer Freunde. Für Jungfrauen, Biberach 1852. – T –*

(jungf 52) – V3 3662.

Der gesamte erste Teil besteht aus geistlichen Liedern; die „II. Abtheilung" aus Liedern „vermischten Inhalts" – die der Zielgruppe entsprechend natürlich auch außerordentlich brav gehalten sind. Aus unserem Liederkanon findet sich hier nur *Guter Mond, du gehst so stille.*

130) *200 alte und neue Kinder-, Studenten-, Soldaten- und Volks-Lieder. Mit Bildern und Singweisen hrg. und illustriert von A. E. Marschner, K. v. Raumer, A. Jürguns, L. Richter und F. Pocci. 43 Kinderlieder, 62 Studentenlieder, 31 Soldatenlieder und 64 Volkslieder. Leipzig 1852. – N(2)+T –*

(200 52) – V3 3663.

Die enthaltenen Kinderlieder sind sehr geistlich, in der restlichen Sammlung befinden sich jedoch etliche Fundstücke für unseren Liederkanon. Die Illustrationen (Illustrationen sind insgesamt eher selten in den Gebrauchsliederbüchern) sind „wildromantisch" und verklärend, vor allem natürlich im Teil „Volkslieder".

131) *Fünfzig leichte zweistimmige Lieder, religiösen, geselligen und erheiternden Inhalts. Gewidmet den Vereinen christlicher Jünglinge, Nürnberg 1852.*

– T+N (handschriftlich – zerschossen?) –

(christ 52) – V3 3666.

Nur Goethes *Heidenröslein* ist für unsere Belange interessant – wenngleich es in diese Sammlung wohl weniger aus Gründen der Volksliedpflege denn aus deutlicher pädagogischer Intention heraus Eingang gefunden hat.

132) *Lieder und Weisen vergangener Jahrhunderte. Worte und Töne den Originalen entlehnt (sic!) von C. F. Becker, Zweite Aufl., Leipzig 1853.*
– N(1)+T –

(Jh. 53) – V3 3700.

Die Lieder sind chronologisch nach Jahrhunderten geordnet, beginnend mit dem 16., das, ebenso wie das 17., keine Lieder unseres Kanons beinhaltet. Erst das 18. Jahrhundert wird in dieser Hinsicht interessant.

133) *Lieder und Gesänge zunächst für kath. Gesellenvereine. Zum Vortheil des Düsseldorfer Gesellenvereins hrg. von Peter Stein, Düsseldorf 1853.*
–N(1-4)+T –

(kath 53) – V3 3704.

Im Anhang findet sich eine Gesangslehre, was den volksbildenden Charakter und Anspruch dieser Sammlung verdeutlicht.

134) *Unsere Lieder. Zweite ganz umgearbeitete Auflage, Hamburg 1853.*
– N(0-4)+T –

(Rauh 53) – V3 3705.

Die Sammlung stammt von der „Agentur des Rauhen Hauses" und ist naheliegenderweise auf deren Bedürfnisse für das gemeinschaftlich-christliche Singen mit Kindern und Jugendlichen, bei Arbeit und Freizeit ausgerichtet; eine Veröffentlichung war ursprünglich gar nicht vorgesehen. Die zweite, zur Publikation bestimmte Auflage wurde um über 100 Lieder erweitert; das Vorwort hierzu klingt konservativ und hebt sich in seinem aggressiv-nationalistischen Ton deutlich von den integrativ-nationalistischen Vergleichstexten der Zeit ab:

[Es ist] auch jetzt wieder eine große Freude […], die Dichter und Sänger sich unter uns zu einem so großen, schönen Chor versammeln zu sehen, um uns den deutschen Sang und Klang zu lehren, mit dem der Gott unsers [sic!] Volkes vor allen andern Völkern das unsrige so reich beschenkt hat. Das unvolksthümliche, gespreizte Wesen der Liedertafeln, wie diese jetzt gemeinhin beschaffen sind, die Philisterhaftigkeit, mit der in andern Kreisen gerade der Jugend die naturwüchsigen Wurzeln und Blüthen des Gesangslebens abgegraben und abgestreift werden, gleichwie die Zurückhaltung, mit der andere ernster gestimmte Kreise das Lied des Volkes am liebsten auf den Choralgesang beschränken möchten, - fordern freilich Jeden, der dazu Gelegenheit hat auf, das Seine zu thun, daß in immer weiterem Umfange das gesunde, christlich-nationale Element auch im Volksliede wieder zu seinem *vollen* Recht komme.

135) *Fünfzig leichte zweistimmige Lieder, religiösen, geselligen und erheiternden Inhalts. Gewidmet den Vereinen christlicher Jungfrauen. III. Auflage, I. Folge, Nürnberg 1853.* – N(2)+T –

(jungf 53) – V3 3706.

Wie bei Nr. 131 (christ 52) ist auch hier nur das *Heidenröslein* für unsere Belange von Interesse.

136) *Liederbuch für Turner. Hrg. von der Turngemeinde zu Heilbronn. Neue Ausgabe von K. Schlegel, Stuttgart 1854.* – N(4)+T –

(Turner 54) – V3 3740.

Die Erstausgabe von 1846 sei „seit einigen Jahren […] vergriffen", was den Herausgeber nun unter Berücksichtigung der politischen Entwicklung zu einer gänzlich neu gestalteten Auflage veranlasst.

> Wenn auch die Grundsätze, die uns früher leiteten, die gleichen geblieben sind, so hat uns dieß doch nicht abhalten können, die Wünsche, die unterdessen in diesem langen, für unser Vaterland, wie besonders für die Turnerei so verhängnisvollen Zeitraume, laut wurden, zu berücksichtigen. (Vorrede)

137) *Volksklänge. Lieder für den mehrstimmigen Männerchor. Hrg. von Ludwig Erk. Zweite, vermehrte und verbesserte Auflage, Berlin 1854.* – N(3-5)+T –

(Erk 54) – V3 3741.

138) *Lieder für Deutschland's turnende Jugend. Hrg. von L. U. Beck. Mit vierstimmigen Sangweisen. Neue Ausgabe, Leipzig 1854.* – N(4)+T –

(tuJu 54) – V3 3745. → vgl. tuJu 42 (Nr. 84).

Vorangestellt sind als Zueignung Uhlands „Dir möcht ich diese Lieder weihen, / Geliebtes dt. Vaterland!" und ein Luther-Zitat zum Gesang. Der erste Teil, „Vaterlandslieder", wird eröffnet mit *Was ist des Deutschen Vaterland?*.

Der Vorgänger dieser Neuausgabe war noch in Brandenburg/Havel erschienen.

139) *Lieder für den Waidmanns-Verein zu Bremen, Bremen 1854.*
– N(1-2)+T –

(Bremen 54) – V3 3750.

140) *Heiter und froh! Neues Lieder- und Commers-Buch, enthaltend mehr als 400 der schönsten und beliebtesten Lieder, Trinksprüche und Gesundheiten, gesammelt von Johannes Freudenlieb, Lübeck um 1855. – T –*

(Heiter 55) – V3 3764.

Allem vorangestellt ist das Deutschlandlied, dem die 1. Abteilung „Vaterlands-und Kriegslieder" folgt.

141) *Liederbuch für die Schützen-Gesellschaften, Jäger und Jagdfreunde und fröhliche Cirkel, Liegnitz 1855. – T –*

(Schü 55) – V3 3765.

Alphabetische Ordnung.

142) *Lieder für katholische Gesellenvereine. Zusammengestellt von J. Böhm und hrg. vom Vorstande des kath. Gesellenvereines in Wien, Wien 1855.*
– N(1-4)+T –

(kath 55) – V3 3766.

143) *Sammlung von Volksgesängen für den Männerchor. Hrg. von einer Kommission der Zürcherischen Schulsynode. Fünfte Auflage, Zürich ca. 1855.*
– N(4)+T –

(Zürich 55) – V3 3767.

144) *Liederbuch für katholische Gesellen-Vereine. Hrg. von Johann Gregor Breuer. Zweite umgearbeitete und vermehrte Auflage, Elberfeld 1856.*

– N(1-4)+T –

(kath 56) – V3 3776.

145) *Phoebus. Auswahl beliebter Opern-Arien und Gesänge mit leichter Guitar-re-Begleitung von A. Caroli. Dritte Sammlung, Hamburg um 1856.*

– N(1)+T –

(Phoeb 56) – V3 3743.

Recht interessant ist die hier vorgenommene Mischung aus Oper und Volkslied; die Sammlung bietet jedoch wenig Material.

146) *Liederbuch für die Große Landes-Loge der Freimaurer von Deutschland und deren Tochter-Logen, Berlin 1857.* – T –

(Freim 57) – V3 3800.

Die Einteilung in „1. Abtheilung. Zum Lobe Gottes; 2. Abtheilung. Zu Ehren des Königs; 3. Zu Ehren des Protectors; 4. Zum Lobe der Maurerei" ließe vermuten, dass es sich erst im letzten Teil um explizite Illuminaten-Lieder handle – das Gegenteil ist der Fall. Teil 1-3 der Sammlung sind ausschließlich auf die Freimaurerei gemünzt, Teil 4 bietet auch einige wenige Lieder, die für uns von Belang sind.

147) *Der Liederfreund. Sammlung vierstimmiger Lieder für den Männerchor, mit einer Zugabe von Alpen-Liedern, hrg. von Johannes Wepf, Schaffhausen ²1857* (Zwei Hefte im Band, gleiches Jahr). – N(4)+T –

(LF 57) – V3 3790 [= 1. Aufl. 1856; V3 3775].

Die Erstauflage von 1856 ist nicht extra aufgeführt, da sie nur ein Jahr vorher erschien und das gleiche Repertoire bietet. Die Sammlung ist ohnehin für uns fast unbrauchbar, da sie sehr stark auf die Schweiz Bezug nimmt. Die Lieder sind thematisch geordnet.

148) *Deutsches Soldaten-, Jagd-, Turn- und Volks-Liederbuch. Eine Sammlung von 300 auserlesenen Liedern älterer und neuester Zeit. Fünfte Auflage, Reutlingen 1858.* – T –

(300 58) – V3 3849.

Das Liederbuch ist extrem platzsparend gesetzt. Dies und die hohe Auflage sprechen dafür, dass es zu einem erschwinglichen Preis erhältlich gewesen sein muss. Die alphabetische Reihung führt in diesem Falle dazu, die Marseillaise (5 Strophen) sehr weit vorn platzieren zu können (*Allons enfants …*).

149) *Auswahl deutscher Lieder mit ein- und mehrstimmigen Weisen. Achte, stark vermehrte und gänzlich umgearbeitete Auflage, Leipzig 1858.* – N(1-4)+T –

(ADL 58) – V3 3850. → vgl. ADL 60, ADL 50, ADL 44, ADL 43, ADL 36, ADL 30, ADL 27.

150) *Des fröhlichen Sängers Liederkranz. Neues Volksliederbuch oder auserlesene Sammlung von 284 der schönsten Trink-, Chor-, Gesellschafts-, Jäger- und Studentenlieder. Nebst mehreren der besten Wiener und Berliner Theatercouplets. Mit Angabe der passenden Singweisen gesammelt von Friedr. Wilh. Zimmermann, Wien 1858.* – T –

(FSLK 59) – V3 3900.

Entgegen der Ankündigung im Titel sind die Singweisen nur selten angegeben, Autor und Komponist fast nie. Die Aufnahme „der besten (!) Wiener und Berliner Theatercouplets" lässt auf einen hohen Grad an „Blasirtheit" schließen.

151) *Sechs Männerlieder für die Schiller-Feier. Mehrstimmig bearbeitet von Ludwig Erk, Berlin 1859.* – N(4)+T –

(Erk 59) – V3 3851.

152) *Auswahl deutscher Lieder mit ein- und mehrstimmigen Weisen. Neunte verbesserte Auflage, Leipzig 1860.* – N(1-4)+T –

(ADL 60) – V3 3940a. → vgl. ADL 58, ADL 50, ADL 44, ADL 43, ADL 36,

ADL 30, ADL 27.

Die letzte, zumindest die letzte vorliegende Auflage des Standardliederbuchs.

153) *Taschen-Liederbuch für das deutsche Volk. Eine ausgewählte Sammlung der beliebtesten und bekanntesten Volks-, Studenten-, Jäger-, Soldaten-, Liebes-, Trink-, Wander-, Opern- und Gesellschaftslieder. Dreiundzwanzigste vermehrte und verbesserte Auflage, Plauen ca. 1860.* – T –

(Taschen 60) – V3 3941. → vgl. Taschen 49 (Nr. 113).

Die Reihenfolge der Lieder erfolgt nur anfangs alphabetisch (Nr. 1.: *Am Rhein*), kurz darauf erscheint alles andere – und es kommt thematisch fast alles vor – in bunter Mischung. Verfasser und Komponist sind fast nie genannt, ebenso wenig wie die Titel der Lieder.

154) *Concordia. Classische Volkslieder für Pianoforte und Gesang. Dritte verbesserte Auflage, Leipzig nach 1860.* – N(4-5)+T –

(Conc 60) – V3 3942.

155) *Sammlung beliebter Kinderlieder in leichtem Claviersatz bearbeitet und der clavierspielenden Jugend gewidmet von C. Eichler, Stuttgart um 1860.*

– N(1-3)+T –

(KC 60) – V3 3945.

Die Sammlung ist nicht im eigentlichen Sinne als Klavierschule gedacht, vielmehr zum „Würzen" des Unterrichts und des Übens – und zur Vermeidung der Geschmacksverirrung durch „leichte nichtssagende Opernmusik".

Durch die dazugehörigen Texte kann auch gleich gesungen werden, und schön fände es „der Verfasser" (nicht etwa der Sammler oder Herausgeber!), „wenn ich namentlich Geschwistern die Freude bereiten könnte, in gegenseitigem Spiel und Gesang sich enger verbunden zu fühlen".

Eröffnendes Lied ist *Wenn ich ein Vöglein wär*; zwischendurch finden sich in dieser „Sammlung beliebter Kinderlieder" (!) vereinzelte Soldatenlieder u. Ä., Schlusslied ist *Heil unserm König*. Dies und überhaupt die Tatsache der Klavierschule für Kinder zeigt, wie sehr dieses Heft auf die Ansprüche des (Groß-)Bürgertums ausgerichtet ist.

156) *Allgemeines Deutsches Turnerliederbuch mit Melodien, hrg. von Fr. Erk und M. Schauenburg, Lahr ca. 1860.* – N(1-4)+T –

(ADT 60) – V3 3946.

Aus dem Vorwort:

> Der Werth, den die Betheiligung so vieler Turner und Turnvereine bei der Herausgabe hat, wird für unser Buch ergänzt durch die unbeschränkte Benützung der Texte und Melodien des unter unserer Mitwirkung erschienenen „Allgemeinen deutschen Commersbuches", dessen Melodien von dem unvergeßlichen Friedrich Silcher theils neu componirt, zum großen Theile harmonisirt, alle aber revidirt und gutgeheißen [sic!] wurden. Die günstige Aufnahme des Commersbuches war es auch namentlich, welche uns zur Herausgabe eines Turnerliederbuches berechtigte.

In acht Auflagen erschienen, ist es nicht allein an allen Universitäten, sondern überhaupt in ganz Deutschland, so weit die deutsche Zunge klingt, verbreitet.

„So weit die deutsche Zunge klingt" – dieses berühmte Zitat aus Ernst Moritz Arndts Lied *Was ist des Deutschen Vaterland?*, in welchem es die Antwort auf eben diese Frage gibt, zeigt den Stellenwert, den der Dichter für die Herausgeber dieser Sammlung hat: Eine Widmung von Arndt im Faksimile-Druck ist dem Band denn auch vorangestellt.

Teil I trägt keinen Titel, beinhaltet aber Vaterlandslieder; Teil II „Turn- Fest-, Gesellschafts- und Wanderlieder"; Teil III: „Volkslieder". Die Kapitel sind in sich (wenngleich mit Fehlern) alphabetisch geordnet.

157) *Gesanges-Album. Texte beliebter Lieder mit Pianoforte-Begleitung und Angabe ihrer Componisten. Erster Band, Leipzig 1860. – T (!)–*

(GA 60) – V3 3950.

Der Hinweis auf die Klavierbegleitung ist irreführend – im Band befinden sich ausschließlich die Texte; und zwar nur der „Lieder [...] deren Compositionen beliebt waren oder es noch sind." Indem der Herausgeber von „Compositionen" spricht, schließt er das reine, ursprüngliche und eben nicht komponierte Volkslied aus, das die Zeitgenossen suchen – dass ihm dessen Konstrukt-Charakter bereits bewusst war, ist zu diesem Zeitpunkt unwahrscheinlich. Die Sammlung ist ohnehin ganz klar an die oberen Schichten adressiert:

Wir hoffen, daß die Gebildeten unserer Nation das Werk freudig begrüßen werden, denn sie empfangen damit eine Reihe von Dichtungen, über deren Werth [sic!] hervorragende Componisten entschieden haben, oder auch, welche nirgends und *nur* zum Zweck der Composition für die Componisten geschaffen wurden und deshalb auch noch in keiner der vielen vorhandenen Sammlungen gedruckt veröffentlicht gewesen sind.

(Vorwort)

158) *Lieder, gesammelt für den Bürgerverein zur Eintracht in Bonn, Bonn 1860.* – T+N(1) –

(Bonn 60) – V3 3955.

In dieser sehr freiheitlich geprägten Sammlung findet sich Interessantes und für uns Brauchbares aus fast allen Bereichen. Dass auch viele Rheinlieder aufgenommen wurden, kann beim Verlagsort Bonn nicht verwundern.

159) *Der fahrende Sänger. Heitere Lieder für fröhliche Leute. Hannover ca. 1860. – T –*

(FS 60) – V3 3956.

Neben dem Titel verdeutlicht ein Blick auf die Überschriften der einzelnen Teile den Charakter dieser Sammlung: 1. Teil Maienduft und Liebeslust; 2. Freunde und Heimath; 3. Weingeister; 4. Jagdhorn, Fahne und Vaterland; 5. Seltsamliches Schatzkästlein.

160) *Polyhymnia. Deutschlands bekannteste und beliebteste Lieder und Gesänge, Reutlingen 1861. – T –*

(Poly 61) – V3 3985.

Die *Polyhymnia* möchte übergeordnet auftreten als Gesamtschau über das Liedrepertoire, für den Einzelnen wie zum gemeinsamen Singen; Letzteres auch im Hinblick auf das große Sängerfest in Nürnberg.

> Die Sänger-Vereine, weil volksthümlich, gedeihen in unserm Vaterland zur großen Freude jedes freien, deutschen Mannes, und wie der schwäbische Sängerbund nun schon seit einem Decennium eine immer bedeutender werdende Stellung zur Kräftigung eines gesunden Volksgeistes einnimmt, so sehen wir es in unserm weiten, großen, deutschen Vaterlande sich regen, und schon in diesem Jahr wird ein allgemeines Sängerfest die Sangesbrüder aller deutschen Gauen in dem alt-ehrwürdigen Nürnberg zu einem großen Ganzen vereinen […]
>
> So gehe denn hin „Polyhymnia" in alle deutsche Gauen, niste dich ein bei jedem Freund des Gesanges, trage in jedem geselligen Kreis durch deine fröhlichen und ernsten Lieder zur Würze der Unterhaltung bei, und *du wirst ein Liebling des gesammten deutschen Volkes werden.* (Vorwort, Hervorhebung MN)

Die Sammlung beginnt mit unverfänglichen schwäbischen Liebesliedchen, doch schon auf S. 10 steht die Marseillaise – in der französischen Originalfassung und mit 6 Strophen; gleich danach ein Lied über Andreas Hofer (jedoch nicht das berühmte *Zu Mantua in Banden*).

Die Anordnung erfolgt grob alphabetisch, wie häufig nach Incipits (nicht nach Überschriften).

161) *Chöre für Sopran, Alt, Tenor, Bass für die Gesangvereine des Limmatthales. Bearbeitet und hrg. von J. Heim, vierte Sammlung, Zürich 1861. – N(4)+T –*

(Heim 61) – V3 3986.

Als eine der wenigen und Ersten bietet diese Sammlung ausdrücklich für gemischten Chor gesetzte Lieder. In ihrem großen Partiturformat (quer) war sie sicherlich weit mehr für den Chorleiter gedacht als für die Sänger.

162) *Eleutheria. Vollständigste Sammlung der Freiheitslieder und Klagen aller bekannten Nationen in wörtlichen metrischen Übertragungen. Von O. L. B. Wolff, Leipzig 1861. – T –*

(Eleu 61) – V3 3987.

Der Anspruch, den die Sammlung im Titel erhebt, übersteigt naheliegenderweise die Realität; für uns ist ohnehin nur Teil II „Deutschland und die deutsche Schweiz" interessant. Autorenangaben fehlen leider gänzlich.

163) *Das ganze Deutschland soll es sein! Großdeutsches Liederbuch. Kriegs-, Siegs-, Mahn- und Spottlieder der Deutschen von der Mitte des vorigen Jahrhunderts bis jetzt, hrg. von Rudolf Marggraff, München 1861. – T –*

(GD 61) – V3 3988.

Allein schon der Titel zeigt, um welchen Schatz es sich hier handelt. Die Lieder sind sehr kämpferisch mit einigen Beiträgen zu Schleswig-Holstein und dem Elsass; ihre Anordnung geschieht chronologisch anhand von Kriegen bzw. historischen Ereignissen und Wendepunkten. Ein ganzer Abschnitt besteht nur aus Schiller-Liedern, was kurz nach dessen hundertstem Geburtstag nicht weiter verwundert, aber in diesem Umfang doch recht selten ist.

Um einen besseren Einblick in die Sammlung und ihre großdeutsche Absicht zu gewähren, sollen hier einige Passagen aus dem langen Vorwort Erwähnung finden:

Eine Vorrede zu Schutz und Trutz, worin zu lesen, was der Herausgeber will, und in welchem Verhältniß die neuere politische Liederdichtung der Deutschen zur Zeitgeschichte steht.

(Anm. ebd.: Wer mich kennt, weiß, daß ich keiner politischen, wie überhaupt keiner Partei angehöre, als nur der einen, die aber keine ist und nichts will, als eine zu Schutz und Trutz wider unsere Feinde geschlossene Einigung aller deutschen Stämme und Staaten, Oesterreich unter allen Umständen mit inbegriffen. […]) (V)

[…] In solchen Zeiten aber thut die Einigung im patriotischen Sinne vor allem noth, und damit rechtfertigt sich von selbst das Erscheinen eines Liederbuchs, wie das vorliegende, das die Blüthen der politischen Poesie der Deutschen seit den letzten hundert Jahren enthält und die Bestimmung hat, durch die schwungvollen und gesinnungskräftigen Weisen, welche es mittheilt, unmittelbarer und eindringlicher, als dies durch die umfassendsten und gründlichsten Erörterungen über Politik möglich ist, auf das Volksgemüth einzuwirken, um in ihm das nationale Bewußtsein, wo es noch schlummert, zu wecken, und wo es bereits erwacht ist, lebendiger anzuregen und zu kräftigen. Die Wahl der Lieder ist ausschließlich im großdeutschen Sinne getroffen, der für uns allein nur Geltung haben kann, da sich mit einem andern außer ihm die Macht und Ehre des deutschen Vaterlandes nicht vereinbar denken läßt. (VII)

Niclas Becker antwortete verständlich und mächtig mit seinem Rheinliede, und der tausendstimmige Widerhall, den es in allen Gauen des deutschen Vaterlandes weckte, vom Brenner bis zu den Kreidefelsen Rügens, und von den Ardennen bis zu den letzten Ausläufern der Sudeten, verkündete den wälschen Prahlhänsen jenseits des Rheins, was sie zu gewärtigen hätten, wagten sie, ihre Träume verwirklichen zu wollen. (XXV)

Der letzte Absatz lässt durchscheinen, dass das großdeutsche Anliegen, das die Sammlung durchzieht, auch aggressiv-nationalistisch motiviert sein könnte – zumindest in der Haltung gegenüber Frankreich wird dies deutlich.

164) *Liedersammlung des Schwäbischen Sängerbundes, Bd. 2: Dreißig deutsche Volkslieder für vier Männerstimmen gesetzt von Fr. Silcher, hrg. vom Ausschusse des Schwäb. Sängerbundes, Tübingen/Stuttgart 1861. – N(T I/ B I/ B II)+T –*

(SSB 61) – V3 3989.

165) *Liederbuch für deutsche Turner. Zehnte verbesserte und vermehrte Auflage, Jena 1862. – T –*

+ *Singweisen zum Liederbuch für deutsche Turner, hrg. vom Berliner Turnrath. Dritte verbesserte Auflage, Zwickau 1862. – N, 1-3 –*

(zus. Turner 62) – V3 4010 (T) und 4010a (N).

Beide Bände sind nicht zusammen herausgegeben worden – es bestehen große Übereinstimmungen, aber keine Kongruenz. Das Textbuch ist eine wirkliche Miniatur-Ausführung, das sogar in jeder Hosentasche Platz finden dürfte; und auch der Notenband im Postkartenformat dürfte recht erschwinglich gewesen sein.

166) *Lieder der Niskyer Turner nebst ihren Singweisen. Zweite stark vermehrte Aufl., Nisky/Leipzig 1862.* – T(Teil I)+N+T(Teil II) –

(Nisky 62) – V3 4011.

Dem Buch sind ein Luther-Zitat und ein Gebet, den einzelnen Teilen jeweils Bibel- und geistliche Zitate vorangestellt – trotzdem beinhaltet die Sammlung vorrangig Turnlieder (Teil I fast ausschließlich) und nicht Lieder religiösen Inhalts.

167) *Liederhort. Auswahl vierstimmiger Gesänge für die Basler Liedertafel, Basel 1862.* – N(4)+T –

(Basel 62) – V3 4012.

Noch dem Vorwort vorangestellt ist Luthers Gedicht *Frau Musika*. Der Herausgeber verfolgt mit seinem *Liederhort* den „Zweck: nach des Tages Arbeit und Mühe das Herz zu erheitern". Dazu „[möchte] das vorliegende Büchlein [...] der treue Freund und Begleiter eines jeden Liedertäflers werden [...]."

In seiner Abhandlung über die Geschichte der Singebewegungen nach Zelter und Nägeli verhehlt der Herausgeber nicht, ein klarer Nägeli-Jünger zu sein, verurteilt jedoch den „Missbrauch" von Sängerzusammenkünften zu politischen Zwecken:

> Wo das thatsächliche Ziel dem Aushängeschild in solcher Weise widerspricht, wie politisches Parteiwesen der Förderung der Tonkunst, das ist das Feld für leidenschaftliche Erregung, nicht aber für das ruhige schöne Ebenmaß einer Kunstleistung. Das reine Kunststreben [...] – dieses Streben leidet nicht nur unter der großartigen Verirrung des Hinübergreifens in das politische Gebiet, sondern kleine Nebenzwecke, die sehr gut damit zu harmoniren, dasselbe sogar zu heben und zu stärken scheinen, sind oft viel gefährlicher und führen unbemerkt, aber um so sicherer auf Abwege. (X/XI)

Die Sammlung ist in thematischen Abschnitten geordnet, denen jeweils eine kalligraphische und inhaltlich passende bekannte Liedstrophe vorangestellt ist.

168) *Sammlung von Volksgesängen für den Männerchor. Hrg. von einer Kommission der zürcherischen Schulsynode, unter Redaktion von J. Heim. Neunte, vermehrte und verbesserte Auflage, Zürich 1863.* – N(4)+T –

(Zürich 63) – V3 4029.

Die Sammlung beginnt mit sehr vielen geistlichen Liedern, denen sich eine durchschnittliche Mischung an Volksgut anschließt.

169) *Regensburger Liederkranz. Sammlung ausgewählter vierstimmiger Lieder. [Zweiter Bass (einzige vorhandene Stimme).], Regensburg 1863. – N(B)+T –*

(Regensburg 63) – V3 4030.

170) *Deutsche Volks-Lieder und Melodien, gesammelt und mit Begleitung des Pianoforte gesetzt von A. P. Berggreen. Zweite, sehr vermehrte Ausgabe, Kopenhagen 1863. – T+N –*

(Berggreen) – AV 65.

Berggreens Sammlung – wenngleich kein Gebrauchsliederbuch – ist hier der Vollständigkeit halber aufgeführt. Sie ist insofern von Bedeutung, als sie die interessante Perspektive des Von-außen-Schauenden eröffnet. Die „dem Andenken Göthe's und Mozart's gewidmete" Sammlung bietet für unsere Belange u.a. *Wenn ich ein Vöglein wär* (Nr. 34), *Ich hab die Nacht geträumet* (Nr. 35), *Auf einem Baum ein Kuckuck saß* („Der Kukkuk und der Jägersmann", Nr. 57) und das *Bergmannslied* („Steigerlied", Nr. 79) – Letzteres ist fast als einziges Lied der Sammlung für vierstimmigen Männerchor gesetzt.

171) *Lieder aus und für Schleswig-Holstein, gesammelt und hrg. von Klaus Groth, Hamburg 1864. – T –*

(SH 64) – V3 4061.

Die Sammlung wird eröffnet von *der* protestantischen Hymne *Ein feste Burg*, es folgen *Schleswig-Holstein, meerumschlungen* und an dritter Stelle *Was ist des Deutschen Vaterland*. Mit diesen drei ersten Liedern ist die Intention des Herausgebers klar umrissen.

172) *Commers-Liederbuch für Deutschlands Liedertafeln und fröhliche Sänger. Eine Auswahl der beliebtesten Volks- und Trinklieder für vierstimmigen Männergesang zusammengestellt von Albert Fröhlich. Aufs Neue hrg. von Heinrich Enckhausen. Allen deutschen Liedertafeln gewidmet, 3. verm. Aufl. Eisleben 1864. – N(4)+T/ 2. Teil T –*

(Commers64) – V3 4063.

Dieses Commersbuch erhebt den Anspruch, den Liedertäflern „bei festlichen Gelegenheiten, sowie bei Ausflügen [...] ein steter Begleiter zu sein". Wie diese Verbreitung vonstattengehen soll, erläutert der Herausgeber in seiner Adresse „An die Vorstände von Liedertafeln, sowie an alle [!] Sänger Deutschlands":

Der Preis dieses Liederbuches ist so billig gestellt, daß die Einführung in den Liedertafeln ohne Schwierigkeit bewerkstelligt werden kann, und es ergeht daher
nochmals an alle Liedertafeln die Bitte, zur Verbreitung dieses Werkchens in ihren
Kreisen beizutragen und womöglich eine allgemeine Einführung in den geselligen
Kreisen der Liedertäfler zu veranlassen.

Interessant ist das musikalische Ziel, das dabei verfolgt wird – das „eigentliche
Volkslied" (das nicht weiter definiert wird) weiter zu verbreiten:

Bei der Auswahl hatten wir vorzugsweise den Zweck vor Augen, das *eigentliche
Volkslied* in die Männergesangvereine, wo es noch so wenig heimisch ist, einzufüh-
ren. (Vorwort, S. III)

173) *Taschenbuch für fahrende Liedertäfler, dritte Auflage, Rotterdam 1864.*
– N(4)+T –
(TFL 64) – V3 4064.

174) *[Deutsches Liederbuch für Männergesang. Mit Ehrenpreisen anerkannte
Oritinal-Compositionen, hrg. von dem Comité zur Förderung deutschen Ge-
sanges in Böhmen, Prag 1865.* – N (1-8)+T –
(Prag 65) – V3 4083.

Ziel des Liederbuchs ist die „Befestigung und Hebung des Deutschthumes in
Böhmen und Österreich" (Vorwort). Es wurde nicht näher beleuchtet, da es aus-
schließlich aus Neukompositionen für die „spezielle Situation" der dortigen
Bevölkerung besteht.]

175) *Neuestes Taschen-Liederbuch. Hrg. von Edmund Wallner, Erfurt um
1865.* – T+Tonarten –
(Wallner 65) – V3 4084.

Motto:

Genieß das Leben mit Verstand
Und sitz nicht stumm beim Weine;
Hab' stets ein Liederbuch zur Hand
Wenn's möglich ist, das meine.

Die Anordnung der Lieder erfolgt alphabetisch, soweit möglich sind immer Komponist(en) und Dichter angegeben.

Aufgrund der Sortierung steht die *Marseillaise* in ihrer französischen Originalfassung (und 6-strophig) bereits auf Seite 11.

> 176) *Liedersammlung des Badischen Sängerbundes. Partitur, hrg. von dem Hauptausschuß des Sängerbundes, Karlsruhe 1865.* – N(4)+T –
>
> (BSB 65) – V3 4085.

Idee dieser Liedersammlung ist die Vereinheitlichung der Redaktion zum einfacheren gemeinsamen Singen. Von den ca. 200 im Badischen Sängerbund vertretenen Vereinen wollen laut Herausgeber zwei Drittel die Sammlung abnehmen.

Die Notation der vierstimmigen Sätze ist außergewöhnlich genau in Bezug auf Dynamik, Atempausen und andere die Chorarbeit erleichternde Parameter.

> 177) *Der Sänger. Neuestes und vollständigstes Liederbuch für das deutsche Volk, Berlin ca. 1865?* – T –
>
> (Sänger 65) – V3 4086.

Statt einem Vorwort ist dem Liederbuch Theodor Körners „Sprechlied" *Was uns bleibt* vorangestellt. Eröffnendes Stück ist *Das Lied vom Schiller* („Wie heißt der Mann, der deutsche Mann im grünen Lorbeerkranze …") – anschließend zeigt sich die umfangreiche Sammlung sehr ungeordnet; keine thematische Unterteilung, keine alphabetische Anordnung.

Das *Liederbuch für das deutsche Volk* bringt allem aufkommenden aggressiven Nationalismus zum Trotz die französische Originalfassung der *Marseillaise* (Nr. 1046) in 6 Strophen.

> 178) *Alpenröschen. Schweizerisches Taschenliederbuch. Eine ausgewählte Sammlung der schönsten und beliebtesten Vaterlands- und Freiheitslieder, Kuhreihen, Alpenlieder. 2., verm. Auflage, Bern um 1865.* – T –
>
> (Alp 65) – V3 4087.

Diese Sammlung aus der Schweiz wurde hier aufgenommen, da sie wirklich viel „deutsches" Volksgut beinhaltet – faktisch ist nur der erste Teil explizit schweizerisch, Teil II bis VII versammeln Lieder, die sich auch in jedem anderen deutschsprachigen Liederbuch der Zeit finden:

I.   Vaterlands- (also Schweizer) und Freiheitslieder, Kuhreihen, Alpenlieder

II.   V- und Gesellschaftslieder

III.   Kriegs- und Soldatenlieder

IV.   Studenten-, Turner-, Jäger- und Schützenlieder

V.   Trinklieder, Abschieds- und Wanderlieder

VI.   Lieder der Liebe und Sehnsucht

VII.   Vermischte Lieder

179) *Turnliederbuch mit ein-, zwei- und dreistimmigen Tonweisen. Für die deutsche Jugend, insbesondere in Schulen, hrg. von Bernhard Brähmig, Leipzig 1865. – T+N(1-3) –*

(TLB 65) – V3 4089.

Teil I (Nr. 1-40) versammelt ausschließlich Turn(er)lieder und ist deshalb für uns weniger interessant als der aus Vaterlandsliedern bestehende Teil II.

Die „Vorbemerkung" des Herausgebers erläutert die Intention der Sammlung:

> Gegenwärtiges Liederbuch ist bestimmt, der turnenden deutschen Jugend, insbesondere der in den Schulen unseres Vaterlandes, als erheiternder Begleiter auf ihren gemeinsamen Gängen und Fahrten, sowie als Anreger und Förderer ihres patriotischen Gefühls zu dienen.

180) *Allgemeines Deutsches Schützen- und Turnerliederbuch. Mit Melodien*

hrg. von Fr. Erk und M. Schauenburg. Festausgabe zum zweiten deutschen Bundesschießen in Bremen den 16.-23. Juli 1865, Lahr 1866. – T+N (1-4) –

(SchüTu 66) – V3 4093.

Die Sammlung beginnt mit einer Reihe heute weniger bekannter Vaterlands- und Bundeslieder. Das republikanisch gesinnte, integrativ-nationalistische Vorwort eignet sich insbesondere zum Vergleich mit dem der ein Jahr später erschienenen *Trösteinsamkeit* (Nr. 181).

> Kaum jemals ist sich unser deutsches Vaterland nach zeitweiliger Erstarrung so schnell und so lebhaft, so freudig seiner selbst wieder bewußt geworden, wie in unseren Tagen [...] Mit fliegender Gewalt *bricht der Geist der Einigkeit sich Bahn*, und wie der Blick zu dem einen großen Himmelszelte, das uns Alle überdeckt, das Herz wärmer und lauter schlagen macht, so weckt der Glaube an das eine deutsche Vaterland, das uns Alle geboren, dem wir Alle uns weihen, in allen Gauen die Pulse eines neuen, frischen Lebens. Und wie zur kühnen That das freie Wort, so gesellt sich zum rüstigen Turnerspiele des Liedes heller Schall [...]

[W]er die Bedürfnisse von Turnvereinen kennen gelernt hat, wird sich freuen, seine Wünsche in dem vorliegenden Buche vollständig erfüllt zu sehen.

Möge demselben freundliches Willkommen und weite Verbreitung zu Theil werden, möge es ihm gelingen, mitzuwirken zu dem schönen Ziele, die *ganze deutsche Turnerschaft in Liebe und Eintracht zu verbünden,* daß das deutsche Vaterland in seiner turnenden und singenden Jugend sich verjüngt sehe, in ihrem Beispiele sich selbst verjünge! (Vorwort, Hervorhebungen MN)

181) *Trösteinsamkeit in Liedern. Gesammelt von Philipp Wackernagel, vierte vermehrte Auflage, erste mit Noten versehene, Frankfurt a.M. 1867.* – T+N (1) –

(Tröst 67) – V3 4140.

Nur wenig später, Weihnachten 1866, zeigt die „Vorrede" zur vierten Auflage dieser Sammlung eine zu SchüTu66 (Nr. 180) völlig gegenteilige Haltung auf:

Das vorliegende Büchlein enthält eine Sammlung der schönen frischen Lieder, die vornehmlich seit den Freiheitskriegen in Deutschland gesungen worden. Ob sie alle Volkslieder genannt werden dürfen, ist eine Frage, auf deren Beantwortung ich hier nicht eingehen kann; die mit derselben in sehr nahem Zusammenhang stehende Beobachtung aber möchte ich nicht unbesprochen laßen, daß diese Lieder je länger je mehr in Abnahme gekommen und ein großer Teil von ihnen jetzt in denselben Kreißen, deren Freude und Leben sie einst waren, gar nicht mehr gehört werden. (III)

[...] Die Beobachtung von der Abnahme guter Lieder ist aber in noch größerem Umfange wahr, wenn wir auf die letzten Jahre, auf die nächsten Tage sehen. Das Volk singt nicht mehr. Alle Freude ist verstummt. Mich wundert, daß die Vögel noch singen. Man sollte meinen, daß, wenn die großen Bewegungen unserer Tage, wie viele behaupten, vom deutschen Geiste eingegeben wären, sich des Volkes Begeisterung in Liedern kund thun müßte; aber *es entstehen keine, zu denen das ganze Volk sich bekennen könnte* [...] (V, Hervorhebung MN)

Gott helfe unserem armen Volke.

Wer da singen will und hat noch den Muth, der gehe in die Einsamkeit, daß ihn neimand verlache der zu schönen [!] Lieder wegen. Darum nennt sich dieses Büchlein Trösteinsamkeit: es will denen ein Trost sein welche in der Einsamkeit der Dinge warten, die da kommen sollen, oder die Einsamkeit suchen, um sich zu sammeln und ihr Vertrauen zu stärken. (V)

Du kannst nicht jeden Augenblick vor ein Münster treten, nicht jeden Augenblick an den Denkmälern einer alten Stadt hinwandeln, herrliche Bilder betrachten oder die Werkstätte eines Künstlers besuchen, aber singen die Lieder, die deines Volkes geistigster Ausdruck sind, kannst du jede Stunde, durch sie bist du jeden Augenblick in der unmittelbarsten Gemeinschaft mit allen denen, die sie vor dir oder mit dir gesungen und nun mit den Liedern kommen und deine Einsamkeit beleben. Sing jene frischen Lieder, die dich in die hohe Zeit zurückführen, da zum letztenmal die deutsche Freiheit in lebendiger Kraft und Wirkung erschien. (VI)

O armes, armes Volk, du bist um dein innerstes Wesen betrogen! Und wie sie deine Sagen und Märchen, deine Lieder, deine Rechtsaltertümer, ja deine Spiele und Freuden gesammelt, gesammelt wie Überreste einer untergegangenen Welt, so schreiben sie auch jetzt deine Grundrechte auf und stellen aus dem Besten, worauf jeder verfällt, die Artikel zu neuen Constitutionen für dich zusammen: was dich aber lebendig constituierte, das ist nicht mehr, und das wichtigste deiner Grundrechte, das Erbrecht, hast du aufgegeben. Denn wodurch anders bist du ein Volk, als durch Erbrecht? (XIII)

Es folgen einige Bibelzitate, Psalmen etc., der Autor beklagt die Gottlosigkeit der Paulskirche. Insgesamt kann der Geist der Sammlung allerdings nicht als besonders konservativ, sondern eher als religiös-pietistisch beschrieben werden – nicht so sehr gegen die Revolution an sich als vielmehr gegen die Republik gewandt. Etwa das letzte Drittel besteht ausschließlich aus geistlichen Liedern, dem ganzen Band, der sehr aufwändig gearbeitet und mit Goldschnitt versehen ist (und deshalb nur einer kleinen Schicht zu kaufen möglich gewesen sein kann) ist ein Luther-Zitat vorangestellt.

182) *Ein Liederbuch für Naturforscher und Aerzte. Als Festgabe für die Mitglieder der 41. Versammlung in Frankfurt a.M. vom 18. bis zum 24. September 1867. Wenn du Abends gehst zum Wein, stecke dieses Büchlein ein!, Frankfurt a.M. 1867. –T –*

(Ärzte 67) – V3 4141.

Nach allen möglichen lustigen Liedern, die für uns aufgrund ihres starken und ausschließlichen Adressatenbezuges uninteressant sind, folgt als Letztes der hier wichtigere Teil „Erinnerungen an die akademischen Jahre. Aus dem Commersbuch".

183) *Neueste deutsche Lieder-Sammlung. Allezeit kampfbereit für des Landes Herrlichkeit. Hrg. von E. Poppen, Freiburg i. Br. ca. 1867. – T –*

(Poppen 67) – V3 4143.

184) *Concordia. Anthologie classischer VLer für Pianoforte und Gesang. Hrg. und bearb. von F. L. Schubert. Erster Band, vierte Auflage Leipzig 1868.*

– T+N (1-4) –
(Conc 68) – V3 4160.

185) *Liederbuch des Königsberger Handwerker-Vereins, Königsberg 1868. – T –*

(KHV 68) – V3 4163.

Das Deckblatt beinhaltet die Hände aus dem Lasalle'schen „Einigkeit-macht-stark"-Motiv, die Sammlung selbst bietet nichts Außergewöhnliches.

186) *Liederbuch für Turner von Dr. H. Timm. Mit Singweisen in ein- und zwei-stimmiger Bearbeitung von C. Stechert, siebente vermehrte und verbesserte Auflage, Wismar/Rostock/Ludwigslust 1869. – T+N (1-2) –*

(Turn 69) – V3 4180.

Das Liederbuch beginnt mit „Christlichen Liedern", denen „Vaterlandslieder", „Helden- und Schlachtenlieder", „Kriegs- und Soldatenlieder" usw. folgen; insgesamt lässt sich ein deutlicher demokratischer Charakter ausmachen.

187) *Vierzehn deutsche Volkslieder. Eine Festgabe an die XVIII. allgemeine deutsche Lehrerversammlung in Berlin Pfingsten 1869 von Ludwig Erk, Leipzig 1869. – T+N (4) –*

(Erk 69:14) – V3 4181.

188) *Sammlung von Volksgesängen für den gemischten Chor. Hrg. von der Mu-sik-Kommission der zürch. Schulsynode unter Redaktion von J. Heim. Eilfte Stereotyp-Ausgabe. Zürich 1870. – N(4)+T –*

(Zü 70) – V3 4200.

189) *Deutsches Liederbuch. Eine Sammlung der besten Volks-, Fest- und Gesell-schafts, Liebes-, Trink-, Wander-, Kriegs- und Turnlieder, zweite vermehrte Auflage, Halle um 1870. – T –*

(DLB 70) – V3 4206.

190) *Bacchus. Rundgesänge und Trinklieder bei Tafelfreuden, hrg. von F. L. Schubert, Reutlingen ca. 1870.*

(Bacchus) – V3 4208.

191) *Je-länger-je-lieber. Ein Liederbuch, in dem nichts unecht und falsch ist,*
   hrg. von Euard Sack, Berlin 1870. – T –

   (J-l-j-l) – V3 4207.

Dem Vorwort noch vorangestellt ist *Die Wacht am Rhein* („Es braust ein Ruf wie
Donnerhall") – diese Tatsache sollte jedoch nicht dazu verleiten, in dieser Sammlung ein „Schutz-und-Trutz"-Liederbuch zu vermuten. Im Vorwort beschreibt
der Herausgeber, wie es ihm (in biedermeierlich anmutender Manier) vielmehr
um die Wiederherstellung des guten, „ursprünglichen", „reinen" und „richtigen" Volkslieds geht:

> Nach dem Kriege von 1866 wandte ich mich schmerzerfüllt und hoffnungslos jenen
> kleinen Liedern zu, in welchen wir in dem weiten reichen Raume von der Kindheit
> bis zum Greisenalter Lust und Leid jeder Liebe, das glückliche Behagen an Freund-
> schaft und Geselligkeit, den Glauben an Freiheit und Recht, die Lust und das Leid
> im Hause und bei der Arbeit, die Schönheit der Natur und die Herrlichkeiten der
> Heimat ausklingen lassen [dies alles auch die Titel der vier Teile der Sammlung,
> MN]. Diese Lieder sind grausam verändert und verdorben worden, und am aller-
> meisten in jenen kleinen billigen Sammlungen, welche man für das Volk
> ausgegeben hat. Da habe ich eine Sammlung in gleichem Umfang und für densel-
> ben Preis versucht, in welcher aber jedes Lied nur in seiner ursprünglichen Reinheit
> und Richtigkeit eine Stelle gefunden.

192) *All-Deutschland. Neue Lieder zu Schutz und Trutz im Jahre der deutschen*
   Erhebung 1870. Gesammelt von Müller von der Werra und Wilhelm
   Baensch, Leipzig 1870. – T –

   (A-D 70) – V3 4210.

Diese Sammlung besteht ihrem Titel gemäß überwiegend aus Kriegs- und Rhein-
liedern; anderes, so z.B. *Gaudeamus igitur*, erscheint zum Teil in antifranzösischen Umdichtungen (in diesem Falle einer Fassung von 1813).

Diese letzte Sammlung macht deutlich, zu welchem Umschwung im Repertoire
der Gebrauchsliederbücher es am Vorabend und mit Ausbruch des Deutsch-
Französischen Krieges 1870 kommt: Was vorher an antifranzösischer Haltung
latent vorhanden war, teils versteckter, teils deutlicher in Texten und Liedern
ausgesprochen, bricht sich nun Bahn.

2.2 Zur Herausbildung eines Liederkanons zwischen 1806 und 1870

Die bearbeiteten Liedersammlungen des Forschungszeitraums wurden ihrem Inhalt nach dahingehend analysiert, ob und wenn ja, welcher Kanon an Liedern sich über die gesamte Periode und alle Regionen hinweg herauskristallisiert.

Hypothetisch wurde ein Ergebnis von 10-12 Liedern angenommen, das sich in etwa bestätigte. Da anfangs nicht klar sein konnte, um welche Lieder es sich handeln würde (abgesehen von solchen, die sich noch heute ungebrochener Popularität erfreuen, was aber kein sonderlich aussagefähiges Kriterium sein kann), wurde die Auswertung zunächst breiter angelegt. Die dabei entstehende *song cloud* umfasste 74 Lieder. In ihr sind auch noch einige explizit politische Lieder vertreten – denen zwar unter unserer Fragestellung nicht das Hauptaugenmerk gelten sollte, deren Häufigkeit aber genauso wenig im Vorfeld eingeschätzt werden konnte wie die aller anderen Lieder.

35 der 74 Lieder, also knapp die Hälfte, wurden aussortiert, da sie zu selten auftraten, in einem zu kurzen Zeitraum bzw. gehäuft, aber zeitlich nur punktuell, oder weil sie als „thematisch" unpassend eingestuft wurden (beispielsweise rein gruppenbezogene Lieder – vgl. hierzu Kap. 2.1); oft erschienen diese Faktoren in Kombination miteinander.

Bei diesen 35 Liedern handelt es sich um
- *Ade, zur guten Nacht* – erscheint nur achtmal und nur zwischen 1848 und 1870 in den Sammlungen.[843]
- *Alle Vögel sind schon da* (Fallersleben)[844]
- *Am Brunnen vor dem Tore* („Der Lindenbaum", Müller/Schubert)
- *Auf einem Baum ein Kuckuck*[845]
- *Die Gedanken sind frei*
- *Ein Leben wie im Paradies gewährt uns Vater Rhein* (Hölty)
- *Es braust ein Ruf wie Donnerhall* („Die Wacht am Rhein", Müller von Königswinter) – erscheint sehr häufig im Vorfeld des deutsch-französischen Krieges, ansonsten wenig.
- *Es fiel ein Reif in der Frühlingsnacht* („Blaublümelein")
- *Es ist bestimmt in Gottes Rat* („Grablied", Mendelssohn)

---

843 http://www.liederlexikon.de/lieder/ade_zur_guten_nacht (29.09.2011)
844 http://www.liederlexikon.de/lieder/alle_voegel_sind_schon_da (29.09.2011)
845 http://www.liederlexikon.de/lieder/auf_einem_baum_ein_kuckuck (29.09.2011)

- *Es stand eine Lind im tiefen Tal* bzw. *Es sah eine Lind(e) ins tiefe Tal* – steht zwar schon im „Wunderhorn"[846] und tritt anschließend von 1818 bis 1870 ab und zu in Erscheinung, allerdings mit insgesamt acht Mal sehr selten.
- *Es waren zwei Königskinder*
- *Frisch auf zum fröhlichen Jagen* bzw. *Auf auf zum fröhlichen Jagen* – aufgrund sehr großen Variantenreichtums ist hier eine genaue Bestimmung der Häufigkeit schier unmöglich.
- *Glückauf/Frischauf …* („Bergmannslied" – heute bekannt als „Steigerlied")[847] – eher selten gedruckt, nur in einschlägigen Liederbüchern; es findet sich allerdings in Berggreen der Hinweis „vielfach mündlich, durch ganz Deutschland verbreitet".
- *Ich bin der Doktor Eisenbart*[848] – relativ häufig, aber nicht regelmäßig.
- *Ich hab die Nacht geträumet wohl einen schweren Traum*
- *Ich hab mich ergeben mit Herz und mit Hand* (Hans Ferdinand Maßmann, „Gelübde")
- *Im Krug zum grünen Kranze* (Wilhelm Müller)
- *In diesen heil'gen Hallen* (aus der *Zauberflöte*) – die „Hits" aus der Zauberflöte, insbesondere dieser, finden über einzelne kurze Zeiträume gehäuft Eingang in die Sammlungen.[849]
- *In einem kühlen Grunde* („Das zerbrochene Ringlein", Eichendorff)
- *Kuckuk, Kuckuk, ruft's aus dem Wald* (Fallersleben)[850]
- *Laurentia, liebe Laurentia mein* – findet sich sogar in Berggreens „Außensicht" auf das deutsche Volkslied, ist aber in den deutschen Sammlungen selbst kaum zu finden.
- *Mädele ruck, ruck, ruck*
- *Nun ade, du mein lieb Heimatland* (Disselhof)
- *Ob wir rote, gelbe Kragen* („Bürgerlied")[851]
- *Treue Liebe bis zum Grabe* (Fallersleben)
- *Trotz alledem* (Freiligrath)[852]
- *Singe, wem Gesang gegeben* (Uhland)
- *So viel Stern am Himmel stehen* (Variante *Weißt du wieviel Sternlein stehen*) – im „Wunderhorn" vertreten;[853] in späteren Sammlungen spiegelt

---

846 Des Knaben Wunderhorn, Bd. 1, S. 58; betitelt als „Liebesprobe. Fliegendes Blat."
847 http://www.liederlexikon.de/lieder/glueck_auf_glueck_auf_der_steiger_kommt (29.09.2011)
848 http://www.liederlexikon.de/lieder/ich_bin_der_doktor_eisenbart (29.09.2011)
849 In welchen Perioden dies vor allem der Fall ist, bleibt zu untersuchen, führte an dieser Stelle jedoch zu weit.
850 http://www.liederlexikon.de/lieder/kuckuck_kuckuck_ruft_aus_dem_wald (29.09.2011)
851 http://www.liederlexikon.de/lieder/ob_wir_rote_gelbe_kragen (29.09.2011)
852 http://www.liederlexikon.de/lieder/trotz_alledem (29.09.2011)
853 Des Knaben Wunderhorn, Bd. 2, S. 189.

sich jedoch nicht mehr bzw. noch nicht die Popularität wider, die das Lied heute genießt.

- *Was glänzt im Aug' so helle* („Freiheitslied", Carl Maria von Weber)
- *Wenn sich zwei Herzen scheiden, die sich dereinst geliebt* – bekannt in der Mendelssohn-Vertonung.
- *Wer hat dich, du schöner Wald, aufgebaut ...* (Eichendorff/Mendelssohn)
- *Winter ade!* (Fallersleben), oft auch *Liebchen, ade* – in der zweiten Variante mitunter als „Volkslied" bezeichnet.
- *Wir sind die Könige der Welt, wir sind's durch uns're Freude* (Starke)
- *Wir sind nicht hoch und stolz und reich* („Bürgerlied")
- *Zu Mantua in Banden* („Andreas Hofer", Julius Mosen 1832)

Von den verbleibenden 39 Liedern bilden 25, also rund zwei Drittel, den „erweiterten Kanon". Sie durchziehen eine lange zusammenhängende Periode, jedoch nicht den gesamten Forschungszeitraum. Es handelt sich um:

Lied	Anzahl (Zeitraum)
Freiheit, die ich meine, die mein Herz erfüllt (Schenkendorf)[854]	70 (1818-70)
Der Gott, der Eisen wachsen ließ, der wollte keine Knechte (Arndt)	50 (1818-70)
Kennt ihr das Land so wunderschön (Wächter, gen. Veit Weber d. J. 1814 – K: Nägeli 1816)	63 (1819-70)
Sind wir vereint zur guten Stunde, wie starker/ ächter deutscher Männerchor („Bundeslied", Arndt)	46 (1818-67, setzt aber einige Jahre später wieder ein und zieht sich dann bis ins 20. Jh.)
Gaudeamus igitur	33 (1819 -70)
Wir winden Dir den Jungfernkranz (Aus dem „Freischütz", Weber)[855]	24 (1823-70)
Im Wald und auf der Heide („Jägerleben", Wilh. Bornemann)	50 (1827-70)
Du, du liegst mir im Herzen[856]	26 (1828-70)

---

854 http://www.liederlexikon.de/lieder/freiheit_die_ich_meine (29.09.2011)

855 Wobei aus den Kommentaren der Sammlungen nicht deutlich wird, ob Carl Maria von Weber dieses volkstümliche Lied wirklich selbst schuf oder wenigstens in Teilen aus der mündlichen Überlieferung übernahm – in einer Sammlung ist es nämlich mit „Von C. M. v. Weber in seinem ‚Freischütz' benutzt" angegeben.

856 http://www.liederlexikon.de/lieder/du_du_liegst_mir_am_herzen (29.09.2011)

Bald gras' ich am Neckar, bald gras ich am Rhein (Im *Wunderhorn* ver- treten und dort als „Rheinischer Bundesring"[857] betitelt)	28 (1830-70)
Kommt ein Vogel geflogen/ Chim(m)t a Vogerl geflogen[858]	23 (1832-70)
Ich weiß nicht, was soll es bedeuten („Die Loreley", Heine/ Silcher)	41 (1833-70)
Muss i denn...[859]	39 (1833-70)
Es zogen drei Bursche wohl über den Rhein („Der Wirtin Töchterlein", Uhland 1815)	45 (1833-67)
Jetzt gang i an's Brünnele, trink aber net (selten auch hdt. „Geh ich ans Brünnelein..." wie im *Wunderhorn*[860])	36 (1833-70)
Als Noah aus dem Kasten war (August Kopisch)	35 (1833-70)
Brüder, reicht die Hand zum Bunde! (Bundeslied, Komp. Mozart)	31 (1833-66, dann erst wieder ab 1877 und bis ins 20. Jh.)
Kein Feuer, keine Kohle kann brennen so heiß („Heimliche Liebe")[861]	21 (1836-70)
Drunten im Unterland („Unterländers Heimweh", Gottfried/ Gottlieb Weigle, um 1836)	12 (1838-70)
ABCD, wenn ich dich seh (W. Gerhard)	15 (1839-70)
Ein Jäger aus Kurpfalz (sehr viele Varianten, u.a. auch: „Bei einer Pfeif Tabak... politisieren wir", Fallersleben, 1844)[862]	31 (1840-70)
Deutschland, Deutschland über alles („Das Lied der Deutschen", Fallers- leben)	41 (1843-70)
Wem Gott will rechte Gunst erweisen (Eichendorff)	32 (1843-70)
Das Wandern ist des Müllers Lust (Wilh. Müller)[863]	20 (1843-70)
Der Mai ist gekommen (Emanuel Geibel)[864]	31 (1844-70)
Auf ihr Brüder, lasst uns wallen in den großen heil'gen Dom („Festweihe")	16 (1845-70)

---

857 Des Knaben Wunderhorn, Bd. 2, S. 22.

858 http://www.liederlexikon.de/lieder/kommt_ein_vogel_geflogen (29.09.2011)

859 http://www.liederlexikon.de/lieder/muss_i_denn (29.09.2011)

860 Des Knaben Wunderhorn, Bd. 1, S. 169; betitelt mit „Zwey Röselein. Mündlich am Ne- ckar."

861 http://www.liederlexikon.de/lieder/kein_feuer_keine_kohle (29.09.2011)

862 http://www.liederlexikon.de/lieder/ein_jaeger_aus_kurpfalz (29.09.2011); verbreitet ist das Lied in erster Linie durch Flugschriften, die hier nicht erfasst wurden.

863 http://www.liederlexikon.de/lieder/das_wandern_ist_des_muellers_lust (29.09.2011)

864 http://www.liederlexikon.de/lieder/der_mai_ist_gekommen (29.09.2011)

Die nun verbleibenden 14 Lieder – bzw. 12 Lieder, fasst man drei Varianten mit gleicher Melodie und ähnlichem Text zusammen – bilden den Liederkanon unseres Forschungszeitraums:

1) Was ist des Deutschen Vaterland? (150; 1815-70)
2) Bekränzt mit Laub den lieben vollen Becher und trinkt ihn fröhlich leer (124; 1806-70)
3) Freude, schöner Götterfunken (100; 1808-70)
4) Stimmt an mit hellem hohen Klang (93; 1808-70)
5) Es blinken drei freundliche Sterne ins Dunkel des Lebens hinein (88; 1812-70)
5a) Es kann ja nicht immer so bleiben (54; 1806-68)
5b) Es wird/ kann doch schon immer so bleiben (15; 1806-48)
6) Freut euch des Lebens, weil noch das Lämpchen glüht (75; 1807-70)
7) Es war ein König in Thule (51; 1806-70)
8) Ännchen von Tharau (45; Wunderhorn+1808-70)
9) Sah ein Knab ein Röslein steh'n (36; Herder+1833-70)
10) Guter Mond, du gehst so stille (32; 1807-70)
11) Wenn ich ein Vöglein wär (30; Herder+1833-70)
12) Der Mond ist aufgegangen (27; 1810-69)

An dieser Stelle muss darauf hingewiesen werden, dass die zunächst aussortierten Lieder sowie die Lieder des erweiterten Kanons in Zweifelsfällen stichprobenartig anhand des DVA-Zettelkatalogs auf ihre richtige Platzierung überprüft wurden. Es ist klar, dass nicht alle 74 Lieder der *song cloud*, die im Rahmen unserer Forschung für den Liederkanon jemals in Frage kamen, einer eingehenden Verifizierung durch erschöpfende Analyse der Gebrauchsliederbücher, der „KiV-Mappen" („Kunstlieder im Volksmund"; Feldforschung), der Flugschriften und anderer Liedsammlungen unterzogen werden konnten – dies hätte die Schwerpunktsetzung dieser Arbeit komplett verschoben. Die bei der Analyse der Gebrauchsliederbücher gewonnenen Erkenntnisse über die Zusammensetzung des Liederkanons wurden jedoch konsequent mit der archivierten Feldforschung und – sofern das Lied im Online-Liederlexikon[865] bereits geführt wird, auch mit den dortigen Ergebnissen – verglichen, was am Resultat nichts änderte.

Im Folgenden werden wir, in aufsteigender Reihenfolge, genauer auf die Lieder sowie ihre Fundstellen in den Gebrauchsliederbüchern und den Archivmaterialien eingehen.

---

865 http://www.liederlexikon.de (29.09.2011)

Platz 12: Der Mond ist aufgegangen

Matthias Claudius (1740-1815) schrieb dieses Lied 1778, die erste Veröffentlichung erfolgte 1779 im *Vossischen Musenalmanach* und im selben Jahr im zweiten Teil von Herders *Volksliedern*. Dass dieses Lied, als ein Paradebeispiel „volkstümlicher" Dichtung und Vertonung, sich noch heute einer ungebrochenen Popularität erfreut, verdankt es zu einem großen Teil der Komposition Johann Abraham Peter Schulz' (1749-1800). Schulz veröffentlichte das Lied 1790 im dritten Teil seiner *Lieder im Volkston*, nachdem Johann Friedrich Reichardt (1752-1814) bereits 1781 seine Vertonung aus dem Erscheinungsjahr des Gedichtes publiziert hatte. Einige Anmerkungen in den Liedersammlungen weisen jedoch darauf hin, dass das Lied keineswegs nur in diesen beiden Weisen gesungen wurde – als Melodieangaben erscheinen beispielsweise auch *Nun ruhen alle Wälder* und *O Welt ich muss dich lassen*. Weitere Vertonungen stammen von Moritz Hauptmann,[866] Karl Bernhardt (1774-1840) 1796, Theodor Fröhlich (1803-36), Franz Schubert 1816 und Johann Michael Haydn.

Der Mond ist aufgegangen findet sich in folgenden Sammlungen (für Kürzel und nähere Informationen vgl. Kap. 2.1):

- Herders Volkslieder
- MLB 10, 58
- DL 18, 120 (ganz hinten als vorletztes, unter Geistlichen Liedern; 7 Strophen)
- NLB 18, 88
- NLB 19, 97 (alle 7 Strophen)
- DLK 20, 27
- NLB 21, 100
- LL 26, 70 („Schulz; auch nach der Weise: Nun ruhen alle Wälder …"; nur 3 Strophen)
- CH 32, 332
- Tha 37, 73
- Harz 40, 182 (nur 3 Strophen)
- AlgA 41, 49
- AlgU 41, 155
- Vs 41, 61 („Abendlied beim Mondschein"; *Volksweise* – aber nicht die bekannte von Schulz)
- LBDV 43, 395
- TL 44, 29
- Stras 48, 35 (J. A. P. Schulz)
- CH 48, S. 463 („Der Mond")
- TLB 50, 22

---

866 Die Komposition Moritz Hauptmanns stammt nach Angabe einer Liedsammlung aus dem Jahre 1792; die Angabe zu seinen Lebensdaten aus der KiV-Mappe des DVA besagt jedoch, Hauptmann habe 1792-1868 gelebt. Wahrscheinlich ist Letzteres falsch.

- ATL 51, 119
- Rauh 53, 85 (Schulz)
- kath 55, 29 (bekannte Schulz-Mel.; eingeordnet unter geistlichen Liedern)
- Zürich 55, 79 (verspieltere Mel. von Frech)
- Nisky 62, 229/49 (eigene Weise von Reichhardt)
- Alp 65, 203
- Tröst 67, 122 (Mel. O Welt ich muß dich laßen)
- Conc 68, 186 (J. A. P. Schulz)
- Turn 69, 144

Die Dokumentierung der Feldforschung über dieses Lied ist sehr dünn. Dies bedeutet jedoch nicht, dass *Der Mond ist aufgegangen* nicht gesungen wurde und wird – das Gegenteil ist oft gegeben, wenn ein Lied mündlich kaum dokumentiert ist. Denn archiviert werden sollte tendenziell das, was vom Aussterben bedroht schien; dass dies hier mitnichten der Fall ist, zeigt die Volkslied-Studie Ernst Klusens aus dem Jahre 1975: Sie zählt das Lied auf Platz 1 nach Bekanntheit und Beliebtheit (91,4% der Befragten), auf Platz 2 nach Aktivierung.[867] Dergleichen lässt sich auch stets gut an der Häufigkeit von Parodien festmachen: Sie finden sich bis in unsere Tage, beispielsweise 1967 das „Lied des Astronauten"[868]

> Der Mond ist eingefangen, / von Sonden schon begangen, / von Fotos wohlvertraut. / Das All steht schwarz und schweiget, / doch aus Raketen steiget / schon hie und da ein Astronaut.

> Noch ist der Kosmos stille / und in der Kapsel Hülle / so traulich und so hold / als wie ein leeres Zimmer, / das nur der Sterne Schimmer / erreich und erhellen sollt.

> Wenn wir darein nun treten, / was nützet unser Beten, / dass es so traulich blieb? / Da wir doch weiterfahren, / herrscht hier in ein paar Jahren / bestimmt der schlimmste Hochbetrieb.

> …

oder ein „Deutsch-deutsches Gute-Nacht-Gedicht" von 1990:[869]

> Der Stasi ist gegangen, / Mercedes-Sternlein prangen / im Osten hell und klar. / Ein deutscher Denker schweiget / nicht einen Tag. Er zeiget / den Weg zum Wohlstand wunderbar.

---

867 Vgl. Klusen, Ernst: Zur Situation des Singens in der BRD, Bd. II: Die Lieder, Köln 1975 (=Musikalische Volkskunde. Materialien und Analysen. Schriftenreihe des Instituts für musikalische Volkskunde an der PH Rheinland, Abt. Neuss, Bd. V).

868 In: Dieter Höss: Schwarz-Braun-Rotes Liederbuch. Neue teutsche Volks & Wunderlieder für jedermann, Bergisch Gladbach 1967.

869 In: Junge Welt, 26.4.1990, S. 1.

Sehr Ihr den Denker stehen? / Im Fernsehen oft zu sehen, / so groß und rund und schön. / Er macht so tolle Sachen, / worüber viele lachen, / weil sie den tiefen Sinn nicht sehen.

Die Sozialismus-Kinder / sind alles arme Sünder. / Sie wissen gar nicht viel / von Geld und Dividenden / und von Parteienspenden. / Monopoly – heißt jetzt das Spiel.

So legt das Hirn, Ihr Brüder, / in D-Marks Namen nieder! / Macht davon keinen Gebrauch, / der Kanzler wird's schon richten / und schöne Sprüche dichten! / Gelobt sei unser Wohlstandsbauch!

Platz 11: Wenn ich ein Vöglein wär

Dieses Lied erscheint in den Gebrauchsliederbüchern zwar erst ab 1833, ist aber – wie Claudius' *Abendlied* und Goethes *Heidenröslein* – schon in Herders *Volksliedern* vertreten sowie im *Wunderhorn*. Damit ist klar, dass es die Zeit zwischen 1779 (Herder) bzw. 1806 (Wunderhorn) und 1833 problemlos überdauerte, denn ab 1833 wird es in unseren Sammlungen bis 1870 31-mal gedruckt:

- B 33, 232
- M 36, 24 (Sehnsucht)
- S 41a, 190
- S 41b, 190
- LBDV 43, 656 (Aus Herders Volksliedern)
- West 48, 58
- Turn 49, 229 (Liebessehnsucht)
- Taschen 49, 154
- ADL 50, 152/II (s. u. ADL)
- Git 50, S. 252
- ATL 51, 45 („An's Liebchen")
- 200 52, 145 („Der Flug der Liebe")
- Rauh 53, 176 (bekannte Mel., aber viel christlicherer Text)
- Heiter 55, 237
- ADL 58 wie 60
- FSLK 59, S. 328 („bekannte eigene Melodie")
- ADL 60, 154 („Der Flug der Liebe", Volksweise; Altes Volkslied)
- Taschen 60, 154
- KC 60, 1 („Sehnsucht")
- GA 60, 124 (von (!) Herder; comp. v. W. Taubert)
- Poly 61, 447
- Zürich 63, 128a-c (Volksweise/Volkslied)
- Berggreen, 34
- Wallner 65, 441 (Comp. von F. Abt, auch von W. Taubert)

- Sänger65, 422
- Tröst 67, 31
- Poppen 67, 121
- Conc 68, 142 (Volksweise)
- Zü 70, 219 (Volksweise/Volkslied)
- DLB 70, 240
- Je-länger-je-lieber, Nr. 53

Die Feldforschung (Archivmappe Nr. 512) bietet zahlreiche Überlieferungen. Mappe I verzeichnet neben etlichen undatierten Funden drei für uns interessante: Kosel 1860 (Schleswig-Holsteinisches Archiv; A 57899); Krickerhau (Mittelslowakei) 1840, geschr. von Laurentius Pusch (HL 442); Odenwald Oct. 1850 durch Sophie Rosenstiel (E 13717). Mappe II beinhaltet u.a. ein ganzes Paket textlicher und musikalischer Varianten aus dem gesamten europäischen Raum, wobei der überwiegende Teil für unsere Belange viel zu spät aufgezeichnet wurde. Ausnahmen bilden die Nummern

- A 29806 – Aus dem gedruckten Liederband von Herrn M. Soeder, Heimberg bei Thun 18. Jh. (Schweizer Archiv 13863)
- A 205176 – Hs. Liederbuch des Hans in der Buochen, Prättigau/Graubünden, um 1800-1810 (Schweizer Archiv)
- E 6970 – Aus Schlesien. Um 1838 (?). Durch v. Arnim
- E 609/610 – 1839

Barbara James hat festgestellt,[870] dass Herders Volksliedsammlung nicht die erste Druckfassung des Liedes ist. Vielmehr existiert eine Flugschrift aus dem Jahre 1756,[871] die eine fünfstrophige Fassung beinhaltet; auch Erk[872] spricht von einem Flugblatt von 1757. Ob es sich bei den Flugschriften um verschiedene oder ein und dieselbe handelte, kann heute ebenso wenig beantwortet werden wie die Frage, ob Herder mit dem Lied auf diesem oder einem anderen Weg bekannt wurde.

---

870 James, Barbara: „Wenn ich ein Vöglein wär ...". Neues zur Datierung des Liedes, in: Sonderdruck aus: Jahrbuch für Volksliedforschung. Im Auftrag des Deutschen Volksliedarchivs hrg. von Otto Holzapfel und Jürgen Dittmar, 32. Jg. 1987, S. 127f.

871 Vier Weltliche Schöne Lieder, [...] Jedes in seiner Melodey. Gedruckt im 1756sten Jahr [ohne weitere Angaben]. Stadtbibliothek Bern, Rar Dr. Th. Engelmann 136 = DVA: Bl 3919.

872 Ludwig Erk, Kommentar zu Erk-Böhme 512a.

Platz 10: Guter Mond, du gehst so stille[873]

In gewisser Weise haben wir es hier mit einem „echten" Volkslied zu tun – Verfasser und Komponist sind unbekannt, die Popularität, die dem Lied von Anfang an und bis heute zuteilwurde, sowie die einfache, „typische" Melode (Böhme 1895: „Weise des 18. Jahrhunderts"; Erks *Liederschatz* datiert auf 1804) ergänzen das Bild eines beispielhaften Volkslieds. In den Gebrauchsliederbüchern ist es über den gesamten Forschungszeitraum 32-mal verzeichnet:

- HH 0709, 73 (Mel. Schönstes Kind vor deinen Füßen …)
- Froh 13, 57
- Tha 14, 241
- HD 15, 241
- NLB 18, 89
- NG 19, 100
- NLB 19, 98
- NLB 21, 101
- ALS 23, 108
- CH 32, 333 (An den Mond)
- ThLB 32, 88 (In bekannter Melodie.)
- Neckar 40, 106
- AlgU 41, 352
- LBDV 43, 505 (An den Mond; Insgemein wird nur der erste Vers gesungen. – insg. 7)
- LK 46, 309
- zwickau 47, 79 (Stille Liebe. Volksweise)
- L 47, 132
- CH 48, S. 471 (Klage im Mondschein)
- Taschen 49, 131
- Git 50, S. 53
- ATL 51, 21 („An den Mond")
- jungf 52, 19/II („Abendgedanken")
- 200 52, 142 („Mündlich. – In ganz Deutschland bekannt")
- Heiter 55, 217
- kath 56, 69
- FSLK 59, S. 300 (Melodie von Mozart)
- Taschen 60, 131
- Poly 61, 187 („Klage im Mondschein")
- Wallner 65, 196
- Sänger65, 357
- Alp 65, 327 („An den Mond")
- DLB 70, 100

---

873 http://www.liederlexikon.de/lieder/guter_mond_du_gehst_so_stille (29.09.2011)

Die in der Archivmappe gemachte Angabe „erstmals gedruckt 1811" ist damit falsch. Die zweite der beiden umfangreichen KiV-Mappen, die zu diesem Lied geführt werden, verzeichnet die mündliche Überlieferung, die hier sehr ergiebig ausfällt. In unseren Forschungszeitraum fallen

- A 17870: Kemel 1814, Liederbuch des Carl Harz. Bl 32a-33a
- A 27524: Aus einem hs. Liederbuch Altdorf um 1820 (Staatsarchiv Uri)
- A 58748: Abschrift eines Liederheftes, geschr. im Jahre 1841 in Mainz von einem dort dienenden Soldaten, Johannes Reiss aus Deckenbach (in Oberhessen), Heft 2 Nr. 23
- A 56543: Hs. Liederbuch der Julie Schaffer in Trebnitz 1834
- A 88608: Lieder Buch für Karl Kock in Quadenschönfeld (Stargaard, Mecklenburg-Strelitz), 1855-66 angelegt
- A 63258: Hs. Liederbuch von Madelaine Ringenbach, de Sélven, Elsass 1860
- A 143212: Hs. Liederbuch der Marguerite Stenger aus Saareinsberg Kr. Saargemünd (um 1869), Nr. 22 (Lothringen)
- A 110993: Hs. Liederheft der Viktoria Zeller, Achern 1865
- A 125711: Hs. Liederheft der Catharine Guirlinger geb. Schneider (1833-1915) aus Teterchen Kr. Bolchen (Lothringen), S. 97
- A 151501: Hs. „Liederbuch von Pet. Jos. Hammerstein" (Rheinland, um 1830-40; Rhein. Archiv; Nr. 18)
- A 130102: Hs. Liedersammlung von Friedr. Zapp aus Wallefeld Kr. Gummersbach (um 1855-65) Teil 1, Nr. 39 (Rhein. Archiv)
- A 159585: Hs. Liederheft aus dem Besitz von Georg Amft, geschr. um die Mitte des 19. Jh. (Schlesien; 1936 aus Archiv vom staatl. Inst. für dt. Musikforschung in Berlin)
- A 143261: Hs. Sammlung: Lieder. Mit und ohne Begleitung der Guitarre. Franz Kammel (1840-42 in Baher, Bez. Auscha, geschrieben), Nr. 12 (Tschech. Slov.) – mit Noten!
- A 209738: Hs. Liederheft ohne nähere Angaben von 1866/68 wohl aus dem bad. Hanauerland
- A 172261: Hs. Liederheft Philipp Muhr und Karoline Duchmann aus Aßweiler Kr. Zabern, geschr. um 1858-81 (Elsass)
- A 155517: Hs. Liederheft des Jean Nicolas Walter aus Goetzenbrueck (Kr. Saargemünd, Lothringen), angelegt in den Jahren 1847-48
- A 191654: Hs. Liederheft Andreas Heringer-Glaser 1852-77 (Basel, München, Simonswald) S. 24f., Lied Nr. 23
- A 152090: Hs. Liederbuch Kahle, geschrieben um 1845 im Kaiser Alexander-Regiment zu Berlin (Anhalt Archiv)
- A 144438: Hs. Liederbuch von Frl. Katharina Hieronimus aus Baumbiedersdorf. 1861-63. Nr. 87 S. 98f. (Lothringen)
- A 144464: Hs. Liederheft der Elisa Thomas aus Gundershofen (Kr. Hagenau, U. Elsass), 1856 (ff.) Nr. 26
- A 194910: Liederbuch der Johanne Sophie Henriette Keinneken, Braunschweig den 11. Februar 1812

- A 205210: Hs. Liederbuch des Hans in der Buochen, Prättigau/ Graubünden um 1800-1810 (Schweiz)
- A 183542: Lieder Ex Musicalibus Kasp. Math. Liebenwein. **1803**. l. Thecka No. 3 – Sammelort: Landl im Ennstal (Steiermark)
- E 800: Hildburghausen 1853 (mündliche Notation, mit punktierter Achtel und Sechzehntel am Anfang)
- E 794: Aus Dreieichenhain 1838
- E 793: von Greef 1839
- E 792+789: „wenigstens 60 Jahr alt. Mündl. aus Düsseldorf 1838"
- Schwarzwald 1848
- HL 145: Hs. Liederbuch des Elbschiffers (!) Friedr. Wacker aus Aken/ Elbe ca. 1848-57

Daneben finden sich in dieser Mappe einige undatierte Belege, viele davon aus Schlesien, Böhmen, dem Banat, Schleswig, dem Nordosten der heutigen Bundesrepublik, aber auch aus Pforzheim, Elsass-Lothringen, Hessen. Es kann wohl zu Recht behauptet werden, das Lied sei im gesamten deutschsprachigen Raum weit verbreitet gewesen. In Mappe I finden sich zum Beleg auch Flugblätter aus Wien 1805 (B. 7678) und Prag 1828 (VZ 1230) sowie Parodien zur Melodie von „Guter Mond", die auch für eine frühe und weite Verbreitung sprechen: Ein achtstrophiges *Gedicht über den jetzigen Krieg 1807 und Abschilderung der vielen blutigen Schlachten bey Jena, Lübeck und in der Gegend von Warschau*[874]

> 1) Alles steht in Gottes Händen, / Alles liegt an seiner Macht; / Er ist's, der der Welt Regenten / Giebt und durch sie Friede macht. / Kron und Scepter sind ihm eigen, / Er nur thut, was ihm gefällt. / Monarchien müsen steigen, / Wenn die andere sinkt und fällt.
>
> …
>
> 3) Ach, was hat seit sechzehn Jahren, / Da der blutige Krieg gieng an; / Manches Land und Stadt erfahren, nebst viel tausend Unterthan. / Bis nach vielen Blutvergießen / Die groß' Schlacht bey Ulm vorgieng; / Wo der Feind mit schnellen Füßen / Kam ins Oestreich bis nach Wien.
>
> …
>
> 5) Durch wie viele große Siege, / Viel Eroberungen und Schlacht, / Hat sich Frankreich in dem Kriege / Nicht bisher berühmt gemacht. Durch Napoleon des Großen / Tapferkeit, Verstand und Witz, / Bis der Friede wurd geschlossen / Nach der Schlacht bey Austerlitz.

---

874 In: Schreckenbach, Paul: Der Zusammenbruch Preußens im Jahre 1806, Jena 1906, Beilage 12.

6) Kein Jahrhundert kann aufweisen, / Was Napoleon gethan, / als mit Rußland und dem Preussen / Gieng der Krieg aufs neue an. / Wie er mächtig angewachsen, / In zwey Monat bis Berlin, / Durch ganz Schlesien und Sachsen, / Kam sogar nach Polen hin.

…

sowie als eindrucksvolles Beweisstück zeitgenössischer Enttäuschung über die gescheiterte Revolution Heinrich Hoffmann von Fallerslebens *Lied gegen die Untertanenmentalität des deutschen Bürgertums, die die oktroyierte Verfassung in Berlin am 5. Dezember 1848 ohne weiteres, ja bisweilen freudig, hinnahm.*[875]

> Ausgelitten, ausgerungen / Hast du endlich, deutsches Herz, / Gut, dass er einmal verklungen, / dieser deutsche Freiheitsmärz. / Gut, dass wir geworden kühler, / wie es zum Dezember passt. / Unsre freiheitstrunknen Wühler / Waren uns von je verhasst.

> Gut, dass wir jetzt ohne Zittern / Nehmen jedes Blatt zur Hand, / Uns das Leben nicht verbittern / Um das liebe Vaterland. / Gut, dass möglich ist geworden, / Wie's zur guten Zeit doch war, / Zu erhalten einen Orden / Oder einen Titel gar.

> Gott sei Dank, dass alles wieder / Nun zur Ordnung kehrt zurück; / Nur vom Throne träufelt nieder / Wie vom Himmel Heil und Glück. / Weg mit allen Barrikaden! / Weg mit aller Bürgerwehr! / Hoch der Herr „von Gottes Gnaden"! / Hoch sein sieggewohntes Heer!

> Ausgelitten, ausgerungen / Hast du endlich, deutsches Herz, / Gut, dass er einmal verklungen, / dieser deutsche Freiheitsmärz. / Mit der Friedenspfeif' im Munde, / Geht's ins Bierhaus auf die Wacht, / Trinkt man bis zur Bürgerstunde, / Und dann – Freiheit, gute Nacht!

Mappe I spiegelt darüber hinaus wider, wie weitgehend ungebrochen die Popularität dieses Liedes noch im 20. Jahrhundert war. So finden sich in der literarischen Überlieferung fünf Belege (die letzten beiden aus den 1980er Jahren), und auch für Parodien wurde der *Gute Mond* immer wieder gern genutzt, so z. B. in den 1920er/ 30er Jahren („Guter Mond, du gehst auf Strümpfen") oder im Zuge des „Radikalenerlasses" von 1972:

> Guter Mond, du hängst so stille / runter von nem deutschen Ast. / Hast du ängstliche Gefühle / weil du eine Sichel hast? / Weißt du wieviel Sternlein wimmeln? / Doch kein einziges blitzt rot, / Denn das hätt' an Deutschlands Himmeln / sicherlich Berufsverbot.[876]

---

875 In: Underberg, Elfriede: Die Dichtung der ersten deutschen Revolution 1848/49, Leipzig 1930. DVA: KiV F 5538.

876 In: Schmetterlinge, Herbstreise, Lieder zur Lage, S. 9. DVA: V12 1330.

Platz 9: Sah ein Knab ein Röslein stehn

Goethe schrieb die Urversion („Es sah ein Knabe ...") bereits 1771 im Elsass, die heute bekannte und ausnehmend häufig vertonte Fassung wurde 1789 veröffentlicht. Ein wichtiger Schritt für die Verbreitung des Liedes bestand in seiner Aufnahme in Herders Sammlung, wo es bekanntermaßen „künstlich" zum Volkslied ohne Verfasser stilisiert wurde.

Die erste Vertonung lieferte Reichardt 1793, volksläufig wurde jedoch die erst 1827 entstandene Komposition von Heinrich Werner sowie vor allem im Rahmen der Hausmusik auch Schuberts Vertonung op. 3, Nr. 3 von 1815.

In den Freiburger Gebrauchsliederbüchern ist das *Heidenröslein* 36-mal zwischen 1833 und 1870 abgedruckt[877] – es ergeht ihm damit ähnlich wie *Wenn ich ein Vöglein wär*, das ebenfalls in Herders Sammlung (sowie mit Verweis darauf auch im „Wunderhorn") steht und dann ab 1833 in den Liederbüchern erscheint.

- B 33, 236 (Goethe nach einem Volksliede)
- allg 40, 386
- VS 41, 36/37 (Volksweise, wohl in ganz Deutschland bekannt und beliebt: Sah ein Knab' ein Röslein... Erk's deutsche Volkslieder II Nr. 1/ Joh. Fr. Reichardt)
- LBDV 43, 788
- LBT 44, 4/II (J. F. Reichardt)
- ADL 44, 226/II
- LK 46, 32/II (Goethe)
- CH 48, S. 561
- Turn 49, 203
- Taschen 49, 168
- ADL 50, 218/II
- Git 50, S. 76
- christ 52, 11
- 200 52, 179 (Haidenröslein; J. Fr. Reichardt)
- Rauh 53, 118 (Mel. Reichardt)
- jungf 53, 19
- Heiter 55, 230
- Zürich 55, 115 (A. Werner)
- ADL 58 dito

---

877 Waltraud Linder-Beroud ist daher nur bedingt zuzustimmen, wenn sie behauptet, „dass das ‚Heidenröslein', das bekannteste Lied Goethes, mit ca. 150 Abdrucken in der Statistik der Liedersammlungen an erster Stelle steht und damit wohl eines der meistgedruckten Lieder schlechthin sein dürfte." (Linder-Beroud 1989, S. 220). Es ist auch nach unseren Ergebnissen richtig, dass es zu den meistgedruckten Liedern überhaupt gehört – die „ca. 150 Abdrucke" basieren jedoch auf einer anderen Forschungsgrundlage als der unseren, scheinen allerdings trotzdem etwas hoch gegriffen.

- ADL 60, 214/II
- Taschen 60, 168
- ADT 60, 52/III (Mel. von Heinrich Werner. Um 1828./ Joh. W. Goethe 1773)
- Poly 61, 354
- Turner 62, 257 (Weise von Heinr. Werner)/ S. 52
- Zürich 63, 12 (H. Werner)
- Regensburg 63, 51 (Werner)
- Wallner 65, 356 (comp. von H. Werner, auch von Reichardt)
- Sänger65, 116
- Alp 65, 319 (Göthe)
- SchüTu 66, 52/III (Mel. von Heinrich Werner. Um 1828)
- Tröst 67, 23 (Reichardt)
- Poppen 67, 100
- Conc 68, 284
- Turn 69, 171 („Göthe 1773, mit geringer Veränderung nach einem Volksliede in Her-
  ders Stimmen der Völker", Mel. Reichardt)
- Zü 70, 127 (Heinrich Werner (1800-33)/Joh. W. Goethe)
- Je-länger-je-lieber, Nr. 67 (ohne Verf.)

Zu diesem Lied werden im DVA vier KiV-Mappen geführt. Mappe IV beinhaltet ausschließlich Duplikate, in Mappe III sind für uns die Nrr. A 209694 (Hs. Liederheft ohne nähere Angaben von 1867/68, wahrscheinlich aus dem bad. Hanauerland) sowie A 82936, eine Erwähnung der häufigen Parodie „Sah ein Knab ein Fläschlein stehn, Fläschlein in dem Keller ... voll von Muskateller" aus dem Rhein. Archiv Trier.

Weitere Parodien aus unserem Forschungszeitraum sind z.B. *Die Polizei*

> Kam die Polizei herbei, / Als sie disputirten; / Fragte, was denn los da sei, / Daß sie randalirten! / Hieß es: „Es ist gar nicht los; / Treib' uns in die Enge / Nicht, wo's leer Geschrei gibt bloß; / Polizei, du strenge!"

> Doch die Polizei rief aus / „Polternde Gesellen, / Packet euch sogleich nach Haus!" / „Nein!" hieß es. – „Rebellen! / Wollt ihr oder wollt ihr nicht!" / „Kerls, geht eure Gänge!" – „Nun, so thun wir unsre Pflicht, / Polizei, die strenge!"

> Wurden sämmtlich arretirt / Und in Haft behalten, / Weil sie frevelnd verschimpfirt / Die Gesetzgewalten; / Mußten zahlen auch noch Geld / Eine ganze Menge, / Daß gefürchtet blieb' der Welt / Polizei, die strenge. –

Polizei kann aus dem Floh / Elephanten machen; / Ach, zu oft nur ist sie froh, / Hader anzufachen; / Leute, die ganz harmlos sind, / Bringt sie ins Gedränge, / Nur damit sie Gold gewinnt, / Polizei, die strenge.[878]

oder auch, noch obrigkeitskritischer, das *Freiheits-Büchlein*:

Sah ein Fürst ein Büchlein stehn in des Ladens Ecken, / nahm es rasch, es durchzusehn, / las es auch vor'm Schlafengehn, / doch mit tausend Schrecken. / Büchlein, Büchlein, Büchlein keck / aus des Ladens Ecken.

König sprach: Ich unterdrück's / Büchlein aus dem Laden, / Büchlein lachte: o des Glück's! / Dann liest man mich hinterrücks, / Und das bringt nie Schaden. / Büchlein, Büchlein, Büchlein keck, / Büchlein aus dem Laden.

Und der gute Fürst verbot / 's Büchlein in dem Lande, / Büchlein aber litt nicht Noth, / Ging recht ab wie warmes Brod, / Ging von Hand zu Hande. / Büchlein, Büchlein, Büchlein keck, / Büchlein bleibt im Lande.[879]

Platz 8: Ännchen/Anke von Tharau[880]

Die Ursprungsfassung des Textes stammt von Simon Dach, wahrscheinlich aus dem Jahre 1637. Eine erste Vertonung erfolgte 1644 durch Heinrich Albert(in), der das Stück jedoch mit dem Vermerk „aria incerti autoris" versah und im gleichen oder darauffolgenden Jahr veröffentlichte.[881] Herder übertrug das ursprünglich in niederdeutschem Dialekt verfasste Gedicht („Anke van Tharaw öß, de my gefällt, se öß mihn Lewen, mihn Goet on mihn Gölt") ins Hochdeutsche und nahm es 1778 in seine Volksliedsammlung auf. Im Jahr darauf erschien in Weimar die Sammlung *Volks- und andere Lieder, mit Begleitung des Forte piano, in Musik gesetzt von Siegmund Freyherrn von Seckendorf*; ein Zusammenhang mit Herders Veröffentlichung liegt nahe, ebenso wie bei der 1798 publizierten Vertonung Reichardts. Die heute gebräuchliche und weithin bekannte Weise ist jedoch die von Friedrich Silcher aus den Jahren 1825/26.

---

878 In: Ernst Ortlepp: Lieder eines politischen Tagwächters, Stuttgart 1843, S. 180f. DVA: KiV B 50 235.

879 Aus: Lieder eines Hanseaten (d. i. August Prinz), Wesel 1843. In: Geschichte (1815-1979) in Liedern. Programmheft: Öffentliche Abendveranstaltung beim 22. Deutschen Volkskundekongreß, Kiel 19. Juni 1979, DVA V1 4690.

880 http://www.liederlexikon.de/lieder/aennchen_von_tharau (29.09.2011)

881 Fünfter Theil der Arien etlicher theils Geistlicher, theils Weltlicher, zur Andacht, guten Sitten, keuscher Liebe und Ehren-Lust dienenden Lieder. Auff unterschiedliche Arten zum Singen und Spielen gesetzt von Heinrich Alberten, Königsberg in Preußen 1645 (44?). In: Böhme, Volkstümliche Lieder, S. 289. Böhme schenkt der Bezeichnung Glauben und geht von einem unbekannten Komponisten aus, ist mit dieser Annahme unseres Wissens allerdings allein.

Als eines der wenigen Lieder unseres Kanons ist das „Ännchen" im *Wunderhorn*
vertreten – wahrscheinlich, weil es wirklich als „altes (Volks-) Lied" bezeichnet
werden kann.[882] Die Verbreitung durch die Liedsammlungen setzt fast gleichzeitig ein: Von 1808 bis 1870 erscheint das Lied 45-mal. Es ist damit ein Beispiel
dafür, wie ein ursprünglich regional verankertes Lied (Dialekt, Ortsbezug zu
Tharau in Ostpreußen) durch die „Verhochdeutschung" bzw. textliche Vereinheitlichung (Herder → Wunderhorn → kleinere (regionale) Liedsammlungen)
im gesamten deutschsprachigen Raum voksläufig, bekannt und beliebt wurde
(und dies bis heute ist).

- Blumen 0809
- MLB 10, 250
- DL 18, 16 (viel frischere Mel.)
- M 36, 2 (andere Melodie)
- allg 40, 356
- Neckar 40, 2
- AlgA 41, 13
- AlgU 41, 34
- S 41a, 147
- S 41b, 147
- tuJu 42, 156 (Anchen; Volksweise)
- LBDV 43, 546 (Simon Dach 1648 (sic))
- L 47, 161
- DLB 48, 281 (Silcher 1st.; als Nr. 1 des Teils V „Volkslieder")
- Männer 48, 16/II (Volkslied. (In's Hochdeutsche übertragen von J. G. v. Herder) Mel.
  von Fr. Silcher)
- Taschen 49, 195
- gesV 50, 48 (Volksweise)
- ADL 50, 153/II
- ATL 51, 4
- 200 52, 167 (Silcher/Übertragen von J. G. v. Herder)
- tuJu 54, 156 (Volksweise)
- Schü 55, 2 (eigne Mel.)
- Phoeb 56, 8
- 300 58, 1
- ADL 58 155/II (Silcher)
- ADL 60, 155/II (Silcher)
- Taschen 60, 195
- Conc 60, 16 (nach Fr. Silcher)
- ADT 60, 4/III (Silcher)
- Poly 61, S. 7

---

882   Des Knaben Wunderhorn, Bd. 1, 179. Betitelt mit „Der Palmbaum."

- SSB 61, 7
- Turner 62, S. 203/69 (Volksweise)
- Basel 62, 58 (Mel. von Silcher, bearb. von Jul. Rietz)
- Zürich 63, 120
- Commers 64, 48 (Volksweise. (Silcher))
- Wallner 65, 29
- BSB 65, 33
- Sänger65, 332
- Alp 65, 335
- SchüTu 66, 4/III (Friedr. Silcher)
- Conc 68, 16
- KHV 68, 31
- Zü 70, 250 (Frdch. Silcher (1789-1860)/Joh. Gottfr. Herder (1744-1803), nach einem
  Volksliede von Joh. Simon Dach (1605-59).)
- DLB 70, 14
- Je-länger-je-lieber, Nr. 20

Die Archivmappe verdankt ihren Umfang fast ausschließlich der Fülle an schriftlichen Dokumenten (Artikel etc.); sie enthält sehr wenige mündliche Belege und so gut wie keine handschriftlichen Zeugnisse.

Platz 7: Es war ein König in Thule[883]

Goethe schuf das Gedicht 1774; unsterblich wurde es letztlich durch die Aufnahme in den *Faust* (auch schon in den *Urfaust*), dessen erste Szenen zur gleichen Zeit entstanden. Die Erstausgabe des Gedichtes in der Vertonung von Seckendorff erfolgte 1782,[884] weitere Vertonungen stammen von W. Schneider (1803? 1805?), Schubert (op. 5, Nr. 5), Reichardt (1809, aufgenommen in Erks Liederschatz [III, 58]), Wenzel Heinr. Veit und Carl Eckert. Die heute geläufigste Weise ist die Bassmelodie des vierstimmigen Zelter'schen Satzes von 1812, der durch Verwendung der äolischen Kirchentonart mit phrygischer Kadenz Stimmung, Inhalt und vollkommen getroffenen Volkston des Textes in unvergleichlicher Weise wiedergibt. Die mittelalterlichen Anklänge, die durch Verwendung der Kirchentöne hervorgerufen werden, unterstreichen die Illusion eines alten Volksliedes. Diesen Weg ist Berlioz 1829 in seiner *Damnation de*

---

883 http://www.liederlexikon.de/lieder/es_war_ein_koenig_in_thule (29.09.2011)
884 Freiherr von Seckendorff: Volks- und andere Lieder, dritte Sammlung, Dessau 1782.

Faust weitergegangen, in der er das „chanson gothique" mit einer mittelalterlich anmutenden Einleitung versieht.[885]

Das Lied erscheint 51-mal im gesamten Forschungszeitraum.

- Halle 06, 115 („Mel. Siehe musikalisches Taschenbuch aufs Jahr 1805")
- Blumen 0809, 91 (wie Halle 06)
- Halle 12, 171 (wie Halle 06)
- Froh 13, 145
- Tha 14, 137
- HD 15, 171
- DL 18, 3 (in g-moll, mit Auftaktquart und im 6/8-Takt)
- HH 19, 106
- S Tha 19, 204
- Tha 19, 143
- PT 28, 103
- B 33, 178 (Zelter)
- Bard 33, 213 (nicht Zelter-Mel.)
- Tha 37, 122
- Hall 38, 147
- allg 40, 396
- AlgA 41, 92
- AlgU 41, 270
- S 41a, 131
- S 41b, 131
- Musa 41, S. 108
- LBDV 43, 832
- ADL 44, 218/II
- LK 46, 390
- L 47, 68
- DLB 48, 259
- CH 48, S. 526
- Taschen 49, 205
- ADL 50, 197/II
- ATL 51, 18
- 200 52, 97 (Zelter)
- Rauh 53, 78 (Zelter)
- Schü 55, 118 (Eigene Mel.)
- 300 58, 91
- ADL 58 dito

---

885 Vgl. Volkslied-Buch für die Jugend, Bd. III (Heft 11-14): Einstimmige Lieder mit Beglei-
     tung für Solo- oder Chorgesang, Leipzig 1930, Anm. zu Nr. 707; sowie Michael von
     Albrecht: Goethe und das Volkslied, Darmstadt 1972, S. 106.

- ADL 60, 191/II (Der König von Thule)
- Taschen 60, 205
- ADT 60, 25/III (Karl Friedr. Zelter./Goethe. 1774.)
- GA 60, 93 (Schubert aus Op. 5)
- Poly 61, 146 (Zelter)
- Nisky 62, 157/88 (eigene Weise von Zelter)
- Basel 62, 64 (Zelter)
- Regensburg 63, 67 (Seuberlich)
- Wallner 65, 158 (Mel. von Reichard, auch von Karl Fr. Zelter)
- BSB 65, 53 (Satz von M. H. Veit)
- Sänger65, 292
- Alp 65, 347
- SchüTu 66, 25/III (Karl Fr. Zelter)
- Tröst 67, 4 (J. G. Wilh. Schneider)
- Conc 68, 255 (Zelter)
- DLB 70, 74

Im DVA werden zwei umfangreiche Archivmappen zum *König in Thule* geführt, einige Hinweise liefert auch das Begleitheft der dort entstandenen Goethe-CD.[886] Die mündliche Überlieferung ist allerdings sehr spärlich.

Platz 6: Freut euch des Lebens, weil noch das Lämpchen glüht

Diesen „Prototyp des Gesellschaftsliedes um 1800", seine schriftliche wie mündliche Überlieferung, seine Parodien, zahlreichen literarischen Erwähnungen usw. hat Waltraud Linder-Beroud erschöpfend dargestellt.[887] Für uns ist vor allem von Interesse, wie sich dieses Lied aus der Schweiz (verfasst von Usteri und wahrscheinlich Nägeli) über den gesamten deutschen Sprachraum verbreitete – und weit darüber hinaus: Deutsche Reisende, Auswanderer, Kolonialisten sorgten dafür, dass dieses unsagbar populäre Lied in anderen Ländern, ja sogar in anderen Erdteilen heimisch wurde.[888] In den untersuchten Gebrauchsliederbüchern haben außer der deutschen Version auch regelmäßig die französische und die

---

886 *Röslein auf der Heiden – Goethe und das Volkslied.* Eine Koproduktion des Deutschen Volksliedarchivs Freiburg und der Staatlichen Hochschule für Musik Freiburg, August 1999.

887 Linder-Beroud: *Von der Mündlichkeit zur Schriftlichkeit?*, Frankfurt/Main u.a. 1989, S. 232ff. sowie dies.: „Freut euch des Lebens" – Ein „Schlager" der Goethezeit im Spannungsfeld zwischen Mündlichkeit und Schriftlichkeit, Tübingen 1989 (=ScriptOralia, 9), S. 273-288.

888 Vgl. Linder-Beroud: *Von der Mündlichkeit zur Schriftlichkeit*, S. 242f.

lateinische Übersetzung Eingang gefunden; insgesamt findet sich das Lied 75-mal über den gesamten Forschungszeitraum verteilt.

- HB 07, 26
- Blumen 0809, 134 („Beim Abschiede eines Freundes. In bekannter Melodie." Textvariante *Freut euch des Bundes*)
- MLB 10, 314
- Freim 10, 165
- BJ 12, 228/II („Freude des Lebens")
- Froh 13, 27 („Der Genuß des Lebens". Nach bekannter Weise)
- Tha 14, 150 (wie Tha 19)
- HD 15, 199 und
- HD 15, 201 (frz. Ü)
- Mau 17, 106 (Nägeli, aber ohne Sprung am Anfang, sonst gleich)
- NLB 18, 179
- Stras 19, 107
- NG 19, 23
- HH 19, 120
- S Tha 19, 235 und
- S Tha 19, 237 (goutez la vie, frz. Ü)
- Tha 19, 158 (von Schneider – ist aber der Text von Usteri!)
- NLB 19, 28
- L 19, 66
- DLK 20, 164
- DDS 21, 12
- NLB 21, 31
- Ges 22, 168
- ALS 23, 110
- gesV 24, 136 (statt „Lämpchen" „Flämmchen")
- LK 25, 19 (nur 2. Zeile statt „weil noch das Lämpchen glüht" „Freunde die Zeit entflieht", trotzdem Usteri angegeben)
- N 27, 44
- Tü 27, Nr. 184
- PT 28, 74
- NTL 29, 77
- B 33, 38 (behutsame Umdichtung als „Architektenlied")
- Bard 33, 167
- QL 35, 205 (als erstes Lied des Anhangs ohne Noten; „Lebenslust". Bekannte Mel.)
- L 38, 281
- allg 40, 16/I
- ADLV 40, 141
- Neckar 40, 91
- AlgA 41, 107

- AlgU 41, 303
- VS 41, 11
- NTL 41, 82
- LBDV 43, 279 (Lebensfreude)
- Schü 45, 49
- LK 46, 154
- zwickau 47, 40 (Nägeli. Volksweise)
- L 47, 146
- CH 48, S. 484 („Pflücket Rosen". (Bekannte Mel.))
- Turn 49, 279
- Taschen 49, 63
- Git 50, S. 362 („Genuss des Lebens")
- TLB 50, 50 (Mel. Nägeli)
- ATL 51, 130
- dV 51, 2/VII („Volksweise", ist aber Nägeli)
- 200 52, 155
- Heiter 55, 110
- Schü 55, 135 („Bekannte Mel.")
- kath 56, 93 („bekannte Melodie")
- 300 58, 103
- FSLK 59, S. 29 (Melodie von Nägele (sic) im Mildheim'schen Liederbuche.)
- Taschen 60, 63
- ADL 60, 29/III (Hans Georg Nägli (sic). 1793./ Martin Usteri. 1793.)
- Bonn 60, 9 (Rundgesang)
- Poly 61, 166
- Basel 62, 89 (im Anhang, ohne Noten)
- Wallner 65, 174
- Sänger65, 1171, als Trinklied zum selbst dichten
- Sänger65, 58 („Rundgesang")
- Alp 65, 199
- SchüTu 66, 29/III
- Tröst 67, 157
- Poppen 67, 20
- Conc 68, 77
- Turn 69, 120 (Nägeli) „Aufforderung zur Lebensfreude"
- DLB 70, 85
- J-l-j-l, 43/II

Platz 5: Es blinken (leuchten) drei freundliche Sterne/Es kann ja nicht immer so bleiben/Es kann (wird) doch schon immer so bleiben

Die drei Lieder sollen gemeinsam behandelt werden, da sie eng miteinander verwoben und kaum voneinander zu trennen sind. Oft dient auch das eine als Melodieangabe des anderen.

Es blinken (leuchten) drei freundliche Sterne hält sich textlich relativ stabil über nahezu die gesamte Dauer des Forschungszeitraums, während *Es kann ja nicht immer so bleiben* bzw. dessen Variante *Es kann (wird) doch schon immer so bleiben* zwar älter ist und den gesamten Zeitraum füllt, aber seltener erscheint und größeren Schwankungen unterworfen ist, da es in der mündlichen Tradition stärker verankert zu sein gewesen scheint als die „Drei Sterne".

a. *Es blinken (leuchten) drei freundliche Sterne ins Dunkel des Lebens hinein* stammt aus der Feder Theodor Körners, Vertonungen erfolgten durch Karl Bornhardt, Friedrich Heinrich Himmel (Melodieangabe: „Es kann ja nicht immer so bleiben"!), Carl Maria von Weber (Melodieangabe: „Es blinken so lustig die Sterne"!), Silcher, Neidhardt und Kloss. Für den sehr hohen Bekanntheitsgrad des Liedes spricht dessen extrem dünne Archivmappe, die derzeit keine zehn Dokumente enthält – von denen für unsere Belange nur die Aufnahme in das *Geschriebene Liederbuch Karl Gutmann, Großenhain Kgr. Sachsen, 1857*[889] von Interesse ist. In den Gebrauchsliederbüchern erscheint das Lied von 1812-70 89-mal.[890]

- Erato 12 (beh., aber nicht aufgenommen), S. 48
- NLB 18, 17
- NG 19, 130
- HH 19, 93
- Tha 19, 126
- S Tha 19, 178
- NLB 19, 21
- DLK 20, 56
- Eu 20, 11 (Mel. Es kann ja …)
- NLB 21, 21
- Halle 22, 214
- Ges 22, 123
- CH 22, 131

---

889 DVA: A 31398.

890 Bei der obligatorischen Prüfung unserer Ergebnisse anhand des Zettelkatalogs ergab sich einzig bei den Liedern auf Platz 5 eine Abweichung. Einige Signaturen nicht behandelter Liederbücher sind deshalb unten extra angegeben, sind aber bis auf die ohne Jahreszahl in der Gesamtsumme enthalten.

- ALS 23, 26
- gesV 24, 128 (Auch nach der Mel.: Es kann ja nicht immer so bleiben …)
- lC 24, 198 (Die drei Sterne; Mel. Es kann ja …)
- CH 25, 147 (Die drei Sterne)
- LK 25, 18 (Mel.: Es kann ja nicht immer so bleiben.)
- N 27, 85
- ADL 27 wie 36
- Tü 27, 134 (Mel. Es kann ja nicht immer …)
- PT 28, 124
- ADL 30 wie 36
- M 31, 19
- divHF 32, S. 7 – Text umgedichtet auf HF (Mel.: Es blinken …)
- CH 32, 197 (Mel. Es kann ja nicht immer ...)
- LS 33, 130 (dito)
- Freim34, 224
- ADL 36, 32/II (wie ADL 44)
- Tha 37, 107 und
- Tha 37, 108 (es blinken so lustg, etwas variiert)
- Hall 38, 75 und 161 (sicher Fehler, genau gleich)
- L 38, 8
- Tand 39, 89
- allg 40, 97
- ADVL 40, 11
- Freim 40, 211
- Neckar 40, 68
- AlgU 41, 239
- AlgA 41, 80
- S 41a, 114
- S 41b, 114
- Musa 41, S. 24
- tuJu 42, 174 (Himmel)
- LBDV 43, 327 (Die drei Sterne)
- ADL 44, 32/II (dito)
- ADL 44, 40/II (A. Walther. Auch nach der Weise. Es kann ja nicht Alles so …)
- LK 46, 119 und
- LK 46, 92 (es blinken so lustig … anderer Text, fröhlicher, gleiche Intension)
- SH 46, 57
- L 47, 35
- Zwickau 47, 37 (Lied, Liebe und Wein. Singweise: Es kann ja … (s. vorherg. Nr.))
- TG 48, 350 (Silcher)
- CH 48, S. 455 (Die drei Sterne. Mel.: Es kann ja nicht immer …)
- Turn 49, 223 (Die drei Sterne des Lebens)

- Taschen 49, 236
- gesV 50, 34 (nach voriger Weise = Es kann ja nicht immer ...)
- ADL 50, 17/II (A. Walther. Weise: Es kann ja nicht immer so bleiben ...)
- Git 50, S. 350
- TLB 50, 37
- ATL 51, 234
- freim 51, 17 (A. Neithardt) und
- freim 51, 35 („Die Leitsterne": „Zwei Sterne leuchten ins Leben hinein ... Treue und
  Wahrheit" ! (Vierst. comp. von Neithardt))
- FW 51, S. 12
- 200 52, 68 (A. Walther)
- tuJu 54, 174 (Himmel)
- Heiter 55, 105 (Mel. Es kann ja nicht immer so bleiben ...)
- Schü 55, 101
- Freim 57, 290 (Comp. von C. Klage)
- 300 58, 80
- ADL 58, 16 (A. Walther. Auch nach der Weise: Es kann ja nicht immer so bleiben)
- ADL 60, S. 230
- Taschen 60, 235
- ADT 60, 17/III („Die drei Sterne des Lebens." Weise: Es kann ja nicht immer so bleiben
  [trotzdem Noten]. Friedrich Heinrich Himmel. 1803)
- Poly 61, 129 (Silcher)
- Wallner 65, 136
- Alp 65, 154
- SchüTu 66, 17/III (Friedrich Heinrich Himmel 1803)
- Ärzte 67, S. 138
- Poppen 67, 3
- Conc 68, 299 (C. Junghans)
- KHV 68, 35
- Zü 70, 430 (CMvW (1786-1826) – aber Mel. (fast?) wie sonst!
- DLB 70, 66
- J-l-j-l, 8/II
+ 3050, 10
+ 2926 (ADL 1825), 143
+ 2827 (um 1820), S. 6
+ einige o. J.

b. *Es kann ja nicht immer so bleiben hier unter dem wechselnden Mond* und seine häufigste Variante

c. *Es wird ja schon alles so bleiben ...*

sind in einer Zählung zusammengefasst. Wie eingangs erwähnt, ist dieses Lied jünger als die im Druck erfolgreichere Variante der „Drei Sterne". August von Kotzebue (1761-1819) verfasste den Text von b 1802/03, die meistgesungene Vertonung schrieb Friedrich Heinrich Himmel im selben Zeitraum (eine weitere stammt von Anton André).

Es handelt sich um ein Lied, das seine Vitalität in mehrerlei Hinsicht beweist: Es wird nicht nur selbst regelmäßig gedruckt, sondern dient noch häufiger als Melodieangabe für andere Texte; die Archivmappe[891] verzeichnet neben etlichen Parodien (z.B. auf Napoleon und die französische Besatzung) auch eine reiche mündliche Überlieferung (neben dem Reichsgebiet auch aus vielen osteuropäischen Gegenden mit überwiegend deutschsprachiger Bevölkerung) sowie die Erwähnung in einigen handschriftlichen Liederbüchern (z.B. um 1815 von Heinrich Arend aus Körle/ Melsungen, geb. 1794; von 1830, archiviert im Heimatmuseaum Reutte/ Tirol; aus dem Jahre 1844 von Christian Hutzel aus Pößnecker, Oberfranken).

In den Gebrauchsliederbüchern erscheinen die beiden Varianten b und c insgesamt 68-mal, davon 53-mal b und 15-mal c. In nur fünf Fällen steht die Parodie c ohne das Original b, in den meisten Fällen (zehn, also 2/3 des Auftretens von c) stehen b und c gemeinsam.

- Halle 06, 99 (Bild des Lebens. Eigne Melodie von Himmel. … kann ja nicht Alles …) und
- Halle 06, 101 (doch schon immer)
- HB 07, 28 (kann schon nicht alles)
- Blumen 0809, 131 (kann doch schon …: „Antwort und Parodie auf das Lied: „Willkommen, o seliger Abend …" (?) von Kotzebue")
- DD 09, 65 (Kotzebue) und
- DD 09, 66 (doch schon immer)
- Freim 10, 340
- Halle 12, 107 (Bild des Lebens. Eigne Melodie von Himmel. … kann ja nicht Alles …) und
- Halle 12, 108 (kann doch schon immer … „Seitenstück")
- BJ 12, 236
- Froh 13, 110 (Gesellschaftslied. Melodie von Himmel. … kann schon nicht …) und
- Froh 13, 111 („Antwort und Parodie auf das Lied: „Es kann ja nicht immer so bleiben, …" von Kotzebue") – doch schon
- MLB 15, Nr. 425
- FG 15, 72 (Bundeslied (In bekannter Melodie.)) und
- FG 15, 73 (kann doch schon … Gegenstück. (In nemlicher Melodie.))
- HD 15, 163 und

---

891 DVA: KiV Nr. 89.

- HD 15, 164 (kann doch schon)
- NLB 18, 17
- NG 19, 44 (schon nicht)
- HH 19, 97
- S Tha 19, 189 und
- S Tha 19, 190 (doch schon)
- Tha 19, 189 und
- Tha 19, 190 (doch schon)
- L 19, 191
- DLK 20, 106
- DDS 21, 21
- NLB 21, 22
- CH 22, 39
- Ges 22, 129 (doch schon)
- ALS 23, 201
- gesV 24, 178
- lC 24, 36 (kann schon nicht; Gesellschaftslied. Nach eigener Mel.)
- LK 25, 34 (doch schon; Mel. Es kann ja nicht immer …)
- N 27, 33
- Tü 27, 140 (doch schon) und
- Tü 27, 141 (ja nicht immer)
- PT 28, 64
- OTL 32, 63
- CH 32, 224 und
- CH 32, 226 (doch schon)
- QL 35, 106
- Tha 37, 140
- L 38, 21
- Hall 38, 103
- ADVL 40, 61
- DK 40, Nr. 34
- allg 40, 12
- AlgA 41, 85
- AlgU 41, 253 und 253 (kann doch schon)
- Musa 41, 25
- VS 41, 55
- LBDV 43, 91
- Schü 45, 25
- LK 46, 8
- zwickau 47, 36 (Gesellschaftslied; F. H. Himmel. VW/ Kotzebue)
- TG 48, 348
- West 48, 4 (kann doch)

- West 48, 65
- ADL 50, 284
- ATL 51, 149
- Schü 55, 123
- Freim 57, 345
- FSLK 59, 55
- ADL 60, 256
- Bonn 60, 42
- Poly 61, 137
- Conc 68, 99

Platz 4: Stimmt an mit hellem, hohen Klang

Der Text aus der Feder von Matthias Claudius entstand 1772. Vertonungen existieren u.a. von Karl Spazier (1794), Reichardt (Jahr?), Joh. Phil. Schmidt (1811) sowie von Albert Methfessel (1807). Letztere ist die meistgesungene Version. Das Lied erscheint über 93-mal über nahezu den gesamten Forschungszeitraum:

- Blumen 08/09 232/II („Bardenlied", Claudius)
- Freim 10, S. 390
- Freim 17, 88 (Vaterlands-Lied)
- DL 18, 41
- HH 19, 267
- Eu 20, 57
- S 22, 29
- Halle 22, 13
- CH 22, 124
- gesV 24, 61
- LK 25, 152
- LL 26, 9 (Hochgesang, Methfessel; Auch nach der Weise: Von allen Ländern ...) und „andere Weise" (Reichardt) auch in Noten aufgenommen
- ADL 27, 2
- NTL 29, 161
- ADL 30, 2
- T 31, 1
- divHF 32, Flugblatt S. 33
- CH 32, 5 (Weihelied; Mel. von Reinhardt [?!])
- B 33, 5
- Bard 33, 19 (Vaterlandslied, Reichard)
- Freim34, 46
- QL 35, 191 (Deutsches Weihelied; A. Methfessel/Nach Claudius)
- Säng 35, 1
- ADL 36, 2

- Tha 37, 282 (Vaterlandslied)
- L 38, 203
- Hall 38, 108
- Turn 38, 1/I
- Berg 38, 148
- Tand 39, 153
- Harz 40, 51
- allg 40, 142
- AlgA 41, 264
- AlgU 41, 673
- Paris 41, S. 38
- S 41a, 1
- S 41b, 1
- tuJu 42, 3 wie tuJu 54
- LBDV 43, 868
- ADL 43, 2
- TL 44, 33/II (Mel.: Von allen Ländern …)
- LBT 44, 3/II (G. Hoyer)
- ADL 44, 2
- SH 46, 24
- MA 47, 136 (Festlied. Nach eigner Melodie./Nach Claudius)
- zwickau 47, 7
- L 47, 38
- B 47, 46 (Eigene Melodie, von Methfessel)
- DLB 48, 6
- TG 48, 16 (Vaterlandslied, Reichard)
- Männer 48, 1/IV (Deutsches Weihelied. Wilh. Speyer.)
- Männer 48, 2/I (Des Vaterlandes Hochgesang, Methfessel)
- CH 48, S. 325 (Mel. von J. Reinhardt [?!])
- LKT 48 wie 50
- Turn 49, 114 (Hochgesang)
- Taschen 49, 73
- gesV 50, 2 („Dt. Weihelied". Methfessel)
- ADL 50, 26
- Git 50, S. 229
- LKT 50, 113 (Weihelied)
- ATL 51, 115 („Festlied")
- dV 51, 3 („Des Vaterlandes Hochgesang", Mel. von A. Methfessel)
- Turner 54, 1 (Reichardt)
- tuJu 54, 3 („Hochgesang", Methfessel/Reichardt)
- Heiter 55, 162
- Schü 55, 280 (Mel. von A. Methfessel)

- kath 56, 41

- Freim 57, 323 (Claudius/Comp. von Reichardt)

- 300 58, 204

- ADL 58, 21 (dito)

- ADL 60, 21 (Methfessel + Andere Weise)

- Taschen 60, 73

- Conc 60, 57

- ADT 60, 67 (Methfessel)

- ADT 60, 66 (Carl Spazier) und

- Bonn 60, 2 (nach Claudius/Mel. von Methfessel)

- FS 60, 242

- Poly 61, 387 (Reichard)

- GD 61, 22 (Methfessel/Claudius)

- Turner 62, 81

- Nisky 62, 49/83 (eigene Weise von Methfeßel)

- Wallner 65, 393 (Methfessel, auch Mühling, auch Spazier)

- Sänger65, 770

- Alp 65, 59

- TLB 65, 66 (Methfessel)

- SchüTu 66, 66/67 (C. Spazier/A. Methfessel)

- Tröst 67, 198 (Carl Spazier)

- Poppen 67, 78

- Conc 68, 57

- KHV 68, 9

- Turn 69, 8a/b (Reichardt/Methfessel)

- Zü 70, 297 (Albert Methfessel (1791)/Matthias Claudius)

- J-l-j-l, 31/II

Die mündliche Überlieferung ist sehr gering, die Archivmappe beinhaltet für unsere Belange nur den Hinweis auf ein „handschriftliches Liederbuch von Frau Nielsen aus Alpenrade, um 1845".[892]

Platz 3: Freude, schöner Götterfunken

Waltraud Linder-Beroud hat 2009 die „populäre Rezeption von Schillers Liedern" dargestellt.[893] Ihr Artikel versammelt die wichtigsten Ergebnisse zum Thema und ergänzt die hier vorgestellten.

---

892 Schleswig-Holsteinisches Archiv; DVA: A 141562.

893 Linder-Beroud, Waltraud: „An der Quelle saß der Knabe …". Zur populären Rezeption von Schillers Liedern, in: Lied und populäre Kultur/Song and Popular Culture. Jahrbuch

Die enorme Popularität Schillers, seine Stilisierung zum gefeierten und verehrten Nationalhelden, zum Dichter der Freiheit und nationalen Einheit ist bekannt und oft beschrieben worden.[894] Da kann es nicht weiter erstaunen, dass seine „Gedichte von mindestens 200 Komponisten" vertont wurden – auch wenn diese Tatsache heute oft negiert wird, da viele der Kompositionen nicht denselben Bekanntheitsgrad mancher Vertonung von Eichendorff-, Heine- oder Goethe-Lyrik erreichten.[895] Am häufigsten in Musik gesetzt wurde jedenfalls Schillers Ode *An die Freude* (mindestens 65 Belege). Schiller verfasste sie 1785 mit Blick auf die Leipziger Freunde, allen voran Christian Gottfried Körner, „mit dem Schiller eine ähnliche Künstlerfreundschaft verband wie Goethe mit Zelter [und der ihm] fast ein Jahr lang Gastfreundschaft in Dresden und Leipzig gewährte".[896]

Linder-Beroud untersucht neben der Häufigkeit der Vertonungen die der Aufnahme in Sammlungen, Flugschriften sowie die mündliche und handschriftliche Überlieferung[897] – jedoch, weitergehend als in unseren Forschungen, vom 18. Jahrhundert bis zur Gegenwart (2008). Da es sich hier wie dort stets nur um Momentaufnahmen handeln kann, darf gleichfalls davon ausgegangen werden, dass die Relationen in etwa stimmen: Demnach erscheint „Freude, schöner Götterfunken" in der mündlichen und handschriftlichen Überlieferung auf Platz 8, in den Flugschriften auf Platz 7 sowie in den Sammlungen auf Platz 2 unter den Schiller-Texten (nach „Wohlauf Kameraden, aufs Pferd ..." aus *Wallenstein*). In unserer Statistik der populärsten Lieder zwischen 1806 und 1870 belegt *An die Freude* mit 100 Abdrucken Platz 3.

- Blumen 0809, 3/III
- DD 09, 19
- Freim 10, 160 (statt „Tyrannen" „Kerker" in der letzten Str.)
- BJ 12, 3/II (Nr. 1 des fetten „Anhangs")
- Froh 13, 15 („Schillers Lied ... ins Lateinische nach dem Versmaße des Originals übersetzt von Professor Füglistaller in Luzern")

---

des DVA Freiburg, hrg. von Max Matter und Nils Grosch, Münster u.a. 2009 (54. Jg.), S. 185-222.

894 Vgl. u.a. Düding, Dieter: Organisierter gesellschaftlicher Nationalismus in Deutschland, München 1984.

895 Vgl. zu diesem Abschnitt Linder-Beroud, „An der Quelle saß der Knabe", S. 193: „Schillers Gedichte wurden von mindestens 200 Komponisten in Musik gesetzt. Da es sich überwiegend um Musiker bis um 1830, teils aus des Dichters persönlichem Umkreis, handelt, ist es, wie Wolfgang Stockmeier 1963 bedauert, ‚heute unmöglich, alle Schiller-Vertonungen zu erfassen', s. Stockmeier, Wolfgang: MGG I, Sp. 1719. Daran habe sich bis in die jüngste Gegenwart nichts geändert, s. Finscher, MGG II, Sp. 1357."

896 Linder-Beroud, „An der Quelle saß der Knabe", S. 193.

897 Die gesamte Tabelle findet sich ebd., S. 206f.

- Froh 13, 11 („Schillers Lied an die Freude, französische Uebersetzung im Versmaaße des Originals von Karl Fröbel Doktor der Philosophie") und
- Froh 13, 7 und
- Tha 14, 145 und
- Tha 14, 146 (frz. Ü) und
- Tha 14, 147 (lat. Ü)
- FG 15, 100 (in bekannter Melodie.)
- Pirna 15, 44 („In bekannter Mel.")
- HD 15, 181 und
- HD 15, 185 (frz. Ü) und
- HD 15, 186 (lat. Ü)
- Freim 17, 92
- Mau 17, 191/II (erste Mel. Hurka, fröhlich aufwärts; zweite Zelter, getragener)
- Alt 18, 59
- NLB 18, 18
- S Tha 19, 215 und
- S Tha 19, 220 (frz.) und
- S Tha 19, 224 (lat.)
- Tha 19, 151 und
- Tha 19, 152 (frz. Ü) und
- Tha 19, 153 (lat. Ü)
- HH 19, 117 (wie gesV 24)
- Stras 19, 9
- NLB 19, 23
- L 19, 62
- NG 19, 1
- DLK 20, 43
- Eu 20, 60
- NLB 21, 24 (9)
- DDS 21, 5
- Halle 22, 218 (nur 8 und ganz hinten vor Anhang)
- Ges 22, 142 (9)
- ALS 23, 3 (Nr. 1! 9)
- gesV 24, 134 (nur 8, die letzte mit Tyrannen fehlt)
- lC 24, 128
- CH 25, 3
- LK 25, 92
- N 27, 34
- ADL 27 wie 36
- Tü 27, 153 und
- Tü 27, 156 (frz.) und
- Tü 27, 170 (lat.; Mel. Freude, schöner …)

- PT 28, 69
- NTL 29, 72
- ADL 30 wie 36
- M 31, 131
- CH 32, 243
- ThLB 32, 3 (In mehreren bekannten Melodien.)
- LS 33, 38
- Bard 33, 20 („K.", wahrscheinlich Autor Kocher selbst, jedenfalls ganz anderer Satz)
- Freim34, 231
- QL 35, 10
- ADL 36, 83 (aufsteigende Mel., die übliche)
- Tha 37, 132
- Hall 38, 131
- L 38, 65
- allg 40, 1/I
- Freim40, 150
- DK 40, 26 (9) (Anm.: MLB Nr. 414, Böhme Nr. 303; sehr oft gedruckt)
- Neckar 40, 86 (9)
- AlgA 41, 99
- AlgU 41, 287
- Musa 41, S. 32 (9)
- LBDV 43, 277 (9)
- ADL 43, 83/II (9)
- ADL 44, 59/II (9)
- LK 46, 361 (9)
- zwickau 47, 42 (9, Schulz)
- Freim 48, 90 (9)
- DLB 48, 172
- CH 48, S. 457 (9)
- Turn 49, 277 (9)
- Git 49, 86
- gesV 50, 31 (Volksweise) (8)
- TLB 50, 48 (9)
- freim 51, 13 (andere Mel., keine Angabe) (8)
- Jh. 53, 75/III (als Abschluss!) (9)
- Erk 54, 60 (Volksweise (1801). Vierst. von L.E.; nur 2 Str.)
- Heiter 55, 111 (9)
- Schü 55, 130 (Bekannte Mel.; 9)
- Freim 57, 240 (9)
- FSLK 59, S. 343 (9)
- Erk 59, 1 (nur 1. Str.; Volksweise 1801)
- Taschen 60, 335 (9)

- ADT 60, 30/III (Volksweise/Fr. Schiller. 1785.)
- Poly 61, 162 (9; „Lied an die Freude")
- Turner 62, S. 231 (9; Weise von J. Fr. Reichhardt)/S. 46 (Volksweise)
- Wallner 65, 170 (9; Comp. von J. Fr. Reichard … Auch von J. A. P. Schulz [und Beethoven … ?!])
- Sänger 65, 11 (9)
- Alp 65, 180 (neun Strophen!)
- SchüTu 66, 30/III (Volksweise – aber mit Auftaktquart usw. =Schulz)
- Conc 68, 66 (J. A. P. Schulz)
- KHV 68, 13
- DLB 70, 83
- J-l-j-l, 9/II

An den zu den Fundorten gemachten Anmerkungen wird deutlich, dass im 19. Jahrhundert noch keinesfalls die Beethoven'sche Melodie so untrennbar mit dem Text verknüpft war, wie dies heute der Fall ist. Erst gegen Ende des Jahrhunderts[898] begann sich Beethovens Komposition gegenüber den zahlreichen anderen (zu den meistgesungenen dürften Reichardt, Schulz und Zelter gezählt haben) durchzusetzen.

Für die enorme Popularität des Liedes sprechen neben der häufigen Aufnahme in die Gebrauchsliederbücher auch die Tatsachen, dass es „in zahlreichen Liedflugschriften als Tonangabe [benutzt sowie] generell unzählige Male parodiert" [899] wurde.

Die Archivmappe ist jedoch wenig umfangreich, „aus der mündlichen bzw. handschriftlichen Überlieferung ist das Lied lediglich mit zehn Nachweisen aus dem 19./20. Jahrhundert dokumentiert."[900] Dies liegt laut Linder-Beroud vor allem daran, dass die „Schiller-Beethoven-Symbiose" einen Variantenreichtum durch produktive Aneignung verhinderte. Nicht zuletzt die Anerkennung dieser musikalischen Version als Europa-Hymne 1972 und ihre Aufführungsanlässe – z.B. Weihnachten 1989 unter Bernstein in Berlin – verhalfen der Ode *An die Freude* heute zu noch größerer (auch internationaler) Bekanntheit, als dies bereits im 19. Jahrhundert der Fall war. Man wird sogar einräumen müssen, dass in der „Schiller-Beethoven-Symbiose" der Komponist dem Dichter den Rang abgelaufen hat.

---

898 Vgl. Linder-Beroud, „An der Quelle saß der Knabe", S. 195.
899 Vgl. ebd. S. 197f.
900 Ebd., S. 198.

Platz 2: Bekränzt mit Laub den lieben, vollen Becher

Nach dem *Abendlied* („Der Mond ist aufgegangen", Platz 12) und dem *Weihelied* („Stimmt an mit hellem hohen Klang", Platz 4) ist Matthias Claudius als Verfasser auch dieses Liedes der am häufigsten in unserem Liederkanon vertretene Autor. Sein „Rheinwein-Lied" entstand 1775 und wurde u.a. von Johann André 1776 (die meistgesungene Weise) sowie von J. A. P. Schulz 1785 vertont bzw. publiziert. Es ist unter den Claudius-Liedern das vom ausgehenden 18. an und das komplette 19. Jahrhundert hindurch am stärksten verbreitete:

> Es war als Trink- wie als Vaterlandslied beliebt, und ein französisches Lexikon von 1836 nennt es gar „la Marseillaise bacchique des Allemands"! Es wird schon im 18. Jahrhundert häufig vertont, u.a. [...] auch von Johann Christoph Friedrich Bach (übrigens als einzige Claudius-Vertonung eines Bachs). Allerdings wurde das „Rheinweinlied" nur mit der Melodie aus Johann Andrés Klavierlied-Komposition (1776) wirklich berühmt; mit ihr fehlt es in kaum einem Liederbuch, man ‚singt' es volksliedhaft geläufig in Romanen und Erzählungen des 19. Jahrhunderts.[901]

Die enorme Popularität des Liedes zeigt sich auch in der Tatsache, wie das Lied Eingang in andere Kompositionen fand: Zu nennen ist in erster Linie Robert Schumanns *Festouvertüre* op. 123 aus Anlass des 31. Niederrheinischen Musikfestes vom 15. bis 17. Mai 1853 in Düsseldorf.[902] Was der zitierte Artikel beschreibt, kann durch unsere Forschungsergebnisse nur bestätigt werden. Das „Rheinweinlied" findet sich in den Sammlungen des gesamten Untersuchungszeitraums 124-mal.

- Halle 06, 122 („Tokaier-Lied" – ... den Becher voll Tokaier)
- HB 07, 36
- Blumen 0809, 183/II
- DD 09, 3 (aber: „Sachsenlied", komplett gemünzt auf Sachsen)
- MLB 10, 332
- Halle 12, 131 (wie Halle 06)
- BJ 12, 14/II
- Froh 13, 101 (Zum Lobe des Rheinweins. Melodie von Reinhardt und Schulz.)
- Tha 14, 41
- FG 15, 129 (Punschlied. Mel. Bekränzt mit Laub ...)
- HD 15, 54
- NLB 18, 9
- Alt 18, 1 und

---

901 Görisch, Reinhard: Ob Schnulze oder Pop – „Musik! O ja Musik ist eine herrliche Sach". Texte von Matthias Claudius in Vertonungen vom 18. Jh. bis zur Gegenwart, in: Oberhessische Presse (Marburg), 8. Dez. 1990 (Nr. 286), S. 17.

902 Vgl. unten Kap. III.3 sowie Spies, Günther: Reclams Musikführer Robert Schumann, Stuttgart 1997, S. 311.

- Alt 18, 25 (Punschlied, wonnevollen) und
- Alt 18, 102 (Trinklied; wonnevollen … mit deutschem Wein …)
- DL 18, 92 (normale Mel.)
- Stras 19, 26 und
- Stras 19, 27 (gleiche Melodie, auf Elsass umgedichtet)
- NG 19, 12
- HH 19, 25
- Tha 19, 39
- S Tha 19, 57
- L 19, 71 (Rheinweinlied)
- NLB 19, 10 und
- NLB 19, 122 (umgedichtet „Zur Feier des 18. Oktobers")
- Eu 20, 41 und
- Eu 20, 48 (gleiche Mel.; „Bekr. … den wonnevollen Becher, mit deutschem Wein ge-
  füllt…" – Text variiert)
- DLK 20, 52
- NLB 21, 11 und 126 (nationalistischere Umdichtung)
- DDS 21, 26
- Halle 22, 203
- ALS 23, 145 (als erster Titel des Teils „Lieder im fröhlichen Kreise")
- gesV 24, 145
- lC 24, 114 und
- lC 24, 257 (Punschlied; mehr Trinklied als patriotisch) und
- lC 24, 259 (fast gleich)
- CH 25, 7
- LK 25, 13
- LL 26, 94
- N 27, 75 (Eigne Mel.) und
- N 27, 77 (Mel. Bekränzt mit Laub …; hier im Text den liebevollen und dann patrioti-
  schere Version)
- ADL 27 wie 43
- Tü 27, 43 (Mel. Herbei, herbei zum vaterländ'schen Becher)
- PT 28, 7
- NTL 29, 21
- ADL 30 wie 43
- M 31, 143
- OTL 32, 37
- ThLB 32, 135 („Zum Lobe des Weins")
- B 33, 89 (Schulz/Claudius)
- FdG 33, S. 53 (Weinlied; nach eigener Mel.)
- Bard 33, 47 (Rheinweinlied; Schulz)
- QL 35, 5

- Säng 35, 13

- ADL 36, 20 (wie ADL 43)

- Tha 37, 44 (Rheinweinlied)

- L 38, 5

- Hall 38, 10

- Turn 38, 10

- Berg 38, 78

- Tand 39, 122

- Harz 40, 94

- allg 40, 2/I

- ADVL 40, 9

- DK 40, 12 (Anm.: Böhme Nr. 329; sehr oft gedruckt)

- Neckar 40, 18

- AlgA 41, 27

- AlgU 41, 84

- S 41a, 88

- S 41b, 88

- NTL 41, 67

- Musa 41, S. 10

- tuJu 42, 172 (Weise: Ins Feld, ins Feld)

- LBDV 43, 306

- ADL 43, 20/II (wie 44; Text im Wandsbecker Boten 1777. Th. 3, S. 182)

- LBT 44, 5/II

- ADL 44, 24/II (JAP Schulz)

- Schü 45, 38

- LK 46, 140

- SH 46, 69

- MA 47, 83 („Lied der Freien" – Umhängt mit Flor den umgestürzten Becher ...; Mel.: Bekränzt ...)

- L 47, 4

- zwickau 47, 64 (Joh. André. VW)

- B 47, 68 (Eigene Mel., von JAP Schulz)

- TG 48, 338

- West 48, 6

- Turn 49, 267

- Taschen 49, 147

- gesV 50, 36 (Rheinweinlied. JAP Schulz)

- ADL 50, 52/II (J. A. P. Schulz)

- Git 50, S. 374

- TLB 50, 9

- ATL 51, 174

- 200 52, 45

- Jh. 53, 65 („Rheinweinlied")
- Rauh 53, 60
- tuJu 54, 172 (Weise: Ins Feld, ins Feld)
- Heiter 55, 77
- Schü 55, 34 (Mel. von J. A. P. Schulz und J. F. Reichardt)
- kath 56, 99 (J. A. P. Schulz)
- 300 58, 27
- ADL 58 dito
- ADL 60, 50/II (Am Rhein! J. A. P. Schulz)
- Taschen 60, 147
- Conc 60, 7 (Von Sander. (Aus dem Wandsbecker Boten von M. Claudius 1777.)/ J. André oder J. P. Schulz)
- ADT 60, 9/II (Mel. von Johann André. 1776.)
- Bonn 60, 44 (vorletztes Lied)
- FS 60, 173
- Poly 61, S. 40 (J. P. Schutz (sic))
- Turner 62, S. 211 (Weise von J. A. P. Schulz)/S. 63 (Volksweise von J. Andree)
- Nisky 62, 132/2 (eigene Weise von André)
- Basel 62, 93 (Anhang, 1-st.; Joh. André)
- Commers 64, 5 (Volksweise)
- Wallner 65, 44
- Sänger65, 7
- SchüTu 66, 9/II
- Tröst 67, 169 (Joh. André)
- Ärzte 67, S. 151
- Poppen 67, 22
- Conc 68, 7
- Turn 69, 11 (J. P. Schulz)
- DLB 70, 21
- Bacchus, 27
- J-l-j-l, 16/II

Die zum Lied geführte Archivmappe (Gr. IX) ist nicht sehr umfangreich. Der älteste mündliche Beleg darin stammt aus dem Erk-Nachlass (E 222: Altes geschriebenes Notenheft Altmark um 1800; Bd. 1, S. 148, Nr. 2). Daneben finden sich einige wenige Parodien (geringfügige Varianten wurden in unserer Statistik miteingerechnet).

Platz 1: Was ist des Deutschen Vaterland?

Auf Platz 1 unseres Liederkanons steht ein Lied von Ernst Moritz Arndt (1769-1860), das wie kaum ein zweites die nationalpolitischen Fragen der Zeit auf den Punkt bringt. Da es heute nicht mehr dieselbe Publizität genießt wie im vorletzten Jahrhundert, sei der Text hier angegeben.

1. Was ist des Deutschen Vaterland? / Ist's Preußenland, ist's Schwabenland? / Ist's, wo am Rhein die Rebe blüht? / Ist's, wo am Belt die Möwe zieht? / Oh nein, nein, nein! Sein Vaterland muss größer sein!

2. Was ist des Deutschen Vaterland? / Ist's Baierland? Ist's Steierland? / Ist's, wo des Marsen Rind sich streckt? / Ist's, wo der Märker Eisen reckt? / Oh nein, nein, nein! Sein Vaterland muss größer sein!

3. Was ist des Deutschen Vaterland? / Ist's Pommerland? Westfalenland? / Ist's, wo der Sand der Dünen weht? / Ist's, wo die Donau brausend geht? / Oh nein, nein, nein! Sein Vaterland muss größer sein!

4. Was ist es Deutschen Vaterland? / So nenne mir das große Land! / Ist's Land der Schweizer? Ist's Tirol? / Das Land und Volk gefiel mir wohl; / Doch nein, nein, nein! Sein Vaterland muss größer sein!

5. Was ist des Deutschen Vaterland? / So nenne mir das große Land! / Gewiss ist es das Österreich, An Siegen und an Ehren reich? / Oh nein, nein, nein! Sein Vaterland muss größer sein!

6. Was ist des Deutschen Vaterland? / So nenn mir das große Land! / Ist's, was der Fürsten Trug zerklaubt? / Vom Kaiser und vom Reich geraubt? / Oh nein, nein, nein! Sein Vaterland muss größer sein!

7. Was ist des Deutschen Vaterland? / So nenne endlich mir das Land! / So weit die deutsche Zunge klingt / Und Gott im Himmel Lieder singt, / Das soll es sein! Das, wackrer Deutscher, nenne dein!

8. Das ist des Deutschen Vaterland, / Wo Eide schwört der Druck der Hand, / Wo Treue hell vom Auge blitzt / Und Liebe warm im Herzen sitzt – / Das soll es sein! Das, wackrer Deutscher, nenne dein!

9. Das ist des Deutschen Vaterland, / Wo Zorn vertilgt den welschen Tand, / Wo jeder Franzmann/Frevler heißet Feind, / wo jeder Deutsche/Edle heißet Freund – / Das soll es sein! Das ganze Deutschland soll es sein!

10. Das ganze Deutschland soll es sein! / O Gott vom Himmel, sieh darein! / Und gieb uns rechten deutschen Muth, / Dass wir es lieben treu und gut. / Das soll es sein! Das ganze Deutschland soll es sein!

Diese Textgrundlage – hier die ausführlichste, 10-strophige Fassung – ist auch dahingehend wichtig, als es viel über politische Haltung und geschichtlichen Hintergrund des jeweiligen Liederbuchs verrät, wie viele und welche Strophen(-varianten) aufgenommen wurden. Naheliegenderweise ist es vor allem die 6. Strophe, die den Argwohn der Zensur auf sich zog (und den Autor ins Exil trieb).[903] Arndt schrieb das Gedicht 1813, noch im gleichen Jahr erschien es in *Kurzer Katechismus* (sic!) *für teutsche Soldaten nebst einem Anhang von Liedern*, nach anderen Angaben in Arndts *Liedern für Teutsche im Jahre der Freiheit 1813* sowie in den von Jahn herausgegebenen *Deutschen Wehrliedern für das Königlich Preußische Frey-Corps*. Vertonungen besorgten Zelter 1813, K. T. Moritz 1814, Johannes Cotta 1815 sowie Gustav Reichardt (1797-1884) 1825. Die musikalisch etwas dürftige Singweise von Zelter geriet mit Verbreitung der mitreißenderen aus der Feder Cottas schnell in Vergessenheit.[904] Genauso populär wie die Cotta'sche wurde die Melodie Gustav Reichardts, die „in den vierziger Jahren [...] allgemein bekannt [war] und [...] auf allen Sängerfesten gesungen [wurde]."[905] Auch

> [b]ei dem großen Gesangsfeste, das im Jahre 1848 in Mexiko stattfand, trugen 60 Deutsche ... das Lied vor. Es wurde stürmisch da capo verlangt. Darauf trat der Bischof [...] zu den Sängern und dankte ihnen für den Genuß, den sie allen durch den Vortrag dieser „Missa protestantica" verschafft hätten.
>
> Im Jahre 1849 war Reichardt in Paris und wurde dort in verschiedenen Kreisen als „Monsieur le compositeur de la Marseillaise Prussienne" vorgestellt und gefeiert. [906]

Was ist des Deutschen Vaterland? erscheint in den untersuchten Gebrauchslieder-büchern 150-mal, wobei seine Aufnahme in die große Ausgabe des Mildheimi-schen Liederbuchs von 1815 für seine weitere Verbreitung eine wichtige Rolle gespielt haben wird. Textliche Varianten, die die gleiche Zielrichtung vertreten wie das Original, wurden miteingerechnet, da sie die Popularität des Liedes unterstreichen. Es handelt sich in erster Linie um die Version Friedrich Silchers *Wo ist des Sängers Vaterland?*, gelegentlich taucht in Schweizer Liederbüchern auch eine auf die Schweiz bezogene Variante auf, selten auch eine Freimaurer-Variante in einschlägigen Sammlungen.

- MLB 15, Nr. 563
- DL 18, 42 (10 normal; Mel.-Anfang nach Auftaktquarte g-c-g abwärts Reihe bis c, Rest normal)
- NLB 18, 108 (wie NLB 19)
- NLB 19, 118 (10 normal, mit der antifrz. Str.)

---

903 Vgl. Geschichte (1815-1979) in Liedern. Programmheft: Öffentliche Abendveranstaltung beim 22. Deutschen Volkskundekongreß, Kiel 19. Juni 1979 (DVA: V1 4690), S. 23.

904 Vgl. zu Zelters Komposition Vogel, Emil: Die älteste Singweise zu Arndts „Was ist des Deutschen Vaterland.", in: Sonderabdruck aus dem „Jahrbuch der Musikbibliothek Peters", 4. Jahrg., Peters, 1898.

905 Wagner, Richard: Entstehungsgeschichte deutscher Lieder, Buchholz i. S. 1933, S. 31.

906 Ebd., S. 32. Wagner scheint allerdings abgeschrieben zu haben, der Text steht bereits fast wortgleich in Das ganze Deutschland soll es sein! Großdeutsches Liederbuch, hrg. von Rudolf Marggraff, München 1861 (DVA: V3 3988).

- HH 19, 302 (10, mit der sehr antifrz. Str., statt welschen „franschen")
- L 19, 65 (wie LK 25)
- DLK 20, 316 (10 mit sehr antifrz.)
- DDS 21, 56 (7; 1+2 gleich, ansonsten historisch geprägt umgedichtet: „Andreas Hofer rang" und letzte drei Str. mit „Germanien …")
- NLB 21, 122 (10)
- S 22, 24 (Nr. 1 des „Vaterlands"-Teils; 9 Str. – ohne Österreich! Und auch sonst die milden Varianten; eigene Weise)
- Halle 22, 3 (Nr. 1!; 10, abgemilderte 9.)
- gesV 24, 63 (Mel. von Methfessel) (9, ohne Fürsten)
- lC 24, 175 (10 mit beiden sehr antifrz. Stellen)
- LK 25, 150 („Wo ist …" – 1.+2. Str. gleich, danach noch vier weitere unbekannte (bis auf „so weit die dt. Sprache klingt"))
- LL 26, 5 (10 normal)
- ADL 27, 1 und
- ADL 27, 30 (des Sängers)
- Tü 27, 426 (10, mit sehr antifrz. Str.)
- NTL 29, 178 (10, mit sehr antifrz. Str.)
- ADL 30, 1 und
- ADL 30, 30 (des Sängers)
- T 31, 2 (8, endet nach Gott im Himmel)
- M 31, 129 (10; statt Fürsten „Franzen" und natürlich auch die sehr antifrz. Stellen)
- divHF 32, S. 17 (10, aber FR-Str. etwas abgewandelt mit Varus und Hermann)
- divHF 32, S. 31 (genau so)
- HF 32, 10 (7: ohne FR, ohne ÖR, ohne Schweiz/Tirol)
- OTL 32, 104 (10, aber die sehr antifrz. Str.+statt „Fürsten" „Franzen")
- CH 32, 7 (Des Dt. ! Vaterland; Nach eigener Weise.)
- ThLB 32, 40 (10, ganz normal)
- Bard 33, 31 (10, auch mit sehr antifrz. Str.) und
- Bard 33, 64 (des Sängers; Silcher)
- Freim34, 50 (Arendt – sicher Druckfehler; 6 – ohne ÖR, ohne FR, ohne Eide)
- QL 35, 157 (9 mit sehr antifrz., aber Ende nach Gott im Himmel) und
- QL 35, 87 (des Sängers)
- Säng 35, 2 (9, ohne FR)
- ADL 36, 1 (10) und
- ADL 36, 30 (des Sängers)
- Tha 37, 309 (10) und
- Tha 37, 355 (des Sängers)
- L 38, 193 (10; 9 mit welschen, Frevler/Edle)
- Hall 38, 13 (6 – die wirklich ersten 6, also bis Fürsten; danach ist allerdings Schluss) UND:
- Hall 38, 106 – die restlichen 4 (Statt „welschen" „eitlen" Tand)

- Turn 38, 2 (8)
- Berg 38, 113 („Bergmann's Vaterland" als erster Titel der 4. Abth. „Vaterlands-Lieder")
- Tand 39, 67 (10, in Str. 6 statt Fürsten „Franken") und
- Tand 39, 172 (Des Sängers)
- Harz 40, 52 (6 – ohne Fürsten, ohne FR, ohne ÖR! – könnte aber sein, dass Platzprobleme ausschlaggebend für Kürzungen waren)
- allg 40, 137 (1. des Teils II) (10)
- ADVL 40, 41 (nur 8, endet nach „o Gott im Himmel sieh darein …" und ohne FR)
- Freim40, 63 (des Maurers; sehr ähnlich, aber mehr auf Maurer gemünzt; 6)
- Neckar 40, 176 (9, ohne Fürsten) und
- Neckar 40, 188 (Sängers)
- NTL 41, 1 (wie Musa 41)
- AlgA 41, 293
- AlgU 41, 748
- S 41a, 2
- S 41b, 2 (beide 10)
- Musa 41, S. 90 (9, aber es fehlt die Str. gegen FR, nicht die gegen Fürsten!)
- tuJu 42, 1 (Cotta, 10)
- LBDV 43, 881 (10) und
- LBDV 43, 883 (Sängers)
- ADL 43, 1 und
- ADL 43, 30 (Des Sängers)
- TL 44, 35/II (11!) und
- TL 44, 56/II (Des Sängers)
- LBT 44, 1/II (10) und
- LBT 44, 8/II (Des Sängers)
- ADL 44, 1 (!) (10) und
- ADL 44, 34 (Des Sängers …)
- Schü 45, 35 (Des Deutschen Vaterland – sonst nie Überschriften!) (6)
- LK 46, 330 (9, ohne antifrz. in der 8.) und
- LK 46, 366 (des Sängers, Körner)
- FSH 46, S. 6 (10) und
- FSH 46, S. 9 („Wat is den Dän sin Vaaderland?")
- SH 46, S. 11 (10) und
- SH 46, S. 12 (des Sängers)
- MA 47, 299 (… des Michel; 11 Str.!)
- Ges 47, S. 159 (9 – die Str. gegen FR aber ersetzt durch eine viel feindlichere; Autor angeblich Arndt)
- Zwickau 47, 5 (10, mit abgemilderter 9.)
- B 47, 47 („Eigene Mel., von Reichardt") (10)
- Freim 48, 85 (Was ist des Maurers …; ganz darauf bezogen)
- TG 48, 1 (10) und

- TG 48, 2 (6; Satz G. Reichardt)
- Männer 48, 1/II (Gustav Reichardt) (7)
- CH 48, S. 239 (Des Schweizers … Mel. von Silcher)
- LKT 48 wie 50
- West 48, 154 (10)
- Turn 49, 110 (10) und
- Turn 49, 170 (Was WILL das … – gleiche Mel.)
- Taschen 49, 64 (10)
- gesV 50, 7 (Cotta – aber wie Rauh 53) (8)
- ADL 50, 1+2 und
- ADL 50, 42 (Sängers …)
- Cös50, 21 (Des Teutschen ! … Comp. von Reichard) (9)
- LKT 50, 20 (Cotta; 10) und
- LKT 50, 77 (G. Reichardt; 6) und
- LKT 50, 88 (Des Sängers … Silcher)
- ADL 51, 103 (10)
- dV 51, 2 („Volksweise" [sic! = Cotta]) (8) und
- dV 51, 2 („Andere Melodie zu vorstehendem Liede." Gustav Reichardt.) (7) und
- dV 51, 17/VII (Des Sängers…; Fr. Silcher)
- CH 52, S. 56 (Des Schweizers Vaterland, Bion) und
- CH 52, S. 62 (ds., A. Zwyssig)
- 200 52, 65 (10 Str. mit antifrz.)
- Rauh 53, 62 (Cotta, erste zwei Takte allerdings Silcher)
- Turner 54, 10 („Des SÄNGERS Vaterland." Silcher !)
- Turner 54, 33 (10)
- tuJu 54, 1 (!) (10)
- Heiter 55, 51 (9)
- Schü 55, 305 („Bekannte Mel."; 10)
- Zürich 55, 13 (des SCHWEIZERS …, Mel. aber Cotta) und
- Zürich 55, 101 (Text gleich, Mel. A. Zwyssig)
- Freim 57, 400 (nur 6)
- LF 57, 6 („Des Sängers Vaterland" – J. Ziegler/Silcher) und
- LF 57, 10/II („Mein Vaterland", gleicher Text – Wehrli)
- 300 58, 222 (10)
- ADL 58, auch 1+2
- ADL 60, 1 (10) und
- ADL 60, 2 – weitere 8 Str. (Hermann Rollet: Was will das deutsche Vaterland? – erhebt sehr weitreichende politische Forderungen, und das an dieser exponierten Stelle im Buch!)
- Taschen 60, 65 (10)
- ADT 60, 75 (G. Reichardt; 7)
- ADT 60, 112 („Volksweise, von Cotta. Um 1817"; 9)

- Bonn 60, 22 (9)
- Poly 61, 427 (G. Reichardt)
- Eleu 61, S. 68 (9)
- GD 61, 54 ("Des Sängers Vaterland. Frühling 1813. Weise von Fr. Silcher." ... Th. Körner)
- GD 61, 64 (Des Deutschen ... 1813. Reichardt; 10 mit sehr antifrz. 9.)
- GD 61 („Was ist des Michel Vaterland? Den deutschen Männern. E.M. Arndt und Ferdinand Delbrück in aufrichtiger Verehrung gewidmet."; Adolph Schults, 11 Str.)
- Turner 62, S. 90/ S. 92 (Cotta) (10 ? Str.)
- Nisky 62, 57/32 (eigene Weise von Cotta) 9 Str.
- Basel 62, 15 (Reichardt, aber wie Alp 65)
- Regensburg 63, 39 (6 Str., Reichardt)
- SH 64, S. 4 (9 Str.)
- Commers 64, 6/II (Reichardt)
- TFL 64, 3 (Reichardt)
- Wallner 65, 424 („Comp. von G. Reichardt, auch von Cotta")
- Sänger 65, 3
- Alp 65, 2 (!) (Des Schweizers Vaterland, umgedichtet)
- TLB 65, 68 („Volksweise von Cotta")
- SchüTu 66, 75 (G. Reichardt)
- SchüTu 66, 112 („Volksweise, von Cotta")
- Tröst 67, 235
- Ärzte 67, S. 133
- Poppen 67, 51
- Conc 68, 60
- KHV 68, 3
- Turn 69, 10 (Cotta)
- DLB 70, 229
- J-l-j-l, 1/III
- A-D 70, 109 (5 Str., aber variiert; „Das ist des ... zu dem sich Vater Arndt bekannt" usw.)

Erwähnt ist das Lied auch in *Des Deutschen Volkes Erhebung im Jahre 1848, sein Kampf um freie Institutionen und sein Siegesjubel. Ein Volks- und Erinnerungsbuch für die Mit- und Nachwelt,*[907] wo es – mitsamt seinen deutschen Sängern – nicht eben gut wegkommt:

> In allen bedeutenden Straßen, auf allen öffentlichen Plätzen waren Musikchöre aufgestellt. Vor der Residenz standen die Chöre der Liedertafeln und sangen das

907 Der „Siegesjubel" ist ein deutlicher Fingerzeig auf die Ironie, in der das Buch verfasst ist. Des Deutschen Volkes Erhebung im Jahre 1848, sein Kampf um freie Institutionen und sein Siegesjubel. Ein Volks- und Erinnerungsbuch für die Nachwelt. Von Dr. J. Lasker und Friedr. Gerhard, Danzig 1848.

hausbacken poesielose, darum eben in Deutschland volksthümliche Lied: *Was ist des Deutschen Vaterland?* Daß es dabei an den kriechendsten, widerlichsten Bezeigungen der Unterthanendemuth gegen das königliche Haus nicht fehlte, versteht sich von selbst. Es waren ja Deutsche, die ein *Freiheitsfest* feierten.[908]

In der Archivmappe finden sich neben etlichen Parodien (die ebenfalls den enormen Bekanntheitsgrad des Liedes unterstreichen) nur ein mündlicher (1844, Schlesien) sowie zwei handschriftliche Belege (Liederheft von Christine Stalb aus Luisendorf Kr. Frankenberg 1856 – nur Text; und Liederheft aus Baden 1830 – 1. Strophe 1-st. notiert).

Die wichtigste zeitgenössische Parodie, *Was ist des Michel Vaterland?*, nimmt die Gemütlichkeit (Strr. 1-3 und 9) des deutschen Michel aufs Korn, seine weltfremde Romantik (Str. 5), sein Spitzelwesen (Str. 6), sein Säbelrasseln gegenüber den Nachbarn (Strr. 7 und 8):

1. Was ist des Michel Vaterland? / Ist's Gabelland? Ist's Schnabelland? / Ist's, wo man halber Hähndel speist? / Und zur Verdauung Zoten reißt? / O nein, o nein, o nein, o nein, / Sein Vaterland muss größer sein!

2. Was ist des Michel Vaterland? / Ist's Trinkerland? Ist's Hinkerland? / Ist's, wo man braut und Klöster baut? / Zum Bockbier Mittelalter kaut? / O nein, o nein, o nein, o nein, / Sein Vaterland muss größer sein!

3. Was ist des Michel Vaterland? / Ist's Haderland? Salbaderland? / Ist's, wo man in der Kammer spricht? / Und doch kurirt den Jammer nicht? / O nein, o nein, o nein, o nein, / Sein Vaterland muss größer sein!

4. Was ist des Michel Vaterland? / Ist's Schleswig-Holstein stammverwandt? / Am freien deutschen Rhein fürwahr / Ist's wohl das schöne Elsaß gar? / O nein, o nein, o nein, o nein, / Sein Vaterland muss größer sein!

5. Wo ist des Michel Vaterland? / So nenne mir das große Land! / Wo sich die Seelen stumm verstehn, / Von selbst die Augen übergehn, / Das wird es sein, das wird es sein, / das, wackrer Michel, nenne dein!

6. Das ist des Michel Vaterland, / Wo man die Römer füllt zum Rand, / In deutscher Einheit sich bespitzt / Und morgens früh im Carzer sitzt! / Das wird es sein, das wird es sein, / Das, deutscher Michel, nenne dein!

7. Das ist des Michel Vaterland, / Wo männiglich, wie weltbekannt, / Zum Frühstück einen Franzmann frißt / Und selbst nur Franzmann's Affe ist! Das wird es sein, das wird es sein, / Das, deutscher Michel, nenne dein!

---

908   Ebd., S. 459.

8. Das ist des Michel Vaterland, / Wo man, in deutschem Zorn entbrannt, / Mit Kraft-Adressen unverzagt, / Ganz Dänemark ins Bockshorn jagt! / Das wird es sein, das wird es sein, / Das, deutscher Michel, nenne dein!

9. Das ist des Michel Vaterland, / Wo vorwärts zappeln Fuß und Hand, / Indeß, Gott weiß es, der Popo / Gemächlich ruht im status quo! / Das muss es sein, das muss es sein, / Das ganze Deutschland muss es sein.

10. Das ganze Deutschland muss es sein! / O Gott im Himmel sieh darein! / O, gieb dem Michel Kraft und Muth, / Dass er sich endlich bessern thut! / Dann soll er sein, dann soll er sein, / Der beste Michel soll er sein!

Andere zeitgenössische Umdichtungen gehen den politisch ebenso aktuellen Fragen nach, was des Juden[909] oder des Dänen[910] Vaterland sei.

Dass das Lied in den 1960er und 1970er Jahren noch einigen Zeitgenossen ein Begriff gewesen sein muss, obwohl es 1933 bereits als „heute beinahe vergessene[s] Lied"[911] beschrieben wird, beweisen beispielsweise die Wahlkampfreden Günter Grass' 1965,[912] dann eine Diskussionsreihe Horst Ehmkes 1979 in „Die Welt" (siehe Abb.) und ein Jahr später ein Leserbrief in „Der Spiegel": „Frei nach Ernst Moritz Arndt" wird dort der Frage „Was ist des echten Deutschen Hund?" nachgegangen.[913] Doch soll uns das 20. Jahrhundert nicht weiter interessieren – unzweifelhaft ist jedenfalls, dass Arndts Lied „über ein halbes

909 Bloch, Eduard: ?, Berlin o.J., S. 6f. (DVA: BL fol 792) beantwortet die Frage mit „So weit ein jüdisch Wort erklingt, / So weit man Lecho daudi (=Refrain des traditionellen Liedes zur Begrüßung des Schabbat; MN) singt; / Wohltätigkeit hat off'ne Hand: / Dort ist des Juden Vaterland!"
und Dr. Julius Löwenberg, zit. in: Das ganze Deutschland soll es sein! Großdeutsches Liederbuch, hrg. von Rudolf Marggraff, München 1861 (DVA: V3 3988), S. 353 gibt die Antwort „Die ganze Welt, die soll es sein! / O Gott vom Himmel sieh darein! / Wo man ihm reicht die Bruderhand, / Da ist des Juden Vaterland! / Das soll es sein! Die ganze Welt, die soll es sein!"
910 Geschichte (1815-1979) in Liedern. Programmheft: Öffentliche Abendveranstaltung beim 22. Deutschen Volkskundekongreß, Kiel 19. Juni 1979 (DVA: V1 4690), S. 25ff.: „Zwischen 1846 und 1850 passte Theodor Sievers Arndts Lied ... den Verhältnissen in Schleswig-Holstein an. ... Das Lied rückt Schleswigs Grenze von Strophe zu Strophe immer höher, ‚richtiger', nach Dänemark hinein und zählt gleichzeitig Eingriffe Dänemarks in das Leben der Herzogtümer auf."
911 Wagner, Richard: Entstehungsgeschichte deutscher Lieder, Buchholz i.S. 1933, S. 27.
912 Grass, Günter: „Dich singe ich, Demokratie." Die drei berühmten Wahlreden. Heft 4: Was ist des Deutschen Vaterland?, Neuwied/Berlin 1965.
913 Leserbrief von Prof. Dr. Alfred Sattler, in: Der Spiegel, Nr. 48 (1980).

Jahrhundert lang seine Stelle als quasi offizielle deutsche Nationalhymne behaupten [konnte], bis es um 1870 von der ‚Wacht am Rhein' übertönt wurde."914

Die Deutsche Zunge.

Lehrer. „Also Michel! – wie weit kann man eigentlich annehmen, daß Deutschland sich erstreckt?"
Michel. „So weit die deutsche Zunge reicht!"
Lehrer. „Und wie weit reicht denn die deutsche Zunge?"
Michel. „So weit!"
Abb. in: Barbara James/Walter Moßmann: Glasbruch 1848. Flugblätter und Dokumente einer zerbrochenen Revolution. Mit zeitgenössischen Illustrationen, Darmstadt/Neuwied 1983.

---

914 Geschichte in Liedern (wie Anm. 910), S. 22. Vgl. auch Wagner (wie Anm. 911), S. 32.

3. Zusammenfassung

Herders Konzept einer Sprach- und Kulturnation, die das Sammeln von Liedern als „Archiv des Volkes" beinhaltet, war von essentieller Bedeutung für Zeitgenossen und nachfolgende Generationen. Die in Teil II analysierten Sammlungen (die „großen" wie die „kleinen") entfernen sich allerdings vom kosmopolitischen Ansatz Herders und zielen fast ausschließlich auf den deutschsprachigen Raum. Die positive Sichtweise auf „das Volk" und seine Grundschichten ist jedoch ein durchgängiges Merkmal – wobei Ansichten und Ansätze zur Bildung der unteren Schichten des Volkes und der Nation variieren.

Rudolf Zacharias Becker ist der Erste, der Volkserziehung zwar „von oben nach unten" denkt, diese aber umgekehrt, „von unten nach oben wachsend", verwirklicht sehen möchte. Sein *Noth- und Hülfsbüchlein für Bauersleute* erscheint 1788 und erreicht die bemerkenswerte Auflage von über 1 Million Exemplaren. Sogar etliche Fürsten unterstützen die Verbreitung. Becker kann damit als einziger Volksaufklärer gelten, der wirklich von den Massen gelesen wurde. Auch sein *Mildheimisches Liederbuch*, im Noth- und Hülfsbüchlein bereits angelegt, findet enorme Verbreitung und wird zum „Prototyp des Gesellschaftsliedbuchs der Zeit" (Linder-Beroud). Becker erhebt – ganz im Geiste seiner Zeit – die Forderung an die Dichter, sie sollten in Einfachheit, Sangbarkeit und Volkstümlichkeit schreiben, um vom ganzen Volk verstanden zu werden und es auf diese Weise erbauen und erfreuen zu können. Der Großteil der im *Mildheimischen Liederbuch* vereinten Lieder stammt allerdings aus bereits bestehenden schriftlichen Sammlungen – genau wie dies bei Arnim/Brentano und den Brüdern Grimm der Fall ist (wobei letztere noch mehr selbst im Feld sammelten).

Die Romantiker schätzen Beckers aufklärerisches Werk gering, Arnim und Brentano verfolgen mit ihrem „Wunderhorn-Projekt" das Ziel, das *Mildheimische Liederbuch* abzulösen. Becker war es „nur" darum gegangen, das Volk (im Sinne der Grundschichten) zu bilden – Arnim, Brentano, die Grimms und andere wollten, im doppelten Sinne, die *Nation* bilden.

Des Knaben Wunderhorn sollte in diesem Zusammenhang auch dazu dienen, als Volksgesangbuch den angeblich aussterbenden, mythisch idealisierten Volksgesang „wieder" zu beleben und zu pflegen – was allerdings, abgesehen von dessen Konstruktcharakter, nicht bzw. nur indirekt funktionierte: Das „Wunderhorn" selbst konnte aufgrund seines viel zu hohen Preises nicht volksläufig werden, es hatte aber enormen Einfluss auf die Entstehung der kleinen Sammlungen und Gebrauchsliederbücher, die wiederum größte Verbreitung in allen Schichten fanden.

Als größtes Sammlungsprojekt der Romantik war das „Wunderhorn" direkt inspiriert von Herders Volksliedbegeisterung, vollzieht aber in erster Linie einen

Rückgriff auf das alte Volkslied des Mittelalters. „Volkslieder" kommen denn auch im Titel nicht vor, wohl aber „Alte deutsche Lieder". Die angeblich überwiegende orale Überlieferung ist dabei größtenteils vorgetäuscht: Vieles stammt aus älteren schriftlichen Quellen, etliches aus der eigenen Feder, vor allem Brentanos. Goethe wies in seiner Kritik zum ersten Band zu Recht darauf hin, das Volk sei weder Autor noch Adressat der „Art Gedichte, die wir seit Jahren Volkslieder zu nennen pflegen".[915] Reduziert auf die auktoriale Produktionstätigkeit des Volkes entspricht dies dem Ansatz der „Kunstlieder im Volksmund" John Meiers und Hobsbawms Konzept der *invented tradition*.

Die Mitarbeit der Brüder Grimm am „Wunderhorn" war mitverantwortlich für deren großes Interesse an folkloristischen Texten. Beide Teams, sowohl Arnim und Brentano als auch die Grimms, nehmen zum Teil weitreichende redaktionelle Änderungen der Texte, sprachliche Glättungen u. Ä. vor, wobei die Grimms größeren Wert auf Authentizität legten und bei der Überarbeitung behutsamer vorgingen.

Bezeichnend ist, dass Zuträger(innen) wie Herausgeber aus bürgerlichen Schichten, z.T. sogar dem Adel stammten, keinesfalls also aus den untersten Schichten. Doch steht für Jacob Grimm, der die Begriffe „Volk" und „Nation" meist gleichbedeutend verwendet, ohnehin außer Frage, dass das Bürgertum das Herz des Volkes darstellt. Dies zeigt sich auch in den *Kinder- und Hausmärchen*: Meist schafft dort der einfache, aber tugendhafte Mensch den sozialen Aufstieg. Aufgeladen mit protestantischer Ethik und demokratischem Gedankengut wurden so die Sammlungen von Volkspoesie zum Vehikel der Herausbildung eines bürgerlichen Selbst- und gemeinsamen Nationalbewusstseins. Die politische Einheit mit Nationalstaatsgründung kann nur vom Volke geschaffen werden, da nur dieses den dafür notwendigen „Volksgeist" besitzt. Die gemeinsame Sprache wird seit Herder, verstärkt aber mit der Begründung der Germanistik durch Jacob und Wilhelm Grimm, zum einigenden Element mit politischer Zielsetzung: In einem Innen-Außen-Modell des Nationalismus spielt dabei die integrative Funktion gemeinsamer Sprache eine entscheidende Rolle, überdies dient sie gleichermaßen der Abgrenzung von der französischen Fremdherrschaft, zu deren Zeit sowohl das „Wunderhorn" als auch die Projekte der Brüder Grimm ihren Lauf nahmen. Durch die Vereinheitlichung der Sprache konnten die in Kapitel 1 behandelten Sammlungen zwar dazu beitragen, ein gemeinsames Erbe des deutschen Volkes zusammenzutragen und ein gemeinsames Idiom zu festigen – gleichzeitig damit finden aber auch eine Peripherisierung und eine „Vermittelständischung" (Kaden) statt: Nämlich eine Ausgrenzung all dessen, was keinen Eingang in die Sammlungen fand, sowie des aus den untersten Schichten Stammenden. Gesetzt

---

915 Zit. nach Ricklefs in Pape, S. 229.

wurde das, was im Sinne des Bürgertums für alle vertretbar und erhaltenswert schien.

Die rund 200 Gebrauchsliederbücher des Forschungszeitraums 1806-70 aus den Beständen des DVA belegen diese These im Kleinen ebenfalls mehr oder weniger deutlich. Hinweise auf die politische Zielsetzung (sichtbar in der Auswahl der Lieder, dem Titel der jeweiligen Sammlung, Äußerungen des Herausgebers in Kommentaren, dem Vorwort usw.) waren bei der Einordnung hilfreich. Auch wenn die Ergebnisse auf der Basis der im DVA vertretenen Gebrauchsliederbücher keinen Anspruch auf Vollständigkeit erheben, können sie dennoch als repräsentativ gelten, da die Datengrundlage umfangreich genug und über den gesamten Zeitraum ungefähr gleichmäßig verteilt ist.

Etwa alle 10-15 Jahre ändert sich das Repertoire in den Liederbüchern: Je nach politischer Tendenz verschiebt sich zum Teil auch die Zielsetzung der Sammlungen, sind diese stärker romantisch, stärker auf kulturelles oder stärker auf politisches Nationbuilding ausgerichtet. Bei diesen Schwankungen im Repertoire ist es umso bemerkenswerter, dass eine *song cloud* von etwa 75 und sogar ein über den gesamten Forschungszeitraum bestehender Kanon von 12 Liedern herausgearbeitet und festgehalten werden konnten.

Teil III. Schubert, Beethoven, Schumann, Brahms – vier Fallstudien

Im dritten Teil wollen wir nun einen Blick darauf werfen, wie vier Komponisten des 19. Jahrhunderts mit den Begriffen *Volk*, *Volkstümlichkeit*, *Nation* kompositorisch umgingen, welchen Stellenwert diese auch (kultur-)politisch in ihrem Leben hatten und welche Rolle sie bzw. ihre Werke für das deutsche Nationbuilding spielten.

1. Franz Schubert

Explizit politische Äußerungen finden sich bei Schubert äußerst selten; wenn sie auftreten, dann allerdings deutlich. So schreibt er in einem Brief an seine Geschwister Ferdinand, Ignaz und Theresia:

> Du, Ignaz, bist noch ganz der alte Eisenmann. Der unversöhnliche Haß gegen das Bonzengeschlecht macht Dir Ehre.[916]

Doch werden wir aus Schuberts Äußerungen seine Positionen, seine Beziehungen zu unserer Fragestellung nicht erschließen können – die Antworten ergeben sich vielmehr aus (a) seiner Herkunft, (b) der daraus sich speisenden Volkstümlichkeit, dem Volkston seiner Werke sowie (c) dem Beziehungsgeflecht des Freundeskreises, den uns bekannten Standpunkten seiner engsten Freunde und den Dichtern, die er vertonte. Dass alle drei Bereiche ineinanderfließen, muss nicht weiter betont werden.

(a) Herkunft, Familie, sozialer Status

Seinem Bruder Ferdinand berichtet Schubert von einer Reise durch die Steiermark, auf der ihm das Leid der Stadtbewohner durch den Kontrast zur Schönheit der Natur noch stärker bewusst wird, Folgendes:

> So steuerten wir denn, in Wonne versunken über den schönen Tag und über die noch schönere Gegend, gemächlich fort, wo uns nichts auffiel, als ein niedliches Gebäude [...] Auch dieses Gebäudchen sucht durch seine Reize das Thal zu verherrlichen. Nach einigen Stunden gelangten wir in die zwar merkwürdige, aber äußerst schmutzige und grausliche Stadt Hallein. Die Einwohner sehen alle wie Gespenster aus, blaß, hohläugig und mager zum Anzünden. Dieser schreckliche

---

916 Schubert: Brief aus Zeléz vom 29. Oct. 1818, in: Görner, Rüdiger (Hrg.): Franz Schubert. Briefe, Gedichte, Notizen, Leipzig 1996, S. 25.

Contrast, den dieser Anblick des Ratzenstadtl's auf jenes Thal erzeugt, machte einen höchst fatalen Eindruck auf mich.[917]

Eine solche Einschätzung des Stadtlebens gegenüber dem auf dem Land ist uns von Rousseau bekannt und entspricht dem Geist der Zeit – einer Zeit, die geprägt ist von aufkommender Industrialisierung, Landflucht und einer wachsenden Schicht elender Bevölkerung in den Städten. Doch kommt Schubert selbst kaum aus besseren Verhältnissen: Bis zu ihrer Heirat ist seine Mutter Köchin, der Vater kommt vom Land und hat als Schulmeister einen geringfügigen gesellschaftlichen Aufstieg vollzogen. Enge, Kinderreichtum bzw. extrem hohe Kindersterblichkeit (bis zum Alter von 42 Jahren gebiert die Mutter fast im Jahresturnus; nur vier Kinder, alles Jungen, überleben das Kleinkindalter, Franz ist der jüngste von ihnen) und eine daraus resultierende Not gehören zum Alltag. Schubert stammt also „von unten", er kennt das Leben der kleinen Leute der Straße; und doch entscheidet er sich gegen den eine bescheidene Existenz sichernden Beruf des Vaters und wird – gemeinsam mit Beethoven[918] – zum ersten Musiker einer neuen Generation, die, unabhängig von adligen Auftraggebern als primäre Geldquellen, Musik auch um ihrer selbst willen schreibt. Auch dieser sich ändernde soziale Status des Komponisten kennzeichnet den Übergang von der Klassik zur Romantik, den Schubert und Beethoven wesentlich prägten. Doch anders als Beethoven vor ihm und spätere aus diesem neuen Selbstverständnis des Musikers heraus arbeitende Komponisten gehörte Schubert eben (noch) nicht dem sich gerade findenden und er-findenden Bürgertum, sondern noch den kaum emanzipierten Grundschichten an, aus denen seine Eltern stammen.[919]

---

917 Schubert: Brief aus Steyr vom 21. Sept. 1825, in: Görner, Schubert, S. 69f.
918 Vgl. hierzu unten Kap. III.2.
919 Vgl. Georgiades, Thrasybulos G.: Schubert. Musik und Lyrik, Göttingen 1967, S. 132ff.

(b) Volkstümlichkeit und Volkston in Schuberts Werk

Vielleicht ist es die soziale Zugehörigkeit, die die „Volkstümlichkeit" seiner Musik generiert:[920] Als einer der letzten Komponisten schreibt Schubert noch wirkliche Gebrauchstänze (Deutsche, Ländler), und seine Lieder verkörpern in einzigartiger Weise die „reine, idyllische Einfachheit" eines Volkstons, der gleichwohl kunstvoll gearbeitet ist.

Natürlich sind nicht alle der über 400 Tänze Gebrauchstänze und wirklich tanzbar, doch sind allein 313 von ihnen Walzer, Deutsche oder Ländler. Vor allem in ihnen und allein schon in der Tatsache ihrer Verwendung, also in der Pflege eines eigentlich der Volksmusik zuzurechnenden Genres, findet sich das vielleicht stärkste volkstümliche Element in Schuberts Œuvre. Dabei ist der thematische Einfluss der Volksmusik im damaligen Wien nicht hoch genug zu veranschlagen – die Stadt als *melting pot* eines Vielvölkerstaates, als Mittelpunkt eines ansonsten weitgehend ruralen Landes, muss voll von musikalischen „Importen" von nah und fern gewesen sein.[921]

---

920 Wenngleich „Versuche, Belege für die Verwendung melodischer Muster auf ihre genuine „Volksmusikhaltigkeit" zu erbringen, [...] bislang nur wenige Ergebnisse [brachten]", so ist doch die Tatsache nicht zu übersehen, „dass ‚Intonationsähnlichkeiten' mit österreichischen und deutschen Volksmelodien existieren, also in einer eher unauffälligen Weise motivische, harmonische und rhythmische Elemente aus der Volksmusik verwendet wurden, und zwar zumeist wohl als Reminiszenz einer Umgebung, in der volkstümliche Lieder, Tänze, Gassenhauer etc. verbreitet waren. [...] Schubert zitiert [...] in der Regel wortgetreu keine Volksweisen. In jüngster Zeit hat man in einzelnen Fällen aber gewisse ‚Analogien' entdeckt, die über eine unbewusste Reminiszenz hinausreichen könnten: So verwendete er in der letzten seiner ‚Acht Ecossaisen' D 529 eine Weise, die in verwandter Form in den von Franz Ziska und Julius M. Schottky 1819 veröffentlichten ‚Volksliedern aus Niederösterreich' aufscheint, und in den ‚Deutschen' D 783 klingt ein burgenländisches Totenwachtlied an. [...] Diese Beispiele sind aber nur Belege dafür, dass dem Komponisten die volkstümliche Musizierpraxis vertraut gewesen ist. Von dort hat er nachweislich ja auch ‚Techniken' übernommen, z.B. das bordunierende Musizieren (Leiermann) [...] Im weiteren praktizierte er die austerzende Zweistimmigkeit, z.B. in den ‚Valses sentimentales' D 779, sowie die vorzugsweise im ländlichen Bereich übliche ‚Überschlagszweistimmigkeit', wo die Hauptstimme von einer über sie gelegten zweiten Stimme begleitet wird." (Hilmar, Ernst und Jestremski, Margret (Hrgg.): Schubert-Enzyklopädie, Art. Volksmusik, Bd. 2, Tutzing 2004, S. 800f.).

921 Vgl. Shapiro, Sadie: Folk Elements in the Dances of Franz Schubert, in: Bericht über den Schubert-Kongress Wien 1978, hrg. von Otto Brusatti, Graz 1979, S. 258: „music not only specifically native to that city, but also that of the country-side, since Vienna was an important center attracting people from many other areas. Sensitive and impressionable, he could scarcely help but absorb the popular idiom, which laid the foundation for a musical vocabulary, in terms of which he learned to think and create."

Ihre Entstehung verdanken die Tänze zu einem großen Teil der Verschriftlichung von bei geselligen Abenden erfolgten Improvisationen am Klavier.[922] Auch hier zeigt sich der Übergang von der Klassik zur Romantik: Schubert schreibt als Erster Tänze vorrangig für Klavier und nicht für Orchester. Damit war auf der einen Seite ein wichtiger Beitrag zur Herausbildung des Klaviers als „bürgerliches" Instrument geleistet, auf der anderen Seite trat ein musikalischer „Fahrstuhleffekt" ein, der die ursprünglich volkstümliche Gattung nun in die Sphäre der Bürgerlichkeit hob und im wahrsten Sinne des Wortes salonfähig machte. Peter Gülke hat darauf hingewiesen, dass der Ländler „nicht nur Tanz, sondern Inbegriff einer bestimmten […] [für Schubert] eigentliche[n], genuine[n] Bewegungsform" sei,[923] die der Komponist – im Sinne einer „umfassende[n] sinfonischen Nobilitierung des Ländlers"? – sogar ins sinfonische Werk überträgt, beispielsweise in den Dreiertakten der *Unvollendeten Sinfonie*:

> Das bedeutet nicht weniger, als dass in einer ohnehin nur ihm erreichbaren Verbindung von klassischer „Hochsprache" und heimischem Dialekt die Verbindung avanciertester Kunstansprüche mit der Elementarsphäre des Tanzes bei der Konzipierung mitgespielt hätte, der Versuch, in den summierenden Intentionen des „großen Stils" besonders weit und tief zu greifen.[924]

> Nicht zufällig spielt der Ländler in Werken, die den Schubertschen Eigenton endgültig definieren, eine herausragende Rolle, nicht zufällig zeigt sich mancherlei Nähe zur Bewegungsform des *Wanderers*.[925]

Dieser Bezug zum „Wanderer" spannt den Bogen zum charakteristischsten Genre, in dem Schubert den musikalischen „Fahrstuhleffekt von unten nach oben" anwandte: Dem Lied. In seinem Emporheben des Liedes als einer den Grundschichten zugeschriebenen Gattung zu einem an das häusliche Musizieren gekoppelten Genre des aufstrebenden Bürgertums liegt ein wichtiger, auch politischer Beitrag. Wie kaum ein anderer hat Schubert es vermocht, Grundlinien der Form und des Inhalts vom Volkslied auf die neue Gattung des Kunstlieds zu übertragen – es kunstvoll zu gestalten, ohne den Volkston aufzugeben. Unter anderem führt er das dem Volksliedideal fremde Mollgeschlecht ein – so stehen beispielsweise vier der sechs Heine-Vertonungen in Moll.[926]

---

922 Vgl. Shapiro in Brusatti 1979, S. 258.
923 Gülke, Peter: Franz Schubert und seine Zeit, Regensburg 1991, S. 164.
924 Ebd., S. 200.
925 Ebd., S. 165.
926 Vgl. Gruber, Gernot: Romantische Ironie in den Heine-Liedern?, in: Bericht über den Schubert-Kongress Wien 1978, hrg. von Otto Brusatti, Graz 1979, S. 321ff.: „Im Zuge einer eher naiven Heine-Begeisterung lernte auch Schubert seine Gedichte kennen. Manche von ihnen, wie einige Lieder Schuberts (wenn auch nicht die über Heine-Texte), sind für das deutsche Bürgertum zum Inbegriff des Volksliedes geworden."

Die Bewahrung bzw. Schaffung volkstümlichen Charakters ist Schubert in einzigartiger Weise im *Lindenbaum* gelungen. Kunstlied, Volkslied, volksläufig gewordenes Kunstlied sind kaum voneinander zu trennen, gehen ineinander über; man ist geneigt, sich die Frage nach Henne und Ei zu stellen. Dass dieses Lied wie kaum ein anderes Kunstlied im Volkston zum „Eigentum des Volkes"[927] wurde, beweist, wie perfekt die volkstümliche Gestaltung der Strophen gelang.[928] Allerdings scheinen die „kunstvollen, reflektierenden Teile" Vorspiel, Zwischenspiele und Nachspiel diesem Volkston entgegenzustehen. Georgiades schlägt zu Recht vor, für diese Teile ebenfalls „eine Anlehnung an den Volksliedbereich" anzunehmen:

> Das Volksinstrument, etwa die Liedharfe, die Zither oder das Hackbrett, präludiert – frei, toccatenmäßig – und nun setzt der Sänger ein.[929]

Was die Volkstümlichkeit der Strophen mit hervorbringt, ist, abseits der naiven Einfachheit in Melodik und Harmonik, die Behandlung des Textes: „Das Strophische und der Ablauf der Verse, der Sinngehalt der einzelnen Strophen als Ganzes"[930] stehen im Vordergrund, nicht so sehr die Bedeutung des einzelnen Wortes. Doch hätte Schubert niemals ein solch vollkommenes „Volks"lied schaffen können, träfen nicht die Textvorlagen Wilhelm Müllers den Volkston schon in ebensolcher Weise. Heinrich Heine bewunderte diese Gabe des Dichters[931] und stellte sie in *Die romantische Schule* im Vergleich zu Ludwig Uhland lobend heraus:

> In der Nachbildung des deutschen Volksliedes klingt [Wilhelm Müller] ganz zusammen mit Herrn Uhland; mich will es sogar bedünken, als sei er in solchem Gebiete manchmal glücklicher und überträfe ihn an Natürlichkeit. Er erkannte tiefer den Geist der alten Liedesformen, und brauchte sie daher nicht äußerlich nachzuahmen; wir finden daher bei ihm ein freieres Handhaben der Übergänge und ein verständiges Vermeiden aller veralteten Wendungen und Ausdrücke.[932]

Die kongeniale Vertonung der volkstümlichen Texte Müllers durch Schubert war zweifelsohne ein entscheidendes Kriterium für die große Popularität, die den Liedern zuteilwurde.

In etlichen Nekrologen und späteren Konzertkritiken von Schuberts Werken wird darauf Bezug genommen – die „naiv-melancholischen Melodien, für die Menschenstimme erdacht" hätten aufgrund ihrer Beschaffenheit im Gegensatz zu

---

927 Vgl. Prümers, Adolf: Die Prinzipien der Kinderlieder im Kunstlied, Langensalza 1908, S. 8.
928 Vgl. hierzu Gülke 1991, S. 243.
929 Georgiades, Schubert, S. 368; die beiden vorhergehenden kurzen Zitate ebd. S. 367.
930 Ebd., S. 369.
931 Heine, Brief vom 7. Juni 1826, in: Georgiades, Schubert, S. 216.
932 Heine, Die romantische Schule, in: Heines Werke in fünf Bänden, hrg. von H. Holtzhauser, Weimar 1961, Bd. 4, S. 223.

den Kompositionen beispielsweise von Beethoven, Rossini und anderen Zeitgenossen den bleibendsten Eindruck auf die Hörer gemacht.[933] Immer wieder wird die „reine idyllische Einfachheit" lobend hervorgehoben als das „Ideal des Schönen", das wir von Rousseau, Herder, Hagen und etlichen Zeitgenossen kennen.[934] Interessant ist, dass an anderer Stelle eben dieses von Schubert erreichte Ideal als Idealtyp des *deutschen* Liedes insgesamt charakterisiert und damit kulturpolitisch relevant wird:

> Mit der Emancipation der deutschen Musik, im Laufe des achtzehnten Jahrhunderts – des goldenen Zeitalters deutscher Kunst überhaupt – hat sich der Tipus des deutschen Liedes in seiner Eigenthümlichkeit festgestellt. Sinnige Charakteristik, tiefes Gefühl, Gemüthlichkeit und Naivität in der Melodie – fleißige Ausarbeitung und originelle, oft küne Modulationen, in der begleitenden Harmonie, das sind die Attribute derselben. Weder die flüchtig hintönende Kanzonette eines Italieners, noch die epigrammatische Romanze des Franzosen, haben auch nur eine Spur von dem tiefen poetischen Ernst, von der bedeutungsvollen Romantik, eines guten deutschen Gesangstückes; ja wir können annehmen, daß vielleicht in keinem neueren deutschen Kunstwerke kleinerer Verhältnisse, sich die Nationalität so klar und plastisch wiedergibt, als eben in der vollendeten Komposition einer deutschen Ballade, wie z.B. „Lenore" von Zumsteg, „Erlkönig" von Schubert u.a.m.[935]

933 Der Anzeiger, 28.6.1838, Nr. 25, S. 96f., in: Brusatti, Otto: Schubert im Wiener Vormärz, Graz 1978.

934 Vgl. Der Sammler, 27.3.1838, Nr. 37, S. 147f., in: Brusatti, Otto: Schubert im Wiener Vormärz, Graz 1978, S. 86: „Musikalisch-declamatorische Akademie […] Veranstaltet von Ferdinand Schubert, am 18. März d.J. im Musikvereinssaale. Die Akademie wurde mit der Ouverture zur Operette ‚die Zwillingsbrüder' von Franz Schubert eröffnet. Wenn man auch diese Ouverture keineswegs zu den größeren Tonwerken zählen kann, so entfaltet sich darin doch jener Melodienreichthum, jener edle rührende Ausdruck der Schubert'schen Muse in vollem Maße, und sticht wohlthuend ab gegen die effectreiche und ideenarme Compositionsweise der meisten neueren Musikdichter. Sowohl die Ouverture als auch der darauffolgende ‚Hirtenchor' tragen das Gepräge einer reinen idyllischen Einfachheit und wirken nicht sowohl durch ergreifende Tonmassen, durch imponierende Blech-Instrumentierung, durch die bizarren Übergänge und überreichen Schlagschatten von Dissonanzen, sondern vielmehr durch eine klare, künstlerische Durchführung der Idee, durch wahre feurige Erhebung zum Ideale des Schönen."

935 Der Humorist, 31.7.1837, Nr. 31, S. 123. Allgemeiner Welt-Kourier für Kunst, Industrie, Literatur, Theater, Geselligkeit und Zeitereignisse. Wöchentliche Beilage zum Humoristen, in: Brusatti, Otto: Schubert im Wiener Vormärz, Graz 1978, S. 82.

(c) Beziehungen zu Freunden, Bekannten und Dichtern

Fragt man weiter nach der kulturpolitischen Relevanz Schuberts, so drängt sich auch ein Blick auf die ihn umgebenden Personen auf (wobei zweitrangig ist, ob sie sich tatsächlich begegneten). Mit Wilhelm Müller, von dem soeben die Rede war, hat beispielsweise nie ein Treffen stattgefunden, auch Beethoven und sein junger Bewunderer sind sich wahrscheinlich nie begegnet (obwohl sie zeitweise fünf Gehminuten voneinander entfernt wohnten) – und doch, wer würde einen Einfluss auf Schubert bestreiten wollen?

Wilhelm Müller (geb. 7.10.1794 in Dessau, gest. 1.10.1827 ebd.) stammte wie Schubert aus relativ kleinen Verhältnissen, sein Vater war Schuhmachermeister, ermöglichte dem Sohn jedoch eine gute Erziehung samt Studium der Philologie, v.a. alte Sprachen, und Geschichte in Berlin. 1813/14 nimmt Müller an den Befreiungskriegen teil und schließt sich nach seiner Rückkehr in Berlin einem Kreis freiheitlicher junger Dichter an, die anderen Zirkeln junger und älterer Romantiker (Fouqué, Brentano) nahestehen. Hier wird Müllers „Begeisterung für die deutsche Vergangenheit und das Volkslied" geschürt, ab ca. 1818 unterhält er enge Beziehungen zu Liedertafeln und dichtet für sie.[936] Obwohl er nicht politisch organisiert war, keine „verdächtigen" Freunde hatte und sich in Briefen nicht weiter politisch äußerte, erregte Müller durch seine „Griechen-Gedichte" mehrfach das Interesse der Zensurbehörden.

> Dass jemand mit Türken umsprang, wie es in der deutschen Literatur seit dem ersten Kreuzzug nicht mehr geschehen war, das erregte keinen Anstoß. Erschrocken sind die Zensoren aber woanders, nämlich da, wo in diesen Gedichten die Freiheit der Griechen ganz unverhohlen transparent wird für Begriffe wie „Verfassung", „Bürgerrechte", „Volksvertretung" – also für die großen politischen Themen der Zeit zwischen 1815 und 1848.[937]

Dieser „Griechen-Müller" scheint mit dem Wilhelm Müller, den wir aus den Textvorlagen zu Schubert-Liedern kennen, nicht recht in Einklang zu bringen zu sein. Doch vielleicht vollzieht der Textdichter genau den gleichen Übergang von der Klassik (hier symbolisiert durch die Griechen) zur Romantik (Reisemotive, Wandern etc.) wie der Tondichter.

Bekanntschaft mit den Gedichten Müllers, Heines und etlicher anderer Dichter (die ihm zur Vertonung oder auch „nur" der oft genug inspirierenden Lektüre dienten) machte Schubert durch die umfangreiche Bibliothek seines Freundes Franz von Schober.[938] Die engen Freundschaften, die Schubert mit ihm umgebenden (Dichter-)Persönlichkeiten einging, waren wichtiger Stimulans seiner

---

936 Georgiades, Schubert, S. 215.
937 Kreutzer, Hans Joachim: Wilhelm Müller und die Koordinaten der Literaturgeschichte, in: Bericht über den Schubert-Kongress Wien 1978, hrg. von Otto Brusatti, Graz 1979, S. 263.
938 Hilmar, Ernst: Schubert, Graz 1989, S. 56f.

Kreativität. Immerhin gehörten dazu Männer wie Johann Mayrhofer, Eduard von Bauernfeld, Franz Grillparzer und Johann Chrysostomus Senn – die neben ihrer literarischen Tätigkeit auch eine ausgeprägte und zum Teil kaum verhohlene politische Meinung vertraten. Mit Sicherheit wurde auch auf den seit den 1820er Jahren abgehaltenen „Schubertiaden" unter dem Schutzmantel künstlerischer Betätigung politisch diskutiert. In einer Stadt, in der Fürst Metternich eine Zensurbehörde strengster Art führte, musste es irgendwann zu Konflikten kommen.

> Metternichs Polizei hatte durchaus Grund, in solchen Bünden [wie den Schuberti-
> anern, MN] Verschwörung zu wittern, stellte sie doch selbst einen Zustand her,
> worin jene schon als Formation verdächtig waren und man gar nicht umhinkonnte,
> nicht nur von „Kunst und Leben" (Spaun) zu sprechen, sondern auch über die
> deutsche Zerrissenheit „in politischer, künstlerischer, wissenschaftlicher, religiöser
> Hinsicht", über „fehlerhafte Universalität der Deutschen" und noch viel heiklere
> Fragen.[939]

Nach Wartburgfest und Karlsbader Beschlüssen, die unter anderem ein Verbot studentischer Vereinigungen mit sich brachten, verschärfte sich die Zensur nochmals. Schubert selbst hatte kaum Probleme mit der Behörde; einige Kompositionen, darunter auch Instrumentalwerke, tragen aber entsprechende Vermerke. Teils mit leichten Änderungsauflagen versehen, hat wohl alles mehr oder weniger schnell die Zensur passiert. Die einzige Ausnahme bildet Schuberts Vertonung von Schillers Gedicht *Der Kampf*, die ein „non admittitur" erhält: Auf der einen Seite erfüllt es klar die entsprechenden Tatbestände, auf der anderen Seite waren die Klassiker, vor allem Schiller, schon von sich aus verdächtig.[940] Dass Schubert mit der Zensur Metternichs in (wenn auch vergleichsweise geringen) Konflikt kam, schloss eine patriotische Grundhaltung nicht aus – Liebe zum Vaterland, auch (oder gerade) wenn man mit der Regierung nicht einverstanden ist. Und Vaterland, das bedeutet: Deutschland und Österreich gemeinsam im „großdeutschen" Sinne – „so weit die deutsche Zunge klingt". Schuberts Patriotismus wurzelt vermutlich im bewussten Miterleben prägender historischer Momente, zum Beispiel dem Beschuss Wiens durch Napoleon im Mai 1809 oder der Befreiung seiner Heimatstadt. Einige Gelegenheitswerke lassen sich auf derlei politische Ereignisse zurückführen – *Auf den Sieg der Deutschen* (hier zeigt sich sein Selbstverständnis) D 81, *Die Befreier Europa's in Paris* D 104, *Wer ist groß* D 110, darüber hinaus Kriegslieder nach Texten von Körner:[941] Im *Schwertlied* D 170 und dem *Gebet während der Schlacht* D 171, beide von März 1815, wendet

---

939 Gülke, Peter: Franz Schubert und seine Zeit, Regensburg 1991, S. 88.

940 Vgl. zu Schuberts Verhältnis zur Zensur Obermaier, Walter: Schubert und die Zensur, in: Bericht über den Schubert-Kongress Wien 1978, hrg. von Otto Brusatti, Graz 1979, S. 117ff.

941 Hilmar, Ernst und Jestremski, Margret (Hrgg.): Art. „Politik", in: Schubert-Enzyklopädie, Bd. 2, Tutzing 2004, S. 564f.

sich Schubert einem neuen, recht martialischen Ausdrucksstil zu; beide Lieder finden sich in etlichen Gebrauchsliederbüchern der Zeit, insbesondere um bewaffnete Konflikte herum.

Auch die Vertonung von Kotzebue-Texten (u.a. *Des Teufels Lustschloss* 1814) musste Aufsehen erregen. August von Kotzebue wurde 1820 ermordet, woraufhin es zu Studentenunruhen kam, in deren Zuge Schuberts Freund Johann Chrysostomus Senn (1795-1857) in seiner Wohnung festgenommen wurde. Schubert war mit einigen anderen Freunden anwesend und protestierte heftig.[942] Der kommissarielle Rapport Leopold von Ferstls an den Grafen Sedlnitzky vermerkt:

> Rapport [...] über das störrische und insultante Benehmen, welches der in dem burschenschaftlichen Studentenvereine mitbefangene Johann Senn, aus Pfunds in Tyrol gebürtig, bey der angeordneter massen in seiner Wohnung vorgenommenen Schriften-Visitation und Beschlagnahme seiner Papiere an den Tag legte und wobey er sich unter andern der Ausdrücke bediente, *„er habe sich um die Polizey nicht zu bekümmern, dann die Regierung sey zu dumm, um in seine Geheimnisse eindringen zu können."* Dabey sollen seine bey ihm befindlichen Freunde [...] in gleichem Tone eingestimmt, und gegen den amthandelnden Beamten mit Verbalinjurien und Beschimpfungen losgezogen seyn.[943]

Senn wird 14 Monate inhaftiert und anschließend nach Tirol ausgewiesen. Schubert, der eine Nacht in Polizeigewahrsam verbringt, sieht ihn nie wieder. Interessant ist die Doppelrolle des gemeinsamen Freundes (für Schubert vielleicht mehr als das) Mayrhofer: Auf der einen Seite ist er begnadeter Poet, der auch den freiheitlichen Ideen der Studenten um Senn nahesteht – soweit er dies kann; denn auf der anderen Seite verdient er sein Brot seit dem Vorjahr als neu ernannter Zensor bei Metternich. Welche Rolle spielte Mayrhofer in Bezug auf die Razzia? Musste er sich beweisen? Eventuelle Verdachtsmomente von sich selbst ablenken? Und: Ist er der „Doppelgänger" der Winterreise ...? Belegbar ist nur, dass Schubert noch 1820 bei Mayrhofer auszieht, mit dem er zwei Jahre lang zusammengewohnt hatte.[944]

Wichtig, wenngleich nur von kurzer Dauer (Februar 1822 bis Oktober 1823), ist die Bekanntschaft Schuberts mit Carl Maria von Weber: Dessen *Freischütz* gehörte laut Görner zu Schuberts Lieblingswerken. „Er hoffte auf Webers Protegé; doch diese Hoffnungen zerschlugen sich, als es offenbar im Oktober 1823 (als Weber in Wien seine *Euryanthe* dirigierte) zu Meinungsverschiedenheiten [...]

---

942 Görner, Rüdiger (Hrg.): Franz Schubert. Briefe, Gedichte, Notizen, Leipzig 1996, S. 2 (Polizei-Dokument) und S. 96 (Kommentar).
943 Härtling, Peter: Schubert, Köln ²1997, S. 165.
944 Vgl. ebd., S. 166ff.

kam."[945] Der *Freischütz* als Lieblingswerk, die Nähe zum Opernkomponisten – es ist davon auszugehen, dass Weber einigen Einfluss auf Schubert ausübte, in Bezug auf freiheitliche Ideen wie auf das Bühnenschaffen allgemein.

Schuberts Bühenwerke sind wenig bekannt. Es gibt jedoch einige Aspekte, auf die in unserem Zusammenhang hinzuweisen ist. So hieß das Singspiel „Der häusliche Krieg", das Schubert im Frühjahr 1823 vollendete und das auf der literarischen Vorlage der *Lysistrata* basiert, zunächst „Die Verschworenen" – ein solcher Titel ging der Zensur zu weit, die die Umbenennung erzwang.[946] Daneben ist den Zeitgenossen der Kampf für eine deutsche Oper zur Abgrenzung von Frankreich *immer* ein nationalpolitisches Anliegen, wobei es den Anschein hat, als sei man in Österreich hierbei weniger ideologisch vorgegangen als in anderen deutschsprachigen Ländern:[947] Ignaz von Mosel, „dessen *Ästhetik* zur Programmschrift der vaterländischen Partei wurde", weist in seinen Ausführungen darauf hin, Opernstoffe dürften historisch oder mythologisch inspiriert sein, keinesfalls aber politisch. Dies sei der Bühne unangemessen.[948] Ein dritter Aspekt in Bezug auf Schubert als Theaterkomponist bezieht sich auf die Posse: Die Posse spielt immer in niederen gesellschaftlichen Schichten, Schubert zeigt sich also auch hier wieder – wie schon in der Behandlung des Ländlers und des Liedes – als Meister eines musikalisch-sozialen „Fahrstuhls". Die Posse als Oper der Grundschichten, als Oper für die Grundschichten, und damit vielleicht auch als Medium nationaler Einigung. Dazu passt der ideelle Hintergrund seiner Posse *Die Zwillingsbrüder*: In der Schlüsselarie „Liebe theure Muttererde! Sieh, dein Kind, es kehrt zurück" sind die nationalen Werte von Heimat und Familie, verbunden mit der Natur als Kulisse, vereint.[949]

Die Libretti, die Schubert für seine Possen (neben den „Zwillingsbrüdern" aus der Feder des heute vergessenen Gelegenheitsdichters Georg Ernst von Hofmann auch *Die Zauberharfe*) vertont, sind durchweg von mangelhafter Qualität.

---

945 Görner, Rüdiger (Hrg.): Franz Schubert. Briefe, Gedichte, Notizen, Leipzig 1996, S. 100.

946 Vgl. ebd.

947 Vgl. Kritsch, Cornelia: Die Texte zu Schuberts theatralischen Auftragswerken, in: Bericht über den Schubert-Kongress, Wien 1978, hrg. von Otto Brusatti, S. 270: „Dieser Kampf um eine deutschsprachige Opernbühne war im Grunde dabei nur eine Nebenfront einer nationalen Bewegung innerhalb des Wiener Adels und Bürgertums, die sich unter dem Eindruck der französischen Bedrohung gebildet hatte und deren Hauptanliegen dem Bewahren und Propagieren patriotischen Gutes galt."

948 Ebd., S. 271.

949 Ebd., S. 274f.: „Hinterfragt man die Ideale, die in dieser Arie zum Tragen kommen, so fällt auf, dass [...] das Ideal der Geborgenheit in der Heimat – und zwar ausschließlich – evoziert wird. Die literarisch tradierten Topoi, die Naturverbundenheit und Aussprache mit der belebten Natur, bleiben [...] Staffage, sie werden nur zitiert und in der Folge eingeengt auf neue, engere Ideale: patriotische und familiäre."

So wie bei den *Zwillingsbrüdern* kann man auch bei der *Zauberharfe* feststellen, dass Schubert nur einige Passagen aus dem Text adäquat vertont hat. Die Libretti sind also wohl – wie schon immer behauptet – mitschuldig an Schuberts Versagen als Theaterkomponist; das schließt aber umgekehrt nicht aus, dass Schubert die mindere Qualität der Texte nicht erkannte. [...] Die Stellen aber, die er erfolgreich komponierte, entsprachen genau dem Geschmack der Anhänger einer nationalen Oper. Und so erklärt sich auch Mosels Protektion für Schubert.[950]

Dass Schubert allerdings nicht wusste, mit welch schlechten Texten er es zu tun hatte, ist eher unwahrscheinlich. Bei der Auswahl der vertonten Gedichte für die Lieder ist er nämlich durchaus wählerisch: Es sind „stets die leiseren Töne, die schlichten Verse", die ihn zur Komposition reizen,[951] und bloße Berühmtheit eines Dichters ist für Schubert kein Kriterium – von Tieck vertont er beispielsweise nur ein einziges Gedicht (*Wie ist es denn, daß trüb und schwer* D 645), Eichendorff, Arnim, Brentano nimmt er kaum wahr. Dennoch sind zwei Kriterien bei der Textauswahl relativ durchgängig: Es handelt sich „stets im weiten Sinne [um] ‚zeitgenössische' Texte und überdies bis auf wenige Ausnahmen nur solche der deutschen Literatur."[952] Die Frage, was dabei „deutsch", was „österreichisch" sei, oder wie Hans Joachim Kreutzer es formuliert: „Was ist deutsch an der Literatur, die Schubert als deutsche ansah? Gab es für ihn etwa auch eine Literaturprovinz Österreich?"[953] ist dabei unerheblich. Es sind zwar 150 Gedichte von österreichischen Dichtern, doch verteilen sich die restlichen Textvorlagen auf eine kleinere Zahl norddeutscher Dichter, was dem Einzelnen ein sehr viel höheres Gewicht beimisst. Die Frage beantworten zu wollen, ist also müßig – „es wird nur eine alte Einsicht in die Verteilung literarischer Gewichte im deutschen Sprachraum erhärtet."[954]

---

950 Kritsch, Die Texte zu Schuberts theatralischen Auftragswerken, S. 279.

951 Kreutzer, Hans Joachim: Dichtkunst und Liedkunst – Franz Schubert und die Dichter, in: Schubert-Jahrbuch 1997, hrg. von Dietrich Berke, Walther Dürr, Walburga Litschauer und Christiane Schumann, Duisburg 1999, S. 8.

952 Ebd., S. 14.

953 Ebd., S. 9.

954 Ebd.: „Schubert war in der Auswahl seiner Texte grundsätzlich frei. Zumindest die Frage, ob es so etwas wie ein literaturlandschaftliches Zentrum in Schuberts Texten gebe, ist legitim. Man hat in Schuberts Kompositionen etwa 150 Gedichte von Autoren, die aus Österreich stammen, gezählt und daraufhin Franz Schubert eine Art von geistigem Österreichertum zuschreiben zu können gemeint. [...] Nun stammen aber die 150 Gedichte von rund 40 Autoren, folglich sind auch Zufallsbegegnungen, Gelegenheiten, Aufträge, Freundlichkeiten darunter. Lässt man die Gedichte Mayrhofers, mit dem Schubert immerhin längere Zeit zusammen wohnte, beiseite, bleiben nur etwa 100 Gedichte von Autoren österreichischer Herkunft übrig. Wenn man nun aber zum Vergleich diejenigen von Schubert vertonten Gedichte addiert, deren Autoren nach Herkunft und Lebensraum an der Ostsee, in Harz und Heide, in Berlin und Brandenburg beheimatet sind, also etwa Claudius, Kosegarten und Matthison, den Grafen Stolberg, Rellstab usw., dann erhält man

Im letzten brieflichen Zeugnis bittet der Sterbenskranke allerdings *nicht* um deutsche Literatur (die es zur Not wohl auch hätte sein dürfen), sondern um „Cooper, oder auch etwas Anderes."

> Warum Cooper? Weil er für Schubert die Kunde aus einer anderen Welt bedeutet haben dürfte. Schubert reagierte auf Coopers Romane, wie dies drei Jahre zuvor Ludwig Börne in seiner Rezension der deutschen Ausgabe dieser „Pionier-Romane" gefordert hatte: „Weil wir unseren Lebenskreis nicht überschreiten, erfahren wir auch nicht, was sich innerhalb des Kreises begibt; denn man muß andere kennen lernen, um sich selbst zu kennen." Gerade weil Schuberts eigener Lebenskreis eng bemessen blieb, suchte er ihn künstlerisch zu überschreiten – durch liedhafte „Wanderungen" und ausgreifende Sonatensätze, durch Träume und Fantasien fürs Pianoforte sowie durch Lektüre.[955]

Der Wanderer der Lieder kann also als sein *alter ego* gesehen werden – kein Taugenichts, sondern umhergetrieben wie Schubert selbst, der allerding nie wirklich aus seiner Vaterstadt fortkam. Vielleicht ist es gerade diese starke Bindung an die Heimat, diese Verwurzelung in Wien, die ihn – neben der Behandlung, der „Aufwertung" des deutschen Liedes, selbstverständlich – so dankbar der Vereinnahmung als nationaler Komponist zugänglich machte. Bereits im Dezember 1828 heißt es in einem Nachruf auf den „großen deutschen Künstler" in der *Wiener Allgemeinen Theaterzeitung*:

> Noch in seiner vollen Kraft sank er dahin, er hatte noch nicht sein 32. Lebensjahr vollendet, und schon schlug bei seinen Melodien jedes deutsche Herz höher, und die Erfindungen seines Genius flammten in jedem Gemüte als edle, reine Empfindungen, das auch nur ein Lied von ihm vernahm. Wo wäre aber der Winkel Deutschlands, wo seine Lieder noch nicht geklungen hätten? [...] Er war ein treuer, redlicher deutscher Mann, wir gedenken seiner Werke mit Stolz: er war ein großer deutscher Künstler![956]

Und 1848, im Jahr des Umbruches, der auch in der Musikwelt einiges in Frage stellt, zählt Schubert – neben „Beethoven, Meyerbeer, Berlioz und anderen als ein der revolutionären Zeit entsprechender, ein der Zeit adäquater Komponist."[957] Die Vereinnahmung als „deutsch-nationaler" Komponist erreicht ihren Höhe-

---

eine erheblich höhere Zahl. Und vor allem: Die von Schubert vertonten Gedichte norddeutscher Dichter stammen von weniger als zehn Autoren, so dass der einzelnen Dichterindividualität ein viel größeres Gewicht zukommt [...] Über Schuberts Literaturverständnis ist daraus nicht viel zu lernen. Es wird nur eine alte Einsicht in die Verteilung literarischer Gewichte im deutschen Sprachraum erhärtet."

955 Görner, Rüdiger (Hrg.): Franz Schubert. Briefe, Gedichte, Notizen, Leipzig 1996, S. 109.

956 Zit. nach Werba, Robert: Franz Schubert. Ein volkstümlicher Unbekannter in den Augen der Nachwelt, Wien 1997, S. 9f.

957 Brusatti, Otto: Schubert im Wiener Vormärz. Dokumente 1829-1848, Graz 1978, S. 12.

punkt im Zuge des Schubert-Jahres 1928, das die bis dato größte und weitreichendste Welle der Kommerzialisierung mit sich bringt.[958] Von keinem Komponisten und seinen Werken, hier seinen Liedern, wurden je so viele Postkartenmotive gedruckt – rund 700 sind es bei Schubert. Und eine weitere Begebenheit aus demselben Jahr spricht Bände: Der Musikwissenschaftler Robert Lach wurde zum „Staatsfeind Nummer 1". Er hatte es gewagt, die Unantastbarkeit Franz Schuberts als Nationalheld in Frage zu stellen.[959]

---

958 Hilmar, Ernst: Schubert, Graz 1989, S. 197ff.

959 Werba, S. 128/131: „Eine der zahllosen, geradezu inflationären Schriften des Jahres 1928 war die im Selbstverlag herausgegebene Festrede von Rober Lach, ,gehalten in der von der österreichischen Bundesregierung veranstalteten Feier am 19. November 1928 in der Universität Wien' über ,Das Ethos in der Musik Schuberts'. [...] Lach hatte vor der versammelten Bundesregierung den Festgästen klarzumachen versucht, dass Schubert keine leuchtende Idealgestalt, sondern ein mit menschlichen Schwächen behaftetes Genie gewesen war. Dieser Versuch stempelte Lach fast zum Staatsfeind Nr. 1. [...] Daraufhin erhob sich ein Sturm der Entrüstung in den Wiener Blättern."

2. Ludwig van Beethoven

Zum Nationalhelden wird auch Beethoven stilisiert werden, wird dies zum Teil schon zu Lebzeiten. Schubert und Beethoven – eine Zusammenkunft der beiden ist umstritten und an keiner Stelle belegt, auch wenn beide zeitweise sehr dicht beieinanderwohnten. Schubert verehrte Beethoven und bedauerte seine Unnahbarkeit, doch wahrscheinlich war dieser damals schon zu taub und verschroben.[960] Es war Schubert eine Ehre, zu Beethovens Sargträgern zu gehören – nur eineinhalb Jahre bevor ihn sein eigener Tod ereilen sollte.

Wir haben Schubert vor Beethoven behandelt – doch genauso gut könnte es andersherum geschehen. Das Nacheinander ist der begrenzten textlichen Darstellbarkeit von Gleichzeitigkeit geschuldet, zu sehen sind beide Komponisten mehr „polyphonisch" als in chronologischer Abfolge. Beide verbindet miteinander, dass sie eine „Scharnierstellung" zwischen Klassik und Romantik einnehmen – der Ältere, der gemeinhin zu den „Wiener Klassikern" gezählt wird und doch schon beginnt, „romantisch" zu schreiben; der Jüngere, der zwar die Tür zur Romantik aufstößt, aber doch noch in der Klassik verwurzelt ist. Oben (Kap. III.1) wurde darauf hingewiesen, dass Schubert und Beethoven auch in Bezug auf den sozialen Status des Komponisten eine Scharnierstellung zwischen Klassik und Romantik zukomme. Beethoven ist in der Tat der Letzte, der sich von adeligen Auftraggebern bezahlen lässt, und ist doch (gleichzeitig mit Schubert) der Erste, der der neuen Generation autonomer, *für sich* und um der Musik willen Komponierender den Weg bereitet. Und: Beethoven ist durchdrungen von den politischen Ideen seiner Zeit, vorrangig denen der Französischen Revolution – in etlichen seiner Kompositionen ist dies hör- und spürbar. Daneben gehört er, und das hängt mit seinen politischen Überzeugungen zusammen, als einer der ersten Komponisten selbstverständlich dem Bürgertum an. Seine soziale Herkunft konnte er sich nicht aussuchen, wohl aber seine Geisteshaltung, die ihren Niederschlag auch in der Musik findet:

> Ist er schon der musikalische Prototyp des revolutionären Bürgertums, so ist er zugleich der einer ihrer gesellschaftlichen Bevormundung entronnenen, ästethisch voll autonomen, nicht länger bediensteten Musik.[961]

An seiner Familie zeigt sich diese intergenerationelle Statuspassage deutlich: Der Großvater, Ludwig van Beethoven d.Ä. (geboren 1712 als Sohn eines Bäckermeisters in Flandern) ist noch traditioneller Berufsmusiker bei Hofe. Sozialen Aufstieg ermöglicht ihm 1733 der Umzug nach Bonn, wo er eine Stelle als Hofkapellmeister antritt. Er stirbt 1773, seinen Enkel Ludwig lernt er also noch kennen,

---

960 Friedlaender, Max: Beiträge zur Biographie Franz Schubert's, Diss. Rostock 1889, S. 19.
961 Adorno, Theodor W.: Einleitung in die Musiksoziologie, Reinbek 1968, S. 223.

eventuell sogar dessen erste musikalische Gehversuche. Sein Sohn Johann, Beethovens Vater, geht – wie im Zunftwesen üblich – zunächst ebenfalls eine Karriere als Berufsmusiker an. Nach schlechten Beurteilungen erfolgt ab 1784 jedoch der berufliche wie soziale Abstieg, er verfällt dem Alkohol und begeht einen Betrugsversuch. 1792 stirbt er, fünf Jahre nach seiner Frau Maria Magdalena, Ludwigs Mutter. Sieben Kinder hatten die beiden, von denen nur drei Söhne das Erwachsenenalter erreichen (Ludwig 1770-1827, Kaspar Karl 1774-1815, Nikolaus Johann 1776-1848).[962] Der Vater hält wenig von regulärer Schulbildung, zeit seines Lebens beherrscht er nicht einmal die Grundrechenarten; stattdessen erteilt er Ludwig früh strengen und wohl recht unsystematischen Unterricht an Klavier und Violine.[963] Einer Wunderkind-Karriere steht dies nicht entgegen – und vielleicht wird in dieser Entwicklungsphase auch Beethovens Lebenseinstellung eines „musikalischen Dienens für die Menschheit" geprägt.

> Der Knabe muss sich mit der Erfahrung auseinander setzen, dass der Zugang zu den Glücks- und Machtgefühlen, die das Ausüben von Musik bereiten kann, mit endlosen Anstrengungen, Aufregungen, Versagungen und Angriffen auf die eigene Person verknüpft ist. [...] Viele Äußerungen des späteren Beethoven handeln jedenfalls von Verzicht und Verantwortung, etwa das Bekenntnis im Brief an Joseph von Varena vom Dezember 1811: *Nie von meiner ersten Kindheit an ließ sich mein Eifer der armen leidenden Menschheit wo mit meiner Kunst zu dienen mit etwas anderm Abfinden,* oder die Niederschrift in den Konversationsheften von 1823: *Wenn ich hätte meine Lebenskraft mit dem Leben so hingeben wollen, was wäre für das edle, bessere geblieben?*[964]

Schon bald erhält Ludwig eine gründliche Ausbildung bei guten Lehrern: Christian Gottlob Neefe, Wolfgang Amadeus Mozart, Johann Georg Albrechtsberger, Joseph Haydn, Antonio Salieri.[965] Sein erster Lehrer Neefe, Aufklärer und Mitglied des Bonner Illuminatenordens,[966] bringt dem jungen Beethoven nicht nur die Kompositionen der Vor- und Frühklassik nahe, sondern

> weckte oder förderte [unzweifelhaft] auch Beethovens aufklärerischen und humanistischen Sinn. Das Credo seiner Autobiographie von 1782: „Die Großen der Erde lieb' ich, wenn sie gute Menschen sind [...]. Schlimme Fürsten hass' ich mehr als Banditen" wirkt in Sätzen fort, die Beethoven 1793 im Geiste Schillers der Nürnbergerin Johanna Theodora Vocke ins Stammbuch schrieb: *Freyheit über alles lieben, Wahrheit nie, (auch sogar am Throne nicht) verlaügnen.*[967]

---

962 Vgl. zur Familie: Geck, Martin: Ludwig van Beethoven, Reinbek 5. Aufl. 2001, S. 11f.
963 Vgl. ebd. S. 13.
964 Ebd.
965 Vgl. zur Ausbildung: Ebd., S. 18ff.
966 Vgl. Geck, Beethoven, S. 20 und Lühning/Brandenburg: Beethoven zwischen Revolution und Restauration, Bonn 1989, S. 38ff.
967 Geck, Beethoven, S. 19.

Da ihm die Schulbildung weitgehend fehlt, eignet sich Beethoven das nötige Wissen meist ad hoc an. Sein Interesse an politischen und philosophischen Fragen ist immens, er sieht sich „schon früh nicht nur als angehender Tonsetzer, sondern auch als kritischer Zeitgenosse".[968] Das aufgeklärte und freigeistige Bonn bietet dafür einen idealen Nährboden: Schillers *Räuber* werden hier schon kurz nach der Mannheimer Uraufführung gegeben, überhaupt ist Schiller in der Stadt sehr beliebt.[969] So ist es wenig erstaunlich, dass Beethoven schon 1793 den Plan fasst, die Ode *An die Freude* zu vertonen – und zwar als ein der griechischen Antike nachempfundenes idealisches, gemeinschaftsstiftendes Gesamtkunstwerk.[970]

Was Beethovens Teilnahme am politischen Diskurs und ihren Einfluss auf sein kompositorisches Schaffen betrifft, so ist vor vorschnellen und platten Zuordnungen zu warnen. Aus der Bonner Zeit existieren nur wenige Dokumente, die seine politische Haltung belegen. Anfang der 1790er Jahre deutet einiges auf „sowohl josephinisch-reformerische als auch republikanisch-rebellische Züge" hin, beispielsweise „seine vom Geist einer radikalisierten Aufklärung erfüllte Trauerkantate auf den 1790 verstorbenen Kaiser Joseph II., in der sich bereits einige jener aufrührerisch-bewegenden Melodieansätze finden, die Beethoven später in seinem Fidelio wiederverwendete."[971] Bis 1804 kann dann die „heroische Phase" ausgemacht werden, die eng mit der Verehrung Napoleons zusammenhängt und von bitterer Enttäuschung über dessen eigenhändige Kaiserkrönung in Hass umschlägt,[972] der Beethoven dazu bringt, „sich zwischen 1806 und der endgültigen Besiegung Napoleons im Jahr 1815 dem patriotischen bzw. nationaldemokratischen Lager anzuschließen."[973] Seine Hoffnungen setzt Beethoven nicht mehr auf das Wiederaufleben der Französischen Revolution, sondern auf die Schaffung eines friedlichen europäischen Völkerbundes.[974] Dabei blieb Beethoven allerdings, umgeben vom Wiener Adel, bis ans Ende seiner Tage

> ein Repräsentant des mit den Ideen „Liberté, Egalité et Fraternité" sympathisierenden Flügels des gebildeten Bürgertums, selbst wenn er dabei [...]

---

968 Ebd., S. 21: „Anders als Haydn und Mozart, die das Musikhandwerk zwar gleichfalls von der Pike auf gelernt, jedoch keine Gelegenheit zum Erwerb von politischer und philosophischer Bildung gehabt hatten, sah sich Beethoven augenscheinlich schon früh nicht nur als angehender Tonsetzer, sondern auch als kritischer Zeitgenosse, der am allgemeinen Bildungsdiskurs der Zeit teilzunehmen entschlossen war. Zu seiner Philosophie in Tönen, wie sie aus vielen seiner Werke spricht, ist er nicht unvorbereitet gekommen. Kaum einer hat bereits in jungen Jahren ähnlich bewusst und bildungshungrig aus den geistigen Quellen seiner Zeit geschöpft."

969 Vgl. ebd., S. 22.

970 Vgl. ebd., S. 22.

971 Hermand, Jost: Beethoven. Werk und Wirkung, Köln 2003, S. 9.

972 Vgl. ebd., S. 10.

973 Ebd., S. 11.

974 Ebd.

zum größten Teil eher idealistisch-humanistische, national-liberale oder aufkläre-risch-utopische als sozialrevolutionäre Positionen bezog. Dennoch war er nicht nur ein Vertreter der oft beschworenen „überschwänglichen Misere" (Marx/ Engels), sondern hat durch den hochfliegenden Geist seiner Musik letztlich mehr bewirkt, als wenn er als Jakobiner im Kerker gelandet wäre oder sich schmollend in einen abseitigen Winkel zurückgezogen hätte.[975]

Man fragt sich, warum Beethoven trotz der anti-napoleonischen Haltung der Wiener, die ihm in seiner anfänglichen Begeisterung für den Franzosen zuwider sein musste, trotz der Reaktion, die die jakobinischen Unruhen niederschlug und die Freimaurerlogen verbot, nicht aus Wien wegzog. (Ein) Grund für sein Bleiben war sicher der napoleonische General und enge Freund Beethovens, Bernadotte, der auch Kreutzer, einen Republikaner, mit in die Stadt gebracht hatte. Im Hause Bernadotte konnte Beethoven politisch Gleichgesinnte treffen und wurde stets mit neuesten Informationen aus Paris versorgt.[976]

Im Übrigen wusste er bei allem revolutionären Gedankengut sehr genau, dass er auf den Adel als Geldgeber nicht verzichten konnte. Der Fürst Lichnowsky zählt jahrelang zu seinen engsten Freunden,[977] bei Fürsten in ganz Europa wirbt Beet-hoven oft in eigener Sache mit Subskriptionsaufrufen etc. Zum Zwecke der Förderung der Künste weiß er sich bei den Oberen einzuschmeicheln und äußert einmal: „Unter unß gesagt: so republikanisch wir denken, so hat's auch sein gutes um die oligarchische-Aristokratie."[978] Seine soziale Stellung zwischen Bürgertum und Adel wurde Beethoven spätestens immer dann bewusst, wenn er sich in Frauen verliebte – sie waren allesamt aus dem Adel und ihm damit unerreichbar. Vielleicht trugen auch diese mehrfach unerfüllten Liebschaften dazu bei, seine „Ideen von Freiheit und Gleichheit, von Tugendhaftigkeit und Verdienst als den wahren Standeskriterien"[979] zu festigen. Beethoven war ganz im Sinne aufkläre-rischer Adelsdefinition davon überzeugt, dass ihn seine Verdienste, seine Kunst und seine Humanität auf eine Stufe mit dem erblichen Adel stellten.[980] „Im Um-gang mit seinen aristokratischen Mäzenen – und meist Freunden – demonstriert er immer wieder das demokratische, citoyenhafte Selbstverständnis eines eman-zipierten Künstlers" – zum Beispiel, indem er auch hochberühmte Persönlich-keiten wie Prinz Louis Ferdinand oder Clementi warten lässt, bevor er sie zu sich

---

975 Hermand, S. 9.

976 Vgl. ebd., S. 64.

977 Vgl. hierzu Gutiérrez-Denhoff, Martella: Ludwig van Beethoven, „Freiherr" zwischen Adel und Bürgertum, in: Lühning, Helga und Brandenburg, Sieghard (Hrgg.): Beethoven zwischen Revolution und Restauration, Bonn 1989, S. 71.

978 Beethoven, zit. nach ebd., S. 69f.

979 Ebd., S. 58.

980 Vgl. Gutiérrez-Denhoff, Beethoven „Freiherr", S. 62.

bestellt.[981] Überliefert ist der berühmte Satz, den Beethoven nach einer als Beleidigung verstandenen Äußerung eines Gastes beim Fürsten Lichnowsky gesagt haben soll: „Fürst! Was Sie sind, sind Sie durch Zufall und Geburt, was ich bin, bin ich durch mich. Fürsten hat es und wird es noch Tausende geben, Beethoven giebt's nur einen."[982]

Wir haben bereits darauf hingewiesen, dass diese emanzipiert-bürgerliche Haltung in engem Zusammenhang steht mit Beethovens aus den Maximen der Französischen Revolution übernommenen Grundsätzen der Freiheit, Gleichheit und Brüderlichkeit. In Napoleon sah er wie viele seiner Zeitgenossen den Garant für die politische Umsetzung dieser Ideale, den Helden, dem er seine 3. Sinfonie, die *Eroica*, widmen wollte.[983] In Bosheit über dessen eigenhändige Kaiserkrönung zerreißt Beethoven jedoch das Titelblatt („Ist der auch nichts anders, wie ein gewöhnlicher Mensch! Nun wird er auch alle Menschenrechte mit Füßen treten, nur seinem Ehrgeize fröhnen."[984]) und lässt die neue Widmung nun „dem Andenken eines großen Mannes" angedeihen. Eventuell ist mit diesem „großen Mann" der von ihm verehrte und kurz zuvor in der Schlacht bei Jena und Auerstedt gegen die Franzosen gefallene preußische Prinz Louis Ferdinand gemeint, der durch seinen Tod „zu einem Symbol des Freiheitskampfes der europäischen Völker gegen Napoleon geworden war".[985] Damit ordnet sich die *Eroica* ein in den patriotischen, antifranzösischen Nationalismus der Zeit, der sich mit Namen wie Gerhard von Scharnhorst, Carl von Clausewitz, August Neidhardt von Gneisenau, Ernst Moritz Arndt, Johann Gottlieb Fichte, Karl August von Hardenberg und dem Freiherrn vom Stein verbindet – die 3. Sinfonie wäre so zu verstehen als „vaterländischer Aufruf an das deutsche Volk".[986] Doch geht Beethoven in seiner Musik viel weiter als beispielsweise die Komponisten der Französischen Revolution (François Joseph Gossec, Jean-François Lesueur, André Grétry, Etienne Méhul, Luigi Cherubini etc.), die sich auf „reine" Revolutionsmusik beschränken:

> Genau besehen, ist Beethovens 3. Symphonie weniger eine Schlachtensymphonie als ein politisches Konfliktgemälde, ein weltanschauliches Bekenntnis, ein zum Freiheitsjubel hinreißendes Manifest, dessen musikalische Substanz eher in der Revolutions- als in der Kriegsthematik begründet ist.[987]

---

981 Gülke, Beethoven, S. 132.
982 Gutiérrez-Denhoff, Beethoven „Freiherr", S. 61.
983 Vgl. Hermand, S. 40.
984 Wegeler, Franz Gerhard und Ries, Ferdinand: Biographische Notizen über Ludwig van Beethoven, Koblenz 1838, S. 78; zit. nach Geck, Beethoven, S. 95.
985 Geck, Beethoven, S. 96.
986 Geck/Schleuning, Beethovens „Eroica", S. 167.
987 Hermand, Beethoven, S. 66.

Die „Schlachtensymphonie" *Wellingtons Sieg oder die Schlacht bei Vittoria* ist hingegen klar, wenn nicht sogar überdeutlich in der Kriegsthematik angesiedelt. Historischer Hintergrund sind das Aufstehen der europäischen Völker gegen Napoleon und sein sich spätestens seit dem Russlandfeldzug 1812/13 abzeichnendes Scheitern an allen Fronten; im Juni 1813 schlägt in der Schlacht bei Vittoria der englische Feldmarschall Wellington die französischen Truppen.

Zwei Gründe mögen Beethoven zu dieser Ausnahmekomposition bewogen haben: Auf der einen Seite war er begeistert vom Ausgang der Schlacht, auf der anderen versprach er sich von einem derart dem Zeitgeist entsprechenden Werk sicherlich ökonomische Vorteile. Die Sinfonie wurde gleichzeitig mit der Siebten vorgestellt und in der Tat vom Publikum als etwas gänzlich Neues begeistert aufgenommen. Der simulierte Schlachtenlärm wird durch eine enorme Orchestrierung evoziert – knapp siebzig Streicher, große Holzbläser-Besetzung, vier Hörner, vier Trompeten, drei Posaunen, türkische Musik, zwei Ratschen, „welche das Gewehrfeuer vorstellen" sowie „zwey große Trommeln, wodurch die Kanonenschüsse bewirkt werden."[988] Doch ist nicht nur das Publikum hingerissen, es wirken sogar große Musikerkollegen begeistert mit: Louis Spohr, Giacomo Meyerbeer und Johann Nepomuk Hummel produzieren den Kanonendonner, Antonio Salieri und Joseph Weigl, immerhin beide Hofkapellmeister, stellen sich als Subdirigenten zur Verfügung.[989] Beethoven gab später an, er habe sich mit diesem Werk den lange gehegten, „sehnliche[n] Wunsch [erfüllt], auch eine größere Arbeit von mir auf dem Altar des Vaterlandes niederlegen zu können."[990]

In unmittelbarer zeitlicher Folge nach *Wellingtons Sieg oder die Schlacht bei Vittoria* entsteht bereits ein weiteres patriotisches Stück. Die Treitschke-Kantate *Die gute Nachricht* wird gemeinsam von mehreren Wiener Komponisten vertont – Hummel beispielsweise strickt aus dem thematischen Material von „God Save the King", „Gott erhalte Franz, den Kaiser" und „einem schlesischen Volkslied zu Ehren des preußischen Adels" (sic!) die Ouvertüre, Beethoven steuert den Schlusschor bei. Sein „Germania! Germania! Wie stehst du jetzt im Glanze da" (WoO 94) verarbeitet zwei sehr verbreitete zeitgenössische Lieder Theodor Körners, das *Gebet während der Schlacht* sowie das *Schwertlied*.[991] Auf beide Lieder ist in Zusammenhang mit den Vertonungen Schuberts hingewiesen worden, und beide finden sich häufig in den Gebrauchsliederbüchern der Zeit, müssen also allgemein bekannt gewesen sein. Eine solche kompositorische Strategie garantierte Beethovens Werk Popularität im wahrsten Sinne des Wortes, die eingängige Melodieführung ging ins Ohr und regte zum Mitsingen an.

---

988 Beethoven, Werke, Abt. II, Bd. I: Ouvertüren und Wellingtons Sieg, München 1974, S. 124.
989 Geck, Beethoven, S. 45.
990 Zit. nach Hermand, Beethoven, S. 109.
991 Vgl. zur Kantate „Die gute Nachricht": Hermand, Beethoven, S. 111ff.

Der Text dieses Schlussgesangs hat zwar den üblichen höfisch-panegyrischen Charakter, das heißt mündet in eine Verherrlichung des österreichischen Kaisers Franz I., beschwört aber zugleich im Zeichen der „Germania" die Freiheitssehnsucht *aller* Deutschen und lobt obendrein die deutschen Fürsten, aufgrund der äußeren Bedrohung endlich ihre frühere Zwietracht überwunden zu haben. So gesehen, ist das Ganze nicht servil, sondern beweist – im Rahmen der absolutistischen Machtverhältnisse – eine durchaus aufrechte Gesinnung. […] Beethoven in einem Brief vom 12. Juni 1814 an seinen wichtigsten Gönner, den Erzherzog Rudolph von Habsburg […]: „Das Lied Germania gehört der ganzen Welt, die Teil daran nimmt."[992]

Wir sehen: Nationalismus im Sinne eines Patriotismus zur Einigung Deutschlands, aber stets vor dem Hintergrund der völkerverbindenden Trias Freiheit – Gleichheit – Brüderlichkeit, zeichnet den Beethoven jedenfalls der Zeit der Befreiungskriege aus. Im Rahmen des Wiener Kongresses gab er, ganz in diesem Sinne, am 29. November 1814 eine „Große musikalische Akademie", die ihm den größten Applaus seines Lebens einbrachte.[993] Der Meister selbst dirigierte hintereinander *Wellingtons Sieg*, die Sinfonie Nr. 7 und die Kantate *Der glorreiche Augenblick* op. 136. Die Kantate rief grenzenlose Begeisterung hervor, mehrfach wurde Szenenapplaus gespendet. Nach fast zwanzig Jahren Krieg muss den Zeitgenossen der endlich erreichte Frieden wie ein Wunder erschienen sein. Der Text der Nr. 3 stellt den „Bund friedlicher Brüder" dar und weist in seiner Humanität fast schon auf die Neunte Sinfonie voraus, die Musik ist auch hier einfach gehalten und gerade deshalb sehr wirkungsvoll und passend.

> In diesem Augenblick ging es nicht um eine Darbietung höchster künstlerischer Originalität oder Artistik, sondern um den kollektiven Ausdruck einer allgemeinen Freude, bei dem ein Zuviel an Kunst lediglich gestört hätte.[994]

Ein anderes Werk, das vom zeitlichen Bezug auf Napoleon profitiert, ist *Fidelio*. Bei der Erstaufführung fast durchgefallen, wird die Oper in ihrer umgearbeiteten Fassung 1814 begeistert aufgenommen.[995] Hanns Eisler hat den politischen Subtext dieses Werkes interpretiert:

> Man hat oft den „Fidelio" das Hohelied der Gattenliebe genannt. Mit einer solchen Bezeichnung trifft man jedoch nur eine Seite des Inhalts. Die andere zeigt uns den Kampf gegen die Tyrannei und Despotenwillkür, und das ist der eigentliche Inhalt dieser einzigen Oper Beethovens.[996]

---

992 Hermand, Beethoven, S. 112.

993 Vgl. ebd., S. 114.

994 Ebd., S. 115.

995 Vgl. Geck, Beethoven, S. 46.

996 Hanns Eisler, zit. nach Csampai, Attila und Holland, Dietmar (Hrgg.): Ludwig van Beethoven, Fidelio. Texte, Materialien, Kommentare, Reinbek 1981, S. 6.

Leonore überwindet die Liebe zu einem Mann und erweitert diese, angesichts des Elends im Kerker, zur Menschenliebe. Es sind die Ideale der Französischen Revolution, die hier zum Tragen kommen, historische Parallelen sind nicht zu übersehen – Gipfelpunkt der Oper ist die Befreiung politischer Gefangener.[997] Die Behandlung von „Liebe und Freiheit als moralische Kategorien, die nicht einfach vorhanden sind, sondern *erobert* werden müssen",[998] das „Prinzip Hoffnung", das die Oper in ihren verschiedenen Ebenen durchzieht – all das entspricht Adornos Charakterisierung Beethovens als „musikalischer Prototyp des revolutionären Bürgertums".[999] Musik, bewusst gesetzt als Instanz für Moral und politisches Handeln. Die Befreiung der Gefangenen ist nur Sinnbild für die Befreiung der Menschheit an sich, Leonores Menschenliebe steht für universelle Humanität. Der Schlusschor der Neunten Sinfonie („Alle Menschen werden Brüder") ist hier vorweggenommen. Nimmt man *Fidelio* als Freiheit, die Neunte als Brüderlichkeit symbolisierendes Werk,[1000] so sind in Beethovens Musik zwei Grundsätze der Französischen Revolution deutlich sicht- und greifbar verankert.

Auf die Neunte Sinfonie werden wir gegen Ende dieses Kapitels nochmals zu sprechen kommen und nun zunächst einen Blick auf Beethovens Umgang mit volkstümlicher (und) vokaler Musik werfen, die für die Neunte auch nicht unerheblich sind.

Beethoven schuf keinesfalls wenige Lieder; neben den neun Sinfonien, sechs Ouvertüren, siebenunddreißig Klavier-, zehn Violin-, und fünf Cellosonaten, sieben Konzerten und sechsunddreißig Kammermusikwerken stehen elf große Vokalwerke und immerhin neunundsiebzig Soloklavierlieder (die ausländischen Bearbeitungen ausgenommen). Damit schrieb Beethoven genauso viele Lieder wie beispielsweise Felix Mendelssohn-Bartholdy; und doch genießt sein Liedschaffen eher wenig Publizität. Dies liegt vor allem in der Romantik begründet, in deren Bild des Titanen Beethoven das kleinteilige Liedschaffen nicht passen wollte. Dabei hat Beethoven im Hinblick auf das deutsche Kunstlied einen gewaltigen Entwicklungsschritt vollzogen und der Romantik, Schubert zuerst, den Weg geebnet. Gleichzeitig hat diese bestimmte Entwicklung mit dem Beethoven-Lied einen Höhepunkt erreicht, von dem aus es keine lineare Fortsetzung – sofern eine solche in der Kunst überhaupt denkbar ist – mehr geben kann. Es muss in ihrer Folge einen Bruch und etwas Neues geben;[1001] dieses Neue wird Schubert schaf-

---

997 Vgl. ebd., S. 100 und S. 12.

998 Ebd., S. 11.

999 Adorno, Musiksoziologie, S. 223.

1000 Vgl. Bockholdt, Rudolf, in: Lühning/Brandenburg, S. 79.

1001 Vgl. hierzu Boettcher, Hans: Beethoven als Liederkomponist. Inaugural-Dissertation zur Erlangung der Doktorwürde, genehmigt von einer Hohen Philosophischen Fakultät der Friedrich Wilhelm Universität zu Berlin, Augsburg 1928, S. 170 und 174.

fen. Nicht nur musikalisch bahnt Beethoven dem Kunstlied den Weg, auch in sozialer Hinsicht. Sein Beitrag des Heraushebens des Liedes aus der volkstümlichen in die bürgerliche Sphäre ergänzt sich mit Schuberts oben beschriebenem musikalisch-sozialem „Fahrstuhleffekt", ja, macht diesen vielleicht erst möglich.[1002]

Stilistisch geht Beethoven recht vielseitig vor, scheint sich vor allem in der frühen Phase hier und dort auszuprobieren. Festzuhalten aber ist, dass trotz aller Beschäftigung mit dem (Volks-)Lied

> die Perspektive des sentimentalischen Durchblicks auf das Volkslied als auf eine Welt verlorener Unschuld, die unabdingbar bei der Verwendung der Lieder auch die Berücksichtigung von deren Geist und Wesen, von deren Aura verlangt hätte, [...] Beethoven durchaus noch fern [lag].[1003]

Dennoch kann die Volksliedbegeisterung, die schon zu seinen Lebzeiten aufflammte, an Beethoven nicht vorübergegangen sein. Allein die Tatsache, *dass* er sich in diesem Ausmaße der Komposition von Liedern widmete, entspricht dem Geist der Zeit und entspricht auch seinen kultur-, seinen nationalpolitischen Vorstellungen. Erst in der Spätphase greift er die eigentliche Form des deutschen Volkslieds auf und komponiert

> im Jahre 1816 [...] das Lied *Ruf vom Berge* auf einen dem Volkslied nachgebildeten Text von F. Treitschke; in den Skizzenbüchern aus demselben Jahre finden wir einen Ansatz zu dem Volkslied *Es ritten drei Reiter*, in den Jahren 1819-20 begegnen wir wiederholt Ansätzen zum *Heidenröslein*, und im letzten Liederjahre schreibt Beethoven zwei österreichische Volkslieder: *Das liebe Kätzchen* und *Der Knabe vom Berge*.[1004]

1002 Boettcher, Beethoven, S. 174f.: „Von seiner Gebundenheit an ganz bestimmte Bezirke des gesellschaftlichen Lebens hat Beethoven das Lied gelöst und es zur vollwertigen künstlerischen Gattung verselbständigt. Indem das Lied jetzt nicht mehr der symbolische Ausdruck eines engbegrenzten Gesellschaftsbewusstseins ist, sondern zum Träger allgemein menschlicher Gehalte geworden ist, an denen alle ohne Unterschied teilhaben sollen, drängt es auch aus der engen Sphäre des bürgerlichen Hauses und des aristokratischen Salons, wie aus der Kirche (Gellertlieder) heraus; es sucht sich, weil es sich an eine breitere und umfassendere Hörerschaft wendet, nach außen hin eine größere räumliche Ausbreitungsmöglichkeit, die ein freies Sichzusammenfinden ohne Unterschied des Standes und des Ranges gewährleistet. Damit hat sich auch im Liede, der Gattung, die am allermeisten die Verbundenheit mit dem natürlichen Leben und dem Tun und Treiben des Einzelnen sucht, die Wandlung vollzogen, dass die produktive Tätigkeit einer Gemeinde, die die künstlerischen Werte mitschuf, in das bloße Zuhören eines musikalischen Publikums übergeht."

1003 Gülke, Beethoven, S. 239.

1004 Boettcher, Beethoven, S. 119.

Auch wenn das einfach-volkstümliche Strophenlied bei weitem nicht überwiegt, so zieht es sich doch durch Beethovens gesamtes Schaffen. Interessanterweise benutzt er es nicht primär für lyrische Texte; es erfährt seine „höchste Steigerung und Erweiterung" sogar in einem symphonischen Werk, in der Vertonung der Ode *An die Freude* im Schlusssatz der Neunten.[1005] Und auch in andere Kompositionen des instrumentalen Spätwerks fand Beethovens Beschäftigung mit deutschen und ausländischen Volksliedern Eingang.

> In den Scherzi (Trios) und Finalsätzen der Kammermusikwerke op. 59, 70 und 97, der 7. und der 9. Symphonie, wie des Septetts op. 20, der Klaviersonate op. 53 und des Tripelkonzerts op. 56 begegnen wir den Spuren deutscher (rheinischer), schottischer, irischer, russischer, niederösterreichischer, kroatischer Originalvolksweisen.[1006]

Beethovens Gleichbehandlung deutscher und ausländischer Volkslieder und -weisen entspricht prinzipiell dem Ansatz und der Zielsetzung seines Zeitgenossen Herder. Die *Stimmen der Völker in Liedern*, die Einheit der Völker *durch das Lied* – das ist nichts anderes als: *Alle Menschen werden Brüder*.[1007] Eine Utopie, die wohl kaum jemals ganz zu verwirklichen sein wird, auch wenn Schillers Text in der Symbiose mit Beethovens Musik wie wohl keinem anderen Werk ein die Jahrhunderte überdauernder Erfolg zuteil wurde – weltweit.

Ein Grund für die enorme Verbreitung auch über die deutschen Sprachgrenzen hinaus ist die Beschaffenheit des Freudenthemas. Es entspricht quasi dem Idealtyp des Volksliedes, es erfüllt alle Kritierien: große Klarheit und Simplizität in Rhythmus und Melodieführung, fast ausschließlich Sekundschritte und Terzsprünge; eine einfache „klassische" Struktur in die Teile A (Takt 1-8 mit Vordersatz a, T. 1-4 und Nachsatz a' T. 5-8) und B (9-16 bzw. b 9-12 und a" 13-16); die Harmonik gelänge, wie im Volkslied üblich, über die Grundfunktionen (abgesehen von Teil b, der eine erweiterte Kadenz verlangt).[1008]

> Singen kann das jeder. Eine Quinte Umfang hat jede Stimme. So macht man Popsongs. Gassenhauer. Hits. Fazit: Nicht am Ende, sondern schon am Anfang steht: der Song of Joy. Der Ohrwurm.[1009]

Dieser „Song of Joy" führte, freilich in anderer musikalischer Form, bereits lange vor Beethovens Komposition ein Eigenleben.

1005 Vgl. ebd., S. 62f.

1006 Ebd., S. 21f.

1007 Vgl. ebd.

1008 Vgl. hierzu ausführlicher Breitweg, Jörg: Vokale Ausdrucksformen im instrumentalen Spätwerk Ludwig van Beethovens, Frankfurt/Main u.a. 1997, S. 105.

1009 Hildebrandt, Dieter: Die Neunte. Schiller, Beethoven und die Geschichte eines musikalischen Welterfolgs, München 2005, S. 127.

Wenn es […] etwas gab, das dem hohen Ton des Schillerschen Vermächtnisses an Beethoven widersprach, so war es das Schicksal des Liedes „An die Freude" selbst. Als der Komponist sich um 1820 seines alten Lieblingstextes entsann, da war das Gedicht ja längst zersungen, halb Gassenhauer, halb Volkslied geworden, ein „standard" der Zeit, von dem es immer neue musikalische Coverversionen gab.[1010]

Bereits 1800 erschien unter dem Titel *Vierzehn Compositionen zu Schillers Ode an die Freude* eine Sammlung von Vertonungen nur dieses einen Textes, darunter Reichardt und Zelter, aber auch die schwungvolle anonyme Komposition, die sich in etlichen Gebrauchsliederbüchern der Zeit findet. Die Herausgabe einer solchen „Längsschnitt-Sammlung" war selten und beweist die große Popularität, die dem Lied schon vor Beethoven zuteilgeworden war. Hildebrandt schreibt

> pointiert resümiert: Die „Freude" war auskomponiert und ausgesungen, als Beethoven sie zu komponieren beschloss. Die Popularität des Liedes, die vielen Vertonungen mit ihren verschiedensten musikalischen Lösungen können nicht an ihm vorbeigegangen sein; es scheint eher, als habe ihn diese Vielfalt herausgefordert, der Sache sich erneut zu widmen, das Gesellschaftslied zur Hymne zu verklären, das Gassenhauerische aufzuheben in der Bergungsmacht und im Erhabenheitsbewusstsein einer Sinfonie.[1011]

In den Gebrauchsliederbüchern ist das Lied von 1808-1870 ca. einhundertmal abgedruckt und belegt damit in unserem Kanon Platz 3; „Gesellschaftslied" und „Gassenhauer" war es damit durchaus und wäre es wohl auch geblieben, hätte sich Beethoven seiner nicht bedient. Denn als genau solches ist es ja ursprünglich entstanden: Ein Trinklied auf und an die Leipziger Freunde, nicht mehr und nicht weniger. Seine enorme Publizität verdankt der Text, neben der aufkommenden Verehrung des „National"dichters Schiller, vielleicht genau diesem Zustand; die breite Masse interessiert sich für gesellschaftliches Beisammensein, gemeinsames Trinken und Singen, vertraute (oder ersehnte) Gefühle wie Freude, Freundschaft, Freiheit. Doch richten sich Schillers Text wie Beethovens Komposition nicht einmal „nur" an das ganze Volk – sondern an die Menschheit.[1012] Alfred Kerr hat diese transzendente, Menschen und Völker verbindende Dimension literarisch auf den Punkt gebracht:

> Wer einen solchen Ton in die Welt gesetzt hat, bei dem soll nach Kunstwert und Geisteswert überhaupt nicht mehr gefragt sein. Als Klang, als Strahl, als Stern, als Sehnsucht, als Märtyrer, als Wille tönt er fort. Nicht bloß durch Deutschland: durch die Welt.[1013]

1010 Ebd., S. 122.
1011 Ebd., S. 125.
1012 Vgl. Breitweg, Vokale Ausdrucksformen, S. 147.
1013 Kerr, zit. nach Hildebrandt, Die Neunte, S. 43.

Zunächst sollte dieser Ton jedoch durch Deutschland klingen, ein Deutschland, das es freilich so noch nicht gab. Im Vormärz dichtete Adolf Glaßbrenner die nicht in erster Linie auf die Freiheit gemünzte Fassung Schillers um: „Freiheit, schöner Götterfunken!" – genau im Stile des Originals, dabei inhaltlich vollkommen den Geist der Zeit und eines Volkes treffend, das seinen Zusammenhalt und seine Demokratiefähigkeit beweisen wollte.[1014]

Beethovens Neunte erfuhr gleichzeitig ab der Mitte des 19. Jahrhunderts nahezu eine Vergötterung, wurde das „Evangelium der Menschheit" oder „das menschliche Evangelium der Kunst der Zukunft" (Richard Wagner)[1015] genannt. Ihrem universellen Geist stand die nationalistisch-chauvinistische Vereinnahmung gegenüber, der die Sinfonie ab dem Deutsch-Französischen Krieg und der Reichsgründung, dann nochmals verstärkt ab 1933 und besonders während des Zweiten Weltkriegs in Deutschland ausgesetzt war.[1016] Eine solche Vereinnahmung Beethovens oder (eines) seiner Werke steht dessen, steht deren Wesen diametral gegenüber.

> In seinen Werken triumphiert ein souveränes, mündiges Ich, das sich weder aristokratischen noch nationalistischen Zielsetzungen unterwirft, sondern sich als „Weltbürger" empfindet. Ob nun die „Geschöpfe des Prometheus" oder die „Eroica", der „Fidelio" oder die 5. Symphonie, die Kreutzer-Sonaten oder die „Appassionata", die Musik zum „Egmont" oder der letzte Satz der 9. Symphonie: In all diesen Werken äußert sich eine Haltung, die mit der Menschheit im besten Sinne „auf Du und Du" steht, wie es bei Hanns Eisler gern heißt.[1017]

Mit der Wahl des Schlusssatzes der Neunten zur Europa-Hymne wurde 1972 dieses an die Menschheit adressierte Werk wenigstens einem kleinen Teil der Menschheit, zum damaligen Zeitpunkt sogar nur einem Teil der Europäer, im Sinne Beethovens und Schillers zu einem gemeinsamen, verbindenden und institutionell verbindlichen Symbol.[1018] Weltweit bekannt wie kaum ein anderes

---

1014 Vgl. hierzu ausführlicher Hildebrandt, Die Neunte, S. 226ff.

1015 Wagner, Richard: Über die Revolution, zit. nach Hildebrandt, Die Neunte, S. 246.

1016 Vgl. Dennis, David B.: Beethoven in German Politics 1870-1989, New Haven 1996, S. 32ff.

1017 Hermand, Beethoven, S. 46.

1018 Die Entscheidung ist im Dokument 2978, „Rapport sur un hymne européen", festgehalten: „Es erscheint angemessen, ein Musikwerk zu wählen, das charakteristisch für den Genius Europas ist und dessen Verwendung bei europäischen Veranstaltungen bereits ansatzweise eine Tradition bildet. Was den Text für eine solche Hymne angeht, wurden gewisse Vorbehalte geäußert, die sich auf den eigentlichen Wortlaut der Ode an die Freude beziehen, da hier kein spezifisch europäisches, sondern eher ein universelles Bekenntnis vorliegt." Aber: „Wir haben uns auch gefragt, ob ein als ‚europäisch' anerkannter Text nicht letztlich vor einer Sprachbarriere stünde und nie in andere Sprachfamilien als die europäischen übersetzt werden könnte." Hildebrandt führt dazu aus: „Da also Schiller zu universal war, die Hymne aber sich auf Europa konzentrieren sollte, wählte man als Text – eben keinen. Man entschied sich für

klassisches Werk hätte man wohl nichts anderes wählen können, um einer solchen Hymne wirkliche „Volks- und Völkerläufigkeit" zu garantieren. Heute zählt die Europäische Union eine halbe Milliarde Menschen; und obwohl für die Hymne aufgrund (befürchteter) sprachlicher Barrieren Beethovens Komposition um Schillers Text verkürzt wurde, so klingt doch stets das *Alle Menschen werden Brüder* in ihr fort.

Während des 19. und bis zur Mitte des 20. Jahrhunderts war Beethoven prädestiniert, als „Sinnbild deutscher Geistesgröße" und Komponist einer alle erfassenden Musik gemeinsame nationale Identität zu schaffen. Vielleicht war eine solche Interpretation seiner Werke sogar in seinem Sinne. Doch auch wenn er und seine Werke zum deutschen Nationbuilding jedenfalls kultureller Art beigetragen haben (und das haben sie) – Beethovens Vermächtnis geht weit darüber hinaus, sich für eine Nation, und sei es die seine, vereinnahmen zu lassen.

---

ein politisches Lied ohne Worte. Der Berliner Beschluss wurde am 19. Januar 1972 vom Straßburger Ministerrat abgesegnet, der zugleich über die praktische Ausführung entschied: Denn damit, dass Schiller ausgeschieden wurde, war es ja nicht getan; auch Beethovenss Finalsatz musste erst auf ein politkompatibles, fernsehtaugliches, nutzungsfreundliches Feiertagskürzel reduziert werden. Nicht Komposition, sondern Kondensation war gefragt ... Am 5. Mai 1972 spielte der Dirigent [Herbert von Karajan] für die Deutsche Grammophon seine Fassung der Hymne mit den Berliner Philharmonikern europagültig ein." (Hildebrandt, Die Neunte, S. 320).

3. Robert Schumann

Robert Schumann und Johannes Brahms bilden das zweite Paar unserer vier Komponisten, sie sind die Vertreter einer neuen Generation. Klar in der Romantik zu verorten, emanzipiert als Bürger wie als autonom schreibende Musiker, deutlich positioniert zum Zeitgeschehen und eine aktive Rolle darin einnehmend.

(a) Schumanns theoretischer, literarischer und journalistischer Umgang mit Politik

Schumann interessierte sich auch außerhalb von Musik und Literatur sehr für das Geschehen in seiner Umwelt. Ins „Lektürebüchlein" schreibt er für 1848 („Großes Revolutionsjahr") und 1849 („Revolutionsjahr") „mehr Zeitungen gelesen, als Bücher".[1019] Dass sich wie in der Politik auch im Musikleben eine Parteienbildung abzeichnet, scheint ihm naheliegend.

> Die Gegenwart wird durch ihre Parteien charakterisiert. Wie die politische kann man die musikalische in Liberale, Mittelmänner und Reaktionäre oder in Romantiker, Moderne und Klassiker einteilen. Auf der Rechten sitzen die Alten, die Kontrapunktler, die Antichromatiker, auf der Linken die Jünglinge, die phrygischen Mützen, die Formverächter, die Genialitätsfrechen, unter denen die Beethovener als Klasse hervorstechen. Im Juste-Milieu schwankt jung wie alt vermischt. In ihm sind die meisten Erzeugnisse des Tages begriffen, die Geschöpfe des Augenblicks, von ihm erzeugt und wieder vernichtet.[1020]

Schumann selbst rechnet sich seinem großen musikalischen Vorbild Beethoven entsprechend den „Beethovenern", den „Jünglingen", zu. Da die Anhänger dieser Partei neben ihrer Orientierung am „Jungen Deutschland" auch ästhetischen Ideen der literarischen Romantik um 1800 verbunden waren, wurden sie zudem als „Neuromantiker" bezeichnet.[1021]

Eine freiheitliche Erziehung, die Prägung durch das väterliche liberale Gedankengut und die vielen Zeitgenossen gemeinsame (anfängliche) Begeisterung für Napoleon kennzeichnen Schumanns Jugend. Politische Freiheit ist für ihn die Voraussetzung für ein Gedeihen der Kunst.[1022] Obwohl selbst corporiert, lehnt er die deutsche Freiheitsbewegung und die Deutschtümelei der Burschenschaften ab, vor allem aber das sinnlose Duell, die Beschränktheit auf das Eigene und die

---

1019 Kruse, Joseph A. (Hrg.): Robert Schumann und die Dichter. Ein Musiker als Leser, Düsseldorf 1991, S. 72-77 (Originalabdrucke) und 131.

1020 Schumann, Gesammelte Schriften I, S. 144f. (NZfM 1836).

1021 Vgl. Edler, Arnfried: Robert Schumann und seine Zeit, Laaber 1982, S. 75.

1022 „Die politische Freiheit ist vielleicht die eigentliche Amme der Poesie: sie ist zur Entfaltung der dichterischen Blüthen am meisten nothwendig [...]" (Schumann, Tagebuch I, S. 77 (Hottentottiana 1827)).

Abgrenzung vom Fremden (durch Uniform, Gedankengut etc.). Da vor allem die Burschenschaften gleichzeitig Träger demokratischer Ideen sind, wendet sich Schumann infolgedessen gegen sie[1023] – statt des δῆμος soll eine geistige Aristokratie von Künstlern das Volk führen.[1024] Dies ist durchaus auch politisch und nicht „nur" künstlerisch zu verstehen:

> Der Begriff ist durchaus revolutionär gemeint, denn er spricht dem erblichen Adel die gesellschaftlich privilegierte Stellung ab, um sie den Künstlern und Wissenschaftlern anzuweisen. Dies wurde deutlich, als Liszt 1840 das bürgerlich geprägte Leipzig besuchte und sich über das Fehlen der „Toiletten und Gräfinnen und Prinzessinnen" in seinem Konzert beklagte, worauf ihm Schumann antwortete, „wir hätten auch unsere Aristokratie, nämlich 150 Buchhandlungen, 40 Buchdruckereien und 30 Journale und er solle sich nur in Acht nehmen."[1025]

Herders „Aristodemokraten", die „Philosophen auf dem Thron", der Rousseau'sche „Gesetzgeber" scheinen hier durch. Und in der Kritik an Adel und gehobenem Bürgertum als „blasirte" Träger der Kunst, die jungdeutsche Zeitgenossen wie Ludwig Börne und Theodor Hagen[1026] äußerten, findet sich das frühsozialistische Gedankengut der Saint-Simonisten. Der Applaus der oberen Schichten gelte nichts, entscheidend sei das wahre Verständnis der wenigen für den „echten Künstler", den Börne als „hohe[n] Priester" und „Tröster der Menschheit", Schumann als „Prophet" bezeichnet.[1027] Wo Kunst und Gesellschaft so eng miteinander verwoben sind, muss eine Verbesserung der künstlerischen Qualität zwangsläufig eine Verbesserung der gesellschaftlichen Verhältnisse mit sich bringen. Auch unter dieser Zielsetzung ruft Schumann den *Davidsbund* ins Leben: Dessen Schutzpatron spielt auf die „Meistersinger-Tradition und mit ihr [auf] die nationale Identität deutscher Musikkultur"[1028] an und wendet sich gleichzeitig gegen das „Philistertum" und die „Blasirtheit" des *Juste milieu*. Der Davidsbund steht ganz in der „Tradition" der Jugendbewegungen der 1830er Jahre, das „Jungdeutsche" durchzieht die Artikel der neu gegründeten *Neuen Zeitschrift für Musik* (NZfM). Zur Positionierung der Davidsbündler im linken

---

1023 „Wenn alle Pst, Ruhe, Silentium schreien, so ist der Lärm ebenso groß, als der, welcher verboten werden soll. Darum ist Demokratie in Deutschland Unsinn, denn alle möchten eine Rolle spielen und das ist von jeher uns eigen gewesen." (Schumann, Hottentottiana 1827, zit. nach Boetticher, Wolfgang: Robert Schumann. Leben und Werk. Quellen, Daten, Dokumente, Wilhelmshaven 2004, S. 157).

1024 Vgl. Edler, Schumann 1982 und Edler, Schumann 2009, S. 13.

1025 Litzmann in Edler, Schumann 1982, S. 76.

1026 Dass Theodor Hagen lange Jahre als Mitarbeiter der NZfM fungierte, lässt auf eine gewisse Sympathie von Seiten Schumanns für die politischen Standpunkte des jungen Musik- und Gesellschaftskritikers schließen.

1027 Vgl. Edler, Schumann 1982, S. 76.

1028 Edler, Schumann 2009, S. 28.

Sprektrum passt die 1835 kurz nach Schumanns Übernahme als Chefredakteur vorgenommene Streichung des Erscheinungsortes Leipzig, der den überregionalen Anspruch der Zeitschrift betonen wollte.[1029] Dies sollte aber nicht darüber hinwegtäuschen, dass Schumann in den 1830er Jahren (noch) keinen größeren Anteil an den nationalpolitischen Einigungsbestrebungen der Deutschen nimmt; die Idee, mithilfe einer „geistigen Aristokratie der Künstler" eine „höhere Epoche der Kunst" zu verwirklichen, in der Nationen keine Rolle mehr spielen, ist ihm wichtiger.[1030] Vor allem unter Franz Brendel, Schumanns Nachfolger als Chefredakteur, wird die NZfM dann auch einen explizit volkspädagogischen Ansatz verfolgen – Brendel hoffte, die Pressefreiheit auch für demokratische Anliegen der Musikpublizistik nutzen zu können, im Sinne der musikalischen Fortschrittspartei die Werke großer Kunst einer unbewanderten Masse pädagogisch sinnvoll näherzubringen.[1031] Die Utopie, dass die Revolution von 1848 die Unterschiede zwischen Bürgertum und Proletariat nivellieren könne, erfüllte sich nicht; die Einheit des Volkes war in der Folge politisch ebenso wenig verwirklicht wie die Einheit der Nation.

Schumanns Haltung zu republikanischen Ideen und der Revolution ist nicht leicht zu fassen. Auf der einen Seite teilte er etliche Forderungen und muss deshalb riesige Hoffnungen in einen Umsturz gesetzt haben;[1032] auf der anderen Seite war er zu ängstlich und introvertiert, physisch und psychisch nicht eben geeignet, seinen politischen Anliegen an der Waffe Ausdruck zu verleihen – und angesichts der Kinderschar zu sehr auf eine kleinbürgerliche Existenzsicherung angewiesen (seine Anstellung in Dresden hätte Schumann, siehe das Beispiel Wagners, bei

---

1029 Edler, Schumann 2009, S. 29.

1030 Vgl. Schumann, Gesammelte Schriften I, S. 119; Edler, Schumann 2009, S. 31; Edler, Schumann 1982, S. 83.

1031 Brendel, Franz: Die künstlerische Individualität, ihre Berechtigung und das Verständnis dafür, in: ders.: Gesammelte Aufsätze zur Geschichte und Kritik der neueren Musik, Leipzig 1888, S. 233: „Der Menge muss […] das künstlerische Wesen überhaupt näher gerückt werden; es ist dem Belieben und dem Zufall zu überlassen, was die Einzelnen davon sich aneignen können und wollen, es muss darin ein allgemeines Bildungsmittel erkannt und dieses Ziel mit Festigkeit und Consequenz verfolgt werden."

1032 Auch die Tatsache, dass Schumann noch Jahre nach der gescheiterten Revolution in Düsseldorf der Kunstakademie anhing und Mitglied des „Malkasten" war, spricht sehr für sein politisches Interesse: Der „Malkasten" war ein Zusammenschluss von Akademie- und freien Künstlern zur Förderung der republikanischen Bestrebungen und nach der gescheiterten Revolution „nunmehr […] künstlerische Avantgarde, die sowohl gegen einen überholten Romantizismus als auch gegen einen blutleeren Klassizismus angeht – dies alles im Zeichen des aufkommenden ‚Realismus'. Dieser kennt eine parteiliche Strömung, die im Sinne des französischen Malers Gustave Courbet soziale Ungleichheit anprangert, und eine eher unpolitische, die Natur und Mensch ohne falsches Pathos darstellen und dabei auch die vermeintlich unscheinbaren Dinge in den Blick bekommen will." (Geck, Schumann, S. 235).

einer aktiven Beteiligung an den Aufständen in den Wind schreiben können). Die große Enttäuschung über das Scheitern der Revolution, die er voll freudiger Aufregung als „Völkerfrühling"[1033] bezeichnet hatte, ging einher mit der Erkenntnis, dass Gewalt nicht das Mittel zur Durchsetzung politischer Forderungen sein könne. Stattdessen drückt er sich, seinem Wesen entsprechend, in der künstlerischen Eruption des Jahres 1849 aus, komponiert trotz des Rückzugs ins Familiäre während der Revolutionszeit mit „Feuereifer"[1034] (in dieser Situation gerade auch die Kinder- und Jugendkompositionen!) und wendet sich dem Konzept einer Kulturnation zu. Schumanns Liedschaffen, das solistische und mehr noch das chorische, überhaupt die Arbeit mit Laienchören, sind in diesem Kontext zu betrachten – (Männer-) Gesangsvereine, Liedertafeln etc. waren entscheidender Träger demokratischen Gedankenguts und nicht zuletzt für die Verbreitung eines gemeinsamen deutschen Liedrepertoires mitverantwortlich.

Eine weitere nationalpolitische Maßnahme ist Schumanns selbstbewusstes Eintreten für eine Ersetzung der italienischen und französischen Vortragsbezeichnungen durch deutsche. Bei der ersten Tagung des neu gegründeten Tonkünstlervereins (13./14. August 1847) lässt er seine Forderungen durch Brendel vertreten:

> Sodann wünschte ich zur Sprache gebracht das französische Titelwesen, desgleichen den Mißbrauch italienischer Votragsbezeichnung in den Compositionen deutscher Tonsetzer, und würde Sie bitten, einen Antrag zu stellen auf Abschaffung aller Titel in französischer Sprache, wie auf Ausmerzung solcher italienischer Vortragsbezeichnungen, die sich eben so gut, wo nicht besser in deutscher Sprache ausdrücken lassen.[1035]

Schumanns Vorliebe für die deutsche (und englische) Sprache gegenüber den romanischen[1036] und seine Skepsis gegenüber der italienischen Opernmusik[1037]

1033 Schumann, Tagebuch, 18. März 1848.

1034 So schreibt er im Brief an seinen Verleger, den er seinen auf der Rückfahrt von Kreischa komponierten Vier Märsche[n] für Klavier op. 76 beilegte. Er bezeichnet die aus der Marschbegeisterung der Revolutionszeit geborenen Kompositionen als „recht eigenwillige Stücke" und erklärt: „Sie erhalten hier ein paar Märsche – aber keine alten Dessauer – sondern republikanische. Ich wusste meiner Aufregung nicht besser Luft zu machen – sie sind in wahrem Feuereifer geschrieben." (Schumann, Briefe und Schriften, hrg. von R. Münnich, Weimar 1956, S. 290.).

1035 Schumann, Brief an Brendel vom 8.8.1847, zit. in: Herrmann, Andrea: Robert Schumann als Pädagoge in seiner Zeit, Berlin 1997, S. 160.

1036 Vgl. Boetticher, S. 158. Wolfgang Boettichers Werk wird hier aufgrund seiner ideologischen Belastung nur mit größter Vorsicht zitiert; nur, was als gesichert angesehen werden kann, findet Eingang.

1037 Die italienische Musik, vor allem die Oper, lehnte Schumann laut Boetticher als zu leicht ab. Eine Ausnahme bildete nur Cherubini. Die französische Musik kommt bei Schumann

fallen wie bei vielen Zeitgenossen zusammen mit der Suche nach einer deutschen National-Oper – sowohl als Werk wie als Institution – „zur Erfüllung des vormärzlichen deutschen Einheitsstrebens auf künstlerischem Gebiet".[1038] Es ist bezeichnend, dass Schumann auf der Suche nach einem Sujet für eine „Deutsche Oper" ausgerechnet bei dem irischen Dichter Thomas Moore fündig wurde: *Das Paradies und die Peri* ist die zweite der vier Verserzählungen in dessen orientalisierender Märchensammlung *Lalla Rookh*.[1039] Die Suche nach einer „Ersatznation" außerhalb Deutschlands, das es als geeinte Nation noch nicht gab, kann hier ausschlaggebend gewesen sein. Auf der Suche nach nationaler musikalischer Identität plant Schumann allerdings auch die Komposition eines Oratoriums über Luthers Ringen um eine Nationalkirche, bei dem selbstverständlich „Luther […] in *deutscher Sprache* [singt]".[1040] Der Schlusschor des nie ausgeführten Werkes sollte die protestantische (National-) Hymne „Ein feste Burg" werden. Im Briefwechsel zwischen Schumann und dem Librettisten Pohl stellt Schumann seine Überlegungen zu Luther als „Mann des Volkes" und „Träger einer nationalen Idee" dar:

> Ich habe Luther gewählt, denn es ist, wie ich glaube, der einzige Stoff, der sich zu einem spezifisch protestantischen Kirchenwerk eignet, – im Gegensatz zu den katholischen, jüdischen oder rein geistlichen Stoffen. Luther ist somit ein echtes, deutsches Nationalwerk in der kirchlichen Kunst der wahre Mittelpunkt […] Noch eine Frage, ob Sie damit einverstanden sind, das *nationale* Element in der Bearbeitung von Luther dem Kirchlichen an die Seite zu stellen? Ich meine das so. Luther ist nicht nur der Mann Gottes und Gründer der Kirche, sondern auch der Mann des *Volkes* und Träger einer literarischen, nationalen Idee. Wo es sich also um ein deutsches Nationalelement handelt, darf das Volkstümliche nicht vergessen werden.[1041]

---

allerdings deutlich besser weg, es ist weit weniger nationalistische Abgrenzung zu spüren als bei vielen anderen Zeitgenossen. Méhul und Gluck gefallen ihm, Gluck in seiner Einfachheit gar als nachahmenswertes Ideal; er verurteilt nur das Rokoko, „das Spielerische, Unreflektierte". (Vgl. Boetticher, Schumann, S. 242).

1038 Mahlert, Ulrich: Fortschritt und Kunstlied, Späte Lieder Robert Schumanns im Licht der liedästhetischen Diskussion ab 1848, München u.a. 1983, S. 26.

1039 Vgl. Edler, Schumann 1982, S. 91.

1040 Schumann, zit. nach Boetticher, S. 159.

1041 Zit. nach Boetticher, S. 163f. Dieser merkt dazu an: „Schumann erklärte sich mit diesen Vorschlägen Pohls, die Idee einer Nationalkirche stark herauszuheben, einverstanden. Denn sonst fände sich nicht in Pohls Brief vom 8.2.1851 folgender Satz: ‚Ihre Bemerkung über Luther, dass er durchaus volkstümlich zu halten sei, hat meine volle Anerkennung.'" (Ebd.)

Um Schumanns politische Positionierung zu untersuchen, ist auch der Blick auf die von ihm vertonten Texte und deren Dichter notwendig. So gut wie alle 62 Vorlagendichter(innen) zu den Sololiedern sind Zeitgenossen Schumanns – nur verschwindend wenige entstammen niederen sozialen Schichten, so gut wie alle dem Bürgertum. 44 haben ein Universitätsstudium; etliche sind politisch engagiert, vor allem um 1848, manche auch in den Befreiungskriegen.[1042] Schumanns literarisches Interesse war, befeuert durch die Buchhandlung des Vaters, seit seiner Kindheit und zeit seines Lebens enorm. Dass er bereits als Schüler, am 15.12.1825, den „Litterarischen Verein" gründet, spricht für sich. Die dortige gemeinsame Lektüre der wichtigsten deutschen (zeitgenössischen) Werke, darunter sehr viel Schiller, wird viel zu Schumanns persönlicher und künstlerischer Entwicklung beigetragen haben.[1043] Bekanntschaften und Berührungspunkte bestanden zu etlichen Dichtern, darunter Heinrich Heine, Willibald Alexis, Berthold Auerbach, Joseph von Eichendorff, Friedrich Rückert, Nikolaus Lenau, Hans Christian Andersen, Bettine von Arnim, Theodor Mundt, Franz Grillparzer, Adalbert Stifter, Emanuel Geibel, Friedrich Hebbel, Heinrich Hoffmann von Fallersleben, Gustav Freytag.[1044]

Die Lyrik übte – nicht nur, aber vorrangig im Hinblick auf mögliche Vertonungen – eine besondere Faszination auf den Komponisten aus. Dafür steht die Sammlung der Gedichtabschriften, die Clara und Robert von 1839 bis ca. 1852 gemeinsam anlegten (wobei Clara den größeren Teil leistete). Die Texte der verschiedensten meist zeitgenössischen Autoren wurden zum überwiegenden Teil auch in Musik gesetzt (101 von 169), etliche Eintragungen am Heftrand geben Aufschluss zu den Quellen, dem Dichter, Vertonungen etc.[1045] Viele der Lieder finden sich auch in Gebrauchsliederbüchern der Zeit – einige sind sogar Teil unseres Kanons bzw. der *song cloud*,[1046] gehören also zu den am häufigsten gedruckten Liedern der Zeit. Aus dem „Wunderhorn" sind dies die Heftnummern 7 (Müllers Abschied: „Da droben auf jenem Berge"), 8 (Drey Schwestern Glaube, Liebe, Hoffnung: „Es wollt ein Jäger jagen"), 9 (Wenn ich ein Vöglein wär – op. 43/I und op. 81/9, im 2. Akt der Oper *Genoveva*), 10 (Rosmarien: „Es wollt die

1042 Vgl. Schulte, Krischan: „… was Ihres Zaubergriffels würdig wäre!" Die Textbasis für Robert Schumanns Lieder für Solostimmen, Mainz u.a. 2005, S. 33ff.

1043 Vgl. hierzu Schoppe, Martin: Schumanns Litterarischer Verein, in: Kruse, Joseph A. (Hrg.): Robert Schumann und die Dichter, Düsseldorf 1991.

1044 Kruse, Joseph A.: Robert Schumanns Lektüre. Zeitgenössischer Kanon, individuelle Schwerpunkte, kompositionsspezifische Auswahl und seine Urteile als Leser, in: ders. (Hrg.): Robert Schumann und die Dichter, Düsseldorf 1991, S. 131.

1045 Vgl. hierzu Kaldewey, Helma: Die Gedichtabschriften Robert und Clara Schumanns, in: Kruse, Joseph A. (Hrg.): Robert Schumann und die Dichter, Düsseldorf 1991, S. 88.

1046 Vgl. oben, Kap. II.2.2.

Jungfrau früh aufstehn" – op. 91/I) und 11 (Jäger Wohlgemuth: „Es jagt ein Jäger wohlgemuth"). Goethes „Heidenröslein", die Heftnummer 31, wurde in op. 67/3 vertont, und Ernst von Feuchterslebens „Volkslied" („Es ist bestimmt in Gottes Rath"), das sich ebenfalls des öfteren in Liederbüchern findet, in op. 84. *Des Knaben Wunderhorn*, das „den Romantikern und mithin Robert Schumann […] trotz des nachgewiesenermaßen literarischen Charakters der Dichtungen […] als Inbegriff ursprünglichen deutschen Volksgesangs [galt],"[1047] lieferte Stoff für weitere Kompositionen – neben op. 75 (Nrr. 1 „Es ist ein Schnitter der heißt Tod" und 5 „Vom verwundeten Knaben: Es wollt ein Mädchen früh aufstehn") vor allem für das auf Volkstümlichkeit angelegte *Lieder-Album für die Jugend* op. 79 (Nrr. 11 „Käuzlein", 14 „Marienwürmchen, setze dich auf meine Hand", 21 „Die Schwalben: Es fliegen zwei Schwalben in's Nachbar sein Haus" und 25 „Spinnelied: Spinn', spinn', Mägdlein, spinn'!"). Wichtig ist aber auch im Blick auf die Lieder, dass Schumann keinesfalls nur deutsche Autoren vertonte. Die *Myrten* op. 25 beispielsweise versammeln neben Rückert, Goethe und Heine auch Robert Burns, Thomas Moore und Lord Byron als Vorlagendichter. *Hochländers Abschied* („Mein Herz ist im Hochland…") klingt auch musikalisch nach nachempfundener, „fremder" Volkstümlichkeit. Auch hier wieder wie bei *Das Paradies und die Peri*: Ein nationalistisches Surrogat, die Suche nach der Ersatznation außerhalb der eigenen, zerrissenen?

Der von Schumann am häufigsten vertonte Dichter ist jedoch ein Deutscher: Heinrich Heine mit 45 Vertonungen. Fast ebenso viele Texte vertonte Schumann von Rückert (44), es folgen auf den vorderen Plätzen Geibel (31), Goethe (23), Kerner (22) und Eichendorff (21). Ludwig Uhland und Hermann Rollett, beide weit bis sehr weit im politisch linken Spektrum einzuordnen, zählen zu den Vorlagendichtern einiger Chorballaden, auch Ferdinand Freiligrath ist darunter. Das lässt den Rückschluss zu, dass Schumann mit deren radikal republikanischem Gedankengut durchaus sympathisierte.[1048] Emanuel Geibel und Heinrich Heine sind politisch ähnlich zu verorten. Schumann verehrte Heine, er hatte seine „Reisebilder" direkt nach ihrem Erscheinen gelesen, 1826/27 als Primaner. In seiner Vertonung von Heines „Die Grenadiere" aus dem *Buch der Lieder*[1049] (Schumann: *Romanzen und Balladen*, Heft 2 op. 49) wird auch die beiden gemeinsame Begeisterung für Napoleon und die freiheitlichen Ideen der französischen Revolution sichtbar:

> Wie sehr er [Schumann; MN] sich mit dem Pathos und dem patriotischen Grundzug der Vorlage identifizierte, zeigt […] nicht zuletzt natürlich die kraftvoll zitierte Marseillaise in der sieghaft-strahlend nach H-Dur abgesetzten Doppelstrophe 8-9.[1050]

1047 Kruse, S. 148.
1048 Vgl. Geck, Martin: Robert Schumann, München 2010, S. 264.
1049 Heine, Buch der Lieder, Abschnitt Junge Leiden, VI. Romanze (1822).
1050 Spies, Günther: Reclams Musikführer Robert Schumann, Stuttgart 1997, S. 162.

Zu einem einzigen Zusammentreffen kam es auf dem Weg nach Italien am 8. Mai 1828 in München. Schumann schickte dem Dichter seinen *Liederkreis* op. 24 nach Paris, erhielt jedoch keine Antwort. Dass Heine aber auch den Komponisten und Musikschriftsteller zu schätzen wusste, zeigt sich in lobenden Äußerungen über dessen NZfM-Artikel, die er regelmäßig las.[1051]

Der *Liederkreis* op. 24, die kongeniale Vertonung von Heines Lyrik, ist beispielhaft für die Herstellung volkstümlicher Illusion in Text und Musik. So wird das in Mythologie und Volksdichtung verbreitete Motiv der sprechenden Vögel in Nr. 3 (*Ich wandelte unter den Bäumen*) aufgegriffen;[1052] nach Heine überhaupt der Entstehungsweg vieler Volkslieder – Handwerksburschen oder andere fahrende Gesellen improvisieren ein Liedchen, die Vögel pfeifen es nach und der nächste vorbeikommende Wanderer dichtet daran weiter. Auch das Motiv des Baums als Liebesorakel, die Verwendung von Diminutiven („Wörtlein", „Vöglein") und die metrische Gestaltung sind sehr volksmäßig.[1053] Die Nr. 4 (*Lieb' Liebchen, leg's Händchen*) ist das am häufigsten vertonte Lied des Zyklus, was nicht weiter Wunder nimmt: Es „orientiert sich […] so stark an volksliedhafter Lyrik, dass sich beim Lesen wie von selbst Melodien von Volksliedern einstellen, auf die man es singen kann."[1054] Schumanns Vertonung erfasst zwar das Einfach-Volksliedhafte des Textes, ist aber natürlich insgesamt zu kunstvoll gestaltet, um wirklich volkstümlich zu sein. In Nr. 7 (*Berg' und Burgen schaun herunter*) spiegelt Schumann in der barkarolenartigen Rhythmik kompositorisch die Bewegung des Schiffes, in der einfach gehaltenen melodischen Struktur den volksliedhaften Ton der Lyrik. Wichtig ist festzuhalten, dass Schumann – anders als noch Schubert – die Volkstümlichkeit nur noch als Stilmittel verwendet und sich zumindest in den Sololiedern künstlerisch von ihr fortentwickelt.[1055] Schumann verehrte Schubert und wollte nach Wien reisen, um bei ihm Unterricht zu nehmen. Ein Kontakt kam aufgrund des frühen Todes Schuberts nie zustande;[1056] kompositorisch nicht vergessen hat Schumann allerdings die Liedtradition, in der er wurzelt.

1051 Vgl. Kruse, Schumann und die Dichter, S. 180f.
1052 Vgl. Westphal, Christiane: Robert Schumann. Liederkreis von H. Heine op. 24, München u.a. 1996, S. 15.
1053 Vgl. ebd.
1054 Ebd., S. 17.
1055 Vgl. hierzu Geck, Schumann, S. 140f.
1056 Vgl. Boetticher, Schumann, S. 203.

(c) Volkserziehung und Volkstümlichkeit

Das Lied ist insofern eine äußerst „demokratische" Gattung, als es in seiner Einfachheit großen, auch musikalisch weniger bewanderten Kreisen zugänglich ist. Die Forderung nach „demokratischer" – im Sinne einer allgemein verständlichen – Musik, gekennzeichnet von klarer Einfachheit, Volkstümlichkeit und (trotzdem) hoher künstlerischer Qualität, war omnipräsent; Schumann ist keineswegs der Erste, der sich mit diesem Thema auseinandersetzt. Doch in der Tradition seiner Vorbilder Schubert und Beethoven stehend und auf diesen aufbauend, versucht er, das Volkstümliche, „Demokratische" (Lieder, Chorwerke, Klaviermärsche) mit dem Universal-Menschlichen zu verbinden. Derartige Werke sollten, so Mahlert, „die Gebildeten wie die Ungebildeten ansprechen und – bei konzertmäßiger Darbietung – imstande sein, beide Hörerschichten zum Publikum zusammenzuschließen."[1057] In seiner einzigen Oper *Genoveva* will Schumann in genau diesem Sinne „große" und „kleine" Elemente in einem Werk vereinigen, was von Wagner und anderen Zeitgenossen aber als misslungen verurteilt wird.[1058]

Viel fruchtbarer waren jedoch Schumanns volkspädagogische Bestrebungen, die sich an mehreren Punkten festmachen lassen. Schumanns großes literarisches Vorbild Jean Paul steht mit seinen Bildungsromanen in der Tradition Rousseaus, einer Traditionslinie, die über den Dichter den Komponisten erreicht. Schumann vermerkt im Lektürebüchlein 1847 seine Enttäuschung über die *Bekenntnisse* und besichtigte 1851 Rousseaus Geburtshaus in Genf; seine Lektüre des *Emile*, des Bildungsromans schlechthin, ist dagegen nicht belegt.[1059] Bereits 1827 hatte sich Schumann mit der Nationalpädagogik Fichtes und Schlegels beschäftigt, im literarischen Schülerverein werden in der 25. Sitzung (6. Mai 1827) gemeinsam die *Reden an die deutsche Nation* durchgenommen, davor und danach jeweils Schlegel, *Über altdeutsche Litteratur* bzw. *Über Volksbildung*.[1060] 1849 – ohnehin einem bedeutsamen Jahr für Schumanns Leben und Werk – erscheinen Schleiermachers Werke, die ebenfalls den engen Zusammenhang von Politik und Pädagogik beto-

---

1057 Mahlert, Fortschritt und Kunstlied, S. 92.

1058 Vgl. Edler, Schumann 2009, S. 102: „Elemente des Volkslieds („Wenn ich ein Vöglein wär …") werden in der zentralen Szene [2. Akt, 9. Szene; MN] mit höchst divergenten monologischen, dialogischen und choristischen Partien zu einer äußerlich symmetrischen Großform zusammengeführt, ohne sich zu einer überzeugenden dramaturgischen Einheit zu verbinden."

1059 Vgl. Herrmann, Andrea: Robert Schumann als Pädagoge in seiner Zeit, Berlin 1997, S. 9.

1060 Vgl. Schoppe, Martin: Schumanns Litterarischer Verein, in: Kruse, Joseph A. (Hrg.): Robert Schumann und die Dichter. Ein Musiker als Leser, Düsseldorf 1991 sowie Herrmann, Schumann als Pädagoge, S. 17.

nen. Es ist aber nicht klar, ob Schumann mit Schleiermachers Texten oder Ideen vertraut war.[1061]

Robert Schumann hat nie Kinder unterrichtet, nicht einmal seine eigenen. Er verfolgte vielmehr einen eher elitären Anspruch, indem er sich als Lehrer begabten Jugendlichen und jungen Erwachsenen widmete.[1062] Schumann unterstützte aus dieser Haltung heraus Mendelssohns Idee der Leipziger Konservatoriumsgründung und unterrichtete dort zeitweise. Trotz der Tendenz des Elitären, die einer Begabtenförderungsanstalt immer anhaftet, sollten dort aber auch musikalisch Begabte aus ärmeren Familien aufgenommen werden; im ersten Jahr wurden sechs solcher Freistellen (und damit 27% der Plätze) zur Verfügung gestellt.[1063] Neben der musikalischen sollte am Konservatorium auch sittliche Erziehung stattfinden, Schumann versprach sich davon einen „bedeutenden Einfluss auf die ganze Bildung der deutschen Jugend".[1064] Schumanns Kompositionen für Kinder, insbesondere das *Album für die Jugend* op. 68 und das *Lieder-Album für die Jugend* op. 79, sind inspiriert von diesen Zielsetzungen sowie dem Einfluss Rousseaus und der Romantik, die das Kind als Inbegriff des Natürlichen und „Unzivilisierten" sehen.[1065]

Das *Album für die Jugend* war nicht im eigentlichen Sinne als Klavierschule gedacht (einen solchen Plan verfolgte Schumann in den Jahren 1839 und 1841 auch – in seiner „klavierverrückten" Zeit wäre das sicher eine hervorragende Einnahmequelle gewesen –, verwirklichte ihn aber nie),[1066] jedoch als ästhetisch anspruchsvoller Beitrag zur Unterrichtsliteratur, die dadurch dazu geeignet ist, den Geschmack beim häuslichen Musizieren zu bilden und zu heben, gleichermaßen „Fingerfertigkeit […] Geist und Gemüt"[1067] zu fördern. Dieser ganzheitliche Anspruch (musikalischer) Bildung wird unter anderem durch die Bildhaftigkeit der Stücke erzielt, die vielleicht auch zur großen Popularität des Albums beitrug. „Von all meinen Compositionen, glaub' ich, werden diese die populärsten",[1068] schreibt Schumann Anfang Oktober 1848 an Carl Reinecke, und in der Tat wurde das *Album für die Jugend* mit einer Erstauflage von zweitausend

1061 Mahlert, Ulrich: Pädagogik und Politik. Zu Schumanns Lieder-Album für die Jugend op. 79, in: Frobenius et al.: Robert Schumann, Philologische, analytische, sozial- und rezeptionsgeschichtliche Aspekte, Saarbrücken 1989, S. 162.
1062 Vgl. Herrmann, Schumann als Pädagoge, S. 169.
1063 Vgl. ebd., S. 95.
1064 Schumann, Tagebuch II (17.2.1843), S. 254.
1065 Vgl. Herrmann, Schumann als Pädagoge, S. 21ff.
1066 Vgl. ebd., S. 156f.
1067 Vgl. ebd., S. 142f.
1068 Schumann, Brief an Reinecke vom 6.10.1848, in: Jansen, Briefe, S. 291.

Exemplaren schnell eines von Schumanns erfolgreichsten Werken.[1069] Und eines, das ihm besonders am Herzen gelegen haben muss: Noch aus Endenich fragt er bei Clara nach, ob die Kinder „noch von Beethoven, Mozart und aus meinem Jugendalbum spielen".[1070]

Eine ähnliche Zielsetzung wie das Klavieralbum verfolgt das *Lieder-Album für die Jugend* op. 79. Die Textauswahl erfolgte vorrangig nach Kriterien der Altersgemäßheit und dem passenden literarischen Niveau der Gedichte; der Aufbau des Albums ist entwicklungspsychologisch motiviert, im Schwierigkeitsgrad ansteigend.[1071] Realistischerweise kann das Werk aufgrund des zu großen Stimmumfangs und der anspruchsvollen Gestaltungsanforderungen kaum als Gesangsschule für Kinder dienen, ausgebildete erwachsene Stimmen wiederum singen es nicht mit der erforderlichen Leichtigkeit – es entsteht ein gewisses Paradox.[1072] Das aufzulösen allerdings leichtfällt, betrachtet man das Gesangs-Album – ähnlich wie das für Klavier – nicht in erster Linie als Unterrichtswerk, sondern als am sozialen Ort des bürgerlichen Familienliebens für die gemeinsame Hausmusik angesiedelt.

> Solche Musikübung hatte gewichtige erzieherische Vorzüge und zudem eine latente politische Vorbildhaftigkeit. Die Beteiligten bildeten beim Musizieren eine modellhafte pädagogische und soziale Partnerschaft. Der gemeinsame Vollzug erzeugte eine prinzipielle Gleichberechtigung. […] Die vermeintlich festen Grenzen zwischen jung und alt, kindlich bzw. jugendlich und erwachsen schwanden im Musizieren der Lieder. In dieser Praxis des gemeinsamen Liedersingens war die Familie keine hierarchische, obrigkeitlich von den Erwachsenen beherrschte Gemeinschaft, sondern sie gewann idealtypisch eine „demokratische", auf Gleichartigkeit und Gleichberechtigung gegründete Struktur.[1073]

Dieser Gedanke ist essentiell für das Verständnis des Werkes, das damit in gewisser Weise als Schumanns „Gegenutopie zu der von Gegensätzen und blutigen

---

1069 Vgl. Mahlert, Fortschritt und Kunstlied, S. 93: „Eine Zeitungsnotiz von 1851 (Staats und Gelehrte Zeitung des Hamburgischen unpartheiischen Correspondenten vom 4.I.1851, o.S.) weist darauf hin, dass Schumann, ‚der noch bis vor kurzer Zeit wenig Anklang mit seinen Compositionen beim großen Publicum' fand […] sich mit seinem 1848 komponierten Album für die Jugend op. 68 ‚jetzt nach allen Richtungen […] Bahn gebrochen und sich populär gemacht' hat. Was Schumanns Werken ‚in neuester Zeit eine immer mehr um sich greifende Verbreitung' verschaffe, sei die Tatsache, dass seine ‚so fruchtbare Phantasie sich mehr und mehr im populären Gewande giebt'. Diese Bemühung um Popularität, das von einer Bildungsintention getragene, künstlerisch verantwortete und nicht als Anbiederung an den Modegeschmack praktizierte Streben nach Verständlichkeit ist charakteristisch für zahlreiche Spätwerke Schumanns."
1070 Schumann, Brief an Clara vom 14.9.1854, in: Jansen, Briefe, S. 397.
1071 Vgl. Mahlert, Pädagogik und Politik, in: Frobenius et al., S. 155.
1072 Vgl. ebd., S. 156.
1073 Ebd., S. 157.

Kämpfen zerrissenen Gesellschaft"[1074] betrachtet werden kann. Entstanden ist es im Revolutionsjahr 1849 zur Zeit der größten Unruhen, die Angabe auf dem Handexemplar lautet „Dresden u. Kreischa vom 21. April – 13. Mai 1849". Dass dieses Album gerade in den größten politischen Wirren entsteht, ist nicht widersprüchlich, sondern naheliegend. Erstens wird zu dieser Zeit der Begriff „Jugend" vielfach symbolhaft verwendet – einerseits als sentimentalische Retrospektive von Erwachsenen, die „im Jugendalter einen ungetrübten, friedlichen Naturzustand sehen möchte[n]"[1075] und ihre politischen Hoffnungen für eine bessere Zukunft auf die neue Generation setzen, andererseits als patriotische Anspielung des „Jugend-Themas" an die Bewegung des *Jungen Deutschland* bzw. die 1848 erschienenen freiheitlich-demokratischen *37 Lieder für das junge Deutschland* Heinrich Hoffmann von Fallerslebens, der in Schumanns Album der mit 10 von 29 Gedichten der am häufigsten vertretene Dichter ist. Neben diesen Aspekten steht zweitens die Frühlingsthematik:

> Neun von 29 Vertonungen [sind] Frühlingslieder. Frühlingsmetaphern zählen in der Vormärzlyrik bekanntlich zu den am häufigsten verwendeten poetischen Bildern für die Überwindung einer politischen „Eiszeit" durch die Wärme eines neu aufkeimenden Lebens. Schumann selbst trug in diesem Sinne am 18. März 1848 lapidar ins *Haushaltsbuch* ein: „Völkerfrühling".[1076]

Die meisten Lieder sind einfach-strophisch gearbeitet und entsprechen damit dem ästhetischen Anspruch von natürlicher (wenngleich künstlich geschaffener) „Volkstümlichkeit". Im ganzen Album wird keine wie auch immer geartete politische Agitation betrieben; die hier angerissenen Interpretationsansätze sind nur auf einer Metaebene möglich und sinnvoll. Mit seinem pädagogischen Werk möchte Schumann beitragen zur musikalischen und sittlichen Erziehung der Jugend als „Frühling des Lebens", die wiederum zum Träger eines politischen Frühlings werden soll. Der volkserzieherische und dadurch sozial- und nationalpolitische Ansatz, der in der Zusammenstellung dieser Alben – des Gesangsmehr noch als des Klavieralbums – liegt, ist deshalb nicht zu unterschätzen.

Die Lieder der zweiten vokalen Phase ab 1847 sind jedoch seltener Solo- als in wachsendem Maße Chorwerke. Das kommt nicht von ungefähr: Auf der einen, der persönlichen Seite leitet Schumann in der Nachfolge Hillers von November 1847 an für ein knappes Jahr den Dresdner Männergesangverein „Liedertafel" und gründet gleichzeitig den (größer und gemischt angelegten) „Verein für Chorgesang".[1077] Auf der anderen, der politischen Seite rückt erstens „das Volk" als bedeutsame Masse immer stärker in den Mittelpunkt, zweitens führt die

---

1074 Ebd., S. 158.
1075 Ebd.
1076 Ebd., S. 161.
1077 Vgl. Edler, Schumann 2009, S. 103.

durch Industrialisierung und Verstädterung herbeigeführte Individualisierung der Bevölkerung zur romantischen Sehnsucht nach der bindungskonstanten Gesellschaft des Mittelalters, und drittens schließen sich in ganz Europa Kollektive zusammen, um für die Freiheit bzw. Bildung ihrer Nation zu kämpfen.[1078] Schumanns Kompositionen werden in den 1840er Jahren einfacher, entfernen sich vom „idealischen", von der „kompromisslos progressiven Ästhetik der frühen Jahre"[1079] und orientieren sich stattdessen an den politischen und vereinsbedingten Vorgaben und Gegebenheiten. In diesem Kontext ist auch die Hinwendung zu Balladen zu sehen, deren Komposition sich Schumann – neben dem Chor und für den Chor – nun verstärkt zuwendet. Die Gattung Ballade war seit Herder „Inbegriff des Ausdrucks des Volksgeistes"; Schumann versucht, den Volkston möglichst genau zu treffen, und verbindet diese ästhetische Forderung mit den politisch-gesellschaftlichen Gegebenheiten der Zeit: Chor statt Solo.[1080] Obwohl das Männerchorwesen im Vormärz tragender Bestandteil des nationalistischen, freiheitlich-demokratischen Aufbruchs war, schreibt Schumann nur relativ wenig und kurz für reinen Männerchor. Eine klare politische Positionierung ist damit trotzdem gegeben; ebenso wie die um die Mitte des 19. Jahrhunderts sehr fortschrittlich anmutende Öffnung hin zu einem gemischten Chorwesen, die Schumann kurz darauf vollzieht. Die Neuentwicklung der Chorballade mit Orchester ist in einem ähnlich demokratischen, liberalen Licht zu sehen: Sie sollte für alle verständlich sein und sich in die Tradition „von Händels *Israel in Ägypten* [stellen], dem Prototyp des […] Volks-Oratoriums".[1081] Trotz ihrer politisch im Prinzip noch heute vertretbaren Intentionen hatten die Chorballaden gegen den aufkommenden Wagner-„Hype" aber wenig Chancen zu bestehen.[1082]

Doch auch in anderen Gattungen versucht Schumann „populär" zu schreiben – mit Erfolg. Kammermusikalisch sind vor allem die *Fünf Stücke im Volkston für Violoncell (ad lib. Violine) und Pianoforte* op. 102 von April 1849 hervorzuheben, an Orchesterwerken die Ouvertüren zu Schillers *Braut von Messina* op. 100, zu Shakespeares *Julius Cäsar* op. 128, zu Goethes *Hermann und Dorothea* op. 136, die „Rheinische" Sinfonie Nr. 3 in Es-Dur op. 96 sowie die *Fest-Ouvertüre* op. 123. Der Gedanke liegt nahe, dass Schumann „den Abonnenten seiner Orchesterkonzerte Repertoirestücke bieten [wollte], die fasslicher als Symphonien sind, ohne dabei auf Bildungsanspruch zu verzichten."[1083] Die *Marseillaise*, die er an mehreren Stellen in opus 136 einflicht, klingt nicht martialisch, sondern wird

---

1078 Vgl. zu diesen Aspekten: Edler, Schumann 1982, S. 225f.

1079 Spies, Günther: Reclams Musikführer Robert Schumann, Stuttgart 1997, S. 201.

1080 Vgl. Edler, Schumann 1982, S. 226.

1081 Vgl. ebd., S. 262.

1082 Vgl. Geck, Schumann, S. 266f.

1083 Vgl. ebd., S. 268f.

volkstümlich in den Kontext des Stückes eingebettet.[1084] Opus 123, die *Fest-Ouvertüre* mit Gesang über das *Rheinweinlied* („Bekränzt mit Laub den lieben, vollen Becher") Matthias Claudius' ist das wahrscheinlich volkstümlichste Werk Schumanns: Geschrieben aus Anlass des 31. Niederrheinischen Musikfestes vom 15.-17. Mai 1853 in Düsseldorf, bietet der Schlusssatz einen „echten Volkschor, [da] damals [...] Teile des Publikums die an den Chor gerichtete Aufforderung des Solisten ‚O stimmet ein' auf sich bezogen zu haben [schienen]".[1085] Dass das „Rheinweinlied" damals sehr verbreitet war, belegt unser Liederkanon.

1084 Vgl. hierzu ausführlicher Spies, Reclams Musikführer Schumann, S. 311.
1085 Geck, Schumann, S. 269.

4. Johannes Brahms

Zwischen dem Geburtsjahr des ersten und dem Todesjahr des letzten der vier hier behandelten Komponisten liegen genau hundert Jahre. Hundert Jahre, in denen enorme gesellschaftspolitische und künstlerische Entwicklungen vonstattengehen, auf der anderen Seite aber auch Linien der Kontinuität erkennbar bleiben. Während sich der gebürtige Wiener Schubert noch als Deutscher fühlte, war Brahms nach dem Deutschen Krieg 1866 in Wien Ausländer.[1086] Doch war auch Brahms – darin eher mit Schubert und Beethoven vergleichbar, weniger mit Schumann – in den Grundschichten der Gesellschaft verwurzelt, was sich „am deutlichsten in der Vorliebe für das Volkslied und für die niederdeutsche Sprache" [1087] zeigt. Brahms verkörpert allerdings wie kaum ein anderer Komponist einen unsagbar großen Aufstieg, in sozialer wie ökonomischer Hinsicht: Aus kleinen Verhältnissen stammend, besuchte er bis zum Alter von 14 Jahren die Schule; als ein bürgerliches Idealbild aus Fleiß, Disziplin, Sparsamkeit und dem „Genius der Bescheidenheit", den ihm Schumann bescheinigte, aber auch durch seine (ebenfalls sehr „bürgerliche") Liebe zu Literatur und Kunst gelang ihm neben der Erlangung eines beträchtlichen Wohlstands ein enormer Bildungzuwachs und damit der Zugang zu höheren sozialen Schichten. Die *habituelle Ähnlichkeit*, die die Bildungssoziologie nach Pierre Bourdieu als ein entscheidendes Kriterium für Karrieren in der Wirtschaft ausmacht, hat sich Brahms komplett selbst angeeignet, eine kluge Ökonomie, später vertreten durch den Verleger Simrock, tat ihr Übriges. An seinem Wohlstand ließ Brahms zeit seines Lebens seine Familie teilhaben und sparte nicht an Wohltätigkeiten gegenüber Armen.

Während Beethoven und Schumann, in gewisser Weise auch schon Schubert, auf konkrete politische Ereignisse (Napoleon, Revolution) kompositorisch Bezug nehmen konnten, blieb etlichen nach der gescheiterten Revolution Komponierenden nur das romantische Umschwenken von Politik und Gesellschaft „zurück zur Natur" oder zur Mythologie (wie im Falle Wagners).[1088] In manchen Gattungen, zum Beispiel dem Sololied, schreibt Brahms konservativer als Schumann, die „Neudeutsche Schule" um Wagner und Liszt lehnte er entschieden ab. Er will keine „Zukunftsmusik", sondern eine dauerhafte, einen Traditionalismus der

---

1086 Vgl. Edler, Arnfried (Hrg.): Schubert und Brahms. Kunst und Gesellschaft im frühen und späten 19. Jahrhundert. Dokumentation der Veranstaltungsreihe der Hochschule für Musik und Theater Hannover 3.-25. November 1997, Augsburg 2001, S. 16.

1087 Vgl. ebd., S. 97.

1088 Vgl. Krehahn, Thomas: Der fortschrittliche Akademiker. Das Verhältnis von Tradition und Innovation bei Johannes Brahms, München u.a. 1998, S. 10.

Ewigkeit. Dass die Nachwelt Brahms heute fortschrittlicher sieht als er selbst dies tat, liegt zu einem guten Teil in Arnold Schönbergs berühmtem Essay *Brahms the Progressive*[1089] begründet (das Schönberg allerdings mit der Zielsetzung verfasste, seine eigene Progressivität zu rechtfertigen). Demnach seien es eben gerade die motivisch-thematische Durchdringung und die kammermusikalischen Kleinformen (und nicht die Wagnerschen Monumentalopern) gewesen, die den Weg zur Neuen Musik des 20. Jahrhundert wiesen. Das „Neue" des jungen Brahms sah auch Schumann, dessen einzigartig prophetischer Artikel *Neue Bahnen* den „Berufenen" 1853 auf einen Schlag der öffentlichen Musikwelt bekannt machte.[1090] In seinen Konzerten spielte Brahms neben eigenen Werken am liebsten Bach, Beethoven, Schubert und Schumann – die Traditionslinie ist klar, der Kreis (auch der vier Komponisten dieses Kapitels) schließt sich.

Brahms ist der einzige Protagonist dieser Arbeit, dessen Lebenszeit unseren Forschungszeitraum überragt, und das um mehr als ein Vierteljahrhundert. Doch ist (nicht nur) im Hinblick auf die Volksliedsammlungen hier auch der späte Brahms von Interesse – eine Epoche abschließend und vorausblickend auf ein neues Jahrhundert. Denn harmonisch schreibt Brahms in späten Jahren ähnlich fortschrittlich wie der junge Schumann, so dass sich auch hier ein Kreis schließt.

(a) Volkstümlichkeit

„Wenn Sie endlich wiederkehren, freue ich mich darauf, dass wir Herder Gesammelte Volkslieder zusammen lesen; das müssen wir vor allem",[1091] schreibt Brahms am 25. Juni 1855 an Clara Schumann. Herder war Ausgangspunkt seines großen Volksliedinteresses gewesen, das sich durch alle Schaffensperioden zieht, aber besonders in der späten Phase durch die Anlage der Sammlung *49 Deutsche Volkslieder* WoO 33 noch einmal verstärkt deutlich wird. 1856, im Todesjahr Robert Schumanns, hatte Brahms Herders *Stimmen der Völker in Liedern* erworben[1092] und bereits im Andante seiner Klaviersonate in C-Dur op. 1 ein Volkslied (*Verstohlen geht der Mond auf*) in Variationen verarbeitet.

Brahms entstammt noch der „Voreisenbahnzeit", wenngleich er die großen industriellen, sozialen und politischen Umwälzungen miterlebte. Sein Interesse gilt nicht zuletzt deshalb dem Klassischen, Wertvollen, das seinen Wert garantiert

---

1089 Schönberg, Arnold: Brahms the Progressive (1933/1947), in: Morazzoni, Anna Maria: Stile herrschen, Gedanken siegen. Ausgewählte Schriften von Arnold Schönberg, S. 215ff.
1090 Schumann, Robert: Neue Bahnen, in: NZfM, 39. Bd., Nr. 18 (28. Oktober 1853), S. 185-86.
1091 Briefwechsel Schumann – Brahms I, S. 116; zit. nach Morik, Werner: Johannes Brahms und sein Verhältnis zum deutschen Volkslied, Tutzing 1965, S. 297.
1092 Vgl. Beller-McKenna, Daniel: Brahms and the German Spirit, Cambridge 2004, S. 170.

und dergleichen Umwälzungen überdauert.[1093] Man kann in diesem Sinne bei Brahms ganz sicher vom „Volkslied als Idee" und damit von einem im romantischen Sinne idealisierten Volksliedbegriff sprechen.[1094] Anton Wilhelm von Zuccalmaglio[1095] schreibt im Vorwort zur Sammlung *Deutsche Volkslieder und ihre Originalweisen* (1838/40):

> Wir hoffen, dass die Blüten deutschen Volksgeistes in demselben Augenblicke, wo sie in den unteren Schichten zu verlöschen drohen, in den oberen Schichten wieder um so herrlicher aufblühen, von diesen wieder das gesamte [sic!] Volk durchdringen werden. Wir hoffen, dass nach dem Sammler der Künstler kommen werde, um die Weisen als Gesänge für die deutsche Liedertafel einzuführen, mit passender Begleitung wieder am trauten Bürgerherde einzuheimen.[1096]

Brahms war dieser Künstler. Mit der Veröffentlichung etlicher Volksliedbearbeitungen (die meisten basierend auf der Sammlung von Kretzschmer/Zuccalmaglio) und Lieder im Volkston, vor allem aber auch seiner *49 Deutschen Volkslieder* WoO 33 1894, erfüllte er den Wunsch Zuccalmaglios; und schloss gleichzeitig den Kreis, den er mit seinem ersten gedruckten Werk, der Klaviersonate op. 1, eröffnet hatte: das Volkslied als musikalische Rahmenhandlung.

Bei Brahms interessiert der idealisierte Umgang mit dem Volkslied mehr als seine soziale Herkunft aus dem niederen Bürgertum. Diese spielt hier eine geringere Rolle als beispielsweise bei Schubert, wenn man davon ausgeht, es gebe

> eine seelische Grundschicht, die jenseits aller sozialen Verschiedenheit in der Brust eines jeden Menschen liegt. Auch die Königin, die an der Wiege ihres Kindes singt, hat an der „Grundschicht" teil. Wiora führt dazu noch den frischen Studenten und das „kindliche Genie" an, das die Eigenschaft dieser Grundschicht bewahrt hat.[1097]

1093 Vgl. Morik, Werner: Johannes Brahms und sein Verhältnis zum deutschen Volkslied, Tutzing 1965, S. 299f.

1094 Vgl. Ebd., S. 118.

1095 Anton Wilhelm Florentin (von) Zuccalmaglio (12.4.1803-23.3.1869) war ab 1835 Mitglied des Schumann'schen „Davidsbundes"; als „Gottschalk Wedel", „Dorfküster Wedel" oder „Schulmeister Wedel" verfasste er ca. 150 Artikel für die NZfM. Gemeinsam mit Andreas Kretzschmer (1775-1839) gab Zuccalmaglio die Deutsche[n] Volkslieder mit ihren Original-Weisen heraus (Bd. 1: 1838, Bd. 2 nach dem Tode Kretzschmers 1840), die neben der Sammlung deutscher Volkslieder von Johann Gustav Gottlieb Büsching und Friedrich Heinrich von der Hagen (Berlin 1807) die Vorgänger zu Erks Die deutschen Volkslieder mit ihren Singweisen (Berlin 1838-45) darstellen. (Vgl. Brusniak, Friedhelm: Art. Zuccalmaglio, in: MGG II, Bd. 17).

1096 Zit. nach Morik, Brahms, S. 301.

1097 Ebd., S. 11.

Der Gedanke der Zugehörigkeit eines jeden Menschen zur „seelischen Grundschicht" scheint in Bezug auf Brahms in besonderem Maße zuzutreffen. Seine lebenslange Liebe zu Kindern und zu Spielzeug (Zinnsoldaten und Ähnlichem) spiegelt genau diesen Aspekt wider.

In den „Sammlungen" – besser sollten wir von Zusammenstellungen sprechen – von Volksliedern geht es Brahms weit mehr um Ästhetik und Ideal, nicht um Wissenschaftlichkeit und Historik. Für die große wissenschaftliche Volksliedsammlung von Erk und Böhme (die er einmal abschätzig als „Pächter des Volksliedes" bezeichnet)[1098] findet Brahms deshalb klare Worte:

> Ist es denn in der Wissenschaft gar so nöthig, daß man […] jeden Wisch Papier, mit dem ein Großer seinen Allerwerthesten beehrt hat, abdruckt, oder jeden Dreck von der Landstraße so breit tritt wie Böhme es thut?[1099]

Die *49 Deutschen Volkslieder* WoO 33 waren als musikalische Antwort auf Erk/Böhme intendiert – anstelle der Veröffentlichung einer Streitschrift.[1100]

> Eigentlich ist meine Sammlung das – was von einer großen Streitschrift gegen Böhme übriggeblieben ist, an dessen Büchern ich ungemein viel auszusetzen habe. Diese meine Beispiele sprechen jedoch nur von dem einen: daß ich mich für die gar so philiströsen Texte und Melodien, wie sie seit Erk so gepflegt werden, nicht interessieren kann; ich zeige solche Gedichte und Melodien, die mir schön und gut erscheinen und seit längster Zeit lieb und wert sind.[1101]

Brahms' Herangehensweise an die „volkstümlichen" Texte entspricht also vielmehr der von Arnim und Brentano bei der Zusammenstellung des „Wunderhorns", und geht noch darüber hinaus. Zu 100% schöpft Brahms aus fremden Quellen, zum größten Teil (85%) handelt es sich um Liedsammlungen des 16. bis 19. Jahrhunderts, die restlichen 15% stammen aus der (heute verschol-

---

1098 Brahms, Briefwechsel mit Zuccalmaglio und Simrock, zit. nach Morik, Brahms, S. 8f.

1099 Brief vom 3.4.1884 an Philipp Spitta, zit. nach Pape, Walter (Hrg.): Das „Wunderhorn" und die Heidelberger Romantik: Mündlichkeit, Schriftlichkeit, Performanz, Tübingen 2005, S. 17f.

1100 Die Feindschaft Brahms' bzw. Zuccalmaglios gegenüber Erk beruhte in gewisser Weise auf Gegenseitigkeit: Erk griff besonders den zweiten Band der Sammlung an, den Zuccalmaglio nach Kretzschmers Tod alleine herausgegeben hatte. „In Zuccalmaglio sieht er den Fälscher und Einschwärzer von nie vom Volke gesungenen Melodien. So wirft er ihm vor, nicht im richtigen Takt notieren zu können, in Dur gehörte Melodien in Moll zu notieren, von reiner Diatonik abgewichen zu sein, Texten gar nicht die zugehörigen Melodien unterlegt zu haben, an Melodien leichtfertig gemodelt und doch sich an frühere Lieddrucke sklavisch gebunden zu haben." (Morik, Brahms, S. 23). Böhme ließ allerdings später im Liederhort (1893ff.) Zuccalmaglio das posthume Kompliment zukommen, dieser sei „Komponist der besten Lieder gewesen".

1101 Joh. Brahms im Briefwechsel mit Heinrich und Elisabeth von Herzogenberg, hrg. von Max Kalbeck, Berlin 1908, Bd. 2, S. 127f.

lenen) Handschrift des Volksliedsammlers Dr. Arnold.[1102] Sehr vieles ist fast identisch mit der berühmten Sammlung von Kretzschmer und Zuccalmaglio, die Brahms „spätestens 1850 kannte"[1103] und die selbst keinesfalls nur auf mündlicher Quelle beruht.[1104]

> Es kommen [...] höchstens vier Lieder von 134 überlieferten als von Brahms selbst aufgezeichnete in Frage. Und aus dem bisher veröffentlichten Volksliedwerk mit 89 bearbeiteten Liedern ist nur eines, das eine eigene Sammeltätigkeit von Brahms zulässt, aber auch dieses dürfte wohl nicht aus dem Volk aufgelesen sein. Damit lässt sich abschließend sagen, dass Brahms so gut wie überhaupt keine Lieder aus eigener Aufzeichnung, wenn er solche Lieder überhaupt besessen hat, für seine Volksliedbearbeitung verwendete. Seine Quelle war vorzugsweise die Buchvorlage.[1105]

Thematisch orientieren sich die von Brahms zusammengetragenen Lieder in erster Linie an der Liebe, sodann an der Kinderwelt und der häuslichen Andacht.[1106] Äußerst interessant ist

> der gänzliche Ausfall von Handwerks- und Gewerbeliedern, von Reiter- und Soldatenliedern, von Hirten- und Alpenliedern. Brauchtum und Ständewesen, wie es sich in den Bauern-, Handwerks-, Soldaten- und Studentenliedern zeigt, wird übersehen.[1107]

Brahms „erspart" dem Bürgertum, für das er ausschließlich schreibt, „das Lied von der sauberen Zunft der Leineweber zu singen".[1108] Er baut sein Werk auf das *Volks*lied und überträgt dieses durch seine Kompositionen in die Sphäre bürgerlichen Musizierens und damit gewissermaßen ins Unterbewusstsein der Musizierenden. Brahms war die „Lebensechtheit" des Liedes und der Aufführungssituation sehr wichtig – Ziel dabei ist es, das Lied nicht aus seiner

---

1102 Vgl. Morik, Brahms, S. 35ff.

1103 Ebd., S. 12.

1104 Morik fasst zusammen: „Wiora (Die Echtheit der Volksliedweisen bei Zuccalmaglio und Brahms) kommt zu dem Ergebnis, dass in Kretzschmer/Zuccalmaglio die Mehrzahl der Lieder aus anderen Veröffentlichungen abgedruckt ist, und zwar sind es von den 699 Liedern etwa 420, d.h. 3/5 der Lieder stammen aus älteren und neueren Drucken, davon ca. 250 aus neueren. (Es sind dies hauptsächlich Nicolai, Büsching/Von der Hagen 1807, Herder, ... Kugler/Reinick 1833, Silcher, Nikolaus Böhl von Faber 1810). Ca. 260 Melodien müssen nach dem Volksmund aufgezeichnet sein. In 20 Fällen gelang Wiora kein Quellennachweis oder der Nachweis eines typenverwandten Liedes. 22 Melodien rühren aus Quellen des 16. und 17. Jahrhunderts, 51 Melodien aus dem älteren geistlichen Volksgesang her." (Morik, Brahms, S. 25).

1105 Ebd., S. 12.

1106 Vgl. ebd., S. 117.

1107 Ebd., S. 48.

1108 Ebd.

Ursprungsbestimmung herauszulösen. Wenn die Zielgruppe also die bürgerliche Hausmusik ist, so klänge es befremdlich, wenn im Salon vom Wandern oder aus weiblichem Munde vom Zechen gesungen würde.[1109] Ein solches Missverhältnis vermeidet Brahms, indem er derlei Lieder erst gar nicht aufnimmt.

Brahms' Volkslied-Zusammenstellungen waren zunächst – wie bei Herder – pan-europäisch angelegt, erst allmählich tritt das deutsche Lied in den Vorder-grund.[1110] Beispiele wie die Verwendung von „Joseph, lieber Joseph mein" als Cantus firmus im *Geistlichen Wiegenlied* op. 91/2 halten die Erinnerung an alte deutsche Liedtraditionen wach,[1111] ganz stark erscheint dieses kommemorative Moment dann nochmals in den letzten Jahren in WoO 33, opp. 113 und 122, die „typisch Deutsches" wie Volkslieder, Kanons und Choralpräludien verar-beiten.[1112] Mit seinen mehr als 200 gesammelten Seiten von Volksliedtexten, Incipits und Melodien, seinen über hundert Volksliedbearbeitungen und den Lied-Zusammenstellungen beweist Brahms sein kulturelles Interesse an den Grundschichten und setzt sich auch damit in Opposition zu dem mit Richard Wagner[1113] erfolgenden Übergang vom kulturellen zum „völkischen" Nationalis-mus. Brahms wendet sich darüber hinaus sowohl gegen die zu „plumpe" Harmonisierung als auch gegen die sprachbasierte Vertonung der Neudeutschen. Stattdessen sucht er oft ähnlich wie die (Früh-) Romantiker – Brahms war wie Schumann in jungen Jahren begeistert von Jean Paul, Novalis und anderer romantischer Literatur[1114] – die Verknüpfung mit religiösen Elemen-ten.[1115] Hier sind in erster Linie die volkstümlichen Anklänge in den Kirchengesängen, die Hornquinten in op. 22 (Nr. 1 *Der englische Gruß*, Nr. 2 *Marias Kirchgang*) zu nennen sowie die textliche Verknüpfung von deutscher Landschaft und Jäger mit Maria und Gabriel in op. 22/4 (*Der Jäger*).

1109 Vgl. Morik, Brahms, S. 49.

1110 Vgl. Beller-McKenna, Brahms, S. 23f.

1111 Vgl. hierzu ausführlicher ebd., S. 18ff.

1112 Vgl. hierzu ausführlicher ebd., S. 171.

1113 Vor allem Wagners Schriften Das Judenthum in der Musik (1848) und Was ist deutsch? (1865).

1114 Vgl. Floros, Constantin: Johannes Brahms. „Frei, aber einsam". Ein Leben für eine poeti-sche Musik, Zürich u.a. 1997, S. 25.

1115 Vgl. Beller-McKenna, Brahms, S. 12f.

(b) Liedschaffen

> Das Lied segelt jetzt so falschen Kurs, dass man sich ein Ideal nicht fest genug ein-
> prägen kann. Und das ist mir das Volkslied.[1116]

Das Volkslied-Ideal, das Brahms zum Anlegen seiner Sammlungen bewog – eine davon, die *Volks-Kinderlieder* WoO 31, den Schumann-Kindern gewidmet –, fand auch in seine Volkslied-Bearbeitungen und Kunstlieder Eingang. Es zeigt sich in der Präferenz volkstümlicher Einfachheit, großer Sangbarkeit und Selbständigkeit der Melodie (die Melodie kann auch ohne Begleitung problemlos bestehen) sowie in der Tatsache, dass etwa die Hälfte der Lieder über eine strophische Bauweise verfügen. Wenngleich diese Parameter vom Volkslied abgeleitet sind, bieten die Lieder eine äußerst kunstvolle interne musikalische Faktur und gewissermaßen eine transzendente Inter-Nationalität – es sind Lieder, „deren Struktur man, ohne die Worte zu kennen, verstehen würde",[1117] wie Schumann ihnen 1853 bescheinigte.

In diesem Sinne anzuführen sind vor allem opp. 7, 14, 48, 49, 69 und 84.[1118] Die *Sechs Gesänge für eine Singstimme und Klavier* op. 7 bieten zwei explizit als Volkslieder deklarierte Stücke dar, Nr. 4 und 5 („Die Trauernde"). Beide stehen in schwäbischer Mundart, was die Volkstümlichkeit auch textlich hervorhebt. In op. 14, *Acht Lieder und Romanzen für eine Singstimme und Klavier* sind sogar sechs Stücke als Volkslieder benannt, auch hier sind die Texte sehr schlicht. Ein in Bezug auf die Textherkunft sehr gemischtes „Bouket" bieten die *Sieben Lieder für eine Singstimme und Klavier* op. 48 – für uns sind vor allem die Nummern 2 (*Der Überläufer*) und 3 (*Liebesklage des Mädchens*) interessant, da beide dem „Wunderhorn" entnommen sind. Nr. 2 ist außerdem ein Beispiel für den sich gelegentlich klar manifestierenden Traditionalismus Brahms': Das Stück steht in reinem Moll und schließt plagal. Auch das berühmte Wiegenlied op. 49, Nr. 4 stammt – zumindest die erste Strophe – aus dem „Wunderhorn" und ist damit „Wiegenlied, Volkslied und Kunstlied zugleich".[1119] Mit den *Neun Gesänge[n] für eine Singstimme und Klavier* op. 69 vollzieht Brahms eine deutliche Rückwendung zum Volksliedhaften, das die zweite Hälfte der mittleren Schaffens-

---

1116 Brahms, zit. nach Gal, Hans: Johannes Brahms, Frankfurt/Main 1980, S. 92.

1117 Schumann, Robert: Neue Bahnen, in: NZfM, 39. Bd., Nr. 18 (28. Oktober 1853), S. 185f.

1118 Aufgrund des sehr beschränkten Platzes und einer anderen Zielsetzung dieser Arbeit kann hier keine Analyse der Lieder geleistet werden. Die hier wirklich nur angedeuteten Aspekte folgen in Teilen Wagner, Hans-Dieter: Johannes Brahms. Das Liedschaffen, Mannheim 2001. Für eine detaillierte und wertvolle Analyse der solistischen wie chorischen Volkslied-Bearbeitungen sei auf Morik, Brahms, verwiesen sowie, beide sehr ausführlich, auf Sams, Eric: The Songs of Johannes Brahms, New Haven 2000 und Stark, Lucien: A Guide to the Solo Songs of Johannes Brahms, Bloomington/Indianapolis 1995.

1119 Wagner, Hans-Dieter, Brahms, S. 75.

phase bestimmt,[1120] und op. 84, *Fünf Romanzen und Lieder für eine oder zwei Singstimmen und Klavier* enthält mit den Nrn. 4 (*Vergebliches Ständchen*) und 5 (*Spannung*) zwei als niederrheinische Volkslieder gekennzeichnete Stücke.

Erhellend ist auch ein Blick auf die Texte und Dichter der von Brahms vertonten Lieder. Die Texte aus dem „Wunderhorn" (op. 48,2 und 3 sowie op. 49,4) und eine weitere Vorlage von Brentano (*Oh kühler Wald*, op. 72,3) fallen in die zweite Hälfte der mittleren Schaffensperiode. Ab dieser Phase erst tritt auch Heine als Vorlagendichter auf, Uhland hingegen vertonte Brahms nur in der frühen und mittleren, nicht in der Spätphase.[1121] Dass sowohl Brahms als auch vor ihm Schubert und weit mehr noch Schumann Uhland-Texte in Musik setzten, hat vor allem einen Grund: Ihr Volkston, ihre eingängige Form und sicher auch ihr Inhalt hatten den Gedichten, den *Liedern*, zu einer enormen Popularität verholfen. 1843 werden sie gattungsparadigmatisch in Wilhelm Hebenstreits *Wissenschaftlich-literarische[r] Encyklopädie der Ästhetik* angeführt:

> Die Deutschen haben mehre [sic] ausgezeichnete Liederdichter und Liedercomponisten. Unter jenen hat in neuerer Zeit L. Uhland […] das Lied in seiner wahren Einfalt und echt deutschen Tiefe und Innigkeit wiedergegeben […].[1122]

Einschränkend muss festgehalten werden, dass trotz Brahms' Volkslied-Ideal und trotz des unbestreitbaren Einflusses, den dieses auf Kunstlied und Instrumentalwerk hatte, „eine große Zahl der Kunstlieder […] zum Volkslied und volkstümlichen Lied nicht einmal so viel Beziehung [hat] wie sie ein großer Teil der Schubertlieder hatte."[1123] Man sollte deshalb das eingangs angeführte Zitat vom „falschen Kurs", den das Lied segele, nicht zu einseitig interpretieren und damit missdeuten. Es bezieht sich nicht nur auf das Brahms'sche Liedschaffen – das ja zum Teil keineswegs so einfach und natürlich ist, wie es das Ideal vorgibt –, sondern ist darüber hinaus in der Gesamtheit seiner Parameter auf das *ganze*

1120 Vgl. Wagner, Hans-Dieter, Brahms, S. 112.

1121 Vgl. ebd., S. 198.

1122 Art. Lied in: Hebenstreit, Wilhelm: Wissenschaftlich-literarische Encyklopädie der Aesthetik, Wien 1843, Repr. Hildesheim/New York 1978, S. 424.

1123 Morik, S. 265f. Morik ebd. weiter: „In ganz auffallender Weise gilt das für Lieder auf Texte von Daumer und Platen, dann aber auch für solche von Ludwig und Hermann Hölty, Ludwig Tieck, Max von Schenkendorf, Heinrich Heine, Klaus Groth und Felix Schumann. Wohl sind auch da noch Prinzipien liedhafter Geschlossenheit bemerkbar, aber nur höchst allgemeiner Art. Ein genauerer Einfluss des „Brahms'schen" Volksliedes ist nur bei etwa einem Viertel der Vokalkompositionen für gemischten Chor, Frauen- oder Männerchor a-capella und dem Sololied mit Klavier zu erkennen. […] Von diesen 289 Kompositionen weisen nur etwa 67 einen Zusammenhang mit Brahms' Volksliedideal auf, und auch da sind es oft nur ein oder zwei Merkmale, die in diese Richtung deuten. Eine Reihe von Opuszahlen fällt schon von vornherein weg: 32, 33, 46, 57, 70, 71, 72, 85, 121."

Œuvre gemünzt: *Das Volksliedhafte* als Ideal für auch und gerade die Instrumentalmusik.[1124]

Bevor wir auf *Ein deutsches Requiem* näher eingehen werden, sei kurz auf die *Akademische Festouvertüre* op. 80 verwiesen. Brahms schrieb diese für die Philosophische Fakultät der Breslauer Universität, deren Ehrendoktorwürde er am 11. März 1879 erhalten hatte. In dieser Ouvertüre sind auf kunstvolle Weise Motive aus vier Studentenliedern – *Was kommt dort von der Höh* (Fuchsenritt), *Ich hab mich ergeben mit Herz und mit Hand, Alles schweige, jeder neige ernsten Tönen nun sein Ohr* (Landesvaterlied) und *Gaudeamus igitur* – symphonisch miteinander verwoben.[1125] Dass diese Lieder vor allem natürlich in den Kommersbüchern der Zeit, aber auch in den im Rahmen dieser Arbeit analysierten Gebrauchsliederbüchern immer wieder vertreten sind, beweist ihren Bekanntheitsgrad. Eduard Hanslick, der Brahms eine enorme Verehrung entgegenbrachte (nie ein einziger Verriss), betonte „sinnliche Schönheit, Eingängigkeit, Gefälligkeit und Fasslichkeit" als Bedingungen echter Popularität einer Komposition. Diese Fähigkeit „ins Volk zu dringen" erfüllten allerdings nur wenige Instrumentalwerke Brahms', darunter die *Akademische Festouvertüre*.[1126] Dass Brahms weit weniger Chromatik verwendet als sein Antipode Wagner und andere „Neudeutsche", ist ein Hinweis auf seine Zuneigung zum Volkslied – wirklich ins Volk zu dringen, die Grundschichten zu erreichen, ist in der Diatonik leichter.

(c) *Ein deutsches Requiem*, Religion und „das Deutsche" bei Brahms

Brahms' Requiem op. 45 wirft viele Fragen auf. Gattungstechnisch ist es absolut nicht einzuordnen – da es vom festgelegten (lateinischen) Text der katholischen Liturgie vollkommen abweicht, kann es kein wirkliches Requiem sein; für eine Kantate fehlt die Struktur; für eine Symphonie sind die vokalen Anteile zu groß; und letztlich gibt es auch kein Oratorium ohne Handlung und Libretto. Ist es also vielleicht ein „profanes Requiem", eine „Tonandacht", wie Norbert Bolin vorschlägt?[1127] Oder ein protestantischer Gegenentwurf zum Katholizismus?

1124 Die Instrumentalmusik kann hier nicht weiter beleuchtet werden. Siehe dazu Rummenhöller, Peter: „Liedhaftes" im Werk von Johannes Brahms, in: Jost, Peter (Hrg.): Brahms als Liedkomponist, Stuttgart 1992, S. 39f., sowie Becker, Heinz: Das volkstümliche Idiom in Brahmsens Kammermusik, in: Hamburger Jahrbuch für Musikwissenschaft, Bd. 7, Laaber 1984, S. 87-99.

1125 Vgl. hierzu ausführlicher Floros, Brahms, S. 140.

1126 Hanslick, Eduard: Musikalische Stationen, Wien 1880, S. 230f. und ders.: Concerte, Componisten und Virtuosen der letzten fünfzehn Jahre, Berlin 1886, S. 298f.

1127 Vgl. Bolin, Norbert: Das Problem: Ein deutsches Requiem op. 45, in: ders. (Hrg.): Johannes Brahms. Ein deutsches Requiem. Vorträge, Europäisches Musikfest 2003, Kassel u.a. 2004, S. 31.

Brahms war kein Kirchgänger (er habe „zu viel Schopenhauer gelesen"[1128]), jedoch trotzdem religiös im aufgeklärten Sinne des 19. Jahrhunderts. Die Lutherbibel gehörte zur „gewohntesten Lektüre" im Elternhaus.[1129] Dass er absolut bibelfest war, steht also außer Zweifel – jedoch aus einem wissenschaftlich-literarischen Interesse heraus, im Sinne eines „kulturellen Protestantismus".[1130] In den Texten des Requiems wird Christus als Erlöser kein einziges Mal erwähnt; es handelt sich also weit weniger um ein theologisches oder sakrales als um ein musikalisches, aus Brahms' „kulturellem Protestantismus" gespeistes Werk. Die Zitate berühmter Melodien, die das Requiem beinhaltet, sind hierfür symptomatisch: Der zu Anfang des 1. Satzes zitierte Choral „Wer nur den lieben Gott lässt walten" wird in der Literatur häufig behandelt;[1131] für uns interessanter ist jedoch das Kaiserhymnen-Zitat, das Brahms sehr bewusst einsetzt.

> Solltest Du noch nicht die politischen Anspielungen in meinem Requiem entdeckt
> haben? *Gott erhalte* fängt's gleich an im Jahre 1866,[1132]

schreibt er am 16. Februar 1869 an Adolf Schubring. Diese politische Komponente ist nicht zu unterschätzen, ganz besonders im Hinblick auf den Deutschen Krieg 1866, der Brahms – seit vier Jahren als Hamburger in Wien ansässig – ja auch persönlich stark betraf. Dem Reichseiniger Bismarck brachte Brahms eine fast religiöse Verehrung entgegen, sein Porträt schmückte gemeinsam mit denen Bachs und Cherubinis sowie der Büste Beethovens und der *Gioconda* seine Wohnung. Es scheint aber, als habe sich Brahms' politische Einstellung, ohnehin nie sonderlich freiheitlich-demokratisch, nach der Reichsgründung noch verschärft: Josef Viktor Widmann, Redakteur in Bern und Freund Brahms', berichtet in einem Brief an Gottfried Keller 1888 von der „Vaterlandsreligion" und *„fanatischen* Deutschtümelei" des Komponisten.[1133] Widmann ersucht Keller in diesem Brief um Vermittlung in einem Streit um seine Kritik am jungen Kaiser Wilhelm II, die Brahms beinahe zur Aufkündigung der Freundschaft veranlasst hatte.

1128 Beller-McKenna, Brahms, S. 31.
1129 Ebd., S. 35.
1130 Ebd., S. 37ff. und 76.
1131 Vgl. Bolin, Norbert: Musikalische Traditionen im „Deutschen Requiem", in: ders. (Hrg.): Johannes Brahms. Ein deutsches Requiem, Kassel u.a. 2004.
1132 Zit. nach ebd., S. 56.
1133 „Leider lenkte nun aber Simrock sofort das Gespräch wieder auf die Politik, und abermals fuhr nun Brahms in einer Heftigkeit auf mich los, die mir bewies, dass er in seiner Vaterlandsreligion tödlich getroffen ist. […] ich fühle, dass es ihm bei seiner fanatischen Deutschtümelei unmöglich ist, obwohl er gewiss gern möchte, mit mir künftig in einem intimen Verhältnisse zu bleiben." (Brief von Josef Viktor Widmann an Gottfried Keller, Sommer 1888, zit. nach Brachmann, Jan: Kunst – Religion – Krise. Der Fall Brahms, Kassel u.a. 2003, S. 195).

Brahms, der nie eine Fremdsprache beherrschte (und deshalb, Italien ausgenommen, auch nie ins fremdsprachige Ausland reiste), muss die deutsche Sprache auch jenseits von „Deutschtümelei" viel bedeutet haben.[1134] In einem Brief bemerkt er, man könne das Wort „deutsch" im Requiem-Titel auch durch das Adjektiv „menschlich" ersetzen,[1135] was gegen eine Eingrenzung auf Deutsch-Nationales spräche. Auf der anderen Seite verkörpert das Paradox eines „deutschen *Requiems*" die Synthese von Germanischem und Romanischem, Alt und Neu,[1136] von katholischem und lutherischem Glauben – und ist insofern ein Beispiel musikalischen Nationbuildings par excellence. In diese Richtung argumentiert auch Beller-McKenna, wenn er auf die „apokalyptische" Entstehungszeit des Werkes 1866–68 anspielt, die auf das nach dem Deutschen Krieg zu erwartende „kommende Reich" vorausweist.[1137]

In der Tat apokalyptische Bezüge stellt ein Werk her, das häufig mit dem Requiem in eine Reihe gestellt wurde – das *Triumphlied* op. 55. Beide Werke bedienen sich biblischer Texte, das *Triumphlied* der „Offenb. Joh. Cap. 19", wie Brahms dem Titelblatt eigenhändig hinzufügte.[1138] Zu Brahms Lebzeiten eines seiner populärsten Werke, ist es heute fast vergessen oder verschwiegen. Verantwortlich dafür ist der für heutige Verhältnisse zu deutlich zur Schau getragene Nationalismus in Folge des deutschen Sieges über die Franzosen 1870/71 und der darauf folgenden Reichsgründung. Auch wenn mit Sicherheit mehr Nationalismus in das Werk hineininterpretiert wurde als von Brahms intendiert, fällt das *Triumphlied* tatsächlich ein Stück weit aus dem Brahms'schen Werk heraus, es ist monumentaler, offen politisch und geradezu „populistisch".[1139] Dass es nicht dem „gewohnten" Brahms-Bild entspricht, mag ein zweiter Grund für die heutige Missachtung des *Triumphlieds* sein. Es ist Brahms' einziges Werk für Chor und Orchester, das nicht leise endet, und es trägt ungeahnte militaristische Züge. Das Monumentale, der kämpferische „Nationalismus" – hineininterpretiert oder nicht – ist jedoch von größtem Interesse: Der Übergang Deutschlands von der Kultur- zur (mächtigen) Staatsnation fällt zusammen mit Brahms' Aufstieg und seiner Verwendung großer Ensembles, mit welchen er seine musikalischen und

---

1134 Brahms hatte auch Kontakt zu Jacob und Wilhelm Grimm, wahrscheinlich vermittelt durch Joseph Joachim, der mit den Brüdern gut befreundet war. (Vgl. Beller-McKenna, Brahms, S. 45).

1135 Brahms, Briefwechsel, Bd. 3, S. 10.

1136 Dies entspricht Fichtes in den Reden an die deutsche Nation vertretener These vom Untergang der romanischen Sprachen – den germanischen gehöre die Zukunft (Fichte, Johann Gottlieb: Reden an die deutsche Nation, Berlin 1808.)

1137 Vgl. Beller-McKenna, Brahms, S. 97.

1138 Vgl. ebd., S. 105.

1139 Vgl. ebd., S. 102.

literarischen Botschaften einem größeren Publikum zu Gehör bringen möchte. Die sakralen Motive in Text und Musik, die das *Requiem* wie das *Triumphlied* charakterisieren, entsprechen der religiösen Konnotation, die dem deutschen Nationbuilding innewohnte. Brahms hat dies aufgegriffen und musikalisch unterstützt; die Choralzitate schaffen dabei einen monumentalen Klangraum kollektiven Gefühls.[1140] Das instrumentale Zitat von „Nun danket alle Gott" an mehreren Stellen im zweiten Satz, der die Erinnerung an Nationalgrößen wie Luther und Bach weckt, evoziert die Monumentalität eines Denkmals.[1141] Die Allusion auf den Fall der „großen Hure des modernen Babylon an der Seine",[1142] die Brahms durch die Verwendung des Textes aus dem 19. Kapitel der Apokalypse hervorruft, ist Teil des in Deutschland um 1870/71 in höchstem Maße gepflegten aggressiven Nationalismus gegen Frankreich. Das *Triumphlied* kann insofern als musikalisches „Nationalmonument" (Danuser) bezeichnet werden.[1143]

Ein „Nationalmonument" wurde gewissermaßen auch Brahms selbst: Bereits zu Lebzeiten war er äußerst beliebt, „seine Musik konnte sich erstaunlich rasch durchsetzen",[1144] und heute ist er – im Gegensatz zu etlichen seiner Zeitgenossen – einer der meistgespielten und -eingespielten Komponisten überhaupt. Woher rührt diese ungebrochene Popularität?

Constantin Floros führt vor allem zwei Gründe an: Zum einen sei Brahms „einigen Forschern […] der ‚deutscheste' Komponist überhaupt […], das Deutsche in all seiner Eigenart ziehe sich durch sein ganzes Schaffen".[1145] Zum anderen wird „auf seine Vorliebe für das Volkslied, auf seine Volksnähe und Volksverbundenheit" verwiesen; was könnte – im wahrsten Sinne des Wortes – zu mehr *Popularität* verhelfen?

1140 Vgl. Beller-McKenna, Brahms, S. 10f. und 117.

1141 Vgl. hierzu ausführlicher: Ebd., S. 115ff.

1142 Ebd., S. 103.

1143 Cornelius' Gemälde „Reiter der Apokalypse" hing in Brahms' Wohnung, als einziges Bild, das nicht einen großen Meister zeigte (wie die Beethoven-Büste und die Portraits von Bach, Cherubini und Bismarck) oder aus dessen Hand stammte (wie im Falle der Mona Lisa; vgl. Beller-McKenna, S. 98ff.) Obwohl das Triumphlied Wilhelm I. gewidmet war, sollte man diesen aber nicht eins zu eins auf den apokalyptischen Reiter auf dem weißen Pferd übertragen, wie dies vor allem im 19. Jahrhundert verschiedentlich getan wurde. Er symbolisiert vielmehr – und das Werk als solches steht damit dafür – die Krone insgesamt. Auch das Titelblatt spielt hierauf an, und eine solche Herangehensweise entspricht auch dem Anspruch Wilhelms I., (im Gegensatz zu Wilhelm II.) nicht als Person in Denkmälern zu erscheinen, sondern die neu geschaffene Nation zu repräsentieren. (Vgl. ebd., S. 118).

1144 Floros, Brahms, S. 257.

1145 Ebd., S. 259.

Interessanterweise meinte schon 1853 Albert Dietrich, dass sich durch alle Werke seines Freundes Brahms etwas „Volksliedartiges" ziehe, und dies sei es, was seiner Musik den „herzgewinnenden Zauber" verleihe. Ähnliches sagte achtzig Jahre später Wilhelm Furtwängler. Er schrieb Brahms die besondere Fähigkeit zu, „mit und aus der großen überindividuellen Gemeinschaft des Volkes heraus zu leben und zu fühlen." Brahms habe es vermocht, Melodien zu schreiben, die bis in die kleinsten Biegungen hinein sein Eigentum waren und doch wie Volkslieder klangen. „Er vermochte es […], in zwei Takte seine ganze Individualtiät hineinzulegen und doch die Allgemeinverständlichkeit in hohem Sinne sich zu bewahren; eine Musik zu schreiben, die modern, die zeitgemäß, individuell, sensibel war – und bei der doch der Zugang zur großen überindividuellen Gemeinschaft nicht verschüttet schien."[1146]

Bei all seiner Liebe und Nähe zum Volkslied lässt sich diese „Volkstümlichkeit" Brahms' selbstverständlich nicht auf sein gesamtes Œuvre übertragen. Es ist zu vielschichtig. Die Sinfonien und Motetten, große Teile der Kammermusik auch, können schwerlich mit dem alleinigen Attribut der „Volkstümlichkeit" versehen werden. Es ist die Kombination aus tief empfundener Volksnähe und höchster Kunstfertigkeit, die Brahms' Werke so ungemein populär werden ließen – sei es nun ein zum Volkslied gewordenes Kunstlied wie das *Wiegenlied* op. 49/4 („Guten Abend, gut' Nacht") oder das *Requiem*, dessen Uraufführung Adolf Schubring 1869 in der *Allgemeinen Musikalischen Zeitung* besprach.

Brahms' Deutsches Requiem wird überall, wo es in gelungener Aufführung gehört wird, durchschlagen. Eine Musik von unbeschreiblicher Neuheit, Kraft und Frische, bald rührend elegisch, bald lieblich lyrisch, bald erschütternd dramatisch, die feinste kontrapunktische Kunst eingekleidet in volkstümliche Weisen, dabei eine Harmonik und Orchestrierung, so prächtig und effektvoll, wie sie bisher in einem Werke der Kirchenmusik noch nicht dagewesen, wird und muß ebenso den Laien jeder Nation wie den Musikkenner jeder Partei befriedigen, weil für Jeden das darin enthalten ist, was er am meisten schätzt, für den Italiener gegliederte sangbare Melodie, für den Franzosen pikante Rhythmen und verständige Deklamation, für den Deutschen alles Dreies und zugleich wunderbar reiche Harmonie, für die musikalische Linke neuer Inhalt und unerhörte Orchestereffekte, für die äußerste Rechte klassische Form und feine Arbeit, und für uns, das musikalische Centrum, alles Dies und noch weit mehr, vollständige Übereinstimmung des zeitgemäßen Inhalts mit der schönsten Form, ein modernes Meisterwerk, wie wir es seit Langem ersehnt haben.[1147]

„Das Deutsche" in Brahms' Musik hat also mit Sicherheit einen Beitrag zum deutschen Nationbuilding geleistet. Doch spricht Schubring zu Recht davon, sie

---

1146 Floros, Brahms, S. 261f.
1147 Ebd., S. 266f.

beinhalte Elemente, die „ebenso den Laien *jeder Nation*" berührten. Die vor allem im ersten Drittel des 20. Jahrhunderts vorgebrachten Befürchtungen[1148], Brahms könnte aufgrund seines „deutschen" Wesens international keinen Anklang finden, haben sich keineswegs bestätigt; er ist einer der meistaufgeführten und meisteingespielten Komponisten der Welt. Seine Kompositionen sind, um es mit Schumann zu sagen, Musik, „deren Struktur man, ohne die Worte zu kennen, verstehen würde".[1149] „Das Deutsche" rückt also in den Hintergrund, das Nationenbild löst sich auf.

1148 Vgl. ebd., S. 260.
1149 Schumann, Robert: Neue Bahnen, in: NZfM, 39. Bd., Nr. 18 (28. Oktober 1853), S. 185-86.

Schlussbetrachtung

„Ein kräftiges, herzerhebendes Volkslied kann der Anker einer ganzen Nation werden"[1150] – in diesem Satz fließt vieles zusammen, was in der vorliegenden Arbeit versucht wurde darzustellen. Im Mittelpunkt stand dabei die Frage, in welchem Zusammenhang der im 18. Jahrhundert aufkommende und in der Romantik zentral werdende neue Blick auf „das Volk", auf die Grundschichten, und der gleichzeitige Prozess des deutschen Nationbuildings stehen. Dabei musste klar werden, dass es sich beim „Volk" – genau wie bei „dessen" Poesie – um ein Konstrukt handelt: Das Volk im Sinne der Grundschichten, der Landbevölkerung zumal, wurde in seiner „naiven Einfachheit" zum Ideal stilisiert, dem „Volks"lied eine Tradition angedichtet, die es in den meisten Fällen so nicht hatte.

Doch auch wenn wir es mit einer Illusion zu tun haben, so war diese doch jahrzehntelang tragfähig genug, ästhetische Parameter in Musik und Literatur grundlegend zu beeinflussen. Das Ideal der im besten Sinne naiven Einfachheit hat, wie wir gesehen haben, seine Wurzeln bei Rousseaus „Edlem Wilden". Auch Herder schlägt diese Richtung ein und sucht nach dem Reinen, Natürlichen. Seine Theorie der Produktion von Poesie durch die anonyme Masse des Volkes hielt sich mehr als ein Jahrhundert und wurde erst durch die heute selbstverständliche Rezeptionstheorie abgelöst.[1151]

Für uns von größtem Interesse ist jedoch, dass die breite Sammeltätigkeit im Laufe des 19. Jahrhunderts – gewissermaßen als *self-fulfilling prophecy* – die Pflege und Verbreitung des ideologisch konstruierten Volksliedes erst in diesem Maße möglich machte.

> Durch diese allgemeine, bewusste und geplante Verbreitung von kanonisierten Liedern entstand während des 19. Jahrhunderts im gewissen Sinne erst eigentlich das, was Herder entdeckt zu haben glaubte: ein Schatz an gruppenübergreifenden „Volks"-Liedern.[1152]

Ein wichtiges Ergebnis dieser Arbeit besteht darin, diesen Kanon anhand der Auswertung von rund 200 Gebrauchsliederbüchern an ca. zwölf Liedern festmachen zu können. Durch die geographische Verteilung der Liederbücher konnte gezeigt werden, dass sich dieses Liedrepertoire auf den gesamten Raum des Deutschen Bundes erstreckt – damit also eine allen gemeinsame deutsche Überlieferung darstellt. Dass Arndts Lied *Was ist des Deutschen Vaterland?* mit

---

1150 Neues Liederbuch für frohe Gesellschaften, enthaltend die besten teutschen Gesänge zur Erhöhung geselliger Freuden. Dritte, verbesserte und stark vermehrte Auflage, Nürnberg 1819, Vorwort.

1151 Vgl. Klusen, Ernst: Volkslied. Fund und Erfindung, Köln 1969, S. 144.

1152 Ebd., S. 151.

Abstand Platz 1 des Rankings einnimmt, ist bezeichnend, beinhaltet es doch in nuce einen Großteil unserer Thematik. Indem es mehrfach die Frage aufwirft, wer denn nun dazugehöre zu Deutschland, durchstreift es die verschiedenen Regionen, um letztlich zum Schluss zu kommen: *So weit die deutsche Zunge klingt*, müsse Deutschland reichen. Das Konzept einer Sprach- und Kulturnation hatte Herder bereits entworfen – in einer Zeit, in der diese Option mit Blick auf die politischen Gegebenheiten die einzige real existierende war.

Im 19. Jahrhundert bieten sich schließlich mehr Möglichkeiten, die Sprach- und Kulturnation auch politisch zu einen. Ein wichtiger Faktor dabei ist Frankreich: Zu Beginn des Jahrhunderts in Gestalt von Napoleon bejubelt, schlägt die Haltung gegenüber dem linksrheinischen Nachbarn bald in Aggression um. Die Kriege, ganz entscheidend der Deutsch-Französische von 1870/71, sind Bestandteil des deutschen Nationbuilding. Ein Aspekt dabei ist die konfessionelle Abgrenzung vom katholischen Frankreich. Die religiöse Konnotation nimmt eine Scharnierstellung zwischen dem kulturellen und dem politischen Nationbuilding in Deutschland ein – und ist nicht zuletzt mitverantwortlich für die 1871 durchgeführte „Kleindeutsche" Lösung unter der Führung des protestantischen Preußens, ohne das katholische Österreich.

Träger des politischen wie kulturellen Nationbuilding ist das „Volk" im Sinne der Grundschichten und des sich emanzipierenden Bürgertums. Diese Menschen sind es, die im Rahmen von Gesangvereinen, Liedertafeln und beim häuslichen Musizieren das gemeinsame deutsche Repertoire pflegen und weiterverbreiten.

Von kompositorischer Seite wird der Markt bedient: Die Hinwendung zum Lied in der Romantik, chorisch wie solistisch, ist auch in diese Richtung zu deuten. Doch anhand der vier im letzten Teil behandelten Komponisten haben wir auch gesehen, wie volkstümliche Ideale Eingang in das Instrumentalwerk fanden. „Nationalmonumente" wie Beethovens Neunte Sinfonie, Brahms' *Ein deutsches Requiem* oder Schumanns *Festouvertüre* über das Rheinweinlied leisten ebenfalls einen Beitrag zum kulturellen Nationbuilding.

Die Pflege eines gemeinsamen musikalischen Repertoires hatte entscheidenden Anteil an diesem Prozess. Als das Deutsche Reich 1871 gegründet wurde, war ihm das kulturelle Nationbuilding bereits vorausgegangen.

Bibliographie

Quellen

Arnim, Achim von und Brentano, Clemens: Des Knaben Wunderhorn. Alte deutsche Lieder, kritische Ausgabe hrg. und kommentiert von Heinz Rölleke, Stuttgart 2006.

Becker, Rudolf Zacharias: Versuch über die Aufklärung des Landmannes, Dessau/Leipzig 1785.

ders.: Noth- und Hülfsbüchlein für Bauersleute oder lehrreiche Freuden- und Trauer-Geschichten des Dorfes Mildheim: Für Junge und Alte beschrieben, Gotha/Leipzig 1788.

ders.: Mildheimisches Lieder-Buch: von 518 lustigen und ernsthaften Gesängen über alle Dinge in der Welt und alle Umstände des menschlichen Lebens, die man besingen kann; gesammelt für Freunde erlaubter Fröhlichkeit und ächter Tugend, die den Kopf nicht hängt, Gotha 1799. (Faksimile-Druck der 5. Auflage von 1815, Stuttgart 1971.)

Beethoven, Ludwig van: An die ferne Geliebte. Ein Liederkreis. Mit einem Nachwort von Max Friedländer, Leipzig 1952.

ders.: Werke, Abt. II, Bd. I: Ouvertüren und Wellingtons Sieg, München 1974.

Berggreen, Andreas Peter: Deutsche Volks-Lieder und Melodien, gesammelt und mit Begleitung des Pianoforte gesetzt von A.P. Berggreen. Zweite, sehr vermehrte Ausgabe, Kopenhagen 1863.

ders.: Folke-Sange og Melodier fra Lande udenfor Europa, med et tillaeg af Folkenes Nationalsange, samlede og udsatte for Pianoforte af A. P. Berggreen, Kopenhagen 1870.

Brahms, Johannes: Sämtliche Werke. Ausgabe der Gesellschaft der Musikfreunde in Wien, Wiesbaden 1965 (zuerst Leipzig 1927).

ders.: Werke. Neue Ausgabe sämtlicher Werke. Erste quellenkritische Gesamtausgabe, München 1996ff.

ders.: J. B. im Briefwechsel, hrg. von Max Kalbeck, Berlin 1907ff.

Brendel, Franz: Die künstlerische Individualität, ihre Berechtigung und das Verständnis dafür, in: ders.: Gesammelte Aufsätze zur Geschichte und Kritik der neueren Musik, Leipzig 1888.

Bürger, Gottfried August: Herzensausguss über Volks-Poesie, in: Nicolai, Heinz (Hrg.): Sturm und Drang, München 1971.

Deutschland im Volkslied. 714 Lieder aus den deutschsprachigen Landschaften und aus Europa. Mit Texten und Quellenangaben, einstimmig. Mit Unterstützung des Deutschen Volkslied-Archivs hrg. von Gustav Kneip, Frankfurt/Main u.a. 1958.

Deutschland im Liede oder Land, Sprache und Volk der Deutschen in Bildern vaterländischer Dichter. Nebst einem Abriss der Geschichte des Vaterlandsgesanges, hrg. von Friedrich Josef Scherer, Paderborn 1876.

Dietrich, Albert: Erinnerungen an Johannes Brahms in Briefen besonders aus seiner Jugendzeit, Leipzig 1898.

Erk, Ludwig und Böhme, Franz M.: Deutscher Liederhort, 3 Bde., Leipzig 1893/94 (Nachdruck Hildesheim 1963).

Fallersleben, August Heinrich Hoffmann von: Unsere volkstümlichen Lieder, Repr. der 4. Auflage hrg. von Karl Hermann Prahl, Leipzig 1900 (Nachdruck Hildesheim 1966).

Fichte, Johann Gottlieb: Reden an die deutsche Nation, Berlin 1808.

Forkel, Johann Nikolaus: Allgemeine Geschichte der Musik, 2 Bde., Leipzig 1788-1801, Nachdruck Graz 1967 (=Die großen Darstellungen der Musikgeschichte in Barock und Aufklärung, Bd. 8).

Friedlaender, Max (Hrg.): Hundert deutsche Volkslieder, zum Theil bisher ungedruckt, o.O. 1886.

Glaßbrenner, Adolf: Berlin wie es ist und – trinkt. Vollständiger Nachdruck der Ausgaben 1835-50. Zwei Bände, Berlin 1987.

Goethe, Johann Wolfgang von: Über den Plan eines lyrischen Volksbuches (1808), Cottas Jubiläumsausgabe Bd. 37, S. 4.

Grimm, Jacob: Antrag zur Beratung über die Grundrechte des deutschen Volkes in der Nationalversammlung zu Frankfurt am Main 1848, Kassel 1964.

Grimm, Jacob und Wilhelm: Gesamtausgabe, Nachdruck Hildesheim u.a. 1985ff.

Grimm, Jacob und Wilhelm: Volkslieder. Hrg. von Charlotte Oberfeld, Peter Assion, Ludwig Denecke, Lutz Röhrich, Heinz Rölleke, Marburg 1985-1989. 1: Textband; 2: Kommentar; 3: Melodien.

Hagen, Theodor: Civilisation und Musik, Leipzig 1846 (Nachdruck Straubenhardt 1988).

ders.: Musikalische Novellen, Leipzig 1848.

Hanslick, Eduard: Musikalische Stationen, Wien 1880.

ders.: Concerte, Componisten und Virtuosen der letzten fünfzehn Jahre, Berlin 1886.

Hase, Karl von (Hrg.): Liederbuch des deutschen Volkes, Leipzig 1843.

Haushöfer, Karl und Roeseler, Hans (Hrgg.): Das Werden des Deutschen Volkes. Von der Vielfalt der Stämme zur Einheit der Nation, Berlin 1939.

Hebel, Johann Peter: Gutachten über die Frage, wie dem Gebrauch anstößiger Volkslieder am sichersten vorzubeugen sein möchte, in: Werke, hrg. von W. Altegg, o.O., o.J.

Hebenstreit, Wilhelm: Art. „Lied", in: ders.: Wissenschaftlich-literarische Encyklopädie der Aesthetik, Wien 1843, (Nachdruck Hildesheim/New York 1978), S. 424.

Heine, Heinrich: Historisch-kritische Gesamtausgabe der Werke. Düsseldorfer Ausgabe, hrg. von Manfred Windfuhr, Hamburg 1979.

ders.: Die romantische Schule, in: Heines Werke in fünf Bänden, hrg. von H. Holtzhauser, Weimar 1961, Bd. 4, S. 185ff.

Herder, Johann Gottfried: Sämtliche Werke, hrg. von Bernhard Suphan, Berlin 1877ff. (Nachdruck Hildesheim 1967).

ders.: Abhandlung über den Ursprung der Sprache, Berlin 1772 (Nachdruck Stuttgart 1966).

ders.: Ursachen des gesunknen Geschmacks bei den verschiednen Völkern, da er geblühet, Berlin 1773 (=Sämmtliche Werke, Bd. 7: Zur schönen Literatur und Kunst, Wien 1813).

ders.: Von deutscher Art und Kunst. Einige fliegende Blätter, Hamburg 1773, in: Nicolai, Heinz (Hrg.): Sturm und Drang, München 1971, Bd. 1.

ders.: „Stimmen der Völker in Liedern". Volkslieder. Zwei Teile 1778/79. Hrg. von Heinz Rölleke, Stuttgart 1975.

Kiefer, Reinhard (Hrg.): Musiknovellen des 19. Jahrhunderts, Kassel 1987.

Leibniz, Gottfried Wilhelm: Ermahnung an die Teutsche, ihren Verstand und Sprache besser zu üben (1697), in: Politische Schriften, hrg. v. Hans Heinz Holz, Frankfurt/Main 1967, S. 67f.

Lenschau, Thomas: Die deutschen Stämme und ihr Anteil am Leben der Nation, Leipzig 1923.

Liliencron, Rochus von: Die historischen Volkslieder der Deutschen vom 13. bis 16. Jahrhundert, Leipzig 1866.

Mann, Thomas: Doktor Faustus. Das Leben des deutschen Tonsetzers Adrian Leverkühn, erzählt von einem Freunde, Frankfurt/Main 1960.

Marx, Karl und Engels, Friedrich: Manifest der Kommunistischen Partei, in: Werke, hrg. vom Institut für Marxismus-Leninismus beim ZK der SED. 9.

Aufl., unveränd. Nachdr. der 1. Aufl. 1959, Berlin (DDR) 1980, Bd. 4, S. 482.

Riehl, Wilhelm Heinrich: Die bürgerliche Gesellschaft, Stuttgart 1851.

ders.: Musikalische Charakterköpfe. Ein kunstgeschichtliches Skizzenbuch, Stuttgart 1853.

ders.: Kulturgeschichtliche Novellen, Stuttgart 1856.

ders.: Culturstudien aus drei Jahrhunderten. Zweiter, unveränderter Abdruck Stuttgart 1859.

ders.: Freie Vorträge. Erste Sammlung, Stuttgart 1873.

ders.: Die Kriegsgeschichte der deutschen Oper, Leipzig 1874.

ders.: Freie Vorträge. Zweite Sammlung, Stuttgart 1885.

Rousseau, Jean-Jacques: Œuvres complètes, Nachdruck Paris 1995.

ders.: Schriften zur Kulturkritik. Über Kunst und Wissenschaft (1750); Über den Ursprung der Ungleichheit unter den Menschen (1755), eingeleitet, übersetzt und hrg. von Kurt Weigand, 5. Aufl. (frz.-dt.) Hamburg 1995.

ders.: Emile oder Über die Erziehung. Eine Auswahl, besorgt und eingeleitet von Hermann Röhrs, Heidelberg 1967.

ders.: Emil oder Über die Erziehung. Vollständige Ausgabe in neuer deutscher Fassung, besorgt von Ludwig Schmidts, Paderborn u.a. 1971.

ders.: Der Gesellschaftsvertrag oder Die Grundsätze des Staatsrechtes. Deutsch von Hermann Denhardt, Frankfurt/Main 2005.

ders.: Bekenntnisse (1781). Aus dem Französischen von Ernst Hardt, Frankfurt a.M./Leipzig 1985.

Schiller, Friedrich: Was kann eine gute stehende Schaubühne eigentlich wirken? (1784), NA Bd. 20/21 (1962/63), S. 99.

Schönberg, Arnold: Brahms the Progressive, (1933/1947), in: Morazzoni, Anna Maria: Stile herrschen, Gedanken siegen. Ausgewählte Schriften von Arnold Schönberg, S. 215ff.

Schubert im Wiener Vormärz. Dokumente 1829-1848, hrg. von Otto Brusatti, Graz 1978.

Franz Schubert. Briefe, Gedichte, Notizen, hrg. von Rüdiger Görner, Leipzig 1996.

Schumann, Robert: Neue Bahnen, in: Neue Zeitschrift für Musik, 39. Bd., Nr. 18 (28. Oktober 1853), S. 185-86.

ders.: Briefe und Schriften, hrg. von R. Münnich, Weimar 1956.

ders.: Briefe. Neue Folge, hrg. von Gustav F. Jansen, Leipzig 1886.

Weber, Ernst (Hrg.): Ergießungen Deutschen Gefühles in Gesängen und Liedern bey den Ereignissen dieser Zeit. Eine Anthologie Patriotischer Lyrik aus den Befreiungskriegen, Hildesheim 1983 (=Texte zum literarischen Leben um 1800).

Zuccalmaglio, Anton Wilhelm Florentin: Deutsche Volkslieder und ihre Original-Weisen, Berlin 1838/1840.

Sekundärliteratur

Achterberg, Nicola: Das Spannungsfeld von Verantwortungs- und Gesinnungsethik im Verhältnis zum politischen Bewusstsein Jacob Grimms, Frankfurt/Main u.a. 2001 (=Diss. Münster 2001; =Europäische Hochschulschriften, Bd. 433).

Adorno, Theodor W.: Einleitung in die Musiksoziologie, Reinbek 1968.

ders.: Beethoven, Fragmente und Texte hrg. von Rolf Tiedemann, Frankfurt 1993.

Albrecht, Michael von: Goethe und das Volkslied, Darmstadt 1972.

Altenbockum, Jasper von: Wilhelm Heinrich Riehl, 1823-1897. Sozialwissenschaft zwischen Kulturgeschichte und Ethnographie, Köln u.a. 1994.

Antonsen, Elmer H.: The Grimm Brothers and the Germanic Past, Amsterdam 1990 (=Amsterdam Studies in the Theory and History of Linguistic Science, vol. 54).

Barnard, Frederick M.: Herder's Social and Political Thought: From Enlightenment to Nationalism, Oxford 1965.

ders.: Self-Direction and Political Legitimacy: Rousseau and Herder, Oxford 1988.

ders.: Herder on Nationality, Humanity, and History, Montreal u.a. 2003.

Baud-Bovy, Samuel: Jean-Jacques Rousseau et la musique, hrg. von J.-J. Eigeldinger, Neuchâtel 1988.

Bayer, Karl: Zu Johann Gottfried v. Herder's Gedächtnis. Was Herder uns sein soll, Erlangen 1844.

Becker, Heinz: Das volkstümliche Idiom in Brahmsens Kammermusik, in: Hamburger Jahrbuch für Musikwissenschaft, Bd. 7, Laaber 1984, S. 87-99.

Bell, A. Craig: Brahms – The Vocal Music, Madison 1996.

Beller-McKenna, Daniel: Brahms and the German Spirit, Cambridge 2004.

Beßlich, Barbara: Der deutsche Napoleon-Mythos. Literatur und Erinnerung 1800-1945, Darmstadt 2007.

Bleek, Wilhelm: Die Brüder Grimm und Friedrich Christoph Dahlmann – Freundschaft zwischen drei Gelehrten, in: Heidenreich, Bernd und Grothe, Ewald (Hrgg.): Die Grimms – Kultur und Politik, Frankfurt/Main ²2008.

Bluhm, Lothar und Rölleke, Heinz: „Redensarten des Volks, auf die ich immer horche". Märchen – Sprichwort – Redensart. Zur volkspoetischen Ausgestaltung der Kinder- und Hausmärchen durch die Brüder Grimm, Neuausgabe Stuttgart/Leipzig 1997.

Bockholdt, Rudolf: Freiheit und Brüderlichkeit in der Musik Ludwig van Beethovens, in: Lühning, Helga und Brandenburg, Sieghard (Hrgg.): Beethoven zwischen Revolution und Restauration, Bonn 1989.

Bohlman, Philip V.: The Music of European Nationalism: Cultural Identity and Modern History, Santa Barbara u.a. 2004.

Bohn, Emil: Die Nationalhymnen europäischer Völker, Breslau 1908.

Bonatta, Andrea: Johannes Brahms. Das Klavierwerk. Aus dem Italienischen von E. Locher, Innsbruck 1998.

Boettcher, Hans: Beethoven als Liederkomponist. Inaugural-Dissertation zur Erlangung der Doktorwürde, genehmigt von einer Hohen Philosophischen Fakultät der Friedrich Wilhelm Universität zu Berlin, Augsburg 1928.

Boetticher, Wolfgang: Robert Schumann. Leben und Werk. Quellen, Daten, Dokumente, Wilhelmshaven 2004 (=Quellenkataloge zur Musikgeschichte, hrg. von Richard Schaal, Bd. 33).

Bolin, Norbert (Hrg.): Schubert und Brahms. Kunst und Gesellschaft im frühen und späten 19. Jahrhundert. Dokumentation der Veranstaltungsreihe der Hochschule für Musik und Theater Hannover 3.-25. November 1997, Augsburg 2001.

ders. (Hrg.): Johannes Brahms. Ein deutsches Requiem. Vorträge, Europäisches Musikfest 2003, Kassel u.a. 2004 (=Schriftenreihe der Internationalen Bachakademie Stuttgart, Bd. 13).

Brachmann, Jan: Kunst – Religion – Krise. Der Fall Brahms, Kassel u.a. 2003 (=Musiksoziologie, Bd. 12).

Breitweg, Jörg: Vokale Ausdrucksformen im instrumentalen Spätwerk Ludwig van Beethovens, Frankfurt/Main u.a. 1997 (=Europäische Hochschulschriften Reihe XXXVI, Bd. 166).

Brückner, Wolfgang: Kultur und Volk. Begriffe, Probleme, Ideengeschichte, Würzburg 2000 (=Veröffentlichungen zur Volkskunde und Kulturgeschichte, Bd. 77: Volkskunde als Historische Wissenschaft I).

Brunner, Otto/Conze,Werner/Koselleck, Reinhart: Art. „Volk,   Nation", in: dies. (Hrgg.): Geschichtliche Grundbegriffe. Historisches Lexikon zur historisch-politischen Sprache in Deutschland, Bd. 7, Stuttgart 1992, S. 141-431.

Brusatti, Otto (Hrg.): Bericht über den Schubert-Kongress Wien 1978, veranstaltet von der Österreichischen Gesellschaft für Musikwissenschaft gemeinsam mit den Wiener Festwochen, Graz 1979.

Brusniak, Friedhelm und Klenke, Dietmar (Hrgg.): „Heil deutschem Wort und Sang!" Nationalidentität und Gesellschaftskultur in der deutschen Geschichte (Tagungsbericht Feuchtwangen 1994), Augsburg 1995.

Brusniak, Friedhelm: „Keine Sammlung, die die praktische Musikübung der Vereine widerspiegelt" – zur Kritik am „Kaiserliederbuch", in: Querstand. Beiträge zu Kunst und Kultur, 4, Linz 2009.

Bula, Dace und Rieuwerts, Sigrid (Hrgg.): Singing the Nations. Herder's Legacy, Trier 2004 (=B.A.S.I.S. Ballads and Songs – International Studies, Bd. 4).

Corcoran, Paul E.: Before Marx: Socialism and Communism in France, 1830-48, London u.a. 1983.

Cotte, Robert: Jean-Jacques Rousseau, le philosophe musicien, Braine-le-Comte 1976.

Csampai, Attila und Holland, Dietmar (Hrgg.): Ludwig van Beethoven, Fidelio. Texte, Materialien, Kommentare, Reinbek 1981.

Curtis, Benjamin Ward: On Nationalism and Music, Diss. Chicago 2002.

Cvetko, Alexander J.: Durch Gesänge lehrten sie. Johann Gottfried Herder und die Erziehung durch Musik, Frankfurt/Main 2006 (=Beiträge zur Geschichte der Musikpädagogik, Bd. 16).

Dahlhaus, Carl: Die Idee des Volksliedes, in: ders., Die Musik des 19.Jh. (=Neues Handbuch der Musikwissenschaft, Bd. 6), Wiesbaden/Laaber 1980, S. 87-92.

Dahlhaus, Carl/Riethmüller, Albrecht/Ringer, Alexander L. (Hrgg.): Ludwig van Beethoven. Interpretationen seiner Werke, 2 Bde., Laaber [3]2009.

Danuser, Hermann und Münkler, Herfried (Hrgg.): Deutsche Meister – böse Geister? Nationale Selbstfindung in der Musik, Berlin 2001.

Dauphin, Claude (Hrg.): Musique et langage chez Rousseau, Oxford 2004.

Deiters, Franz-Josef: Das Volk als Autor? Der Ursprung einer kulturgeschicht-lichen Fiktion im Werk Johann Gottfried Herders, in: Detering, Heinrich (Hrg.): Autorschaft. Positionen und Revisionen, Stuttgart/Weimar 2002, S. 181-201.

Detering, Heinrich (Hrg.): Autorschaft. Positionen und Revisionen, Stuttgart/Weimar 2002.

Dennis, David B.: Beethoven in German Politics 1870-1989, New Haven 1996.

Düding, Dieter: Organisierter gesellschaftlicher Nationalismus in Deutschland (1808-1847): Bedeutung und Funktion der Turner- und Sängervereine für die deutsche Nationalbewegung, München 1984.

Dümling, Albrecht: Heinrich Heine, vertont von Robert Schumann, München 1981.

ders.: Gottfried Keller, vertont von Johannes Brahms, Hans Pfitzner, Hugo Wolf, München 1981.

Dürr, Walther und Krause, Andreas (Hrgg.): Schubert-Handbuch, Stuttgart 1997.

Ebner, Theodor: Des Knaben Wunderhorn. Rückblicke und Hoffnungen für das deutsche Volkslied, Stuttgart 1906.

Edler, Arnfried: Robert Schumann und seine Zeit, Laaber 1982.

ders. (Hrg.): Schubert und Brahms. Kunst und Gesellschaft im frühen und späten 19. Jahrhundert. Dokumentation der Veranstaltungsreihe der Hochschule für Musik und Theater Hannover 3.-25. November 1997, Augsburg 2001.

ders.:. Robert Schumann, München 2009.

Ehmke, Horst: Karl von Rotteck, der „politische Professor", Karlsruhe 1964 (= Freiburger rechts- und staatswissenschaftliche Abhandlungen 3).

Ehrenforth, Karl Heinrich: Geschichte der musikalischen Bildung, Mainz 2005.

Engelsmann, Walter: Goethe und Beethoven, Augsburg 1930 (?).

Enzensberger, Ulrich: Auferstanden über alles, Berlin 1986.

Erdgang, Robert R.: Herder and the Foundations of German Nationalism, New York 1931.

Fehrenbach, Elisabeth: Verfassungsstaat und Nationsbildung 1815-1871, München 1992.

Feil, Arnold: Goethes und Schuberts Erlkönig, in: Schubert-Jahrbuch 2000-2002, hrg. von Dietrich Berke und Christiane Schumann, Duisburg 2004, S. 3-14.

Feldmann, Roland: Jacob Grimm und die Politik, Kassel o.J. (1973?).

Fetscher, Iring: Rousseaus politische Philosophie, 3. Aufl., Frankfurt/Main 1978.

Finson, Jon W.: Robert Schumann – The Book of Songs, Cambridge 2007.

Fischer, Michael/Senkel, Christian/Tanner, Klaus (Hrgg.): Reichsgründung 1871. Ereignis – Beschreibung – Inszenierung, Münster 2010.

Fischer-Dieskau, Dietrich: Robert Schumann – Wort und Musik. Das Vokalwerk, Stuttgart 1981.

Floros, Constantin: Johannes Brahms. „Frei, aber einsam". Ein Leben für eine poetische Musik, Zürich u.a. 1997.

Föllmi, Beat A./Grosch, Nils/Schneider, Mathieu (Hrgg.): Music and the Construction of National Identities in the 19th Century, Baden-Baden/Bouxwiller 2010.

Friedlaender, Max: Beiträge zur Biographie Franz Schubert's, Diss. Rostock 1889.

Frobenius, Wolf/ Maaß, Ingeborg/ Waldura, Markus/ Widmaier, Tobias (Hrgg.): Robert Schumann. Philologische, analytische, sozial- und rezeptions-geschichtliche Aspekte, Saarbrücken 1998 (=Saarbrücker Studien zur Musikwissenschaft, Neue Folge Bd. 8).

Gal, Hans: Johannes Brahms. Werk und Persönlichkeit, Frankfurt/Main 1961.

Geck, Martin: Ludwig van Beethoven, Reinbek 5. Aufl. 2001.

ders.:. Robert Schumann. Mensch und Musiker der Romantik, München 2010.

Geck, Martin und Schleuning, Peter: „Geschrieben auf Bonaparte". Beethovens „Eroica": Revolution, Reaktion, Rezeption, Reinbek 1989.

Gelbart, Matthew: The Invention of „folk music" and „art music". Emerging Categories from Ossian to Wagner, Cambridge 2007.

Gellner, Ernest: Nationalismus und Moderne, Berlin 1991 (zuerst Nations and Nationalism, Oxford 1983).

Georgiades, Thrasybulos G.: Schubert. Musik und Lyrik, Göttingen 1967.

Gerstner, Hermann: Brüder Grimm in Selbstzeugnissen und Bilddokumenten, Reinbek 1973.

Goldschmidt, Harry: Franz Schubert. Ein Lebensbild, Leipzig 1980.

Gorischek, Thussy: Johannes Brahms, Graz 2002.

Grass, Günter: „Dich singe ich, Demokratie." Die drei berühmten Wahlreden. Heft 4: Was ist des Deutschen Vaterland?, Neuwied/Berlin 1965.

Greve, Uwe: Einigkeit und Recht und Freiheit. Kleine Geschichte des Deutsch-landliedes, Hamburg 1982.

Grosch, Nils: Das „Vaterländische Lied" als Konstrukteur nationaler Identität im frühen 19. Jahrhundert, in: B. Föllmi/N. Grosch/M. Schneider (Hrgg.):

Music and the Construction of National Identities in the 19th Century, Baden-Baden/Bouxwiller 2010, S. 37-48.

ders.: Die „Altdeutschen Volkslieder" des 19. Jahrhunderts. Auf den Spuren eines editorischen Konstrukts, in: E. John/T. Widmaier (Hrgg.): From „Wunderhorn" to the Internet. Perspectives on Conceptions of „Folk Song" and the Editing of Traditional Songs, Trier 2010, S. 190-199.

ders.: „Heil Dir im Siegerkranz!" Zur Inszenierung von Nation und Hymne, in: M. Fischer/C. Senkel/K. Tanner (Hrgg.): Reichsgründung 1871. Ereignis – Beschreibung – Inszenierung, Münster 2010, S. 90-103.

ders.: Über das Alter der Populären Musik und die Erfindung des „Volkslieds", in: S. Meine/N. Noeske (Hrgg.): Musik und Popularität, Münster 2011 (=Populäre Kultur und Musik, Bd. 2), S. 59-76.

Grothe, Ewald: Die Brüder Grimm und die hessische Politik, in: Heidenreich, Bernd und Grothe, Ewald (Hrgg.): Die Grimms – Kultur und Politik, Frankfurt/Main ²2008.

Gruber, Gernot: Romantische Ironie in den Heine-Liedern?, in: Bericht über den Schubert-Kongress Wien 1978, hrg. von Otto Brusatti, Graz 1979, S. 321-34.

Gschnitzer, Fritz/Koselleck, Reinhart/Schönemann, Bernd/Werner, Karl F.: Volk, Nation, in: Geschichtliche Grundbegriffe. Historisches Lexikon zur historisch-politischen Sprache in Deutschland, hrg. von Otto Brunner, Werner Conze, Reinhart Koselleck, Bd. 7, Stuttgart 1992, S. 141-431.

Gülke, Peter: Rousseau und die Musik oder Von der Zuständigkeit des Dilettanten, Wilhelmshaven 1984.

ders.: Franz Schubert und seine Zeit, Regensburg 1991.

ders.: „… immer das Ganze vor Augen". Studien zu Beethoven, Stuttgart/Kassel 2000.

Günther, Hans: Johann Gottfried Herders Stellung zur Musik. Inaugural-Dissertation zur Erlangung der Doktorwürde, Leipzig 1903.

Günther, Ulrich: … über alles in der Welt? Studien zur Geschichte und Didaktik der deutschen Nationalhymne, Darmstadt 1966.

Gutiérrez-Denhoff, Martella: Ludwig van Beethoven, „Freiherr" zwischen Adel und Bürgertum, in: Lühning, Helga und Brandenburg, Sieghard (Hrgg.): Beethoven zwischen Revolution und Restauration, Bonn 1989.

Gutsche, Susanne V.: Der Chor bei Beethoven. Eine Untersuchung zur Rolle des Chores in den Orchesterwerken von den Bonner Cantaten bis zur 9. Symphonie, Kassel 1995 (=Kölner Beiträge zur Musikforschung, Bd. 189).

Härtling, Peter: Schubert. Zwölf Moments musicaux und ein Roman, Köln ²1997 (zuerst Hamburg/Zürich 1992).

Hansen, Hans Jürgen: Heil Dir im Siegerkranz. Die Hymnen der Deutschen, Hamburg/Oldenburg 1978.

Heidenreich, Bernd (Hrg.): Geist und Macht. Die Brentanos, Wiesbaden 2000.

Heidenreich, Bernd und Grothe, Ewald (Hrgg.): Die Grimms – Kultur und Politik, Frankfurt/Main ²2008.

Heise, Jens: Johann Gottfried Herder zur Einführung, Hamburg 1998.

Hermand, Jost: Beethoven. Werk und Wirkung, Köln 2003.

Herrmann, Andrea: Robert Schumann als Pädagoge in seiner Zeit, Berlin 1997.

Hildebrandt, Dieter: Die Neunte. Schiller, Beethoven und die Geschichte eines musikalischen Welterfolgs, München 2005.

Hilmar, Ernst und Brusatti, Otto (Hrgg.): Franz Schubert. Katalog zur Ausstellung der Wiener Stadt- und Landesbibliothek zum 150. Todestag des Komponisten, Wien 1978.

Hilmar, Ernst: Schubert, Graz 1989.

Hilmar, Ernst und Jestremski, Margret (Hrgg.): Schubert-Enzyklopädie, Zwei Bände, Tutzing 2004.

Hobsbawm, Eric J.: Nationen und Nationalismus. Mythos und Realität seit 1780, Frankfurt/Main 1992 (engl. Cambridge ²1992).

Hobsbawm, Eric und Ranger, Terence: The Invention of Tradition, Cambridge 1992.

Holzapfel, Otto: Lexikon folkloristischer Begriffe und Theorien (Volksliedforschung), Bern u.a. 1996 (=Studien zur Volksliedforschung, Bd. 17).

Hoos, Karin: Zur aktuellen Situation des Singens in Deutschland. Eine Internet-Umfrage als Replikation der Klusen-Studie von 1974, Würzburg (Hochschule für Musik) 1999.

Jacobsen, Christiane: Das Verhältnis von Sprache und Musik in ausgewählten Liedern von Johannes Brahms. Dargestellt an Parallelvertonungen, Diss. Hamburg 1975.

James, Barbara und Moßmann, Walter: Glasbruch 1848. Flugblätter und Dokumente einer zerbrochenen Revolution. Mit zeitgenössischen Illustrationen, Darmstadt/Neuwied 1983.

James, Barbara: „Wenn ich ein Vöglein wär …". Neues zur Datierung des Liedes, in: Sonderdruck aus: Jahrbuch für Volksliedforschung. Im Auftrag des

Deutschen Volksliedarchivs hrg. von Otto Holzapfel und Jürgen Dittmar, 32. Jg. 1987, S. 127f.

John, Eckhard und Widmaier, Tobias (Hrgg.): From „Wunderhorn" to the Internet. Perspectives on Conceptions of „Folk Song" and the Editing of Traditional Songs, Trier 2010 (=B.A.S.I.S. Ballads and Songs – International Studies, Bd. 6).

Jost, Peter (Hrg.): Brahms als Liedkomponist. Studien zum Verhältnis von Text und Vertonung, Stuttgart 1992.

Kaden, Christian: Hirtensignale. Musikalische Syntax und kommunikative Praxis, Leipzig 1977.

ders.: Musikalische Kommunikationsprozesse und ihre Quellen, in: Der Zeitgenosse auf der Musikbühne, hrg. von Gerd Rienäcker, Berlin (DDR) 1977.

ders.: Volksmusik als Lebensweise, in: Musik und Gesellschaft 31 (1981), H. 9, S. 516-22.

ders.: Musiksoziologie, Wilhelmshaven 1985.

ders.: Abschied von der Harmonie der Welt: Zur Genese des neuzeitlichen Musikbegriffs, in: Gesellschaft und Musik – Wege zur Musiksoziologie, Berlin 1992 (=Festgabe für Robert H. Reichhardt zum 65. Geburtstag), S. 27-53.

ders.: „Jünger der Empfindsamkeit": Populäre Musik in der Tradition der Gefühlskultur des 18. Jahrhunderts, in: Aspekte zur Geschichte populärer Musik, Hamburg 1992, S. 6-20.

ders.: Aufbruch als Abgesang: Die „Wiedergeburt" der musikalischen Folklore aus dem Geist der Avantgarde, in: Sponheuer, Bernd (Hrg.): Rezeption als Innovation: Untersuchungen zu einem Grundmodell der europäischen Kompositionsgeschichte, Kassel u.a. 2001 (=Festschrift Friedhelm Krummacher zum 65. Geburtstag), S. 449-68.

ders.: Das Unerhörte und das Unhörbare. Was Musik ist, was Musik sein kann, Kassel u.a. 2004.

Kalazny, Jerzy: Unter dem „bürgerlichen Wertehimmel". Untersuchungen zur kulturgeschichtlichen Erzählprosa von Wilhelm Heinrich Riehl, Frankfurt/Main u.a. 2007 (=Posener Beiträge zur Germanistik, Bd. 13).

Kaldewey, Helma: Die Gedichtabschriften Robert und Clara Schumanns, in: Kruse, Joseph A. (Hrg.): Robert Schumann und die Dichter. Ein Musiker als Leser, Düsseldorf 1991.

Kim, Du Gyu: Volkstümlichkeit und Realismus. Untersuchungen zu Geschichte, Motiven und Typologien der Erzählgattung „Dorfgeschichte", Bielefeld 1991.

Kim, Mi-Young: Das Ideal der Einfachheit im Lied von der Berliner Liederschule bis zu Brahms, Kassel 1995 (=Kölner Beiträge zur Musikforschung, Bd. 192).

Klusen, Ernst: Über landschaftliche Volksmusikforschung, in: Festschrift für Joseph Müller-Blattau, Kassel 1966.

ders.: Volkslied. Fund und Erfindung, Köln 1969.

ders.: Zur Situation des Singens in der BRD, Bd. II: Die Lieder, Köln 1975 (=Musikalische Volkskunde. Materialien und Analysen. Schriftenreihe des Instituts für musikalische Volkskunde an der PH Rheinland, Abt. Neuss, Bd. V).

Knepler, Georg: Geschichte als Weg zum Musikverständnis. Zur Theorie, Methode und Geschichte der Musikgeschichtsschreibung, Leipzig 1977.

ders.: Musikgeschichte des 19. Jahrhunderts, Bd. 1: Frankreich/England; Bd. 2: Deutschland/Österreich, Berlin (DDR) 1961.

Knopp, Guido und Kuhn, Ekkehard: Das Lied der Deutschen. Schicksal einer Hymne, München 1988.

Kohlhäufl, Michael: Poetisches Vaterland. Dichtung und politisches Denken im Freundeskreis Franz Schuberts, Kassel u.a. 1999.

Kocka, Jürgen (Hrg.): Bürger und Bürgerlichkeit im 19. Jahrhundert, Göttingen 1987.

ders. (Hrg.): Bürger – Kleinbürger – Nation, Göttingen 1990.

ders. (Hrg.): Das lange 19. Jahrhundert. Arbeit, Nation und bürgerliche Gesellschaft, Stuttgart 2001 (=Gebhardt, Handbuch der deutschen Geschichte: Zehnte, völlig neu bearbeitete Aufl., Bd. 13).

Kötz, Hans: Der Einfluss Jean Pauls auf Robert Schumann, Weimar 1933.

Korff, Malte: Johannes Brahms. Leben und Werk, München 2008.

Kraus, Hans-Christof: Jacob Grimm – Wissenschaft und Politik, in: Heidenreich, Bernd und Grothe, Ewald (Hrgg.): Die Grimms – Kultur und Politik, Frankfurt/Main ²2008, S. 195-230.

Krehahn, Thomas: Der fortschrittliche Akademiker. Das Verhältnis von Tradition und Innovation bei Johannes Brahms, München u.a. 1998.

Kreutzer, Hans Joachim: Wilhelm Müller und die Koordinaten der Literaturgeschichte, in: Bericht über den Schubert-Kongress Wien 1978, hrg. von Otto Brusatti, Graz 1979, S. 259-67.

ders.: Dichtkunst und Liedkunst – Franz Schubert und die Dichter, in: Schubert-Jahrbuch 1997, hrg. von Dietrich Berke, Walther Dürr, Walburga Litschauer und Christiane Schumann, Duisburg 1999, S. 3-21.

Kritsch, Cornelia: Die Texte zu Schuberts theatralischen Auftragswerken, in: Bericht über den Schubert-Kongress Wien 1978, hrg. von Otto Brusatti, Graz 1979, S. 269-84.

Krones, Hartmut: Der Einfluss Franz Schuberts auf das Liedschaffen von Johannes Brahms, in: Brahms-Kongress Wien 1983, Tutzing 1988, S. 309-24.

Kropfinger, Klaus: Wagner und Beethoven, Regensburg 1975.

Kruse, Joseph A. (Hrg.): Robert Schumann und die Dichter. Ein Musiker als Leser, Düsseldorf 1991.

Kurzke, Hermann: Hymnen und Lieder der Deutschen, Mainz 1990.

Langewiesche, Dieter: Nationalismus im 19. und 20. Jahrhundert. Zwischen Partizipation und Aggression, Heft 6 des Gesprächskreises Geschichte der Friedrich-Ebert-Stiftung, Bonn 1994.

ders.: Nation, Nationalismus, Nationalstaat in Deutschland und Europa, München 2000.

ders.: Das Europa der Nationen 1830-1832. Vortrag zur Eröffnung der Ausstellung „Frühling im Herbst. Vom polnischen November zum deutschen Mai" am 31. Mai 2007 in der Friedrich-Ebert-Stiftung, Heft 76 des Gesprächskreises Geschichte der FES, Bonn 2007.

Lauer, Bernhard (Hrg.): Von Hessen nach Deutschland. Wissenschaft und Politik im Leben und Werk der Brüder Grimm. Ausstellung in der Vertretung des Landes Hessen beim Bund, 20.1. bis 16.2.1989, Kassel 1988.

ders.: Die hessische Familie Grimm – Herkunft und Heimat, in: Heidenreich, Bernd und Grothe, Ewald (Hrgg.): Die Grimms – Kultur und Politik, Frankfurt/Main ²2008.

Launay, Denise (Hrg.): La Querelle des Bouffons : textes et pamphlets, 3 Bde., Genf 1973.

Lenger, Friedrich: Industrielle Revolution und Nationalstaatsgründung (1849-1870er Jahre), Stuttgart 2003 (=Gebhardt, Handbuch der deutschen Geschichte: Zehnte, völlig neu bearbeitete Aufl., Bd. 13).

Levy, Paul: Geschichte des Begriffs Volkslied, Berlin 1911.

Linder-Beroud, Waltraud: Von der Mündlichkeit zur Schriftlichkeit? Untersuchungen zur Interdependenz von Individualdichtung und Kollektivlied, Frankfurt/Main u.a. 1989 (=Diss. Freiburg 1989).

dies.: „Freut euch des Lebens" – Ein „Schlager" der Goethezeit im Spannungsfeld zwischen Mündlichkeit und Schriftlichkeit, Tübingen 1989 (=ScriptOralia, 9), S. 273-288.

dies.: „An der Quelle saß der Knabe …". Zur populären Rezeption von Schillers Liedern, in: Lied und populäre Kultur/Song and Popular Culture. Jahrbuch des DVA Freiburg, hrg. von Max Matter und Nils Grosch, Münster u.a. 2009 (54. Jg.), S. 185-222.

Litschauer, Walpurga (Hrg.): Neue Dokumente zum Schubert-Kreis, Wien 1989.

Locke, Ralph P.: Music, Musicians, and the Saint-Simonians, Chicago 1986.

Lühning, Helga und Brandenburg, Sieghard (Hrgg.): Beethoven zwischen Revolution und Restauration, Bonn 1989.

MacCort, Dennis: Perspectives on Music in German Fiction. The Music-Fiction of Wilhelm Heinrich Riehl, Bern u.a. 1974.

Mahlert, Ulrich: Fortschritt und Kunstlied. Späte Lieder Robert Schumanns im Licht der liedästhetischen Diskussion ab 1848, München u.a. 1983 (=Freiburger Schriften zur Musikwissenschaft, Bd. 13).

ders.: Pädagogik und Politik. Zu Schumanns *Lieder-Album für die Jugend* op. 79, in: Frobenius et al. (Hrgg.): Robert Schumann. Philologische, analytische, sozial- und rezeptionsgeschichtliche Aspekte, Saarbrücken 1998 (=Saarbrücker Studien zur Musikwissenschaft, Neue Folge Bd. 8).

Marques, José Oscar de Almeida: The Politics of Taste. A Place for Art Music in Rousseau's Construction of the Political Community, in: Dauphin, Claude: Musique et langage chez Rousseau, Oxford 2004.

Meier, John: Kunstlieder im Volksmund, Halle/Saale 1906 (Nachdruck Heidenheim 1976).

ders.: Kunstlied und Volkslied in Deutschland, Halle/Saale 1906.

ders.: Volksliedstudien, Straßburg 1917.

Meine, Sabine und Noeske, Nina (Hrgg.): Musik und Popularität. Aspekte zur Kulturgeschichte zwischen 1500 und heute, Münster 2011 (=Populäre Kultur und Musik, Bd. 2).

Meurs, Norbert: Neue Bahnen? Aspekte der Brahms-Rezeption 1853-1868, Köln 1996 (=Musik und Musikanschauung im 19. Jahrhundert, Bd. 3).

Morik, Werner: Johannes Brahms und sein Verhältnis zum deutschen Volkslied, Tutzing 1965.

Na'aman, Shlomo: Der deutsche Nationalverein. Die politische Konstituierung des deutschen Bürgertums 1859-1867, Düsseldorf 1987.

Nattiez, Jean-Jacques: Musicologie générale et sémiologie, Paris 1987.

Naumann, Hans: Grundzüge der deutschen Volkskunde, Leipzig ²1929.

Netzer, Katinka: Die Brüder Grimm und die ersten Germanistenversammlungen, in: Heidenreich, Bernd und Grothe, Ewald (Hrgg.): Die Grimms – Kultur und Politik, Frankfurt/Main ²2008.

Nipperdey, Thomas: Verein als soziale Struktur im späten 18. und frühen 19. Jahrhundert, in: Geschichtswissenschaft und Vereinswesen im 19. Jahrhundert (=Veröffentlichungen des Max-Planck-Instituts für Geschichte, Bd. 1), hrg. von Hartmut Boockmann u.a., Göttingen 1972, S. 1-44.

Obermaier, Walter: Schubert und die Zensur, in: Bericht über den Schubert-Kongress Wien 1978, hrg. von Otto Brusatti, Graz 1979, S. 117-25.

Offermann, Toni: Arbeiterbewegung und liberales Bürgertum in Deutschland 1850-1863, Bonn 1979 (=Politik- und Gesellschaftsgeschichte beim Forschungsinstitut der Friedrich-Ebert-Stiftung, Bd. 5).

Pape, Walter (Hrg.): Das „Wunderhorn" und die Heidelberger Romantik: Mündlichkeit, Schriftlichkeit, Performanz, Tübingen 2005 (= Schriften der Internationalen Arnim-Gesellschaft, Bd. 5).

Paquette, Daniel: Jean-Jacques Rousseau compositeur et théoricien de la musique, Genf 1986.

Petersen, Peter (Hrg.): Brahms und seine Zeit. Symposion Hamburg 1983 (=Hamburger Jahrbuch für Musikwissenschaft, Bd. 7), Hamburg 1984.

Pichler, Ernst: Beethoven. Mythos und Wirklichkeit, Wien/München 1994.

Plessner, Helmuth: Die verspätete Nation. Über die politische Verführbarkeit bürgerlichen Geistes, Stuttgart ²1959.

Porter, Cecilia Hopkins: The Rhenish Manifesto: „The free German Rhine" as an Expression of German National Conciousness in the Romantic Lied, Diss. Maryland 1975 (Maschinenschrift).

Prümers, Adolf: Die Prinzipien der Kinderlieder im Kunstlied, Langensalza 1908 (=Pädagogisches Magazin, Heft 332).

Pulikowski, Julian von: Geschichte des Begriffs Volkslied im musikalischen Schrifttum, Heidelberg 1933.

Rauschek, Kurt: Marx, Engels und Lenin über die Rolle der Kultur (Vorlesungen und Schriften der Parteihochschule „Karl Marx" beim ZK der SED), Berlin (DDR) 1981.

Richert, Harald und Schultze, Karl-Egbert: Hamburger Tonkünstler-Lexikon, Hamburg 1983-.

Rieser, Ferdinand: „Des Knaben Wunderhorn" und seine Quellen. Ein Beitrag zur Geschichte des deutschen Volksliedes und der Romantik, Dortmund 1908 (Nachdruck Hildesheim u.a. 1983).

Rij, Inge van: Brahms's Song Collections, Cambridge 2006.

Ritter, Joachim und Gründer, Karlfried (Hrgg.): Historisches Wörterbuch der Philosophie, Bd. 6, Art. „Nation, Nationalismus …", Basel u.a. 1971ff.

Röhrich, Lutz (Hrg.): Handbuch des Volksliedes, 2 Bde., München 1973-75.

ders.: Gesammelte Schriften zur Volkslied- und Volksballadenforschung, Münster u.a. 2002 (=Volksliedstudien, Bd. 2).

Rölleke, Heinz: „Des Knaben Wunderhorn" als Textvorlage Schumannscher Lieder, in: Robert Schumann und seine Dichter, hrg. von der Robert-Schumann-Gesellschaft, Düsseldorf 1991, S. 38.

Rosen, Charles: Der klassische Stil, München/Kassel 1983.

Rummenhöller, Peter: „Liedhaftes" im Werk von Johannes Brahms, in: Jost, Peter (Hrg.): Brahms als Liedkomponist. Studien zum Verhältnis von Text und Vertonung, Stuttgart 1992.

Sacaluga, S.: Diderot, Rousseau et la querelle musicale de 1752. Nouvelle mise au point, in: Diderot Studies 10, 1968, S. 133-73.

Safranski, Rüdiger: Romantik. Eine deutsche Affäre, München 2007.

Salmen, Walter und Schubert, Giselher (Hrgg.): Verflechtungen im 20. Jahrhundert. Komponisten im Spannungsfeld elitär – populär, Frankfurt/Main 2003.

Sams, Eric: The Songs of Johannes Brahms, New Haven 2000.

Schlechter, Armin: Die Romantik in Heidelberg. Brentano, Arnim und Görres am Neckar, Heidelberg 2007.

Schlee, Thomas Daniel (Hrg.): Beethoven, Goethe und Europa. Almanach zum Internationalen Beethovenfest Bonn 1999, Laaber 1999.

Schmidt, Christian Martin: Johannes Brahms und seine Zeit, Laaber 1983.

Schmidt-Wiegand, Ruth: Die Brüder Grimm als Mitbegründer der Germanistik, in: Heidenreich, Bernd und Grothe, Ewald (Hrgg.): Die Grimms – Kultur und Politik, Frankfurt/Main ²2008.

Schneider, Martin G.: Der Mond ist aufgegangen. Mit einem Text zur Entstehungsgeschichte des Liedes und Anmerkungen zu Matthias Claudius und J. A. P. Schulz, Lahr 1993.

Schoppe, Martin: Schumanns *Litterarischer Verein*, in: Kruse, Joseph A. (Hrg.): Robert Schumann und die Dichter. Ein Musiker als Leser, Düsseldorf 1991.

Schulte, Krischan: „… was Ihres Zaubergriffels würdig wäre!" Die Textbasis für Robert Schumanns Lieder für Solostimmen, Mainz u.a. 2005 (=Schumann-Forschungen, Bd. 10).

Schulze, Hagen: Staat und Nation in der europäischen Geschichte, München 1994.

Schwab, Heinrich W.: Sangbarkeit, Popularität und Kunstlied, Regensburg 1965 (=Studien zur Musikgeschichte des 19. Jahrhunderts III).

See, Klaus von: Freiheit und Gemeinschaft. Völkisch-nationales Denken in Deutschland zwischen Französischer Revolution und Erstem Weltkrieg, Heidelberg 2001.

Seyfert, Bernhard: Das musikalisch-volkstümliche Lied von 1770-1800, in: Vierteljahresschrift für Musikwissenschaft X, Nachdruck Hildesheim 1966, S. 83.

Shapiro, Sadie: Folk Elements in the Dances of Franz Schubert, in: Bericht über den Schubert-Kongress Wien 1978, hrg. von Otto Brusatti, Graz 1979, S. 257f.

Siegmund-Schultze, Walther: Über den Begriff der Volkstümlichkeit in der Kunst, Halle/Saale 1960 (=Hallische Universitätsreden, Neue Folge, Heft 2).

Spies, Günther: Reclams Musikführer Robert Schumann, Stuttgart 1997.

Sponheuer, Bernd: Musik als Kunst und Nicht-Kunst. Untersuchungen zur Dichotomie von „hoher" und „niederer" Musik im musikästhetischen Denken zwischen Kant und Hanslick, Kassel u.a. 1987 (=Habil. Kiel 1984; =Kieler Schriften zur Musikwissenschaft, Bd. 30).

Stark, Lucien: A Guide to the Solo Songs of Johannes Brahms, Bloomington/Indianapolis 1995.

Steig, Reinhold: Achim von Arnim und Clemens Brentano, Stuttgart 1894 (=Achim von Arnim und die ihm nahe standen, hrg. von R. Steig und H. Grimm, Bd. 1).

Stein, Reinold: … über alles in der Welt! Heimat, Volk und Vaterland im deutschen Liedgut, München 2000.

Steinitz, Wolfgang: Deutsche Volkslieder demokratischen Charakters aus sechs Jahrhunderten, 2 Bde., Berlin (DDR) 1954/62.

ders.: Arbeiterlied und Volkslied, Berlin (DDR) 1965 (=Klasse für Sprachen, Literatur und Kunst 1965, 8).

Stephan, Rudolf (Hrg.): Avantgarde und Volkstümlichkeit. Fünf Versuche, Mainz 1975.

Stern, Martin: Le problème de la conversion dans la pensée musicale de Rousseau, in: Dauphin, Claude: Musique et langage chez Rousseau, Oxford 2004.

Stockmann, Doris: Wandlungen des deutschen Volksgesanges vom 19. Jh. bis zur Gegenwart, in: Festschrift W. Vetter, hrg. von H. Wegener, Leipzig 1969, S. 357-360.

dies.: Volks- und Popularmusik in Europa, (=Neues Handbuch der Musikwissenschaft, Bd. 12), Wiesbaden/Laaber 1992.

Stockmann, Erich (Hrg.): Des Knaben Wunderhorn in den Weisen seiner Zeit, Berlin 1958.

Strobach, Hermann (Hrg.): Deutsche Volkslieder demokratischen Charakters aus sechs Jahrhunderten, Berlin (DDR) 1972. (=gekürzte, 1-bändige Fassung von Steinitz 1954/62)

ders.: Deutsches Volkslied in Geschichte und Gegenwart, Berlin (DDR) 1980.

ders.: Geschichte der deutschen Volksdichtung, Berlin (DDR) 1981.

ders.: Zur Volksliedrezeption in der deutschen Aufklärung, in: Ballades et chansons folcloriques, Laval 1989, S. 107-13.

Sundhaußen, Holm: Der Einfluss der Herderschen Ideen auf die Nationsbildung bei den Völkern der Habsburger Monarchie, München 1973 (=Buchreihe der Südostdeutschen Historischen Kommission, Bd. 27).

Suppan, Wolfgang: Volkslied. Seine Sammlung und Erforschung, Stuttgart [2]1978 (=Sammlung Metzler 52).

Szczerbowska-Prusevicius, Katarzyna: Musik als Gegenstand der lyrischen Texte der deutschen Romantik, Tönning u.a. 2005.

Theilacker, Jörg: Der erzählende Musiker. Untersuchungen von Musikerzählungen des 19. Jahrhunderts und ihrer Bezüge zur Entstehung der deutschen Nationalmusik. Mit einer Bibliographie der Musikerzählungen 1797-1884, Diss. München 1987 (=Münchner Studien zur literarischen Kultur in Deutschland 5, Frankfurt/Main 1988).

Trottier, Danick: L'Arménien de Venise. Validation sémiologique ou ethnomusicologique ?, in: Dauphin, Claude: Musique et langage chez Rousseau, Oxford 2004.

Tümmler, Hans: Deutschland, Deutschland, über alles, Köln 1979.

Tumat, Antje (Hrg.): Von Volkston und Romantik. „Des Knaben Wunderhorn" in der Musik, Heidelberg 2008.

Uther, Hans-Jörg: Die Brüder Grimm als Sammler von Märchen und Sagen, in: Heidenreich, Bernd und Grothe, Ewald (Hrgg.): Die Grimms – Kultur und Politik, Frankfurt/Main [2]2008, S. 83-137.

Valentin, Erich: Ein Vergessener: Theodor Hagen. Zur Musikgeschichte des 19. Jahrhunderts, in: Festschrift Hans Engel zum siebzigsten Geburtstag, Kassel u.a. 1964, S. 428-32.

Vierhaus, Rudolf: Deutsche patriotische und gemeinnützige Gesellschaften, München 1980.

ders.: Der Aufstieg des Bürgertums vom späten 18. Jh. bis 1848/49, in: Kocka, Bürger und Bürgerlichkeit im 19. Jahrhundert, Göttingen 1987.

Vilain, Robert: Wagner's Children: Incest and *Bruderzwist*, in: White, Harry und Murphy, Michael (Hrgg.): Musical Constructions of Nationalism. Essays on the History and Ideology of European Musical Culture 1800-1945, Cork 2001, S. 239-56.

Wagner, Fritz: Zum Mittelalterbild der Brüder Grimm, Hamburg 2005 (=Schriftenreihe Studien zur Germanistik, Bd. 17).

Wagner, Hans-Dieter: Johannes Brahms. Das Liedschaffen, Mannheim 2001 (=Mannheimer Hochschulschriften, Bd. 4).

Waidelich, Till Gerrit (Hrg.): Franz Schubert. Dokumente 1817-1830, Tutzing 1993 (=Veröffentlichungen des Internationalen Schubert-Instituts).

Weissert, Gottfried: Das Mildheimische Liederbuch. Studien zur volkspädagogischen Literatur der Aufklärung, Tübingen 1966.

Werba, Robert: Franz Schubert. Ein volkstümlicher Unbekannter in den Augen der Nachwelt, Wien 1997.

Westphal, Christiane: Robert Schumann. Liederkreis von H. Heine op. 24, München u.a. 1996 (=Musikwissenschaftliche Schriften, Bd. 30).

White, Harry und Murphy, Michael (Hrgg.): Musical Constructions of Nationalism. Essays on the History and Ideology of European Musical Culture 1800-1945, Cork 2001.

Wicke, Peter: Von Mozart zu Madonna. Eine Kulturgeschichte der Popmusik, Leipzig 1998.

Widmaier, Tobias: „Volkstümliche Musik", in: Handwörterbuch der musikalischen Terminologie, 40. Auslieferung (Herbst 2005).

Wiese, Walter: Kammermusik der Romantik. Schubert – Mendelssohn – Schumann – Brahms, Winterthur 2007.

Winkler, Heinrich August: Vom linken zum rechten Nationalismus. Der deutsche Liberalismus in der Krise 1878/79, in: Geschichte und Gesellschaft 4, 1978, S. 5-28.

ders. (Hrg.): Nationalismus, Königstein 1978.

Wiora, Walter: Die rheinisch-bergischen Melodien bei Zuccalmaglio und Brahms, Bad Godesberg 1953 (=Quellen und Studien zur Volkskunde, hrg. von Karl Meisen, Bd. 1).

ders.: Art. „Deutschland", A. Grundschichten der deutschen Musik, MGG I, Bd. III, Sp. 261, Kassel 1954.

ders.: Das echte Volkslied, Heidelberg [2]1962.

ders.: Das Alter des Begriffes Volkslied, in: Musikforschung 23 (1970), S. 420-28.

ders.: Das deutsche Lied. Zur Geschichte und Ästhetik einer musikalischen Gattung, Wolfenbüttel 1971.

Wolff, Jürgen B. und Kross, Erik (Hrgg.): Bibliographie der Literatur zum deutschen Volkslied, Leipzig 1987.

Zinnecker, Andrea: Romantik, Rock und Kamisol. Volkskunde auf dem Weg ins Dritte Reich – die Riehl-Rezeption, Münster/New York 1996 (=Diss. Augsburg 1995).

Zipes, Jack: The Brothers Grimm. From Enchanted Forests to the Modern World, New York 2002.

http://www.liederlexikon.de (Historisch-kritisches Liederlexikon des Deutschen Volksliedarchivs Freiburg i. Br.)

Personenverzeichnis

Stichwortverzeichnis

Danksagung

Last but not least möchte ich all jenen von Herzen danken, die in den vergangenen Jahren Anteil am Gelingen dieser Arbeit hatten.

Zuallererst meinem Doktorvater Christian Kaden für das in mich gesetzte Vertrauen und die Unterstützung, die immer genau im richtigen Maße und zum richtigen Zeitpunkt kamen – für alle Gutachten, die immer noch rechtzeitig fertig wurden, für jeden Termin, den er möglich gemacht und jeden Tipp, den er mir gegeben hat. Vor allem in der Schlussphase des Schreibens war die ergänzende Betreuung durch meinen Zweitgutachter Nils Grosch von unschätzbarem Wert. Ihm verdanke ich neben vielen wichtigen fachlichen Hinweisen und Denkanstößen auch die Möglichkeit der vorliegenden Veröffentlichung. Nils Grosch und seine Kollegen vom Deutschen Volksliedarchiv, allen voran Michael Fischer, Barbara Boock, Eckhard John und Waltraud Linder-Beroud, ermöglichten mir den Zugang zu den wertvollen Freiburger Beständen und waren mit Rat und Tat zur Stelle. Abgerundet wurden meine Aufenthalte im Breisgau durch die wunderbare Versorgung bei meiner Tante Nicole und ihrem Mann Ossi (dem Rekordhalter im Sammeln von Badnerlied-Strophen), die für ihre Kochkünste mindestens einen Stern verdienen und in deren Haus ich mich von Rechercharbeit und Marathontraining so gut erholen konnte.

Ich wäre nicht da, wo ich heute bin, ohne die nahezu grenzenlose Unterstützung und Förderung meiner Eltern und Großeltern, die mir den Zugang zur Musik ermöglicht und mich so weit es ging begleitet haben. Nicht in Worte fassen kann ich den Dank, der meiner Schwester Judith gilt – sie wird ihn trotzdem verstehen. Wie viel Kraft und Verständnis Nico aufgebracht hat, kann ich nur ahnen; ihm und den „deux crapules", die mich den größten Teil der Arbeit über begleitet haben, un grand Merci.

Angelika Müller ist seit Jahren jederzeit für mich da und legte ihre Arbeit beiseite, um zwischen Pulp-Master-Krimis meinen Text zu lektorieren. Jedes sprachliche und menschliche Problem weiß ich bei ihr in guten Händen, wofür ich ihr sehr dankbar bin. Lena Clausen, Maria Hanacek, Golan Gur, Christina Kaps, Anina Paetzold, Tilmann Lindberg, Anne Kohl, Paul Bräuer und allen anderen Freunden, Kommilitonen und Mit-Stipendiaten aus der HU-Musikwissenschaft, dem Forschungskolloquium Musiksoziologie und dem FES-Doktorandenseminar danke ich für wichtige Denkanstöße, gute Gespräche, geteiltes Leid und den Beistand bei der Vorbereitung und Durchführung meiner Disputation. Auch allen Genossinnen und Genossen, die mir während des Wahlkampfs engagiert und geduldig zur Seite standen, sei an dieser Stelle ein weiteres Mal gedankt.

Ein großes Dankeschön geht an Michael Pückler, der den Satz erledigte, sowie an Martin Jungmann für seine tatkräftige Unterstützung bei der Bearbeitung der Karten. Patrick Schmitz und seinen Kollegen vom Waxmann-Verlag danke ich für die zuverlässige und aufmerksame Hilfestellung, aus meinem Text ein Buch zu machen.

Wahrscheinlich hätte ich diese Arbeit nicht ansatzweise so zügig zustande gebracht, wenn die Friedrich-Ebert-Stiftung sie nicht über den gesamten Zeitraum finanziert hätte. Hierfür, sowie für die stets freundliche und hilfsbereite Betreuung durch Gerda Axer-Dämmer, für die ideelle Förderung, unvergessliche Aufenthalte auf dem Bonner Venusberg und die vielen wertvollen Kontakte im großen Netzwerk der Stipendiaten bin ich der FES zu großem Dank verpflichtet.

Berlin, im November 2012

Populäre Kultur und Musik

herausgegeben von Michael Fischer und Nils Grosch

Band 2

Sabine Meine, Nina Noeske (Hrsg.)

Musik und Popularität

Aspekte zu einer Kulturgeschichte
zwischen 1500 und heute

2011, 248 Seiten, br., 29,90 €
ISBN 978-3-8309-2263-6

P op music" war eine umwälzende Neuerung des 20. Jahrhunderts, die mit neuen Medien und Technologien die Hör- und Konsumgewohnheiten revolutioniert hat. „Populäre Musik" gab es jedoch zu allen Zeiten, da „beliebte, bekannte, gemeinverständliche Musik" schon immer ihre Wirkung auf ein größeres Publikum oder eine Menge an Leuten entfaltet hat. Seit dem 16. Jahrhundert, mit der Erfindung des (Musik-)Drucks, wird diese Kulturgeschichte für uns nachvollziehbar.

Dieser Band dokumentiert Vorträge und Diskussionen zu Motivationen und Bedingungen von Musik und Popularität in Geschichte und Gegenwart. Leitende Aspekte dafür waren die Politisierung, Moralisierung, das Gendering und die Kommerzialisierung populärer Musik.

WAXMANN
Münster · New York · München · Berlin